当代社会科学
新视野中的
国际⟷对话

1999~2019年

罗红光　刘忠魏
—— 编 ——

商务印书馆
The Commercial Press

图书在版编目（CIP）数据

当代社会科学新视野中的国际对话：1999—2019年 / 罗红光，刘忠魏编. — 北京：商务印书馆，2024
ISBN 978-7-100-22638-7

Ⅰ.①当… Ⅱ.①罗… ②刘… Ⅲ.①社会科学－文集 Ⅳ.①C53

中国国家版本馆CIP数据核字（2023）第117002号

权利保留，侵权必究。

当代社会科学新视野中的国际对话（1999—2019 年）
罗红光　刘忠魏　编

商　务　印　书　馆　出　版
（北京王府井大街36号　邮政编码 100710）
商　务　印　书　馆　发　行
三河市尚艺印装有限公司印刷
ISBN 978－7－100－22638－7

2024 年 7 月第 1 版　　开本 880×1230　1/32
2024 年 7 月第 1 次印刷　　印张 13

定价：88.00 元

序 言

当代社会科学中外会通的成功实践

◎ 景天魁

我在22年前第一次参与罗红光博士主持的"学者对谈"时，并没有认识到这项工作的重大学术意义。当时罗红光担任《社会学研究》编辑部主任，他于1994年在日本大阪大学获得人类学博士学位后即归国到中国社会科学院社会学研究所工作，与我很熟悉。他给我出的题目是讨论"市场转型理论"，我当时正在承担一个发展社会学课题，于是就与在日本教书的美国社会学家王达伟（David L. Wank）就这个问题进行了对谈。尽管我陆陆续续参与了四次对谈，算是参与次数较多的了，对这项工作有所了解，但是当罗红光把这部书稿交给我的时候，我还是感到震惊。一是我意识到一项看似平常的工作，只要坚持不懈，就能出好成果。"贵在坚持""学术贵在积累"这些耳熟能详的话，我在面对这部书稿时，体会到了其深刻的含义。二是我意识到与我这个被安排参与对谈的人不同，作为设计者、策划者和主持人的罗红光，胸中一定早有一个宏大的构想，有对这项工作重大学术价值的清晰理念。这些天，我一直在追回20年来的一些片段记忆，希望能从这项"学者对谈"和它的开拓者罗红光致力于当代社会科学中外会通的成功实践，得到一些对中国社会科学的繁荣发展和中国学术走向世界或有启发的认识。

首先是开阔的学术视野。本书收录的"学者对谈"各有主题,涉及20年间中国和世界发生的重大议题——国家与社会的关系、市场与社会的关系、消费文化与消费革命、文化多样性与现代性、现代性与后现代性、"第三条道路"问题、"中产阶级"问题、信任问题、女性主义问题、恐怖主义问题、科技的社会作用问题等,都是那一时期中外社会科学界关注的焦点话题;所选择的国外对谈者来自美、英、德、法、以(色列)、日、匈、韩等国家,国内学者来自中国社会科学院、上海社会科学院、北京大学、清华大学、中国人民大学、北京师范大学、中国传媒大学以及香港中文大学、香港理工大学等单位,都是对相关话题有独到研究的学者。聚拢如此众多的中外专家开展一对一的对话,不仅能想到还能做到,非我所及。读读这些篇章,仿佛看到了中外学者关于20世纪头20年的全球热点和难点问题的智慧火花,听到了中国社会科学家向世界发出的思想之声,我感到这是"中国文化走出去"的一次成功实践。我既敬佩参与对谈的学者们在20年间能够对自己所经历和研究的问题有如此卓越的见解;又佩服作为对谈组织者的罗红光,能够有如此开阔的学术视野,抓住时代性的话题,让学者们能够在这些对谈中展现他们的所思所想。这项中外会通的成功实践,使得这本书成为20年间中国和世界之间涵盖甚广的实践记录和内容丰富的思想画卷。

其次是兼容的学术精神。罗红光是科班出身的人类学博士,但在学科界限方面没有狭隘的意识。对比20世纪30年代第一批从欧美留学归国的社会学家,有人动辄标榜自己学来的社会学是"纯正"的,称别人是"混作",或者刻意固守社会学的学科界限,津津于比较社会学"味道"是否浓厚,就更显得罗红光兼容的学术精神之可贵。的确,能够熟知西方某人的著作、掌握某一外国理论,对于研究中国问题是很好的条件,但是"长短""优劣"是可以转化的。按照荀子的"解蔽"认识论,"凡人之患,蔽于一曲而暗于大理","凡万物异则莫不相为蔽，此心术之公患也"（《荀子·解蔽》）。如果把学科界限看得过重，以致一叶障目，"长"可能转化为"短"，"优"也许转变为"劣"。而本书的对谈者们既有一专，又能兼容，这些对谈包含了社会学、人类学、哲学、经济学、历史学、政治学、文化学、心理学、传播学、语言学、博物学以及全球化问题和科学技术研究等，从不同的学科角度聚焦共同的重大问题，凸显了学科交叉融合的新锐优势。

再次是持久的学术激情。一项工作，能够坚持20年，实属不易。这期间，罗红光由《社会学研究》编辑部转到人类学研究室，直到身体不能支持四处奔波、张罗、筹划，这项工作才不得不停止。20年来，每一场对谈，从动脑筋选择主题，到满世界物色对谈者、组织和主持对谈、录音录像、制作音像作品，罗红光都亲力亲为。大多是趁外国学者来中国赶紧抓住机会组织对谈；有的是利用出国访问期间组织实施对谈。而所有这些活动，并没有项目经费支持，参与者包括对谈者都没有任何报酬。至于罗红光本人，一贯是以私济公、舍私为公，不光是无私贡献自己的智力、时间和器材等资源，有些活动还是他自掏腰包。而且，不管是遇到什么困难和挫折，他都热情不减，这种坚持精神实在可贵。

最后是平等的学者品格。在组织对谈过程中，罗红光明确强调"对谈"不是"访谈"，也不同于商谈、交涉和辩论，是平等对话。要求对话双方各抒己见，在丰富积累的基础上平等讨论，得到的不是谁胜谁负，而是理解和增进共识。遇有外国学者习惯于滔滔不绝、自说自话，罗红光就果决地打断，指出我们进行的是"对话"，是相互倾听，是平等交流。在中外交流中自觉地、明确地、严肃地坚持平等原则，表现出了中国学者应有的品格。

作为"对谈"的参与者之一，我想说本书的篇章都是学者们当时的认知，20年了，时过境迁，今天看来不一定都恰当。这本书的价值不在于当年学者们的见解是否无可挑剔，而在于它是真实的思想记录，由此可以了解20年间的实践过程和历史图景，而这些对当下以及今后都可能提供有益的启发。

趁此机会，我谨对所有参与对谈的各国各地和各学科学者，对参与翻译、录制、后续制作和文字编辑工作，无私地奉献了自己的智慧和热情的各位同仁，对支持和负责本书出版的商务印书馆各位朋友，表示衷心感谢！该书是我们共同的学术成果，就让我们珍存这份记忆吧。

于北京昌运宫
2022年5月12日

目 录

导　论　　　　　　　　　　　　　　　　　　　　罗红光 / 1

一　"现代性"之辩

全球化与全球性社会学家：什么是社会学？

　　　　　　　　　　　　　　　　　　　　　　　鲍江 / 33

全球化研究的思考与问题

　　　　　　　　　　　黄平　[美] 卡尔霍恩（Craig Calhoun）/ 64

漫谈社会学和社会发展

　　　　　　　　　　　　　　　　　　马戎　[美] 林南 / 76

全球化与现代化

　　　　　　　　　　　周宪　金耀基（Ambrose King Yeo-Chi）/ 93

文化多样性与现代性

　　　　　　　　　　　苏国勋　[德] 索夫纳（Hans-Georg Soeffner）/ 111

关于"信任"的跨国比较研究

　　　　　　　　　　景天魁　[日]佐佐木正道（Masamichi Sasaki）/124

日常生活、身体、政治

　　　　　　　　　　汪民安　[美]冯珠娣（Judith Farquhar）/138

我们是彼此的一部分

　　　　　　　　　　王铭铭　[美]萨林斯（Marshall Sahlins）/153

在国家与地方社会之间

　　　　　　　　　　罗红光　[美]杜赞奇（Prasenjit Duara）/173

二　困惑与机遇

全球化问：当今世界文化多元与单一化困惑

　　　　　　　　　　黄纪苏　[日]青木保（Tamotsu Aoki）/185

全球化背景下的反恐怖主义

　　　　　　　　　　景天魁　[以]本-拉斐尔（Eliezer Ben-Rafael）/193

东亚的"中产阶层"问题

　　　　　　　　　　陆学艺　[韩]金成国（Seung Kuk Kim）/202

从新马克思主义视角看阶级理论

　　　　　　　　　　李培林　[美]赖特（Erik Olin Wright）/210

从《21世纪资本论》再看财富的获得与分配问题

　　　　　　　　　　景天魁　[美]塞勒尼（Ivan Szelenyi）/230

面对碎片化的文化与知识

　　　　　　　　　　汪晖　[美]马库斯（George E. Marcus）/247

数码时代人类学与传播学研究的理想与前景

       陈卫星　[英]米勒（Daniel Miller）/258

博物馆：文化表达与保护

       罗红光　[日]青木保（Tamotsu Aoki）/273

全球化背景下的治理与参与

      陈卫星　刘世定　[法]卡蓝默（Pierre Calame）/286

三　批判与创新

社会科学研究对象的实体、观念本体论及人类学的未来

       蔡华　[法]郭德烈（Maurice Godelier）/303

现象社会学的可能性

       吕炳强　[日]西原和久（Nishihara Kazuhisa）/321

关于市场过渡理论的讨论

       景天魁　[美]王达伟（David L. Wank）/337

科技·政策·创新

       黄树民　[德]柯诗曼（Stephanie Christmann-Budian）/348

关于"第三条道路"

      郑杭生　黄平　苏国勋　[韩]韩相震（Sang-Jin Han）/365

"赠予论"给未来的礼物

       罗红光　[日]山泰幸（Yoshiyuki Yama）/389

导　论

◎ 罗红光

本书由1999—2019年世纪之交20年间中外社会科学领域的学者对谈构成。对谈围绕命题展开讨论，参与者不仅有社会学家，也有历史学家、经济学家、哲学家、文学家、人类学家等。截至2019年，参与对谈的专家学者有67人次，加上鲍江策划并拍摄的命题访谈，共82人次。

对话是一门关于理解的艺术，而"理解何以可能"这一经久不衰的命题始终伴随着社会科学的发展过程。研究者的理解？被研究者的理解？或者是不同知识体系之间的学术共识？这并不是一个很容易回答的问题。不过有一点可以说：面对同一问题，人们越来越意识到需要不同专业的共同关注和共同解决问题的能力。单一学科的知识往往如摸象盲人，只摸到了问题的某个侧面。现实问题远比单一学科的所见要复杂得多，因此跨专业、跨国籍、跨文化对话显得尤为重要。我们通过对话尝试一种人类学意义上的理解，使知识产生公共性。在设计层面，对谈由一对或一组国内外知名专家学者组成，满足跨专业、跨文化、跨国籍的其中任何一条即可展开。对话围绕双方共同关心的问题进行，时长一般在60分钟左右（不含翻译时间）。每次对谈的题目产生于三方，即编导和对谈双方商定。跨专业避免了同行之间心照不宣的会话"习惯"，跨文化拒绝了因为共同文化背景所产生的"默认"，跨国籍尽可能地排除因共同国籍所拥有的"认同"。因此，即便是一个单纯的"交换"概念，也会使对谈双方面对经济学家的意味、社会学家的意味或者人类学家的意味，彼此间的陌生感基本上满足了人类学意义上的"他者"或"陌生人"。"他者"之间的对话需要相互促成理解，它相对独立于情绪化个体或群体价值观，遵循学术概念的表述和逻辑关系（在方法学上）的陈述规则，笔者认为这有利于对谈者抒发独特思路和悟性。此外，对话作为一种沟通形式，有别于访谈、洽谈、交涉、辩论等，它要求对话双方基于丰富研究的见地，在相互尊重和平等的基础上展开会话。因此每当开始拍摄之前，笔者作为策划组织者都要向参与者声明：这不是采访，因为采访只是单向的交流，它要求一方听从于另一方。

本书分以下三个部分来呈现。

一、现代性引发的全球化大议论

2004年，中国社会科学院社会学研究所牵头，在北京成功承办了第36届世界社会学大会。来自50多个国家和地区的参会者，分124项专题展开了讨论。这在中国同时也在世界是一具有重大象征意义的事件。对中国而言，成功申办和举办这种规模的大会说明：经过几代人、百余年的努力，中国的社会学终于面向世界，走出了国门；对世界而言，这个有着百年历史的世界社会学机构第一次真正走入一个重要的社会主义国家（社会学在中国曾被当作资产阶级学问取缔），象征着西方社会学与社会主义国家社会学之间合作交流的新阶段，社会学从此走出了被西方话语垄断的世界。在这个背景下，第一章以鲍江编导的以"社会学家视野里的全球化"为视角的访谈作为开篇。访谈者把社会学这种知识的文化体系，当作一个陌生的、待认知的"他者"，对这一文化体系的传承者、传播者，即参加第36届世界社会学大会的15位来自世界各地的社会学家发问："社会学家向社会学的圈外人介绍什么是社会学？""社会学家介绍他们如何理解'全球化'？"小小设问让读者感悟"现代性"的多样性——专业分化、政治背景、文化传统、学术兴趣等。该设问单纯，但涉及社会学家如何表述自己。社会学家是一个想象的共同体还是确有其实，社会学的地方性色彩如何，请读者去感悟。

现代性所隐含的一元性特征被诸如现代与传统、文明与原始、先进与落后、科学与愚昧等一系列二元对立组合所掩盖，这种思维方式源于启蒙运动在发展问题上的单线社会进化论。在这种线性思维下，世界形成以不同发展阶段划分的等级秩序，发展和富强几乎可以画等号。在这样一种宏大的历史叙事下，黄平与卡尔霍恩（Craig Calhoun）关于"国际主义与全球化"的对谈聚焦在现代性带来的制度性变革，即财富在生产的过程中产生的两种社会制度——资本主义和社会主义上。国际化与全球化在社会运动的形态上十分相似，但它分化出两种围绕财富的社会运动，前者以19世纪发展起来的解放全人类的国际共产主义运动为代表，而后者则发展出了世界经济体系中的资本全球化。无论资本主义还是社会主义，财富成为共同的焦点，但社会主义国家的财富运动走出了一条以人为本、反剥削反压迫的国际主义道路，在为人类进步事业而奋斗的使命中开创出一条"人类命运共同体"的开放式大道；而资本主义国家的财富运动则走进了一条以资本为本的封闭式全球化的胡同，它有为资本服务的技术和方法，却没有关于人类发展的大理念。当今全球化在很大程度上走成了"美国化"路子，这也是当今世界冲突的矛盾所在。

全球化反映在如下几个层面：

（一）知识层面

科学是现代性中最具代表性的一个领域，它与文明挂钩，成为衡量一个国家或社会的发展指标,周宪与金耀基(Ambrose King Yeo-Chi)关于"全球化与现代化"的对谈向我们展示了知识背后的力量。培根所说的"知识就是力量"表达了人与自然之间的关系,并没有指出操控知识的人在其中的作用。也就是说,它有可能也是人与人之间控制与被控制的力量关系。科学研究行为本身就是一种人为的变量控制,这一点在方法学上有祛主观的目的,但在方法论上也有遭到质疑的部分,质疑之一是人为干扰所造成的目的大于客观性的问题,其二表现在干预和选择的权力。美国向国外大量输出技术,表面上看似方法的东西,其背后都配套一整套管理模式,看似大众饮食文化的麦当劳,其实也是向世界输出经营理念和管控模式。在这个对谈中双方同样对全球化的美国化倾向提出了质疑。全球化激发了人们进一步思考,表现在诸如对应历史的宏大叙事有口述史,针对经济学的理性主义假设有制度经济学、道义经济,面对科学理性、方法学上的男性化倾向有女性主义视角的批判等。现象社会学的可能性并不在于理想类型,而在于面向生活(者)世界的学术立场及话语表述。

(二)跨界层面

蔡华与郭德烈(Maurice Godelier)的对谈中谈及的研究实体变化与否的问题,关系到后现代思潮以来对"他者世界"的表述以及对知识界的影响。早先的"跨界"是去遥远偏僻的田野,如20世纪之前数百年,美国、英国和法国的人类学者主要在外国研究"他者"。他们在当时社会进化论的线性思维影响下,通过他者的"野蛮"证明自己的"文明",通过"简单"证明"复杂",通过"传统"证明"发达",研究"他者是谁"证明自己的优越。知识傲慢、话语霸权充斥着早期的社会进化论意义上的研究。20世纪中叶尤其是第二次世界大战之后,马林诺夫斯基等人类学家开始发现了不属于西方话语体系的"他者";与此同时也出现了大批带有本族文化代言人色彩的研究者,如费孝通等,其方法论表现在转换研究的立场,费孝通就是在这个历史脉络中走进了乡土中国,研究的问题是"我们是谁"。费孝通的英国导师马林诺夫斯基在序言中高度评价了这一点。2003—2004年我们在家访费老时,话题仍然离不开乡土社会。

伴随全球化的发展,他者世界发生了巨大变化,传统意义上封闭孤立的文化、所谓的"地方性知识"以及遥远、孤立、浪漫的田野事实上已不复存在,二战前后相继独立的新兴国家不可能再孤立于世,"他者"已被深深地卷入全球化的世界经济体系中。"他者"问题研究不再遵从美国、英国、法国的传统,而是根据本土的社会事实或文化事实开展田野工作,这一变化既是对欧洲主导的现代性的批判,也是文化自觉的一种表现。但是,包括解释学派在内的人类学研究方法使得人类学家掌握了著述他者文化的专业能力,研究不再是"理想类型",而是多样化的"地方性知识",笔者称其为"知识和文化的碎片化"。那么要问:人类学这门学科如何自我表述? 这一点无论在方法论上,还是在理论上都没有真正面对过。在这种情形下,参与"学者对谈"的马库斯(George E. Marcus)主张"跨界的人类学"(transnational Anthropology),在方法上提出"多点民族志",并呼吁建立专业化的"世界人类学"。2006年,在马库斯的《写文化》(*Writing Culture*)中文版由商务印书馆出版之际,笔者邀请马库斯和汪晖围绕"面对碎片化的文化与知识"展开了对话。当时在国内民族志写作与研究方法同样被热议,一是针对20世纪人类学研究的反思性批判(马库斯语),二是意味着以积极的态度面向未来的文化研究的开始。多点民族志、海外民族志、虚拟民族志,年轻的中国人类学者都正在热心尝试。这种带有后现代批判精神的民族志写作方法,致使原来就不够稳定的人类学写作方法更加多彩。我们知道,方法的背后都有一个理论依据,或者说方法是表达某理论的途径,那么这些后现代的方法提出了一个伦理意义上的方法论，它对社会科学的理论建构、对客观性有什么样的贡献呢？它给后来者留下了思考题：

1.20世纪，人类学在解构"西方中心论"问题上做出了诸多贡献，与此同时，在将它解构之后又建构了什么呢？

2. 有研究表明，在现代化进程中，各种文化价值观充斥着年轻一代，文化相对主义的研究也加速了文化的"碎片化"倾向（有人用"断裂"来表达），知识和文化的"碎片化"倾向有悖于知识原有的功能，成了封闭的、不可沟通的东西，新兴国家尤为突出。如何破解这样的局面？

3. 在参与观察得来资料的基础上"著述文化"而产生的民族志满足了文化研究者的兴趣，但在参与世界重大事件问题上，人类学能否提出具有宏观意义的建设性设想和建言呢？

（三）实践层面

多样的、复数的"现代性"历史地再现了"性相近，习相远"。传统的现代性以"二元论"为基调，关乎诸多领域，其背后隐喻了一元论的意识形态。非西方的学者也从二元论入手，批判一元论的文化霸权，形成了当今方法上的相对论和意识形态上的相对主义。围绕它们的批判表现在社会科学的诸多领域：

1. 哲学领域。汪民安与冯珠娣（Judith Farquhar）关于"日常生活、身体、政治"的哲学命题的对谈试图超越二元论桎梏，并给出了一个生动案例：在中医哲学思想里，人们没有发现笛卡尔意义上的身体，即身心二元对立的身体在东方医疗实践中不成立，也不是非此即彼的。那么它是"一元论"的吗？当然也不是，梅洛-庞蒂（Maurice Merleau-Ponty）就认为"肉身在世界里，世界也在肉身里"。东方哲学思维把二元看成可流变的、辩证的。人们既可以"一分为二"地观察事物,也可以"合二为一"地处理问题。这次对谈主题看似是一个医疗与哲学的命题,但它引发了对生活世界里的身体技术、健康理念、生命科学等身体和世界的隐喻的思考。

2. 历史学、人类学领域。"在国家与地方社会之间"对谈中,涉及东方主义的一个大的背景——亚细亚生产方式(马克思语)。作为编导的笔者和杜赞奇(Prasenjit Duara)在本对谈中提及韦伯意义的阶级社会、魏特夫意义的水利社会。杜赞奇意义的文化网络社会和笔者论及的地方文化精英,强调了国家与社会之间中介力量的存在。也就是说,在国家与地方社会之间造成二元对立的思维模式是现代性话语体系的缘故,事实上在中国广大的农村,地方社会的运作以德治的信仰体系为基础,表现在家庭伦理、人际关系、民间信仰、仪式、戏剧等,德治的楷模不是别的,恰恰在具有最高象征的中央。二元对应的思维模式会导致我们看不清这层关系及其实践过程。

3. 社会学领域。中国自改革开放以来学界和政府一直面临着一个基本问题:在全球化进程中,如何面对社会改革中出现的新问题?在"漫谈社会学和社会发展"的命题对话中,马戎与林南用社会学的基本概念——如"社会化建设""社会关系""人力资本""社区建设"等,对原来在社区发展和社会发展过程中过多考虑经济指标所带来的缺陷提出了质疑,譬如缺乏考虑社区发展中很重要的一环——社会资源(包括人文资源、社会关系资源等),这些资源并不是经济学意义上的"人力资源",而是社会的关系资源等。这样一些研究成果为我们当今的社会建设提供了智慧。二位用生动的实证经验表明了这样一种观点:即便我们有了一些经济上和政治上的政策,但是如果没有社会方面的考量,反而可能会把社会撕裂。这些观点恰恰也是我们当今建设和谐社会的一个重要议题,同时也给我们提供了现代性的多样化案例。关于这一点,国际上很多学者已经开始对"现代化"这个概念进行重新定义,承认了"多元的现代化"这样一个概念。

(四) 认知层面

在二元论哲学思想的影响下，世界被呈现为二元结构（贫富、强弱、高低）的逻辑：由于对立统一，它永远需要一个对立面，从中获得平等、公正的社会依据。例如，"社会进化论"就赋予了发展的唯一目标。当今世界的发展已经逐渐走向了多极化，现代性也从原来意义上的单一化走向复数的现代性。人们也开始尝试超越"强与弱""高与低"等预示二元对立的思维模式，取而代之的是通过讨论诸如欧洲的、美国的、儒家的现代性来面对单极的现代性。多数情况下，现代性的意义被特殊的历史背景所界定，因此使人困惑，是否有一个能够代表世界的道德伦理？有什么方法或者机制可以使人们跨文化、平等地理解他者并与他者相处？世界是否就满足于停留在文化多样性的水平？苏国勋和索夫纳（Hans-Georg Soeffner）批判了现代性所造成的价值单一化倾向。鲍江关于全球化视野的社会学访谈中让我们看到了社会学这一知识体系遭遇地方性知识时所表现出的多元化倾向，这是因为"现代性"之争有一个难以回避的问题，即如何处理本国、本文化的传统和历史遗产。因此，知识和文化碎片化造成不可通约，以及二元论背后所隐藏的一元论思维如同障眼法，让我们读不到真正的他者。

萨林斯（Marshall Sahlins）和王铭铭的对谈一致认为"我们是他者的一部分"，因为他者才构成了完整的自我。多样性和多元化的现代性支持了这一判断的合理性。如陈卫星与米勒（Daniel Miller）的对谈所见，在互联网技术的影响下，文化不再是偏僻遥远的浪漫田园，出现了地方的全球化和全球的地方化，人们互动沟通，你中有我我中有你，为下一次世界大联合蓄势待发。

二、机遇来自对困惑的思考

法国人类学家列维-斯特劳斯在联合国教科文组织大会上用一个例子说明了"他者"与理解的关系：如果观察逆向而来的列车，我们几乎看不到对面车辆里乘客的信息，但我们从平行的列车上能够捕捉到更多的乘客信息。人们善于用自己的知识去说明和理解他者，"信任"也基于同样的原理。当面对与我们截然不同的他者时，我们固有的知识不够用，而且限制了我们的思维，当然也就无法理解他者了。人类学研究中发现的多样"他者"在现代化进程中范围进一步扩大至全球，如非洲部落里的姑娘在巴黎走T台、麦当劳行销天下、抖音遍布全球、万里外的金融危机会波及本国（尽管多数国家都会主张或声称权力或主权的独立性）；另一方面，是否能够认同却是另外一件事。郭德烈与蔡华在以"社会科学研究对象的实体、观念本体论及人类学的未来"为题的对谈中这样认为：人类学的危机是必要的，有时一定出现危机，因为他者发生了变化，我们也在改变。全球的结构改变了，这是我们当下以及在下一个世纪中的处境，我们将在一个新的世界中工作，需要探讨在这个新的世界里做些什么，这点非常重要。

在世界近代历史上，工业革命与殖民扩张相辅相成。社会化大生产打破了原有的作坊或庄园经济，取而代之的是资源、劳动力、技术之间关系的经济链条。国家虽然在政治上是独立的，但在这个经济链条中充满了跨国、跨文化、等级化的张力以及所谓现代与传统、宗教及文化之间的冲突，如今已经演变为既有冷战的痕迹，也有全球化的美国化倾向。它表现在以下几个方面：

（一）多样性和单一性的困惑

传播。黄纪苏与青木保（Tamotsu Aoki）的谈话中提出这样一个问题：全球化给人类带来诸多新文化和便利的同时，也改变了人们对本文化传统的依赖，诸如人们对饮食的习惯、对服装的审美以及对电影的兴趣等，互联网给我们提供的公共信息成了人们了解外界的唯一渠道，多样性背后向世界输出的是一整套标准化的生产与管理模式。在陈卫星和米勒关于"数码时代人类学与传播学研究的理想与前景"的对谈中我们看到互联网技术的发展让一个地方的文化在规模上扩大到全球范围。从现象来看，如多媒体、自媒体等所展现的那样，文化的表达渠道也多样化了，已经不再仅仅是承上启下的文化传承，更多的是四通八达的文化传播。在这种信息化、数字化的全球时代，传承与传播走向了一个全新的高度，各方相互依赖前所未有，同时全球化的优与劣使各方关系表现为合作和冲突的并存。

传承。以象征软实力的博物馆为例，博物馆代表了一个国家的现代化及文明程度，学者通过博物馆与居住人口的比例来证明社会文明的发达程度。传统的博物馆如大英博物馆、法国的卢浮宫等，既是历史文明的象征，又向人们展示强大的权力与权威。笔者与青木保的对谈中梳理了博物馆功能的多样性。在世界博物馆体系中，博物馆如何展演文化的多样性与本土性？时至21世纪，博物馆出现了哪些新的形式与特点？在博物馆与文化保护主题下，如何保护文化？如何表达文化？以及在多大程度上避免殖民主义痕迹，再现历史的真实性？这些象征一国软实力、在新形势下保护传承传播文化的工作被提上议事日程。新形势下，人们对传统的实体博物馆有一种批评：首先，传统的实体博物馆受人力、物力、财力的限制；其次，它的影响力基于实际参访的人数规模；最后，文物从当地搬迁到异地（博物馆）意味着文物从真实的文化脉络中剥离了出去，不再拥有它原有的象征力，成了一种必须外加说明书的静物或表演。这一方面说明脱离当地文化拥有者的脉络的文化遗产没有了灵魂和信仰；另一方面人们采取了技术化、知识化处理方式的结果是导致精英化，造成文化（包括"文化遗产")成为只有少数人才能掌握的一门"舞台艺术",并且需要花费大量资金去培养传承人和维护。脱离了群众日常生活的文化遗产已经没有了生命力,也将失去人民保护自己文化的动力。面对保护文化工作中出现的"精英化""技术化",对谈中提出了文化拥有者"参与式"的保护思路,即保护文化的活态,另外,通过数字化实现永久保护一些濒临灭亡的文化遗产,同时实现交流互鉴与数字时代的完美结合。对谈告诉我们,博物馆在全球化、数字化时代所面临的保护文化完整性、活态以及文化的主体性,我们需要反思传统博物馆"战利品"式的、植物化保护的单一模式,积极推动在文化主体中实施参与式保护的方案。

(二)全球化的美国化困惑

全球化进程中,包括恐怖主义在内的各种势力都在发展壮大。景天魁在与本-拉斐尔(Eliezer Ben-Rafael)关于"全球化背景下的反恐怖主义"的对谈中提出了一个尖锐的问题:为什么"9·11"事件发生在美国?实际上世界恐怖主义与美国的霸权主义不可分割,美国激化了中东古老的地方矛盾,恐怖主义开始映入全世界各地人们的眼帘。就目前世界局势而言,美国式的全球化所表现出的殖民主义、种族主义和霸权主义构成了它的基本特征。美国式的或者说资本主义世界的全球化只有维护资本之术,并没有给人类展示美美与共的发展之道。

苏联解体后,社会主义阵营内部的国际主义互动也因冷战弱化而相对减缓,与之相对,美国以美元、军事和科技力量作为支柱四处扩张形成全球化,建构了以盎格鲁-撒克逊(Anglo-Saxon)为底色的所谓"国际社会秩序"。这个以种族为底色的国际秩序很像印度的种姓制度（Caste System）[①]，世界各国在这样一个等级秩序中"安家立业"，形成了生产链条与构成资本世界的供求和等级关系。毛泽东用"三个世界"表达了这种等级关系。全球化又在原有的"三个世界"的基础上增加了跨国、跨文化的能力，使得"国家利益""族群利益""阶级利益"甚至"个人权益"走出了原有的疆界。

(三) 阶级矛盾的困惑

在全球化过程中，世界的资源和格局均发生了前所未有的变化。"世界是平的"也好，地球是圆的也罢，在下一个能源革命到来之前，能源和资源的总量是自然给定的，如果没有一个良性的发展理念，那么往往一方的富裕意味着另一方的贫困。从古典马克思的经典理论到世界各地出现的新马克思主义运动，围绕财富分配的"公平""公正""正义"的讨论与运动从未间断。古典马克思经典试图改变阶级压迫，争取工人阶级的自由与解放，20世纪后半期以后，它逐渐发展成面对世界体系的劳工运动。全球化催生了劳资关系的全球化，进而促进了新马克思主义的发生与发展，其内容和形式不断翻新，但分配的公平公正问题仍然是一个经久不衰的议题，说明相对贫困不断地水涨船高。就一些福利大国如中国来看，实现向市场经济的制度性转变，极大地刺激了财富的增长，并成为世界第二大经济体，但阶级阶层的分化同样巨大。中国积极推动的公共服务均等化（迟福林）依赖国家财政，与福利国家传统的做法并没有本质区别，也就是说福利财政的压力是否能够减缓仍然值得思考。景天魁与塞勒尼（Ivan Szelenyi）的对谈中提及了"底线公平"，即在相对贫困问题

[①] 在这个体系里，贵族永远是贵族，穷人永远是穷人，互相不可通婚，也不可竞争。具体而言，下等人只能擦桌扫地，上等人维持高消费，接受下等人的服务。

上，通过税收制度改革实现财富再分配的资金来源。笔者与山泰幸（Yoshiyuki Yama）的对谈中涉及了财富分配的社会化领域，即财富的社会分配。

在资本主义世界，如法国经济史学家托马斯·皮克迪（Thomas Piketty）在《21世纪资本论》用数百年的统计数据表明：通过市场竞争，获取劳动意义上的公平、正义，即可实现财富的可持续性增长。然而，事实上资本主义制度存在结构性缺陷，因而欲速不达。人们开始怀疑资本主义制度在占有财富问题上的合理性。原定景天魁和塞勒尼的对谈以"从《21世纪资本论》再看财富的获得与分配问题"为题，然塞勒尼建议"不拘泥于《21世纪资本论》"，还可以讨论在不同社会体制下，在"公平和效益"这一古老命题以外，是否还有诸如历史、文化、制度因素在直接或间接地影响着财富分配。在对谈中我们可以关注如下几点：

1.《21世纪资本论》所引发的思考是什么？全球化时代劳动与资本的关系发生了哪些变化？匈牙利等东欧国家在转型后劳动与资本的关系发生了哪些重大变化？

2. 围绕财富的获得与分配问题的研究应聚焦在哪里？从全球范围看，为什么会出现资本越发达，不平等越加剧的情况？

3. 各个福利大国均采取措施努力提高社会福利，但问题仍然层出不穷。怎么看政府和市场在社会福利发展中的作用？

如何才能更好地处理好贫富差距的问题？值得关注的是，在富裕和贫困的关系背后有一整套社会机制在运转，它宏观到世界经济体系，微观到人际关系。那么这种关系表现的形态是什么？是阶级关系、生产关系，还是文化关系？这需要研究者通过实证进行验证。以"劳动"为例，在笔者与山泰幸在"'赠予论'给未来的礼物"的对谈中，笔者视"交换"为广义上的劳动，并指出，在人类诸多交换体系中，有些是阶级的，有些并没有阶级性，如家庭内部的劳动分工并不属于阶级范畴①，家庭成员的社会身份（阶级属性）并不影响家庭内部成员的劳动分工和消费方式，甚至家庭劳动在家庭生计中既是生产又是消费。常见的研究是将劳动与收入挂钩，并作为社会分层的依据，因而对无偿劳动，如家庭劳动、志愿者劳动、基金会、协会等这类涉及社会分配的领域基本处于盲区。阶级理论无法测量或解释阶级分析无效的部分，可以说这是我们自己的知识造成的一叶障目。传统的阶级理论无法解释"无偿劳动"这一领域，它小到个体，大到跨国运动，新马克思主义研究看到了这一领域。在李培林和赖特（Erik Olin Wright）之间展开的关于"从新马克思主义视角看阶级理论"的对谈中，他们注意到阶级分析在跨国、跨区域，尤其在带有主体特征的跨阶层比较研究中的价值。李培林还特别提到研究案例：在中国依据大规模调查数据得出的研究结果与很多个案研究结果有很大差异，甚至得出恰好相反的结论。如最近的研究表明，将农民工与城市工人进行比较，前者工资更低、劳动时间更长、社会保障待遇更低，但在公平感、满意度、安全感、对未来的预期等主观的社会态度指标方面，他们比城市工人表现得积极和乐观。同样是对主体感觉的比较，本书对谈者本-拉斐尔认为：一些人不是历史地看自己当下的富裕，而是与其他地方人们的生活进行比较，这就容易产生不满情绪、挫折感，就会愤怒，甚至采取极端行动。这些对话让我们进一步坚信：把人作为社会关系的总和；重视劳动下各种关系的组合（人与人、人与自然、人与观念）；理解非阶级的分析视角及建构稳定社会的新视角。

世界围绕财富分配公平和正义的呼吁始终没有间断过。目前西方有两种趋势：一种是改良派，如增加富人的税收额度或者通过提高就业机会改善福利压力；另一种是运动派。运动派又分为激进派和恐怖主义：常见的激进派有环保组织、女性主义、消费主义运动、反战运

---

① 另一个对谈的参与者赖特（Erik Olin Wright）将其称为"阶级的零影响"。

动等,其中较大的有来自拉美的反对美国式全球化的力量,这一运动的新马克思主义者呼吁全球化不等于也不应该是美国化;此外就是极端分子的恐怖主义活动。这些究竟是不是阶级议题不能一概而论,有待具体情况具体分析。就景天魁和本－拉斐尔关于"恐怖主义"的对谈而言,本－拉斐尔认为:互联网技术让恐怖主义行为的横向比较和进一步扩大成为可能,它们已经不是传统的一国之内的问题,而是借助全球化、互联网技术走向了境外,一国之力难以应对。同样的,当今的反恐行动也必须是跨国、跨专业、跨文化的。

这几组不同时空的对谈在方法学上给了我们一个启示:围绕阶级分析理论的比较社会学的参比指标系统中,与传统的阶级与阶级意识构成的阶级群体比较而言,个体与自己的历史比较、与他者比较、个体间希望值的比较等等都会受到全球化的影响。这对我们分析家庭经济、社会运动、志愿者行动甚至恐怖主义等都有积极的意义。这无疑是一个新理论,是需要跨专业才能进行有效研究的领域。

消除贫困、缩短贫富差距是很多国家的发展目标,也是社会良性运转的保障,其中对"中产阶层"的关注度有所提高。很多学者也认为橄榄型社会是理想的、稳定的社会结构。与此同时我们也看到,曾经被称为"一亿总中流"的日本,在金融危机面前显得那么脆弱。再看陆学艺和金成国(Seung Kum Kim)之间以"东亚的'中产阶级'问题"命题的对话,我们会读到"韩国进入全球化时代之后出现了两极分化,作为判断经济状况重要指标的韩国中产阶层趋于消失",也有人认为,这就是全球化带来的风险。中产阶层的指标是以国为单位进行计算的,然而它受世界经济、金融的影响非常之大。于是人们就会产生这样一个疑惑:"中产阶级"指标体系的定义来自何方?常见的有:收入、教育程度、职业(韦伯),消费品位(布迪厄),资产占有、权力控制、技术水平(赖特)等。这三种理论显然都是以国家为单位进行计算。但是,中产阶层的发生与维系除了国家内部条件之外，还明显地受国际经济秩序、政治制度的影响，虽然有世贸组织（WTO），但它的功能并不具备处理各国中产阶层共同关心的消费、环境、妇女、安全等既跨国又跨文化的问题，也没有专门设置中产阶层参与讨论的机构。因此建立一种跨国的保护联盟在卡蓝默（Pierre Calame）、陈卫星、刘世定关于"全球化背景下的治理与参与"的对谈中有比较清晰的讨论。另外，2014年在日本横滨举办的世界社会学大会（ISA）上也有"全球社会学"的呼声。同样在人类学界，以参与"学者对谈"的马库斯等为代表的人类学家也在呼吁专业化的"全球人类学"，以求改变那种定点在"遥远的、封闭的他者世界"做田野工作的经典人类学传统。

（四）现代化发展要不要道德约束？

在黄纪苏与青木保关于"全球化问：当今世界文化多元与单一化困惑"的对谈当中，青木保有这样的描述：社会被视为只要能干就是好社会。他对大家都成为美国那样的消费社会是不是幸福这一点有非常大的疑问。并举例日本社会，人们在物质上的满足并不能转换成让社会朝着更好方向发展的理由和动力，相反，社会成为一种"无感觉的社会"，出现了没有动机的杀人犯罪，如今有社会学家批判日本已成为"无欲社会""无缘社会"。这些预示：现代社会科学的研究必须面对未来。

这个地球资源有限，一方奢靡就导致另一方贫困，一方占有大量资源就使另一方生活在生死线上，我们必须向世界发声：现代化发展进程中，一些反人性的、破坏环境的、造成贫富分化的发展值得我们深刻反思与警惕。问题是，这并没有统一的指标可测量。譬如，同样是幸福感、获得感在不同的国家会出现不同的理解和实践。苏联解体并不能用来解释中国，这是为什么？日本出现的社会问题不代表在其他资本主义国家也同样出现，这又是为什么？在某一个专业内可以解释的问题，当进入跨专业、跨国家、跨文化的情况时还按一个专业标准去理解就会造成冲突，国与国之间、异文化之间更是如此。那么把本小节题目中的"道德约束"直接运用就会产生问题，通过跨国、跨文化的对话来探索理解的前景显得尤为重要。这也就是学者呼吁的"全球人类学""世界社会学"的担当吧。景天魁在与佐佐木正道（Masamichi Sasaki）围绕"信任"的跨国比较研究的对话中，特别强调了指标体系里"客观指标"和"主观指标"之间的关系，可见上述的担当已经体现在学者的科学伦理上了。

社会学界有一个解释社会等级与伤害或风险程度之间密切关系的定律，叫"泰坦尼克定律"。我们用这个定律观察近两年来新冠病毒肆虐情况时发现：科技力量堪称世界第一的美国和作为发展中国家的巴西和印度的感染者数和死亡人数同样居高不下。细观察，这个定律能够分别解释印度内部、巴西内部以及美国内部因身份不同而出现的风险等级的变化状况。但在解释国别之间同一问题时出现了无效的结果，即美国、印度和巴西在新冠病毒控制能力上处于同等风险水平。为什么？这并非社会学在方法学上的科学性有问题，而是科学背后的政治操守在作怪，说明这一定律的穿透力不够。同理，围绕"知识就是力量"这句名言，我们要问是谁的知识，我们能说制造生化武器的"应用科学"是科学的吗？周宪和金耀基，汪民安和冯珠娣，陈卫星、刘世定和卡蓝默，李培林和赖特等的对话中都不同程度地涉及这么一条：如果没有生活（者）世界检验该理论的客观性及有效性，那么我们的发展就缺乏批判精神，丧失科学伦理的约束。"实践出真知""实践是检验真理的标准"这些话多了一层道德判断，而数据的客观性并不具备来自灵魂和道德的证明。

发展的伦理问题越来越受到重视。在刘世定、陈卫星和卡蓝默关于"全球化背景下的治理与参与"的对谈中，卡蓝默按照法语的习惯，将英语的 globalization 分成 globalization（全球化）和 mondialisation（世界化）。这个划分的意义在于：全球化是以国为单位，或者准确地讲，以"资本"为基本单位（GDP）划分能力等级的发展；而"世界化"则倡导"地球村"意义上的世界公民参政、议政能力的发展。以资本能力为导向的全球化有所谓的理性主义的技术和方法，但缺乏社会发展方向的理念，换言之，以资本为导向的全球化有术无道。"世界化"更加注重非经济的治理和参与能力，追求的是一种相处之道。与"斗争哲学"相比较，它更尊崇"道德哲学"。这种世界性力量一方面来自新马克思主义，另一方面来自"地球村"思想的"世界公民"运动。这两股力量都具备道德判断的能力与实践能力。中国也有"人类命运共同体"的发展理念。这些都向人类社会发出了共同的声音：全球化并非只是经济全球化。

以上对谈给了我们一个共同的启示：现代性遭遇地方文化时会表现出分化、再造、创新，世界朝着多元化方向发展的同时，又将不同的发展与治理模式叠加在同一个时空里。如刘世定在题为"全球化背景下的治理与参与"的对谈中提出：对治理的考虑可能会在两个维度上出现新的问题。一个维度是原来我们关注的问题的领域扩展了，需要重新考虑甚至重新设计新的研究视角；另一个维度是原来从空间上分离的一系列特有的治理方式在全球化背景下都被重合、压缩到一个空间里了，产生了不同治理方式之间的关系问题，有模仿，有学习，有碰撞，也有重新组合，需要研究者用更广阔的眼光、更高的智慧来考虑不同的治理模式之间的伦理问题。在这里，笔者愿意引用法国学者卡蓝默在与刘世定、陈卫星对谈中说的一句话：当我们必须处于一种相互依赖状态下共同生存时，我们就必须有一种责任意识并承担我们的责任。这一思考与中国面向世界提出的"人类命运共同体"的思想高度契合。

世界人类学、全球社会学将会在跨国、跨文化领域实现交流互鉴的理想。以各美其美、美人之美、美美与共、天下和而不同来充实人类命运共同体的新现代性、新全球化的发展理念。

三、在批判中进步

现代化的后来者已经不可能重复先行者的老路，这进一步增加了对现代化后来者发展结果预测的不确定性（引自李培林与赖特的对谈）、多样性和复杂性。在这种情况下，学界需要更多的学习、对话、借鉴、批判以达到创新，而不是画地为牢、故步自封。以史为鉴，意在当下；他山之石，意在自我。

（一）超越"二元论"

在关于中国从计划经济向市场经济转型的研究中，哈佛大学的倪志伟（Victor Nee）关于中国改革开放初期的制度经济学研究代表了美国社会学界对中国的关注。倪志伟在对国家权力转变过程的研究中宣称：在市场化转型过程中地方政治权力的重要性有所下降。这一观点受到研究中国问题的学者广泛关注，并引起了争论。景天魁和王达伟（David L. Wank）在题为"关于市场过渡理论的讨论"的对谈中指出：倪志伟运用了美国学者惯用的统计学方法（他们认为这样更科学），采集了大量的抽样调查数据，主要研究并说明了从再分配系统向市场经济系统转变过程中，权力由立体分层向平面化关系转变、由官方为主向比较平等的关系转变。这被学界称为"市场经济范式"研究。这种一般社会学方法，没有把中国视为一个具有自己特殊性的社会。具体的批判可以从景天魁和王达伟之间的对话中领会。这里值得一提的是统计学模型在解释地方性知识时的乏力，更大的问题在于，倪志伟的"市场过渡理论"是美国学界的主流思维模式。例如对社会主义市场经济这一"中国现象"无法解释的一些美国诺贝尔经济学奖得主坚信自己的理论模型没错，当面对自己的理论解释不了的社会时也不愿意修改他的理论模型，宁愿说研究对象不符合逻辑！马克思将这类现象称为把逻辑的事实当成了事实的逻辑。

同样讨论国家与地方社会之间的关系，笔者与杜赞奇"在国家与地方社会之间"的对谈则是围绕文化。一方从人类学视角、另一方从历史的视角讨论了地方社会与国家之间的文化网络。首先笔者批判了方法论上的"自上而下"或者"自下而上"的二元论的基本假设，20 世纪 90 年代笔者在田野调查中发现，当时的文化精英（村干部）更具备双重性，也就是说到了行政系统末端，一职多功能的现象极为普遍；杜赞奇也在历史文献和部分田野调研中验证了文化网络作为中介的价值。通过对话，我们有了一个共识：文化的观念（idea of culture）使我们不把任何事情都归结于社会对立或冲突，让我们看到不同的利益（群体）在其中都有自己的代表。这与景天魁和王达伟关于"社会学表述问题"的对话中对权力和市场刻板化处理的批判形成了隔空对话。与计划经济时代不同，中国的市场化改革无疑带来了个体之间、不同群体之间利益和权利上的变化，田野调研给我们展示了陕北黑龙潭、福建晋江磁灶中不同形式的"会"，让我们看到了地方社会努力建构一种超越阶级关系的可互动、可互惠的和谐社会的另一个侧面，而且它是文化的、社会的。

（二）跨界

作为科学家，我们已经非常习惯以国为单位思考问题，尤其社会学专业的研究更是如此。一旦跨国就必须是"比较研究"，可比性在方法学上基于衡量的指标体系。虽然遵循"通则"，但仍然以国为单位进行比较，如国民生产总值、消费指数、中等收入群体（middle class）、老龄化社会等，在方法学上一旦统一了可测量的指标体系，就可以通吃天下。在帕森斯的影响下，美国就是这样研究社会系统的，它可以超越地域、文化、性别差异，甚至超越历史进行比较研究。譬如景天魁和佐佐木正道"关于'信任'的跨国比较研究"的对谈，信任既是心理学的问题，也是道德领域的问题，当然也是法学领域的问题。作为社会学家的佐佐木正道连续做了7个国家和地区的跨国比较研究，而且是测量主观指标比较研究，难度之大且不论，假设的前提必须统一才会产生可比性。以国为界的研究固然边界清楚、概念清晰，在某些方面也能做到比较纯粹，但是，它以"科学"为前提在方法学上处理之后才有效，它的人为控制相当明显。笔者称其为"技术性的客观主义"。我们知道，"技术性客观主义"只能满足科学理性的行为，在理性之外有局限性。

科研之外的集体行动如联合国、世贸组织、跨国联盟等，需要在与之相应的一套通则基础上运行，它的理想前提是国家间的平等。但是，伴随全球化出现的环境、移民、安全等诸类问题，已经不是一国之力所能应对的。卡蓝默在与陈卫星、刘世定关于"全球化背景下的治理与参与"的对谈中呼吁"世界化"。他有意识地区别"经济全球化"或"美国霸权的全球化"，因为当今世界范围内的很多问题产生于上述这种全球化。他解释的"世界化"是各个国家相互依存度高，人与自然的相互依赖性加强意义上的世界化。这意味着以国为单位的利益博弈，产出的除了财富，还有伴随其后的社会问题，如环境问题、贫困问题、自然灾害、新冠病毒、妇女问题、移民问题、自然资源、安全问题等，哪一个问题都是跨国的。这说明，世界在经济领域的相互依存度提高了，由此派生的社会问题也表现为跨界的、全球的。该对谈没有论证多边国际组织（multilateral international organizations）、多国的或跨国的集团（multinational or transnational corporations），是因为如洛克菲勒基金、比尔盖茨基金等组织，不过是大企业的代言人，是利益纷争的另一种组织形态。卡蓝默说：这些大的跨国企业、跨国公司的行为都是在霸权意义上讲全球化的。有些大的跨国公司，从殖民地时代初期就已经存在，并在整个现代化过程中客观上以牺牲自然环境为代价，对各个文化包括自身的破坏不计其数。该对谈主张"参与式善治"，事实上要想成就一个世界级的治理模式，就必须摆脱现有的成见和误区，摆脱本身是对人类知识的一个巨大挑战。

（三）社会交换空间的新发现

吉登斯在布莱尔执政时期提出过关于福利改革的"第三条道路"[①]设想，这条思路与个人、社会、国家三者关系中谋求社会救助的"第三部门"基本一致，日本经济学家野尻武敏（Taketoshi Nojiri）比吉登斯更早一年公开出版过同名著作《第三条道路》[②]。资本主义国家的学人也都意识到改变福利国家入不敷出现状的必要性。事实上，作为社会主义福利大国的中国也正面临福利制度的完善与改革。为此，"学者对谈"工作组组织了由黄平、郑杭生、苏国勋与韩相震（Sang-Jin Han）共同参与的"关于'第三条道路'"对谈。吉登斯虽然写过类似超越左和右的文章，但"第三条道路"在他的解释里并非东方哲学意义上的"中庸之道"，而是第三条道路、第四条道路式的创新性选择的"术"。"关于'第三条道路'"对谈涉及的则是"道"的价值判断。启蒙运动所宣扬的历史进步观念其实只是控制和塑造人的权力机制和技术的完善，人类并没有从两次世界大战中进步，达到"己所

---

① A. Giddens, *The Third Way*, 1998；2003 年中译本出版。
② 野尻武敏：《第三の道：経済社会体制の方位》，晃洋书房，1997 年。

不欲，勿施于人"的境界。全球化只有获取和维护资本效益的术，而缺乏公平之道。这里的问题是：不能凭空论道，道一定始于足下！

社会以资为本，还是以人为本？或者兼而有之？财富的社会化过程由生产过程和消费消耗过程共同构成。在对商品经济及礼品经济的研究中对于交换都得到过大量印证，并且已经是社会学、人类学中稳定的社会事实或文化事实，被认定为人们建构社会的基础。最具代表的三个交换理论分别来自波兰尼（Karl Polanyi）的"市场交换原理""权力关系的交换"和"亲属制度中血缘、姻缘关系的交换"。随着全球化的推进，个体化更加鲜明，互联网等技术的发展也给交换主体带来了新的机会，在权力关系空间、利益关系空间和亲属关系空间之外出现了一个新的空间——基于志趣的个体交换空间，笔者称其为个体的全球化空间。笔者在以往的家庭劳动、志愿者行动、消费行为研究中发现了这种个体空间的普遍意义，而且在上述传统的三种交换理论中都无法得到解释。笔者和山泰幸在"'赠予论'给未来的礼物"对谈中特别提到了这一发现。笔者认为：消费同样生产社会价值这一点基于对礼品经济的研究，礼品经济的基本特征表现在无偿劳动，研究发现，基于兴趣的交换行为同样构成了无偿劳动，它不以获利为目的，而以兴趣为导向形成交换群体，如音乐、体育、餐饮、环保、育儿、志愿者等，可跨越阶层、文化、地域甚至国籍参与或组织慈善活动，它小到个人消费、大到集团性的，针对人力、物力、财力的付出能够最大限度且自然地调动个人的积极性。陈卫星、刘世定和卡蓝默之间展开的以"善治与参与"为题的对谈与我们的对谈恰恰构成了上下文关系。这就是有大众参与的公共服务社会化过程，利于当今福利改革中关于"道"的践行。例如前文青木保与笔者关于博物馆的对话中提到过的，"保护文化遗产"同样可以采用这种方式，实现文化拥有者在他们日常生活中的积极参与，而非政府补贴形式的"圈养文化"，因为它会导致文化的植物人化，反而造成政府开支压力。

以上这样的善治以问题为导向、人民基于志趣的形式参与到社会分配的各个环节。可以这样说,它是在国家二次分配基础之上进一步完善人性化建设的社会分配。

(四) 科学创新的基础

1. 批判的批判。"他者"或者"他性"的内涵在发生着变化,人们经历着"地方的全球化和全球的地方化"意义上的田野变迁,诸如作为全球化一个组成部分的"他者"、信息时代虚拟现实中的"他者"(见陈卫星和米勒的对谈)以及"自我的他性"(心智意义上的)。面对全球化对他者世界的影响,作为主体的"他者"也是历史的产物。我们的研究也将从传统的田野进入新的符合时代变化的领域(郭德烈语)。马库斯认为:以美、英、法为首的老牌西方人类学仍然秉持殖民传统,从来不反思"我们是谁"的问题。他批评这是缺乏批判精神的表现。因此最近几年学界呼吁建立跨界的"世界人类学""全球社会学"。蔡华在与郭德烈"社会科学研究对象的实体、观念本体论及人类学的未来"的对谈中与马库斯形成隔空对话,蔡华认为:20 世纪 80 年代自己赴法留学时,已经看不到殖民化问题的痕迹,后现代思潮只是一种情感宣泄,不能称为严肃意义上的"科学研究",作为科学家,如果立场中立,就不能二元对立地看待他者,"他者"只是研究对象,研究者也不属于"他者"的任何一方。这让笔者想起当初萨林斯与王铭铭对谈的设计阶段,原题目是"关于'他者'",萨林斯则希望改为"我们是他者之一"。从对他者的研究,到针对本族的研究,再到"我们是彼此的一部分"的研究,微妙的表述差别反映出与后现代思潮的巨大差别——后现代主义思潮认为话语也有霸权,因此他们从文本中寻找话语霸权的殖民痕迹。我们必须正视信息化时代带给我们的力量,它虽不是实体,如虚拟现实,但有足够的力量建构一座实体的大厦。

2. 对话的价值。对话在以下领域仍然表现出强劲的诉求和活力。（1）客观性的检验。如本书所呈现的，对话是一个相互求证的过程。一个概念或观点要在经得起自身客观性的检验之外，还应该被历史检验、被其他专业检验。作为社会科学，需要具体的专业支撑，也要求具体的专业成果具有对话的能力，隔行如隔山，在实验室里可以成立的结果并不等于生活世界也能成立。（2）科学伦理的对话。臭氧层、温室效应、核废料、极端贫困、战争移民……有太多的科学伦理问题需要面对。（3）实践理性之间的平等对话。让科研成果交流互鉴，避免专业权威、知识垄断等全球化过程中常见的非对话、非对称的弊端。下面的对话案例会进一步说明对话的创造性阐述。

主体与社会结构、个体与世界、现象与理论之间的张力被现代性批判又一次激活，讨论现象社会学的现实方法与理想类型之间关系成为可能[①]。我们以两位社会理论学家之间的对话为例：吕炳强的兴趣在如何借助现象学建立理论社会学，西原和久（Nishihara Kazuhisa）的兴趣在如何理解现象社会学，双方拥有共同的知识社会学背景，尤其都在古典马克思理论方面颇具造诣，他们一方面接受现象学的影响，同时又批判地继承，最后聚焦在"现象社会学的可能性"。如果在社会学里讨论这样的问题，就必须关注"行动的意义"（韦伯）、迪尔凯姆的集体意识和集体行动等。如何处理马克思的结构论（上层建筑与经济基础）和帕森斯的结构功能（社会系统论）？马克思的早

[①] 20世纪60年代，学界出现了对帕森斯主义批判的声音，即对结构功能主义的反动，现象社会学第二次出现在学术视野里（第一次是心智学派的现象学）。现象学意味下的常人方法（实践理性）：按照生活者世界的逻辑去解释和处理日常生活中的问题，使日常生活建立在合情合理的基础之上；出于各种实践目的，使行动置于可被说明（给出说法）、被重复的境地。本文不去讨论它的历史以及演变，只聚焦在"现象社会学的可能性"上面。

期理论受到费尔巴哈的影响,而费尔巴哈批判纲领具有人本主义色彩,所以马克思的阶级理论不采用集体表象的结构主义理论,而采取经济基础、上层建筑之间的关系结构呈现。所以,现象社会学如何吸收马克思理论这一焦点就被对谈双方呈现出来。吕炳强认为,马克思早期的理论,尤其关于费尔巴哈批判纲领的部分是现象学意义的理论,但是后来的阶级理论是建立在另一种结构主义[①]之上的理论,不同于迪尔凯姆集体表象意义上的结构。所以他认为将马克思后期的结构主义理论纳入现象社会学中是一件困难的事情。西原和久反对吕炳强的这一观点,并认为马克思《资本论》的价值论采用的是物化论分析手法,恰好与现象学所关注的意向性、意识与经验、主观性等问题有较多的重叠。实际上马克思初期的关系主义重视人与人的关系或互动,即把人作为社会关系的总和,而劳动是各种关系的组合(人与人、人与自然、人与规则)在理解后期马克思主义的物化概念上是一个非常重要的视角。所以在隔时空的另一次关于"从新马克思主义看阶级理论"的对谈中,李培林问赖特测量指标中主观指标的问题。因为在西方马克思主义研究领域,赖特将量化研究的方法引入马克思主义的研究,这在美国学界实属罕见。通过现象社会学的探索,马克思前期和后期理论被结合在一起,丰富了理论社会学。他们的努力给我们展示了什么叫在理论层面,什么才是发展马克思主义及其科学价值。这些对话让我们擦亮了去观察社会的眼睛。

3. 实践理性。澄清一项事实并不等于实践过程,如何将知识反馈给社会这一点,中国知识分子历来有"学以致用"的问题导向传统。历史上,中国知识分子曾作为一个整体,在五四运动、中国共产党的

---

① 人类学和社会学都在使用"结构"这一概念。理论上它又被分为两种结构主义理论,一种是马克思的"上层建筑和经济基础"的结构分析理论,又被称为"英国式结构主义理论";另一种是迪尔凯姆的"集体意识"和列维-斯特劳斯的"意识的结构"为脉络的法国式结构主义。

统战领域等发挥过积极作用。它所表达的集体意识一方面是建设性的社会批判,另一方面是弘扬道德秩序。围绕社会进化论的实践,如梁启超的"新史学"、晏阳初的乡村平民教育、梁漱溟的乡村建设、日本宫泽贤治(Kenji Miyazawa)的乡村建设等,中国的知识分子与日本的知识分子曾有共同话语,而遗憾的是与本国的农民间却出现了理解障碍(见杜赞奇与笔者的对谈)。我们应当明白,理论与实践相结合的努力不仅仅是专家的事情,还需要不同专业的切磋,尤其是学者学理上的"客观"与生活世界所呈现的实践理性的"客观"之间还有大量的对话和工作需要继续。

实践的另一个领域表现在政策制定与实施层面。黄树民与柯诗曼(Stephanie Christmann-Budian)的对谈涉及了科技、政策、创新之间的密切关系。对谈中特别提到在科学研究中对基础科学及跨学科研究的重视,基础科学离市场化、应用研究比较远,成果也很难直接转换成商品,给人以只见投入不见产出的感觉。但是,基础研究中有些属于开创性研究,它要求试错、不计成本、不在乎产出(资本)的实验性研究,甚至要有"十年磨一剑"的耐力。为了创新,应当给这类研究在政策上实施宽松的策略,在资金上给予更大的宽容和更多的活动余地,不应急功近利地在政策层面将研究一刀切。

实践的第三领域就是交叉学科的互利互惠,开展共同研究。我们的"学者对谈"本身就是按照这种理想进行设计和实施的。请读者阅读他们跨专业、跨文化、跨国籍的对话,这里不再赘述。

每当读古书时笔者总会产生一种儿时读连环画的画面感,想象着古人用什么声色、怎样的表达方式进行辩论,如今在技术上我们能够做到了,为什么不把他们的声像记录下来呢?1999年底,笔者开始走向自己的梦之旅,以"学者对谈"工作组为平台开始拍摄。在形式设计上,对谈由一组国内外知名专家学者在跨专业或跨国籍或跨文化的条件下通过命题对话,实现互惠互鉴。在技术表现层面,尽量保留原汁原味的声像记录，真实地反映了对谈者的口语特色。对谈声像结合、图文并茂、生动活泼，笔者能回忆出文字没有表达的每一个细节：表情、语调、停顿、会意……它资料性强，适合研究生教学、新媒体共享。该作品早期的文章曾部分发表在《社会学研究》（2000—2003年）和《中国人类学评论》（2007—2014年）。《社会学研究》（时任主编：中国社会科学院社会学研究所所长景天魁研究员）编辑部责编直接参与梳理和编辑工作，与人类学研究室成员组成的拍摄工作组共同完成了这一长时段学术思想的集大成。

知识如同一棵枝繁叶茂的树，以上每一组对谈都不是孤立的，每一个概念有它的经纬，每一种理论也有其脉络。这就是韦伯所说的"意义之网"。它在笔者的人类学田野工作中得到过充分的验证。笔者在陕北黑龙潭龙王庙里做田野工作期间，看到带着生活中现实问题来到庙上求签问卦的人每天络绎不绝。庙上有100支签，每支签上写有一则中国正史的典故。时间久了笔者发现：那里的一支签能解释百种事，百支签也能解释同一件事。这告诉我们以史为鉴、他山之石的智慧力量。"学者对谈"就如社会科学领域的历史性对话，笔者将它命名为：面向未来的科学实践。参与者在解释学意义上编织了两幅图：一幅是概念的关系结构图，另一幅是分析的逻辑结构图。所有参与过这个对话的（包括未能发表的）学者，他们不断地思索并沟通，成就传承与传播知识的双重角色，共同完成了这幅世纪之初20年间学术思想的画面。

20年来，其中一些学者已经仙逝，他们分别是郑杭生、陆学艺、费孝通、萨林斯、苏国勋和赖特。他们在对谈中的形象很多在文章中无法呈现。记得2003年1月30日上午，笔者陪同陆学艺、景天魁、宋家鼎和黄平去费孝通家拜年，在二楼办公间，陆老滔滔不绝地讲述南方农村企业的变化，费老总是提问，不作答，聚精会神、若有所思地听得津津有味。那天阳光明媚，费老容光焕发，目光炯炯有神。这张照片至今还挂在社会学所广言厅的墙壁上。虽然那不是一次严格意义上的对谈，但也留下了影像资料。之后不久费老出现了病情。回想起来，我们拍摄的那次影像竟然是费老最后的阳光面孔。郑杭生那次对谈的时间正好在吉登斯 The Third Way（《第三条道路》）出版之后，2003年12月15日上午，我们在首尔大学湖岩会馆二楼摆张小桌，就开始了他与韩相震关于"第三条道路"对话的拍摄。本以为是一次严肃的话题，但郑老总是露出笑容，好像暗示在他的心目中社会学本该是道德哲学的一部分。苏国勋于2004年4月15日下午与德国社会学会会长、歌德学院学术委员会主席索夫纳开展了关于现代性与多样性的对话。苏老心宽体胖，索夫纳如运动教练模样。两位一开始就在现代性问题上就"多元"的概念进行论战，苏老一如既往的慷慨激昂的表述风格被曹卫东儒雅地转译了。2006年9月27日，陆学艺在釜山大学金成国的办公室里，将自己置身于堆满韩文书籍的书架前，操着一口无锡普通话说："要说东亚的中产阶级崩溃还为时过早……"那次的主题是关于"东亚的中产阶层"，话题本身就不易懂，而担当现场口译的韩国崔女士竟然能够精准地翻译出陆老的无锡腔普通话。陆老说起话来动作非常夸张，镜头感十分饱满。2007年7月12日赖特和李培林进行了关于"从新马克思主义的视角看阶级理论"的对谈，赖特长着总会仰视别人的个头，但他的学问真叫"站在巨人的肩膀上"。在美国那样的社会，人们津津乐道于经济、金融、消费等表达资本能量的量化研究，几乎无人问津像古典马克思及新马克思主义那样的价值研究，赖特却不惜坐冷板凳，成为美国学术界屈指可数的研究西方马克思主义的社会学家。2008年9月至10月，司马少林（萨林斯的中国名）学术访华之际，我邀请他与王铭铭进行一次学术命题的对话，他欣然答应，在福建泉州古厝茶馆内正式开拍学者会谈。之后他说："我参加过无数次国内外的学术访谈，但您这种形式的对话还是第一次。"司马少林的夫人也表现出好奇，要求蹲坐在拍摄现场旁听。司马少林在世时就被称为世界人类学界的"活化石"，没想到临别时他的"可能来不了中国了"竟一语成谶。这六位仙逝的对谈参与者的风采伴随他们的思想将一直在笔者的视听觉里鲜活着。背负着前辈们未完的叙事，借此书出版之际，笔者致以深切的怀念，并以此书向他们告慰和致敬。

　　作为"学者对谈"的设计者和专题纪录片导演，笔者参与了所有对话的完整过程，笔者的工作也成了他们对话的一个组成部分。这也符合笔者作为人类学者的风格。笔者这样定位"学者对谈"：它既是21世纪初20年间社会科学的国际对话、声像记忆，同时也是留给未来科学的思想礼物。希望未来的人们不会再有笔者儿时的遗憾。

　　最后，要向参加过"学者对谈"的国内外所有学者表示由衷的感谢！没有你们的渊博学识和交往经验，笔者仅凭一己之力岂敢自称"国际对话"？由衷感谢李培林学部委员赐名！让思想之声有了"哲学社会科学高质量发展行动计划"的感觉。景天魁学部委员为本书奉献的序言不仅是对晚辈的鼓励，也是对此书的极大肯定。如果没有上海研究院赵克斌常务副院长的鼓励与支持，笔者还在因病弃笔，没有重整旗鼓的勇气。在这里还要对笔者的家庭说一句感谢：笔者的妻子蒋岩博士从研究生时代起就是笔者的第一读者，她作为一名生物医学领域的学者，笔者作为人类学学者，都在研究人，在跨学科问题上，我们总是在批评中进步；受我们的影响，儿子罗子禾也经常参加笔者的读书会，参与父母的跨学科对话。笔者还要特别感谢商务印书馆的支持！

于北京翠湖
2022 年 5 月 25 日

一

"现代性"之辩

全球化与全球性社会学家：什么是社会学？*

时　间：2004年7月—11月

地　点：北京

访谈者：鲍江：中国社会科学院社会学研究所研究员；中国社会科学院大学教授、博士生导师；国际人类学与民族学联合会影视人类学专业委员会主席。研究方向：影视人类学理论与方法、音像志、象征理论、民族志电影制作、现象人类学、手机片制作。文本代表作：《电影人类学引论》《本体论分叉：影视人类学与文字人类学》《生活世界影视人类学理论》《象征的来历：叶青村纳西族东巴教仪式研究》《音像志初探》等。影像代表作：《新年好》《大家庭与小家庭》《蘑菇的故事》《魂兮回兮》《去县城做白内障手术》等。多模态代表作：《娲皇宫志：探索一种人类学写文化体裁》。

2004年7月，世界各地的社会学家齐聚北京，参加由中国社会科学院与国际社会学会联合举办的第36届世界社会学大会。鲍江与

---

* 本章原是一部人类学影片，一个借助影像手段从人类学的视角介入社会学知识系统的尝试。跨文化系统的沟通与理解是人类学的学科传统，本片作者把社会学当作一个文化体系，一个陌生的、待认知的"他者"，通过与这一文化体系的承载者即社会学家进行访谈，然后在访谈录像素材的基础上编辑成片。访谈涉及以下三个问题：一、社会学家的自我介绍，二、社会学家向社会学的圈外人介绍什么是社会学，三、社会学家向社会学圈外人介绍他们如何理解"全球化"这个概念。以展现社会学家如何表述自己，社会学家是一个想象的共同体还是确有其实，社会学的地方性味道如何。

来自 11 个国家的 15 位社会学家进行了简短的问答。访谈按照地域进行划分,这样有利于了解全球化背景下的社会学以及社会学背景下的全球化。被访者的个人简介也便于我们更好地认识被访者的国家、文化背景。

问题 1:什么是全球化?

问题 2:什么是社会学?

以下是各位参访人的回答。

一、北美

美国

贝弗利·西尔弗(Prof. Beverly J. Silver)

各位好,我叫贝弗利·西尔弗,是约翰霍普金斯大学社会学系的一名教授,我教授社会学理论,这门课主要关注古典社会学理论,很多历史上重要的社会学家如卡尔·马克思、马克斯·韦伯以及埃米尔·迪尔凯姆,以及他们的理论,我的课上都有所涉及。此外,我还教有一门劳动、劳工运动以及社会运动的课程,一门经济发展、全球化以及社会变革对社会所造成影响的课程。

我认为,社会学研究的是经济与政治结构之间重大转变的关系,以及这种关系是如何影响人们日常生活的。比如说,迅速城市化后,人们从农村涌入城市的这种人口变化,对人们的家庭、工作以及教育产生了什么影响。简而言之,我们研究的是人们的日常生活与其所经历的主要宏观变化之间的关系,这些宏观变化大多指的是大范围或长期的社会转型。社会学这门学科形成于 19 世纪后期,当时欧洲正经历着城市化的大规模人口流动,人们更多是为工资而工作,而不是为自己或像往常那样在家族企业工作。人们目睹了所有的重大社会变革，关注这些变革所带来的社会问题，如犯罪、社会冲突以及不断上升的失业率，试图理解这些社会问题在多大程度上是必要的，在多大程度上是社会转型的必然结果，并以个人、集体或机构的身份，去努力减轻和改善人民的社会生活状况，努力克服城市化、无产阶级化、工业化以及所有这些社会变化所带来的社会问题。我认为今天的社会学也同样在试图去理解这些迅猛发展的社会变革，去解释它们所造成的社会困境，去回答人类到底可以在多大程度上、以何种方式，进行个人、集体或政府干预。同时，它也克服一些社会快速变化所带来的社会问题。

我会把全球化定义为"人们在越来越大的地理范围内日益相互依赖"。打个比方，在美国，当我睡醒起床，我会用一杯咖啡开启新的一天，而这些咖啡通常来自南美，日常穿的衣服来自世界各地。我们在日常生活中日益相互依赖，这种关系便是全球化。人们总认为全球化是新事物，有时很多社会学家也会认为全球化是过去10年或20年间才兴起的，而在我看来，全球化并不是什么新鲜事。

假如我们回到19世纪晚期，也就是社会学奠基者们还在挥笔写作社会学书籍的时候，那时蒸汽轮船和电报刚被发明，在各大洲流传，全球范围内的交流与贸易刚刚兴起。无疑，当时的人们还不知道全球化是什么，却正在亲身经历这种日益强化的全球性相互联系。当时的全球化进程明显慢于今日，却在很多方面与我们如今所经历的大同小异。卡尔·波兰尼曾在其著作《巨变：当代政治与经济的起源》中谈及全球化，这本书写于二战即将结束时。他认为全球化既是一种机遇也是一种险境。在我看来，如今的全球化的确可以算得上是机遇，但与此同时，还需要我们利用好社会学工具，来思考全球化的监管问题，避免对个人和社会产生过度危害，唯有如此它才能向好发展。同时，波兰尼还区分了他所说的两个概念，即"变化方向"

和"变化速度"。他说，当时的人们认为全球化是不可避免的，快速的社会变化是不可避免的，而且社会变化越快，世界就变得越好。在他看来，这种快速的社会变革是可取的，前提是我们需要设定变化速度、步伐以及方向，来适应不断变化的社会。波兰尼认为，就是因为19世纪的人们没能充分意识到调节社会变化的必要性，才导致了20世纪上半叶的多灾多难，包括法西斯主义的兴起以及两次世界大战的爆发。

综上，我想说的是，人类至少一个世纪前就在以不同方式寻求全球化，寻找一个日益一体化和相互依存的世界。全球化既是机遇，也是险境。在这样的快速社会变革中，社会学家所做的，就是去研究急剧的社会变革所带来的社会问题，并努力找到对策和方法以缓解这些社会问题，帮助世界变得更好。

朗曼（Prof. Lauren Langman）

各位好，我叫朗曼，是芝加哥洛约拉大学的一名社会学教授。我研究的领域是全球化。首先，社会学是什么，这不是一个容易回答的问题，几乎任何一位社会学家都能给出不同的答案。我认为社会学是一门新科学。回溯历史，我们可以清晰看到数学、历史、天文学等学科的发展路径，但社会学比较独特。欧洲历史上有一段时期被称为"启蒙运动"。何谓启蒙运动？启蒙运动是祛魅，用人类的科学和理性来解释世界的一种运动：为什么会下雨？不是因为有灵魂，而是因为空气中有一定的湿度，湿气在一定温度下就会凝结成雨。社会学在很大程度上是启蒙运动的产物，它是一门对社会、社会机构以及个人的研究。我如何对待我的听众？你如何对待你的朋友、你的父母、你的孩子？在一个不同的组织中工作是什么感觉？你是工人，还是主管，还是组织的负责人？社会学所揭示的，不是那些不可见的东西，而是有些人不想让世界看到的东西。让我来举两个例子。第一个，马克思。马克思的主要贡献不在于推翻富人、强权、资产阶级以改变世界，而在于向我们揭露了资本主义的另一面——那些生活在非人条件下的贫困人口，撕毁了资本主义新制度表面所宣称的"自由、平等和博爱"，露出了底下肮脏的一面。它的自由是契约的自由，它的平等只是一个幌子，用来掩盖所造成的不平等。资本主义在破坏社会后，却并没有按承诺为其重建。再举一个例子，马克斯·韦伯。对于韦伯来说，改变现代世界的不是资本主义，而是理性，是强调效率和精确性，计算出最高效的方法完成任务。一方面，人们惊讶于自己有生之年在理性影响下所能做出的贡献，飞机、电话、蒸汽轮船、铁路，所有这些伟大发明都是在那个理性时期被创造出来的；但有一种心理理性，人们却不愿多言。它使世界更有效率，但也更冷漠、更没有人情味，人们不再互相关心、互相照料。用韦伯的话来说，这是一个充斥着冷血专家和冷情技术人员的世界。而现实却是，大众一直都在自我欺骗，给自己营造出一片无事发生的假象。

我们刚才一直在谈19世纪末20世纪初的社会学起源，但我们身处的时代已是21世纪。因此，如果我们想要了解社会学在21世纪所扮演的角色，首先需要去了解其全球化进程。它是什么时候被提出的？在过去20年里，我和我的同事们一直在研究这个话题。简单地说，全球化是一种过去的延续，最早可以追溯至1492年哥伦布发现新大陆、发现黄金时。借助这些黄金，西班牙和后来的葡萄牙得以在全球进行殖民扩张。这种早期全球化模式最重要的作用之一是人们能够环绕非洲航行，这对欧洲产生了巨大的影响。欧洲商人可以直接前往亚洲获得所需的物品，而不再需要借道阿拉伯国家。

我们可以花很长时间去讨论全球化的历史以及各种技术（如蒸汽轮船和飞机）所扮演的角色，还可以谈谈不同媒体的作用，从电报到电话，再到如今的互联网。但每个人对于当代全球化的理解都各不相同。在我看来，造成这种情况的原因主要有二。首先是数字化。当前，很多东西的作用都是由计算机算法决定的。"1"和"0"可以将大量信息简化为一串在制造业中相交织的数字链，这种二进制算法也被广泛用于发明创造、被用于航运等。因此，计算机的影响从制造业起就十分深远，越来越多的产品不是人生产的，而是计算机制造的。其次是微型化，我们的商品正变得越来越小，微型化正成为一种全球趋势。

如今，新的生产方法可以随时随地进行，这也是全球化的重要意义之一。我们不仅可以通过电话（尤其是通过互联网）随时随地进行线上交流，与此同时，几乎所有的产品都可以在世界各地生产并运往世界各地。如果这些产品很小，和我上面说过的微型化一样，那么它们将在制造后运输至全球；即便这些产品很大，也将会在48小时内从工厂上架至商店货架。

由此可见，全球化在很多方面都对世界产生了巨大的影响。由于生产的全球化和交通运输的便捷化，大量财富被积累，人口流动愈发频繁。因此，如今才能看到人们旅行穿梭于世界各地，很多美国人前往中国，一些中国人则去往亚洲其他地区和南美等。这种巨变，用社会学家的语言来说，就是旧的时空概念如今已失去作用，因为我们已有了快速移动的能力。现在的人们想要从中国到世界上的任何地方，最多只需要10小时至15小时的航程。

我想强调的是，在创造了大量财富的同时，全球化也导致了跨国资产阶级的出现，而社会学所做的，就是去撕毁跨国资产阶级的假面，向世界揭露真相：如何创造财富？财富为何只被少数人占有？跨国资产阶级到处吸金，到处破坏环境，到处制造大量失业。全球化就是在为这些少数人创造财富。社会学家指出，在华美的新建筑、新汽车背后，是生活在非人条件下的普通人民，而这种情况主要是由当今世界的新型企业家所造成的。这里的"企业家"更多指的是公司而不是个人，它们接管并统治世界，侵蚀国家和个人的权利。

那人们为什么要去忍受这一切呢？大多数群众实际上并不知道发生了什么。而这正是社会学家存在的意义：向世界揭开全球化资本运作的面纱，向世界揭示全球化仅有利于少数人的原因，而后者对于世界而言更重要。当前日益普遍的消费主义已异化成了一种意识形态，即只要买到足够多的东西就会感到快乐，反之就会不快乐，进而出去买更多的东西。消费主义不仅把国家利润注入全球化体系中，还创造了一种思维方式，使人们不再看重社会、政治、文化等因素，这个世界上唯一重要的是我自己，自我主义根深蒂固。因此全球化不仅是一种困境，在人类心中也种下了一种新的价值观种子，让人们改变自我，忽略原本的价值观，去追求个人财富、个人满足和完整自我，进而漠视其他人类、漠视环境、漠视文化差异，最终漠视人类的未来。

哈莎·穆克吉（Prof. Dr. Harsha Mookherjee）

我叫哈莎·穆克吉，是田纳西理工大学社会学教授。我出生于印度东部，研究生毕业后我离开印度去美国深造，并获得博士学位。可以说我人生的一半都在美国度过，我在那里教了25年本科生和研究生课程，也陆续带了几个学生。过去，我专攻社区发展，社区发展当时被称为经济发展，而现在更多研究的是年轻人口。

年轻人是值得我们依靠和信赖的存在，各种奇思妙想由他们得以实现，但我想从另一个完全不同的角度来看待他们。当今世界人口爆炸式增长，发展中国家的年轻人已经超过人口的60%，国家领导人应对青年人多加重视。我们有时会将十七八岁的孩子称为青年，有时又会把15岁至20岁的人称为青年，这些定义都没错，重要的是不同国家对青年的重视程度。同时，能够对青年的生活状态有清晰认知也是十分重要的。社会生活是一个持续的过程，始于儿童阶段，然后是童年期，再后是青年期、成年期、工作期，最后终于老年期。当今人类的寿命越来越长，人口结构也相应改变，因此我们必须正确对待年轻人。在我看来，社会学不应只重视成熟期人口，应更理想化一些。作为一门学科，社会学把社会看作一个整体，而与社会相适应的个人则是可利用的有效资源，我们不能孤立看待这两者，而应从各个角度观察思考，首先是文化的角度，然后是经济的角度、政治的角度。

简而言之，社会学的核心概念就是：我们正在研究什么，如何将这些知识应用到实际生活中，政策制定者在制定政策时如何根据实际情况更新策略。当然，想要解决这些问题还有很长的路要走。但政策制定者应看到，社会学家也应强调，知识和思想对于政策制定的重要性。而要想达成这点，必须从社会学着手。一些学者正在努力改善这些社会结构，如家庭、社会等，设计构建一种"主体型社会"。这是什么意思呢？主体型社会的目标受众是普通群众，社会学家旨在观察人们的日常生活、行动方式以及如何为他人考虑的行为做法。我们常会以单一而固定的角度来看待他人的行为，但如果他人的行为不能达到我的期望，并不意味着他人是错误的或不好的。我们需要去了解他人行为的背后逻辑：他人的行为为何如此？背景信息是什么？为什么要这么做？他们遭遇了什么人生挫折？他们从哪里来？想要了解这些群体，不能仅从个人层面着手，而应从整个群体的视角来看。人类是群居动物，生活在一个社会之中，我们需要谈论文化，谈论社会背景，面对整个社会，在文化范围内谈论个性的存在，各个方面都需得到重视。我知道这是一个复杂的问题，并不像说起来那么简单，但我们仍需正视这个观点，并尽所能去做到尽善尽美。同时，我们还要重视青年人口，因为他们是国家的未来。如果能正确地引导他们，如果他们没有误入歧途，我们的国家将处于一个善治的状态。但要做到这一点，必须首先培养一些理想主义。我想以一句印度谚语来向大家解释，大概的意思是说，首先要了解他人的文明根源，只有了解他人的文明根源，才能去接触对方。也就是说，你得先去观察了解，然后才能据此给出建议。而这个建议采不采取，就是他人的选择了。选择是困难的，但理想告诉我们，只有通过观察和了解，才能看到接下来要走的方向。如果盲目地走下去，他人肯定不会选择追随；但如果提前向他人保证，跟着我们走一定能创立繁荣社会，那么他人就会跟着我们走下去。

至于全球化，我认为它目前主要还是一个经济术语。在这次会议上，我们一直在宽泛地使用全球化概念：我们所见的每个变化都来自全球化，万物皆相互关联，世界作为一个整体而存在。如果我们能从这个角度来看待全球化，那么全球化就正在发挥其作用。但这是非常难的，毕竟我们不能一夜之间就忘记自己的文化背景。重要的一点是，我们不能打着全球化的幌子而忘本，丢失自己的文化背景和传统，跳到我们曾称之为西方化的观念中。先是工业化，然后是城市化，之后提出了西方化，而现在我们讲全球化。也许是由于其繁荣的经济，我们关注西方、崇拜西方，陷入它繁华的幻境中。但我们不应盲目地追随任何生活方式，而应取其精华，去其糟粕，让它成为滋养本国文化的养分。我们不应忘记而应更加重视我们自己的遗产。

二、欧洲

法国

杜干（Prof. Mattei Dogan）

我认为自己是一名政治社会学家——这意味着社会学家五花八门，很难给社会学领域下定义。今天谈论社会学的概念，至少有四个方面需要考虑。

首先，就内部多样性而言，目前只谈论社会学的社会学家相对是少数。如今，大多数社会学家都专门研究某一特定领域。例如，在国际社会学协会（ISA）中，大约有50个专门从事某一领域研究的专业委员会。这种内部的多样性已经证明社会学是一门分化了的学科。

此外，社会学的每个分支都与其他学科有联系。例如，政治社会学家和政治学家进行交流，从事家庭社会学研究的人和人类学等其他学科从事家庭研究的人有交流。经济社会学、组织社会学、体育社会学或医疗社会学等也是如此。社会学的各个分支学科与行政上属于其他部门、属于其他领域的同类专家之间存在着交流。

除此之外，多样性的来源分内部和外部，除与其他学科的关联外，还有实证方面的研究维度：研究中引入了多少实证证据，理论又有多少？对理论更感兴趣的人和进行实证研究的人之间有着明显的区别，这是社会学多样性的第三个因素。

最后一个因素的重要性不如其他三个，但我们不能忽视，那就是意识形态层面。很明显，社会学家、政治学家、经济学家、人类学家甚至地理学研究者，都有意识形态取向，这是理论维度之外的另一个维度。有些人可能对社会平等更感兴趣，有些人可能更重视经济发展和自由主义，这是内部多样性的第四个来源。我想说的是，最明显但又不一定最常见的是意识形态。在几乎所有的政府中，对社会学事实作出某种解释的人与作出相反解释的人之间都存在着斗争。

如今全球化如何介入社会学的这四个多样性领域？全球化并没有从根本上占据整个社会中的所有空间。限于行业，全球化在不同领域有差异，如银行、保险公司、大企业和旅游业的全球化程度相当高，也非常明显。但全球化很少直接干预农村地区、农业，甚至是一些面向当地生产，满足国内和当地需要的产品行业。因此，全球化也有多种形式，存在于不同的社会层次和部门。

所以，当我们考虑到整个社会时，关于全球化的讨论太多了。显然，当我们与一些领域相处时，需要考虑到这种国际化、全球化的行业，例如高科技、信息、媒体、金融部门和一些重要行业，但不是整个社会。全球化在世界各地也有不同形式，如大城市的失业率高于小城市，一些国家的全球化程度远远高于其他国家。在这方面，我们肯定再次看到全球化形式的多样性。

波兰

思卡普斯卡（Prof. Grazyna Skapska）

大家好，我是来自波兰克拉克大学社会学系的思卡普斯卡。首先我想简单介绍一下我们系。克拉克大学社会学系共有1000多名学生，规模位列波兰第二，在波兰享有盛誉。每年的全国高校排名，克拉克大学都是非一即二，首都华沙大学作为我们的老对手，和我们轮流占据榜首。系里共有40位教授，还有很多年轻的同事。好了，言归正传：什么是社会学？在我看来，社会学就是一门研究社会概念、社会变化观念、社会秩序理念以及社会与个人之间关系的科学学科。

从历史角度而言，社会学是一门十分年轻却发展迅猛的学科，也是波兰最热门的学科。每年都会有很多人申请来波兰读社会学，这也充分表现出人们越来越喜欢社会学这门学科。当前，大众对于社会学的定义，要么是一门类似于自然科学的学科，要么是一门特定学科，而这些都不是社会学的本质特征。将社会学定义为类似于自然科学的社会学家，强调社会学的研究方法与自然科学方法的相似性。因此，社会学更像是社会物理学或者社会生物学。同时，也有一些社会学家认为，社会学与自然科学并不相同。相近的只是一些具体特征和研究方法，这些方法在社会学中不能被称为研究，只能算是一种理解社会的方式。

社会学的研究方法更多是去理解，而不是调查研究。在欧洲，特别是欧洲中部，社会学"理解社会、文化以及个人在社会中的地位"的定义占据了主流。而这个想法最先形成于19世纪末20世纪初的德国。波兰社会学家也提出过一个十分重要的定义，即社会学是一门帮助我们理解社会功能、社会变化以及个人在社会中地位的学科。

目前，社会学主要研究的话题是全球化，毕竟全世界都已被卷入了这个势不可挡的进程中。在我看来，全球化是一个不断发展的过程，是不同区域、民族、国家和人民之间日益增长的相互联系和相互依赖。

当代社会，全球化对我们来说意味的是人与人之间交流的增多、关系的加速。可以说我们每天都在经历全球化。打开电视，突然看到了世界上偏远地区正在发生的事，这就是全球化。我们不再只属于某一村庄、某一国家，我们每天参与的活动也不再限于狭小的日常生活。全球化让世界融合，即使是恐怖袭击这样的大事件，我们普通人也不再置身事外。我们会认为这就是生活的一部分，即使它离我们很遥远。

很多时候，人们也用纯粹的经济术语来定义全球化。以经济为研究导向的社会学家就认为，全球化意味着全球经济相互依存程度不断提升。但经济只是全球化的一部分。除此之外，文化领域的全球化增加了人民、民族、国家和地区之间的文化接触，人权的全球化也在讨论，诸如妇女权利之类的平权问题。

我认为，如今全球化已成为一个普世问题。一些社会学家认为，全球化以及世界日益强化的相互联系实际上形成了一种等级制度，有中心，有边缘，而中心区域将一些东西强加给边缘地带。但我想说的是，这个观点只能说是部分正确。毕竟世界日益多元化的事实毋庸置疑，的确有中心，但不止一个，美国、欧洲、阿尔及利亚、中国，很多国家都成了多元世界的中心之一。众多不同的中心国家共同定义了全球化。全球化不是一个仅自上而下的过程，它同时也自下而上运转。比如，在我的城市，中餐馆越来越多，没有国家指导，全凭个人意愿。这些人来自中国内地和中国香港，他们来到波兰，凭借个人努力创立了自己的小本生意。因此，在我看来，全球化不仅增强了这些国家政治实体间的交流，同时也增加了人口的流动。以上就是我的发言，谢谢！

荷兰

范·德·海伊登（Dr. H. A. Van Der Heijden）

大家好，我叫范·德·海伊登，是一名来自阿姆斯特丹大学的政治学家。严格来说，我并不是一名社会学家，但我认为社会学和我所关注的"环境政治"话题息息相关，政治学和社会学之间，特别是与我目前正在研究的话题"环境运动"之间并无太大区别。研究这个话题的人不是政治学家，而是社会学家，因此，对我来说政治学和社会学并没有什么区别，不管在政治科学领域，还是在社会学领域，两者我都适应。阿姆斯特丹大学是一所国际化的大学。我们的国际项目面向全球各地的学生，包括硕士和博士。这些亲身经历也让我对全球化更加熟悉。回到本次讨论的问题，什么是社会学？作为一名政治学家，我并没有广泛而深入地研究过，毕竟我是从另一门不同的学科入门社会学的，但我可以从另一个层面——从政治学的角度来解读它。我认为社会学研究的是不同环境下个人层面和群体层面的人类游戏规则，如政治环境、国际环境、家庭及各种组织环境等。事实上，社会学并不只有一种，存在着各种社会学，有青年社会学、科学社会学、体育社会学、基础社会学、劳动社会学、社会运动社会学等等。世界上最重要的社会学组织国际社会学协会，拥有50多个专门研究各种社会学领域的工作组。所以与其强调什么是社会学（这个问题其实许多教科书已给过答案），我更想强调一个事实，即世界上许多社会学家正在打破禁锢，从不同视角看待上文提及的所有社会学领域，包括不限于体育、劳动、教育等。

最后一个讨论的问题是，给全球化下定义，并对不熟悉社会学的普通大众做出独有的通俗解释。在我看来，全球化是指因国际间流动所产生的世界各地的人们每天都更加紧密联系在一起的一种现象。过去，对大多数人来说，民族国家是他们的主参照系，几乎不存在一个特定的上下文以供参考。当然，有些人会去其他国家，会遇到其他国家来的人，但一般而言，民族国家是他们的主要参考点。我自己是接受过新马克思主义传统教育的，在我看来，资本流动的国际化是主要出发点，资本正在变得越来越全球化，世界各地不断运作的跨国合作证明了这一点。这是全球化的主要进程，但不是唯一的一种，教育和信息也都已全球化。举例而言，过去一部电影的制作主要以国家为单位，中国人拍中国的电影，美国人拍美国的电影，荷兰人拍荷兰的电影，但现在，电影的拍摄不再是为了国内市场，而是为了国际市场，好莱坞电影通常会在全球数百个国家和地区上映，这是全球化的一个非常明显的迹象。此外，体育领域的国际化是全球化的另一迹象，我们知道，奥运会已有100多年历史，国际足球联赛也已有几十年历史，但唯在近十年，体育全球化才开始真正显露身影。由于全球化，这些活动在全球各地都开始发展，并在电视上广泛播出，人们开始把世界看作他们的参照点，电视让大众足不出户就可以拥有世界。来自世界各地的人们同时观看奥运会或国际足球比赛这件事，至今还让我印象深刻，实际上这也是全球化如何影响普通大众生活的最好例子之一。我的发言到此结束，谢谢！

意大利

费里（Dr. Mascia Ferri）

我是来自罗马大学的费里，是一名知识社会学和社会学研究的助理教授。我学习社会学已15年。关于"什么是社会学"这个问题，我可以谈谈对此的粗浅见解。对我来说，社会学是一门改变了我人生的学科，我学会了用不同的视角来看世界，我开始理解我存在于这个世界的原因，理解人们如何掌控我的生活。所以，我认为社会学可以帮助个人和社会，去理解如何掌控我们的生活，最终我们可以学会如何控制我们的社会。在我眼中，控制并不是一个贬义词，至少对我而言它是褒义的。那什么是全球化呢？很多人认为全球化是一个新词，但事实上全球化在几百年前就已存在。在当今社会背景下，我们把全球化看作一种经济系统、一种文化系统和一种交流系统。对我来说，全球化是一个了解不同文化、不同经济、不同人群的机会，并通过社会学知道，我们可以以何种方式共同生活。因此，全球化让我们通过技术和语言更好地理解世界。综上所述，全球化并不是一个可怕的词，而是给予世界的一场新机遇。

三、南美

巴西

扎维查（Prof. Jorge Zavervcha）

我叫扎维查，来自巴西东北部的伯南布哥联邦大学。作为一名教授，我主要研究合谋机制，专攻民主环境下的警察和武装部队这两个话题，致力于分析这种合谋机制在我国（即巴西）是否有效，是以民主方式还是独裁方式存在。至于社会学研究的目的，以我之见，是解决人类如何彼此互动以便和平共处的问题。因此，所有人类的互动最终都会落在社会学研究的领域内。毋庸置疑，人类需要共同生活才能最终共存，但我们同样清楚实现这一点有多难，毕竟每一个体都有属于自己的个性和特点。让这些具有不同个性和特点的个体去共同努力建立一个社会，就是社会学的目的。

至于第二个问题,在我看来,全球化是市场经济和技术发展共同作用的产物。政治因素也必须同时考虑,比如冷战时期,实现全球化就是天方夜谭,冷战结束才有可能谈论全球化。再如,昨天我在北京的麦当劳吃汉堡,味道和我家乡的一模一样,吃完后我上网冲浪,技术也和我在巴西、美国、阿根廷或其他国家使用的一样。因此,市场经济和先进技术让世界的联系更加紧密,使"世界村"的设想成为可能。现在我在北京,与世界各地的人们接触交流,吃着类似或同样的食物,这种情形也许十年前的人们根本无法想象。鉴于美国常以晦涩艰深的语言讨论全球化,以至于不熟悉社会学的普通人根本无法理解全球化,我在此举两个例子以供理解。谢谢!

桑托斯(Prof. Jose Vicente Tavares-dos-Santos)

大家好,我叫桑托斯,是一名来自巴西南里奥格兰德州联邦大学哲学与社会科学学院的社会学家(院长)。我生活在世界社会论坛举办地的阿雷格里港。目前我在社会科学系工作,也是拉丁美洲社会协会的副主席。很荣幸能来到这个国家参加此次会议。在此我衷心祝愿中国和巴西之间的友谊能更上一层楼,特别是在文化研究和社会科学研究领域取得更进一步的交流联系。鉴于中巴两国都是人口大国,也许我们共享着同样的期望,期望拥有一个美好的未来,期望建立一个正义平等的新社会,期望我们两国,每个城市的每个人都能过上更好的生活。

言归正传,什么是社会学?你可能会有这样的观点:社会学必须是对社会现象的批判性研究。但我认为社会学是分析所有社会现象出现的可能性,分析社会现象在社会中所具有的可变性,分析每个问题、矛盾、冲突的社会相互关系所要求的能力。特别是在当前背景下,学会分析社会冲突已成为必要,每天都会滋生如暴力、社会控制、妇女儿童平权以及少数民族共存等新问题。例如在我的国家巴西，少数民族（如黑人及当地土著）的种族问题一直较为严重，因此，社会学是一种能力，能给予人们对社会现象的批判性知识。如今，全球化孕育出了一种新的社会冲突性世界，我认为社会学应基于全球化的视角，让公民更批判地看待这个世界，因为批判其实才是社会学的核心。回溯社会学悠久的发展史，其实在20世纪初，我的国家巴西存在过一种本土社会学。当时其对社会的解释还是基于全球或传统的社会学概念，但在这种解释下，我们已经能够发展出适应新社会的新概念。所以，从严格的学科角度来看，社会学必须被列入高中教育课程范围或作为一种大众学科来进行学习。至于社会学如何影响公众日常生活，我们可以从微观角度来思考，如父母关系、父子关系；也可以从更加复杂的角度来看，比如如何在议会中选举代表，如何表达我们对未来社会的看法等。总而言之，我认为社会学的悠久传统是建立在大众对于社会的自我批判上，这是决定当今世界到底需要什么样的领导的一种反思。这种反思不仅在解释大众的日常生活，更是在为下一代规划美好未来。

我认为目前可能存在两种全球化的方式。一种是指世界范围内的市场经济与持久的社会合理化，认为一切问题的解决都取决于市场。而另一种观点认为，我们可以引入英语中的世界化（worldlization）一词来实现全球化，因为世界化意味着全球性的社会冲突，而这可能是由于经济全球化引起的。总之，全球化一方面意味着市场和经济的全球化，另一方面意味着社会冲突的世界化、全球化视野下的冲突。认识到这一点至关重要，因为我们目前正处在一个割裂的社会，传统和创新间日益剑拔弩张。我们必须先去学习自己本土的经验，学习传统，然后再将其与来自世界各地的新想法相结合。也许这些想法并非全都来自社会冲突的世界化，也可能来自全球化下的多元文化，但这都将为我们建立一个新的社会所服务。这个新社会，并不是以市场作为基本点，而意味着人类尊严，也许人类尊严会成为一个指导我们建立新型未来的国际化概念。谢谢!

阿多诺斯（Prof. Sergio Adorno）

我叫阿多诺斯，来自巴西南部的圣保罗州。作为一名社会学家，我目前在圣保罗大学暴力研究中心教授社会学，同时也担任暴力研究中心主任一职。该中心专门研究民主化背景下的巴西人权文明问题。至于社会学的定义，我将在下文给出我的阐述。

19世纪末20世纪初，社会学是一门研究社会的学问。社会是一种由家庭、学校等公民机构以及司法等政治和文化机构所组成的社群体系。因此，只能说社会学与数据及边界相关。那么20世纪末21世纪初的社会是怎样的呢？什么才是当今世纪的社会制度呢？无疑，今天的我们面临着许多问题和挑战，当前的社会充斥着更多复杂性，社会系统的本质也越发显现。许多社会联系，如劳动力、思想、目标、技术、文化，都在加剧流动。因此，今天的社会学，更多的是有关当代构建生活的过程及其相关机构的研究；是关乎生活条件、生活类型、社会关系以及人和制度之间联系的过程以及象征性的表征；是关于人与社会的研究，关注移民问题、两性关系、权力关系及新兴现象"全球化"。

那么，什么是全球化呢？在我看来，全球化是一个历史过程，起源于17—18世纪，是现代化进程的一个分支。全球化最显著的特性是它的双刃性：一方面，市场、生活方式、技术使用、文化表达的全球化，都各有其利弊；另一方面，在此过程中，我们可以看到这种分裂的身份以及生命状况的碎片化，认识到这一视域内的暴力因子就深藏于各种人权关系，涉及生活状况、人权、社会权利和公民权利。因此，全球化作为一个复杂过程，我们可以从中窥见其两面性：一是世界逐渐一体化的过程，二是群体的分裂、身份认同感的破碎以及其他问题。

四、亚洲

韩国

李苏勋（Prof. Su-Hoon Lee）

  大家好，我叫李苏勋，是韩国庆南大学朝鲜研究科的一名社会学教授。作为一名东亚社会学家，我很荣幸能应邀访问中国并参加这次国际会议，与大家交流社会学的定义以及全球化对大众的意义。我认为，社会学首先是一门研究人的学科，研究的是社会组织、社会结构以及社会机构中的人，研究的是人们在社会结构中的行为以及社会结构本身是如何影响人们行为的。所以，社会学是有关社会关系的一门学问，是研究社会关系和社会网络的一门学科，其所研究的组织和机构的范围，上自政府，下至个人，甚至世界体系都各不相同。其次，社会学也包含了大学、家庭以及许多企业基金的各种社会机构。

  全球化是让世界变得更加一体化的过程，具有很强的经济内涵，在这个过程中，世界经济越来越融为一体，所以我们可以谈论贸易的增长，谈论资本从一个国家到另一个国家的频繁流动。正如我们所见，在中国有着大量的投资流动，资本的跨境流动走势良好。我们还可以讨论全球化视角下的劳动力迁徙。在韩国，有很多来自中国的计算机工程专家在那里工作，同时也有很多人从韩国背井离乡来到中国从事制造业、电子行业和服务业等工作。

  全球化涉及经济一体化，但又远远不止如此，它在文化上也有很大的寓意，使世界文化或多或少地走向趋同，如今人们去往世界各地，都会有一种感觉：当地人们似乎与我们并无不同。我们共享着类似的音乐、类似的食物、类似的感觉，这就是文化融合。但这并不意味着每个国家或每个个体就丢失了自己的身份和文化，中国文化、韩国文化以及墨西哥文化等在全球化框架下仍在繁荣生长，因此全球化是一个使民族文化变得不那么突出、不那么强大、不那么有影响力的过程。但随着这个过程的不断发展，它渐渐变得协调和谐起来。因此，我们可以在此畅谈世界文化。

此外，全球化还是一个民族国家失去控制、失去条件、失去权力的过程。跨国境资本流动、不同地域劳动力的迁徙以及日益增加的贸易流动，都在推动着国家不断去适应全球化，弱化其传统权力以及获取这种权力的工具。因此，我们也可以从民族国家传统能力的弱化以及民族国家的意义来谈论全球化。

同时，我们可以拓展思维，从更大更广的层面来思考全球化治理问题。因此，我们也可以谈论全球治理。例如，在欧洲，存在一种更加区域化的治理。欧盟作为一个整体结构，凌驾于民族国家之上。这里的"凌驾"并不是说民族国家就消失了，它们仍旧存在，只是如今是这种区域治理方式在治理欧洲。从这个意义上而言，我们可以说全球治理超越了所有民族国家，也超越了区域治理。就目前而言，全球治理的定义还不是很明晰，但不可否认，它的确正在生成，正在出现在世界面前。在这样的背景下，我们可以讨论中国已加入并成为正式成员的世贸组织，可以讨论所有这些国际组织，可以讨论全球网络，或可以讨论全球化下的大众。全球网络分各种类型，有生态全球网络、人权全球网络以及所有这些关乎社会弱势群体的全球网络。目前，全球治理正在放缓其出现和形成的脚步，随着全球化的进程，政治上，民族国家将失去其传统权力、控制能力和治理能力，现在，是时候让区域治理和全球治理在国际上大展身手了。当今世界，民族国家发展出了其第二个功能，有像欧洲或北美自贸区这样的区域治理社会，也有像在东亚很多倡议和行动正在努力构成的区域社区。所以，全球化是一种趋势，从更高层次上而言，全球治理是一种趋势。也许就目前而言，我们还不清楚全球治理到底是什么，但它的确正在慢慢出现，并获得一些影响力和权力，生活在这个世界上的我们也必然会在某种意义上受到其影响。

日本

佐佐木正道（Prof. Masamichi Sasaki）

大家好，我叫佐佐木正道，工作在日本兵库教育大学社会科学系。我在日本北部出生，并在那里长大。我在日本和美国同时接受学位教育，1980年，我获得普林斯顿大学社会学博士学位。此后，我相继在科罗拉多大学和密歇根大学任教。之后我又回到日本，在靠近神户的京都大学教授社会学。我希望在座的一些学者有人知道神户是哪里。

对于第一个问题"社会学是什么"，我认为社会学是一个非常广泛的领域，涉及许多重要学科，研究了众多问题，从理论问题到历史问题，再到当前热点问题。而我们目前所做的分析也是多方面的，从个人层面到群体层面，从国家层面再到全球层面。可见社会学研究的领域极其广泛，其所关注的更多是群体行为而不是个人行为。同时我们也发现，文化和社会会对群体行为（群体成员对特定对象或特定主体的行为）产生一定影响，根据这种社会学观点可知，习俗和价值观是影响个体行为和群体行为的其中一个因素。

让我们继续下一个问题，定义全球化。我认为，全球化是由于全球不同部分越来越相互依存而产生的世界复杂性，存在着时空的限制。全球化可以是很多东西，许多社会学家也已对其做过了自己的定义。有些学者认为全球化很早以前就已开始，有些学者则坚称它只是一个新兴现象，这仍然是一个争议性话题。但不可否认的是，全球化是一种各地流行的趋势，各种各样的社会转型和社会变化层出不穷。因此，全球化下世界必将渐趋同质化，全球将会变得越发相似，而不是充满多样化和不同可能性。这是我们在社会学中必须好好面对和妥善解决的核心问题，需要时间去了解全球化的后果，对一些人来讲，全球化是好的，对一些人来讲则未必。

中国

黄平（Prof. Huang Ping）

对我来说，社会学更多意味着一种走近社会变化的方式，它描述、阐释和分析了社会变化，不管是结构上的还是日常生活上的。当然，社会学内部也许存在不同的学派、不同的方法论，社会学也可以借鉴其他学科的研究方法。但基本而言，社会学还是一门独立学科，主要因为它有着自己独特的研究方法，不仅仅是描述性的方法，更多是分析性的、知识性的，在很多方面也是对社会变化具有批判性的阐释。

因此，在当今这个日益全球化的世界，社会学对我来说比以往任何时候都更重要、更有意义。原因很简单，首先，社会学的研究方法十分全面，对于当前局势非常关键；其次，全球化本身给我们带来了很多挑战、问题，有时甚至可以说是困境。因此对我而言，全球化不仅仅简单意味着全球范围内正在发生的事或是一种描述性的现象，它更多是一种思考，思考全球化是否给我们带来了一种组织社会生活的新方式。当前，社会组织、政治机构以及文化上的人际关系变化超越了各种边界，包括国家边界、地理边界、经济边界。事实上，全球化更多是与跨国变化以及资本流动息息相关，同时社会流动当然也参与其中，但唯有国际组织在当今时代变得如此地重要，很多跨国机构也积极组织不同类型的全球性活动。

在文化层面上，全球化也在不断生长，很多跨文化的交流都超越了国界。然而，这种全球文化对发展中国家、那些非常古老的文化而言是一种挑战，比如所谓的温斯顿文化。在这样的背景下，即使我是一个主流文化下的法国人或英国人，在全球化文化中也难免遭遇很多难题。这也就是为什么一方面社会科学尤其是社会学对社会发展至关重要，另一方面社会科学和社会学也必须实施改革以适应全球化。随着全球化的不断发展，也许我们仍会遇到一些固有难题，如失业、政治以及移民等。但同样，一些新的问题也会浮现，例如，在政体这个古老的社会学问题上，我就仍有一些新的观点。因此，我们需要的，实际上是一种全球化下的社会学。

印度

欧曼（Prof. Dr. T. K. Oommen）

各位好，我叫欧曼。是一名来自印度的社会学家。过去40年中，我一直从事社会学领域的教学和研究。2002年，我从位于新德里的贾瓦哈拉尔·尼赫鲁大学退休。虽然我在印度出生、长大和学习，但我一直在参与国际层面的社会学研究。1986年，我组织了第11届世界社会学大会。1990年，我被选为国际社会学协会的主席，任期4年。同时，我也是印度社会学协会的主席。除了这些专业的活动，我也一直在出版书籍。我共编辑、撰写和出版了18本书，包括2004年贤者人出版社（Sage Publishing）出版的《国家、公民社会和社会运动》、2002年牛津大学出版社出版的《多元化、平等和认同》、1997年剑桥政治出版社出版的《公民身份、国籍和种族》等。我相信，这些书将让你们对我在社会学领域的工作有所了解。至于教学，我带过至少40批学生，约50名学生在我的指导下顺利完成了他们的博士论文。因此，无论是在教学、研究还是在专业机构的工作上，我都颇有建树，既有作为印度人的本土性，又有受到全球化影响的国际性。我一直积极主动参与学术活动，今天我来北京参加第36届世界社会学大会，没记错的话，这已经是第三次参加了。同时，我还是会议开幕式全体会议的发言人。

什么是社会学？如何向普通人和领导者而不是社会学家和社会学学生解释社会学？我到任何地方，都会被问到这些问题。这两个问题确实很难，但姑且让我一试。

任何领域都存有一些传统知识。例如，生活在森林里的人拥有一些关于野生动物的知识，但他们却不被称为动物学家；农民会有一些关于植物病患的知识，但他们不被称为植物病理学家。同样，几乎每个人都会有一些关于社会的知识，毕竟他生活在社会里，有这样的亲身经历，但这种体验却并不能被简单地称为社会学。在我看来，社会学实际上是关于社会和人际关系的一种科学研究。

但是当符号的概念被引入时，人们有时会对社会学产生错误理解。在我看来，知识领域可分为三部分。第一部分，我称之为纯粹科学，这是一个一维的知识领域，只处理物质，就像物理和化学学科所研究的那样，将一块钠放入水中，你就能看到钠水化学反应，这一部分研究的是能够相互反应的物质。但是当我们来到第二部分生命科学领域时，会发现世界上还有另一种名叫"回应"的反应。例如，你可以驯服一只狗，教它去区分主人和陌生人；当然同样可以对石头这么做，但却不会像刚才那样得到任何回应。不仅如此，科学家还告诉我们，如果你给植物播放音乐，它就会按照人为设置的预期生长；如果你给奶牛播放音乐，奶牛就会产更多的牛奶。这就叫"回应"。所以，回应让生命的世界不仅仅是物质的世界，物质加生命、反应加回应等于我所说的生命科学，而不是只有物质的材料科学。

但谈到社会科学时，我们必须面对第三部分，那就是文化。文化是一种无法通过感官去理解的现象，我们无法通过观察、触摸、品尝、感受来理解它的意义，因为文化的本质在于构建意义，它是一种创造符号的实践，并且只有人类才能创造符号。为什么呢？因为人类具有自反性。所以，社会科学实际上是在处理一种三维现象，我们的关注点是回应和反应，除了这两者，我们需要去理解人类的自反性。也许该举个小例子来帮助理解，这也是我很喜欢的一个例子：把一杯水送到实验室来研究，从化学分析的角度来讲，这水并没有属性，并不属于任何人，也没有任何特殊含义，这是就物质属性而言的；但假设这杯水是一个信徒所发现的圣水，化学分析还是会说这水是属于所有人的，并无特殊含义，但站在信徒的角度而言，这杯圣水意义非凡，因为他已经赋予了圣水特殊的意义。

就我个人而言，我并不认为科学方法是必要甚至有用的——当然，它在一定程度上是有用且必要的——因为圣水对于你的宠物狗而言不会有任何含义，但作为一个人、作为一个信徒，就会明白其中大有不同，这是社会科学相较于其他领域更为复杂的原因。因此，关于社会科学到底是科学、艺术还是人文学科的争论是毫无意义的。对于一个普通人而言，社会学是必须作为一个学科领域而存在的，它涉及对人类行为的分析。从我提及的三个要素来看，它是复杂而又意义非凡的，完全不同于其他学科，甚至要高于其他如经济学这样的学科。当别人谈论供给和需求时你无法理解，但你却愿意为妻子或者女朋友的生日花很多钱买礼物，在这个时候你是想不到供求问题的，因为这些钱和你的支付能力其实并不平衡，事实上你是在为一个象征付钱，你已经为此赋予了独属于你自己的意义。就像人们认为，礼物越贵重越独特，就越能表达出你对收礼者深深的爱意，所以这种收支不平衡是可以理解的。而不幸的是，即使是现在，也还有许多人对此深感不解。

如今，人们大部分时间都在关注所谓的全球化。但以我之见，全球化其实早已开始，只是正在加速发展。自16世纪地理探险的热度逐渐消减后，全球化的步伐就加快了，随之而来的是殖民主义热潮。当然，在更早的时候，人们迁徙和旅行更多是为了权力、贸易、传教等等。但如今，由于我们对于这个世界越发了解，人际之间的移动也越发系统化，进而帮助我们越发了解这个星球本身。因此，殖民主义可以被视为当前组织阶段的一个起点。

现在，全球化一直在扩大人与人、国家与国家、文明与文明之间的鸿沟。拿1882年的统计数据举例，就收入而言，当时最发达国家和最不发达国家之间的差值比是3∶1，这意味着，在最发达的国家，如果人均拥有3美元，那最不发达国家人均只有1美元。到20世纪50年代，这一比例增至32∶1；到1992年，增至70∶1。你会发现全球化其实正在加大经济差距。为什么会这样？如果你明白这一点，你就会理解全球化。首先，今天存在的以及我们所理解的全球化，实际上是一种时空压缩。这种时空压缩本应给世界带来更多人际之间的理解、平等与和谐，但实际上给我们带来了更多的两级分化、更多的人与人之间的差距，因为在这个过程中，富人依然支配着穷人。穷人在经济上受到剥削，在文化上受到歧视。当然，在某种条件下，全球化也是一件非常积极的事，因为它让世界上每个人知道，在世界的某个角落存在和生活着他的同伴，通过这个过程，我们试图理解人与人之间的不同。但问题是，我们还不明白与众不同并不意味着低人一等或高人一等，我们可以平等相处，同时保持与众不同。中国文明的确是不同的，但它并不比欧洲文明或印度文明优越或低劣，每一种文明都有自己的特点。当然，不是说它们就一定没有问题，只是说，所有的传统、所有的文明都有属于自己的优缺点。

现在我们必须问问世界，作为中国人，作为印度人，作为欧洲人，我们的遗产是什么？我们的优势是什么？我们的劣势又是什么？当然，优劣本身就是随着时空的变化而变化的，但提出这个问题，试着去理解它，并根据它进行改变，这才是一个民族的智慧所在。对欧洲有利的不一定对中国有利，对印度有好处的也不一定对中国有好处，但总有些东西是普世的，虽然很少但确实存在。而在这薄薄的一层共识之下，藏着许多不同的东西。我们不应该认为自己低人一等。在目前对全球化的定义中，我们真正缺少的就是这种自我理解。如果我们能在对全球化的理解中加入更多的人道因素，它能帮助国家、个人和世界变得更好。

以色列

本-拉斐尔（Prof. Eliezer Ben-Rafael）

各位好，我叫本-拉斐尔，是特拉维夫大学的一名教授。我主要研究的是种族学、身份社会学以及语言社会学，近期对于全球化以及全球化进程也十分感兴趣。我同时还担任国际社会学协会主席，很荣幸能有机会来北京参与本次大会，希望我的发言能为此次大会做出一些贡献。同时，我也很高兴能与我们的朋友——中国社会科学院的社会学家们，建立良好的工作关系和同事关系。目前，我已出版了一些书籍，内容涉及我所关注和研究的一些社会学问题。现在让我们言归正传，来回答一下大会所提的两个问题：什么是社会学，以及什么是全球化。

什么是社会学？我认为，对社会现实进行调查的关键，在于界定其基本单位，比如这个领域是由什么理论构成的。生物学如此，物理学和化学也如此，这些学科的基本单元都只是所调查领域的一部分。而对于社会学，我们很本能地将社会和社会性的基本单位定义为人类自身，然而问题是，人类在多大程度上属于社会现实？或者其实仅是社会现实的一部分？人类本身是作为一种哲学讨论方法而存在的吗？有些学者如英国哲学家霍布斯认为人类本质上是反社会的，人类本身并不是社群动物，而是生活和社会迫使他们成为社会生物。一些科学家比如著名心理学家弗洛伊德，同样认为人类人格中最本质的部分是反社会的，只不过在他看来，这种本质存在是人类的性欲。

当然，也有一些学者，比如著名的古希腊哲学家亚里士多德、英国的约翰·洛克、美国的沃勒斯坦以及德国的马克思，反对以上这种观点，在他们看来，人类是社会性动物，个体人类是一种社会存在，且只是一种社会存在。

因此，大众开始讨论人类到底在多大程度上构成社会现实的基本单位，而实际上，当社会学不再仅关注人类本身，而去重视人与人之间的互动和人际关系时，就已从理论上给出了问题的答案。人际关系为我们创造了什么？人类又到底在多大程度上联系到了一起？每种关系有多大可能创造出新兴事物？比方说，世界上没有一个政党是独立于社会互动而存在的，也没有个体能单独作为一个政党而存在。这一切都取决于人际互动，没有了人际关系也就没有了教堂、没有了宗教、没有了领导、没有了学校。事实上，世界上的很多东西都只是作为社会关系（即人际关系）的一种衍生物而存在的。

所以，社会学其实只是一个标志。在这个标志内，学者们试图去了解人际交往所创造的政党、教堂、学校、思想家、领导等等。所有的制度、模式、文化、规范、价值观都是在人际关系中发展起来的，它们构成了社会学，社会学试图研究这些由人际互动和人际关系而产生的事物，并思考我们是否可以或者在多大程度上可以去谈论一些规则、一些系统性方面以及一些可以用特定因素来解释的发展。这就是社会学，一种人际互动所创造的现实性科学研究。为什么说它是科学呢？因为我们在此过程中会去问问题，去设定问题，并向现实寻求答案，而这就是科学的定义。现实证实或证伪了一些你想通过社会所传达的想法和假设，这就是科学。

以上就是我对社会学的定义。很明显，在社会学中仁者见仁智者见智的情况十分常见，有些人强调问题，有些人则强调冲突。不同的群体、不同的个体当相互联系时，他们总是求异而不是求同，斗争和冲突也因此在所难免。另有一些人试图将人际关系看作一个由共同利益所协调的整体，强调人们是如何看待现实、如何构建现实以及如何解释个体间关系，运用不同的学派知识和方法来解决问题。社会学不仅仅是一种方法，而是所有社会学家的一种共识，即人类创造了现实生活，人们想要并且渴望形成一些规律、一些规则、一些能在这个社会中系统性运行的方面。这就是我对第一个问题的答案。

现在回应第二个问题"什么是全球化"，在我看来，全球化是指世界各地的人们以这种或那种方式相互关联。我把它称为"互联互通"。要知道，人类并不是一个模子刻出来的木偶，兴趣并不相同，但不知何故人们还一直处在相互关联中。所以，在某些人类历史时期，比如古罗马帝国时期，全球化已经萌生，罗马作为当时的世界中心，统治大半个地球。再比如古代中国的不同时期。再比如英国，在某段历史时期中，世界上一半的国家都在英国和法国的殖民统治下。

那今天的全球化有什么特别之处呢？在我看来，不同的民族之间长久以来相互联系，但却是一种被调和了的、让人困惑的联系。历史上的全球化的确有很多种，中央机构的存在意味着国家间的相互控制，比如罗马就以其军队控制了中东，英国与其所有的殖民地之间都有联系，这种联系在很大程度上其实隶属于英国政府及其分布于世界各地的代理人。但现代全球化的独特之处就在于它不再以中央机构为中介，或很大程度上不再经手大型机构，这意味着我们其实生活在一个大规模移民时代。如今，在纽约，在伦敦，在巴黎，在特拉维夫，在世界各地，你都能看到中国人的身影。这些人与自己的家庭之间有着联系，家人们会写信给他们，会过来看望他们，而这些都不一定要经受国家的管控。再比如，对于那些想要投资的人来说，投资即意味着把钱从一个地方拿到另一个地方，而这也不一定需要政府的批准。社会学家想要发展他们的学科，来自美国、英国、法国、中国等众多国家的社会学家间也都有联系，这些也不一定都是国家间的交往。假设你喜欢音乐，喜欢美国音乐、南美音乐、法国音乐，而艺术在全球范围内的传播也并不受国家或任何中央机构的支配。

我现在所说的，就是我们称之为"联系"的东西。它连接了个人、社区、机构、职业，很多时候甚至还有国际关系。以我自己来说，我是以个人名义来北京参加大会的，其中并没有政府的参与。而国际社会学协会秘书处的工作就是去创造一个不受任何人控制的跨国家社区。如果该协会决定明年在斯德哥尔摩、后年在新德里召开大会，那我们就会直接这么做，也许在座的各位中就有一些有权去如此安排，政府也并不总是和我们唱反调，总的来说，所有这些工作都既非我们主动也非政府控制。

在今天，世界上充满了所谓的人员流动、知识流动、企业家流动、艺术品流动以及时间流动。我们可以自由去往世界各地，并在当地吃上一顿美味的中国晚餐，因为如今世界上哪里有中国人，哪里就有中国餐馆。我们与许多社会因素和社会群体都相互关联，无论做什么都有迹可循，而这在很大程度上是由两种因素所导致的，其一是电话、电视以及交通领域的技术革命，比如现在你知道此刻是中午11点20分，你可以立马打车去机场，然后乘10个小时的飞机到达地球的另一边，给你妈妈打电话说："妈妈，我已经平安到了，没事的，你不要担心。"然后你妈妈说"去看看你的表妹吧"或者"就住这儿吧"。挂了电话后，在阿拉斯加或布宜诺斯艾利斯的你打开了电视，看到天气预报说地球另一边的北京正在下雨。因电话、电视、交通以及如今互联网的发展，这些场景都是当下可真实发生的。在电话中你可说不可看；在电视中你可看不可说；交通工具两者都不可，但却可以带你去往远方；互联网让你能与来自世界各地的人们进行交谈。所有的这些都是相互关联的，所有的这一切都是可能发生的，并且在第二种因素的背景下也同样具有重要意义。而第二种因素就是我们所共有的现代性。

当我落地北京时，我立马就被她的美丽所吸引。我看到了很多新鲜事物，一些从未在我的家乡特拉维夫见到过的东西。但同时我发现北京和我的家乡特拉维夫有很多相似点。在我眼中，北京这儿也像我的家乡，那儿也像我的家乡，特别是这些房子和我家乡的一模一样。中国的、现代的、普世的，这些共同构成了独属于中国的气质，这一点在美国也同样如此。每个人都是与众不同的存在，但我们仍然彼此相似，这和家庭血缘是一个道理，如果你有兄弟、叔叔、姐妹或祖母，你就会发现每个人都是不同的，但这两个人都有一头金发，那两个人都有大鼻子，另两个人都有大耳朵。也就是说，家人中的确会有一些相似的家族特征，但并不是每个人的特征都一模一样。而这就是现代社会的现代性。历史一路走来，现代性始终存在，并逐渐发展至世界上每一处地方。有时它意味着技术问题，有时它代表了文化价值观，有时它与我们的工作态度和消费观有关，有时它又与了解英语、了解另一种交流语言有关，与互联网的重要性有关。其实无论在何处，现代性都有其独特含义，但同时又有一些共同特征。这些共同点与每个地方、每种文化的独特风味相融合，与现代性或现代性的某些方面相组合，并由我所称之为"家族相似性"的东西所黏合，共同形成一种组合，而这种组合就是全球化。全球化是人类历史上的一个新时期，我们不能认为现代全球化会出现倒退，相反，我认为它可能会一直发展下去。未来也许会爆发如核战争一般的大灾难，也许会出现完全的极权主义国家，关闭边境，开创新的国际局面。但若这些都没有发生，没有爆发灾难，没有出现不可逆转的事情，那么我相信任何发展都会以全球化为起点越走越远。

全球化研究的思考与问题

时　间：2000年11月4日
地　点：北京国际饭店2楼咖啡厅
对谈者：黄平：伦敦政治经济学院（LSE）1991年获得博士学位，中国社会科学院研究员，博士生导师。主要学术领域：知识社会学、发展社会学等。主要著作：《与地球重新签约：哥本哈根社会发展论坛论文选之一》（编选）、《迈向和谐：当代中国人生活方式的反思与重构》（主编）、《误导与发展》、《乡土中国与文化自觉》（主编）、《挑战博彩：澳门博彩业开放及其影响》（主编）、《公共性的重建：社区建设的实践与思考》（主编）等。

卡尔霍恩（Craig Calhoun）：亚利桑那州立大学教授。曾担任伦敦政治经济学院（LSE）院长、社会科学研究委员会（SSRC）主席和Berggruen研究所所长。研究领域：比较和历史社会学、社会理论、人类学、政治学、科技哲学等。主要作品：《民主的堕落》（合著）、《非神非帝》、《批判社会理论：文化、历史和差异的挑战》、《激进主义的根源和资本主义有未来吗？》等。

黄平：有几个简单的问题。第一个问题是，您就国际化和全球化作出某种区分了吗？

卡尔霍恩：是的，我想指出的是，虽然存在全球化和国际化的重合范畴，但实际上二者是很不相同的。全球化常用来指在世界各地都发生的事物，每个地方都能攀上这个过程，这其实太简单了，因为存在地区化与各种不同的地方关系，这是其一。其二，"国际"一词暗含着"民族国家（Nation States）单元"，因而国际关系是最重大的关系，所以我们可以说中国和美国的关系如何。但个体的中国人与美国人、商业集团与商业集团之间也存在关系。例如，合资企业是国际性的，但又不是国与国之间的关系。资本主义明显是超越国界的，但在某种意义上又不是国际性的，因为国际意味着国与国之间的关系。

当前，国际关系的复杂性可从这个词语是否恰当的争论中得到体现。我们是否可代之以全球的、跨国的、跨文化的，抑或是国家之上的等说法？语义学上的争论并非毫无意义。此外，这些争论还反映了一个问题，即民族国家作为盖过一切的、主导性的活动组织单位的重要性是否被掩盖掉了。国家曾是突出的权力行使体、人口容纳器，甚至在现代以来的很长一段时期内，它还是经济活动的舞台。文化是抽象的、内部整合的单位。我们的文化观念是由国家形塑的，即把我们的观念置于国家的形象中，让我们以此来接近文化。当然，民族国家的意识形态也总是掩盖一定量的超越边界的活动。例如，护照的使用是试图对此进行控制，同时也反映了这种活动的规模。

我们甚至能发现国际关系领域的变化。国际关系的叫法反映了将注意力集中于一国与他国的关系上，这实际上是一国和他国的代理机构即政府（其声明代表一个国家）之间的关系。作为一项原则（或政治科学的辅助原则），国际关系是随着对一国对外政策的着重强调而出现的。但对国际关系专家来说，现在最热门的主题是非国家行为体在国际舞台上越来越突出的地位。非政府组织、多边国际组织（Multilateral International Organizations）和多国或跨国的集团（Multinational or Transnational Corporations），都被看作同时在政治舞台及在国家政治控制之外的全球性组织中扮演着重要的角色。

黄平：尤其是在中国，谈到很多事物的国际性，人们就立刻想到国际关系，即国与国之间的关系（**卡尔霍恩**：英国、美国也一样）。这就是为什么现在很多人实际上害怕全球化，因为它意味着超越国际关系的东西。

卡尔霍恩：全球化轻而易举就破坏了中国性（Chineseness）。

黄平：对，是中国性。因而下一个问题是，您提到全球化不是过去二三十年内出现的新进程。而当前却出现了一些新事物，您是否认为引起全球化的技术革命与所谓的经济扩张和国际扩张迥然不同？

卡尔霍恩：我认为有几件事是新的。首先，尽管全球化对美国和经合组织（OCED）国家有着极不相称的规则，但我认为全球化的表征是单个地区的支配性减弱了。早期殖民帝国主义的全球化更多是地区性扩张，那是个地区性的世界，造成了具有很多差异的多向性。其次，全球化更加充分了，虽然我认为它还没有全部完成，因为部分地区（如非洲）的全球化还不充分，但现在也更充分了。再次，如您所说，信息技术造成了很大的差异，因为出现了即刻可知的现象，也就是通过电视、传媒与互联网，我们能立刻得到其他地方的事件记录，这会给我们某种近距离的感觉，近到能立即知道其他地方正在发生的事。最后，我认为存在更加充分的主导性资本主义，即优先关注平民、市场和资本主义的全球化。这并没有达成很强的共识，有很多批评者。但在国际层面已不再有社会主义的选择了，而是一种全球社会主义的方案，正如以前在全球层面只存在经济方案的选择一样。真实情况是：单个国家可以进行社会主义变革，但这和全球性选择是不同的。当前有几种选择，例如，全球化的方案和反全球化的方案。

当然，全球化不是一个新过程，而是一个在不同程度上塑造了整个现代的过程。从15世纪至19世纪，欧洲探险、殖民化与帝国主义形塑了全球化过程，这个时期市场自始至终都在成长，远距离的关系也在重组。和平与暴力、劝服与压制，国家调和这两类过程，并在国内与国际的关系中组织它们。目前的全球化阶段和以前的阶段一样，也正在进行显著的再空间化（respatialization）过程，民族与国家二者地盘的变化都以此为中心。这两者既仍旧相关又受到挑战。一方面，国家规范以及生产各类物品的权力受到了挑战；另一方面，民族情绪正在全世界引发暴乱，反对既存的国家结构。这也许是自相矛盾的，但是民族主义运动在国家部分权力正在削减的时候活跃起来，并要建立新的国家，其原因也是可以理解的。然而，我们不应过快地宣称国家完全暗淡下去了，一些国家还保有强大的力量，即使这种情况也在变化，同时，在全球性活动中国家还是非常重要的媒介。与此相似的是，在普世的全球世界主义出现以前，民族身份决不会消失。由于人们要奋力争取建立新的结构以适应新的全球秩序（或是无序），相同的身份间还将引起共鸣，并以某些特定的方式突显出来。

黄平：翻阅联合国发展计划署（UNDP）两年前出版的年度报告，里面大量的数据显示，地区间或国家间的差距随着全球化而拉大了。一方面，许多人还没有这样的全球化选择；另一方面，如果很多人不能从全球化中获益，甚至由于全球化而边缘化，人们就会感到来自他们的各种抵制。接下来会是地区化、地方化吗？

卡尔霍恩：确实存在不同形式的抵制。一种是简单地保护他们的各种地方性，反对全球化。以地方主义为基础的抵制，会引发直接的冲突，像西雅图的反对者反对WTO（世界贸易组织），他们试图挑战全球制度。另外，在某种程度上全球化论者内部出现了批评者，经济学家阿马蒂亚·森（Amatiya Sen）就属于内部批评者中的一位，他们认为当然我们将有全球化，但我们可以改变一些东西。我认为，有些运动根本不是如伊斯兰主义一样的地方主义，这些挑战能生发一种对西方界定的主导资本主义式全球化的回应。有许多挑战，问题是目前我看不到任何挑战有能力撼动国际资本主义的主导地位。同时，虽然存在革命运动、反对运动，对国家产生了挑战，但当前全球化的权力结构并不完全是国家的权力结构,所以它树立的是不当的政治靶子。

黄平:许多人,尤其是那些内部批评者们,现在希望全球治理也许会有助于缩小这种差距。

卡尔霍恩:我也希望如此,但不是很乐观。我认为首要的是必须认真对待不平等问题。您指出全球不平等增长的事实,这是真的。随着全球化,贫富差距急剧扩大,几乎在每个国家,发展都意味着更富的阶级获得了巨额财富,其他人都从中得不到好处。在最富的国家如美国是如此,对发展中国家来说也是如此。我认为这牵涉到一些力量的深层结构,不大容易改变。另外,还存在公共物品和私人利益的问题,例如为国际组织工作的非政府组织(NGO),它们致力于获得全球标准的能力,这也是全球治理,但并不是要改变现况。

黄平:下一个问题。在您的论文《国际化与信息技术对社会科学未来的挑战》(Znternationalization and Information Technology as Chauenfes for the Future of Social Science)中,您提到"全球市民社会"。"市民社会"在中国有两种意思。一些人简单地认为市民社会在中国不存在。今天我们讨论全球市民社会,您能否说得更深远一点?

卡尔霍恩:市民社会也是国家控制之外的一种社会生活组织方式,不仅包括非政府组织,而且包括含个人关系的全球性社区。市民社会这种话语是指人们能在多大程度上讨论并控制他们的社会环境,这是真正的问题所在。显然这仍是民族国家内部的问题,只有当它们进入全球结构时,才会是相对新型的发展。我认为全球媒体(ITV或CNN)仅能提供一个相对狭小的对事件进行公共讨论的空间,提供不了很大的公共领域。我们确实缺少容纳全球市民社会的场域,讨论也囿于媒体的话题及影响。甚至那些批评家们,例如知识分子,尤其是学院派人士,也在欧洲和美国这个中心上论述过多。从许多国家汇集而来的人们,展开全球讨论的国际中心在哪里?有相当大的比重被欧洲与美国占据。移民和大量的散居人口在市民社会中非常重要,但是世界一直过于中心化，我们找不到这样的全球化区域，以供全世界的知识分子逗留、移居。这是美国大学应该改变之处，以使人们能够共同工作。现在是单一选择（individual election）。无论是好是歹，都含有美国与英国的偏见。我们缺少机构，缺少领域，并为无批评性的讨论而抱憾。同时我们具有普遍的全球力量（其中有一些是国家），而在互联网内的全球讨论才刚刚开始。我认为互联网与社会运动一样强有力。在强似社会运动的、压倒一切的、健康的、全球的互联网内，经过一段漫长的时间，我们会真正拥有公共空间。

互联网提出了一系列有关个体与集体身份的问题。作为一种新的交流媒介，互联网为不同群体内的交流提供了各种各样的机会，同时也提供了各种社会——文化身份的集体表现。例如，网站和搜索服务连接了大量的散居在各处的个人，使他们保持民族间的或其他的联系。一些网站定位于特殊的种族与民族群体，另有一些是种族与民族反抗的媒介。无论新技术是形成了一块飞地，还是跨越了不同群体的联合方式、更宽广地将共享人性或特殊利益相互联合，都是供未来的研究与理论化的重要材料。

与此紧密相关的是我在上面提到的全球化中的媒体问题：这些媒体在何种程度上、以什么方式使人们能在公共话语（Public Discourse）中走到一起？这是一个有关地方性的问题：使用互联网是推进了还是阻迟了这些地方性？它也是一个关于信息技术是否能为国际公共场域提供基础设施的问题：作为正在出现的全球市民社会的基础，作为政治与文化参与、社会运动动员、观点达成及相互理解的基础，互联网被广泛运用，互联网实际上为世界主义的视野提供积极基础了吗？在全球市民社会中，互联网的实际使用方式是什么？互联网产业价值几何？对其商业性的运用如何影响其非商业性的运用？在多大程度上互联网推进了全球公共观点的形成？同时它在多大程度上联结相隔甚远的公共领域（例如宗教的或语言上的不同阵线），是怎样联结起来的？在全球规模内及在全球事务上提供信息与观点的各种媒体，是一种怎样的依存关系？在多大程度上（以及由谁）这种交流的接收与公共场域内互动性回应相匹配？

黄平：有一件事很清楚，大多数学院派人士认为市民社会在某种程度上是独立的、游离于国家管辖之外的。但另有一事还不大清楚，公民社会能不能简单地化约为所谓的市场？在这点上，许多人甚至认为独立于国家的就是市场力量。

卡尔霍恩：当然不是。首先，我们别忘了市场力量并不完全独立于国家。其次，当您回溯19世纪公民社会概念的出现时，市场是一种重要的表现，但不是全部表现。市场是现代化和国家控制的表现，市场中最重要的事情是普通人可为自己组建社会组织，能前往交易场所，而毋须国家来下指令。从与自我治理和某些自治相关的市场出发，您可以初步得出结论：市民社会确实不一定要和反国家的市场联系在一起。

黄平：我这样问是因为，中国及过去很多实行计划经济的国家，政府在经济中的作用是很强的，但是发展似乎很不如人意。结果人们憧憬市场，但他们几乎没有注意或有意忽略了一个很重要的现象，那就是，现在的市场化很大程度上是由国家推行的，而不仅是由人民实行的方案。

卡尔霍恩：但国家也不指责市场。国家仍能组织、控制生产与市场生活，甚至就此来说也不仅仅是国家的问题，市场仍可产生控制人们生活的远距离力量。我认为真正的问题是人们到底有多少选择。市民社会有两个方面：一是人们在受控制外的私人生活、个体、家庭方面拥有多少机会；二是公共领域，人们有多大机会在一起讨论，在多大程度上存在集体机构。市场肯定会给人们以选择自由。在中国，人们在许多方面也能明显拥有隐私。隐私意味着人们拥有个人空间、私人生活，能享受市场的服务。同时中国在很多方面也存在对私人性的偏离，那就是由政府确定私人需求，这容易盖过市场。

黄平：您曾说"我认为至少在未来的 10 年到 20 年内，移民在全球化中都将是一种重要的因素"。为什么人们在资本信息技术的全球化上谈得这么多，但是从不（或很少）关注移民，简单地称他们为贫民、非法移民或鲁莽草率之人？

卡尔霍恩：事实上，移民是全球化的基本过程之一，它有两种不同的形式：暂时性移民和永久性移民。其实，移民早就开始了，移民向那些幻想保持纯粹身份的人亮出了不同的选择，下一步应关注世界上非常现实的部分（指移民）。显然，美国有美籍华人、美籍印度人和称作民族美国人的美国少数派。移民也建立了新的公共场所来传递信息、操办喜事和做其他事。通过信息技术来硅谷赚钱的印度人，他们把钱赚回去后不仅用来创办商业，而且用来资助政治活动。有几件事对中国历史来说显然是根本性的，整个 1919 年革命运动在一些方面与海外移民社区有很强的联系，所以仅在中国内部谈论中国历史而不考虑移民问题是不可能全面的。当前更是如此，当我们考虑时，不仅需要想到中国大陆地区，而且还要顾及中国台湾地区、新加坡，还要联想到英属哥伦比亚，在政治上它是加拿大的一部分，但当地人在经济与文化上与中国有很强的联系。所以，这种情况极大地改变着全球市民社会的运作方式。

由于社会科学家的国际移民或移民成为社会科学家，社会科学也成了国际性的。例如，在美国，对国外地区的研究发生变化的因素之一，是从其他地区暂时性或永久性移民而来的社会科学家人数的急剧增长。然而，这种移民是不平衡的，同时，使不同国家的社会科学研究团体出现差异的最重要因素之一，是它们从吸引国际移民中获益的程度。这将和长期的经济增长以及国家的繁荣昌盛密切相关，当然，也和它们内部的文化多元主义紧紧相连。不管怎样，知识分子的散居状态将对目前的社会科学产生深远的影响。

全球化研究的思考与问题

移民既改变了中心地区也改变了边缘地区。有时我容易想到，移民问题实际上改变了中心国家，因为存在着货币流、信息流和观念（ideas）流。

黄平：这导致了多元文化的现象。如果我们真有这样的全球化。

卡尔霍恩：嗯，因为有时存在一种伴随多元文化主义的地方化，那就是美国化和麦当劳化，虽然有些夸大，但显然是事实，因为麦当劳遍布世界各地。我认为存在多种多元文化意识的新结合，同时存在文化创造性的新类型。如果我们去找些例子，如作家，最富创造力的英国作家都远离自己的家乡，去国外写作，中国作家近来也是如此。在很多事例中，作品畅销的才士、头面人物都处于不同的文化之间。我认为，这就是造就多元文化及创造新文化的全球化，而不是仅仅依附于旧文化。

黄平：这也是我认为我们应该清楚的事情。当一些人谈论文化全球化时，他们真正担心的是美国化。问题是，将出现的新事物不仅对中国人是新的，对欧洲人和美国人来说也是新的。是这样的吗？

卡尔霍恩：从这种语境来说，在没有全球化的时候，中国文化不仅在符号上而且在实际上就是多元的。首先，中国是一个多元文化国家。中国有一种普遍的倾向，即谈到一种文化或一种民族身份时夸大其同质性。显然，中国在不同的地区造成了强烈的文化影响，如佛教在多元文化中的历史，在中国多元文化根本不是新东西。其次，如果中国文化和其他文化真将继续存活，它们将不仅保留旧的部分，而且还包括新的创造性，这才是鲜活的文化。新创造性意味着新的差异、新的结合与新的变化。正如中国过去曾由于朝代更替、外部力量而改变，它在将来也会变化，它是一个积极的能动体，不是仅仅被动地去接受事物。但我确实认为消费资本主义有边缘化的倾向，消费资本主义肯定是不公正的。

黄平：我刚从云南的一个偏僻地区回来，那里藏族人过着远离中心的生活。甚至就是这么小、这么偏僻的地区，我们也能见到大量的文化多样性。在当地有纳西族、傈僳族、傣族等，也有各种外来文化，不仅有汉文化，而且有西方的、美国的、消费主义的等等。看，甚至在一个县里都有全球化，而不只是民族化。即使在很小、很偏远的地区，也有在香港、台北、北京和上海能见到的各种东西。

卡尔霍恩：这是全球化的显著特征之一。早期的全球化常常只影响到一些城市。众所周知，19世纪全球化在中国只影响到上海与广州，但现在它触及每个角落。

我们需要对全球化的经济维度投入极大的关注，它也是令人兴奋的。然而，这些经济过程——无论是资本流动还是国际贸易——在全球的分布是不均衡的。不平等的普遍存在，新型组织对加入申请的接受与拒绝，都是基本的事实。过去经济学的成就集中在创立高度普适性的抽象模式上，我认为未来的成就将属于从事并擅长调和制度、区分资本主义的地方与地区文化并创立可供选择的制度形式的人士。

文化与媒体的角色在全球化中常常很突出，却很少被社会科学家系统地研究过。然而，这个问题意义深远，包括哪些内容应传播以及谁来控制它（与缺少在全球媒体中居主导地位的大集团部分相关）的问题，也包括全球媒体与地方媒体的关系以及在网上进行讨论的问题。除此以外，我们还需要询问不同的媒体在哪里及怎样提供可活跃民主讨论的公共场域。不过，至少全球媒体提出了治理与主权的问题。国家为规范媒体或成立自身的舆论系统尝试过各种策略，但这些策略现在受到了互联网和其他新型媒体的挑战，其意义我们才刚刚看出。

全球化和新的国际活动还以很多其他的方式相关联，我也可以在这里进行描绘。然而，我将关注作为社会新现象的全球事件的重要性。这些事件或是自然的，或是人为的。作为新现象，在于因新媒体的出现，它们在即刻间就达到全球可知的程度，也在于把国家行为和国际组织与非政府组织的行为结合起来对它们进行处理的程度。这反映了在一些灾难具有共通性上的意识，以及在远距离事件的相互关联上的意识，也反映了一种常常是虚幻的意识，即我们有技术能力来处理这些事件。无论如何，和对全球社会结构和全球文化、人员或物品流动的意象（images）一起，我们的世界意象越来越成为一系列变动的全球事件之一。实际上，在近期，事件的意象和发展的意象一样重要。发展的意象代表着对进步的提议更有信心。社会科学扮演了一个理解我们了解事物的方式所具意义的角色，因而形塑了世界，就像我们如何理解特定情境并在其中规划实际行动一样。

黄平：最后，在昨天的讲话中，您强调了人文与社会科学在全球化时代是多么重要，您能再给点理由吗？

卡尔霍恩：我认为有将社会科学完全放在模型经济学（model economics）上的倾向，尤其是将其放在一种普遍逻辑的模式上。这种模型仅仅是经济学的一部分，经济学还有其他部分，如经济史学、强调不同地区间制度差异的制度经济学，但经济学非常正规的部分或多或少是普遍逻辑，这就使得经济学与自然科学靠得更近。这种趋向许多社会科学家都有，我认为这会有和历史与文化相脱离的危险。对社会科学家来说，具有技术性技巧是重要的，我们没有理由拒绝技术性技巧，但同时要把人文科学与社会科学结合起来，对世界文化与历史的强烈感知能使我们定位于不同的过程。例如，如果我们研究资本主义，可以采取普遍的方式，市场是有一定特征的，其中存在相似的利益，这部分是对的，显然，市场向我们提供物品，这是普遍的一面。但是，资本主义具有不同的商业制度以及文化形式，这也是对的，这些制度及形式不可能不偏不倚，当新的金融、财务等制度创立时，它们就会有交叉式的文化内容与文化形式，并可以不同的方式来应用，从而会有极其不同的文化资本主义。例如，我们在东亚的部分地区就可见到国家的与地区的、文化的与制度的特殊形式，那里有些创造性的商业组织，不同于 IBM 组织，可它们又全是资本主义的。

黄平： 还有在中国台湾地区的那些小企业。

卡尔霍恩： 是的，绝对正确。中国的合资经验正发展出一些新的组织形式，如何组织合资企业，这将在文化的实践中达成新型的一致。所以，对社会科学家来说，应将正发生的事情置于文化和历史的情境，关注其特殊性与可变性。如果仅通过稳定性来研究普遍性，就会失去获取其可变性的可能。只有关注特殊性与可变性，才能分析历史与文化的变化。

黄平： 我的意思是还有一种方式。对于那些过去置于知识劳动分工类别里的知识，如文化与诗歌、文学艺术、哲学、史学等，还有一种重塑它们的新方式。

卡尔霍恩： 我认为应是一种新的介入方式，以前存在过，但又消失了。例如，新教主义在美国很强大，并和哲学与社会科学牢牢结合在一起。1922年约翰·杜威曾来到中国，这种观念对中国也产生了影响，自那以后，它越来越弱了，哲学与社会科学里的定义也千变万化，然而后来它又变得强大起来。我认为，重要的是潜在的联系，同时具有批评的视角也是重要的。所以我们不要仅仅概括现在正在发生什么，而且要懂得现在正发生什么只是一种可能性，另一可能性是批评地质询：我们怎样处理这些选择、这些可能性？我们已部分脱离了历史、哲学和其他约束性联结。我尤其认为，不仅在社会学内，而且在其他社会科学内，都存在两个方面。社会学总是有一半像自然科学，用术语来说是"客体的"；一半像人文科学，研究文化、活动和结构。两个方面都是重要的，我们将二者结合在一起，才能得到完整的画面。

黄平： 好，谢谢您！

原载《社会学研究》2001年第3期

漫谈社会学和社会发展

时　间：2002年5月18日
地　点：北京西苑宾馆
对谈者：马戎：北京大学博雅讲席教授，博士生导师。受聘为浙江大学、国家行政学院、武汉大学、南开大学、中央民族大学、新疆大学、宁夏大学等十几所大学客座或兼职教授。主要研究方向：民族问题、教育问题、人口迁移与城市化、贫困问题等。出版学术著作：《西藏的人口与社会》、《民族与社会发展》、《社会学的应用研究》、《民族社会学》、《民族社会学导论》、Ethnic Relations in China、Population and Society in Contemporary Tibet、《中国少数民族地区社会发展与族际交往》、《族群、民族与国家构建》、《中国民族史和中华共同文化》、《中国民族关系现状与前景》、《人口迁移与族群交往：内蒙古赤峰调查》、《人口迁移与社区变迁：内蒙古赤峰调查》（续编）、《社会转型过程中的族群关系》、《历史演进中的中国民族话语》。

林南：社会学家，曾任杜克大学亚太研究所所长、美国社会学会副会长。主要研究领域：社会资本、社会关系与社会结构变迁等。主要作品：《社会资本：关于社会结构与行动的理论》《社会资本：理论与方法》《社会资本：一个国际性的研究议题》《社会支持、生活事件与抑郁》《人类沟通研究》等。

罗红光：林老师，您这次来中国感觉怎么样？

林南：实际我差不多每年都要来一趟，这次参加南京大学百年校庆，更广泛地接触了一些学者，而且借这个机会到苏南去了下。在北京也接触到一些社会学家，市面上看了看，出去跑了跑。中国大陆总的来讲与中国台湾地区还是有一些差距，但是我觉得按照这个速度很快就会超过台湾地区。中国大陆不管是城、镇都在变，交通的建设、网络的改善、手机的使用，都在以惊人的速度往前走。当然，我所看到的都是东南沿海的情况，可能比较片面。但是我也到过武汉，到过四川，觉得也在改变，变得很快，如果一直变下去，不能说是很快达到世界一流的水准，二流水准应该没有问题。而且在某些方面可能会有跳跃的前进，比如高科技的发展，我觉得很快就会赶上台湾地区。这是我大体的感觉。

罗红光：马老师主要从事中国社区发展研究，包括乡镇企业、乡镇组织、农村教育等方面的实地调查研究，也包括少数民族地区当地民族与汉族、汉族居住区之间关系的研究。从您个人研究的角度，从中国大陆学者的角度，看中国这些年的变化，您有什么感觉？

马戎：我也经常去沿海地区，有时是去开会，有时是去开展调查。从这些年的观察来看，沿海地区确实发展得非常快，苏南地区严格意义上讲已经不再有农村了。但是在这样的发展过程中，东西部之间的差距在急剧扩大，不仅仅是科技和经济发展方面的差距，人们观念上的差距也是越来越大，行为方式上也是如此。在西部，一些穆斯林聚居的地区，传统的文化观念、社会组织、社会网络还是相对根深蒂固的。在这种情况下，中央确定了西部大开发战略，我想是有两个方面的考虑，一个方面是从经济上扩大内需，通过政府投资来拉动建材、能源各方面产品的国内市场，为东部沿海的持续发展创造市场；另一方面是想把西部地区的基础设施搞上去，为西部将来的发展打下基础，希望东西部的差距不要继续扩大。

在西部大开发的过程中,我觉得政府投资是必要的,加强基础设施建设也是好事,但是如果其他方面的政策没有及时跟上,可能会带来一些问题。现在西部投资在迅速增加,达到了很大的规模。根据中央电视台相关节目的介绍,2002年在西部地区对基础设施建设的投入达到三千多亿元:交通是一千多亿元,邮电通讯是一千多亿元,水利设施是一千多亿元。巨大的投资带来了两个后果,一是当地基础设施的极大改善,二是大量劳动力的转移。当地的劳动力无论从数量上和技能上都不能满足这种开发规模的要求,随着项目的招标与实施,必然导致大量劳动力的流动,包括管理人员、技术人员甚至普通劳动者从沿海到西部、从中部到西部的转移。这些随着项目和其他就业机会从沿海和中部地区来到西部的汉族人口,会在当地城镇人口中占据很大一部分,汉族的语言、宗教、文化传统、行为方式和生活习惯与当地的维吾尔族、藏族差别比较大,存在明显的文化差异。对于文化差异所引发的各种问题,如果处理不好就可能产生值得关注的社会问题和民族矛盾。对于这些问题,无论是中央政府的决策者还是社会学研究者,都是必须加以关注的,因为我国少数民族人口虽然只占全国总人口的9%,但是少数民族自治地区(包括自治区、自治州、自治县)占中国陆地领土面积的64%,地域范围非常大。如果处理得不恰当,损害了当地老百姓的利益,占用了他们的资源,就会出现问题。我们需要考虑如何创造机会,让当地少数民族民众对于外来的文化和人员逐渐地理解和接受,认识到西部开发需要这些在素质和技能方面为西部所缺少的劳动者,他们会推动西部地区经济的发展,并为西部人民创造更多的就业与发展机会,以平和的方式和向前看的视野来完成文化交流与文化融合,我觉得这对于社会稳定、经济发展和民族团结非常重要。作为中国的社会学工作者,我一方面非常支持中央的西部大开发战略,另一方面觉得有很多后续的研究工作要做。要使西部开发战略的实施推动民族交流与民族团结,而不是引发文化与就业方面的冲突，才能保证中国作为一个整体在 21 世纪中真正实现社会稳定和经济腾飞。

罗红光：您的谈话涉及一个很基本的、政府和学者都面临的问题，那就是在全球化的背景下如何面对社会改革中出现的新问题。比如您讲的在改革过程中出现的文化问题，不管是摩擦意义上还是整合融合意义上，都显得比原来更重要。我想问林老师，在社区发展和社会发展中，原来我们考虑经济指标比较多，实际上社区发展还有很重要的一块，就是我们讲的社会资源（包括人的资源），还有社会关系资源。这些很可能不是经济层面的，而是社会层面的，在林老师的研究中是不是涉及？

林南：这个问题当然涉及。我刚才听马教授讲了西部的问题，觉得是一个很重要的研究课题。我对中国西部不是很了解，只去过一次新疆，所以不能够做出具体的评论，但是我可以对美国多数族群和少数族群的关系在社会层次上作一个介绍，也许可以供中国学者做一个对比。美国的少数族群在社会学看来有几个基本问题，其中一个是他们的社会圈子同质性很强，由于语言、文化和社会习惯的关系，他们交往的对象一般都是同等类型的人。白人与白人、黑人与黑人、拉丁裔与拉丁裔比较容易相处，这就形成了美国社会网的基本性质，给物质和文化的交流造成了很大障碍。现在美国白人基本占有了经济和政治的权益，加上社会上互相交往的运作，很自然就形成权益的再生产，一代一代传下去，少数族群老是被排斥在外面，随着科技的迅速发展，差距越来越大。我们看到一个很有意思的现象——上网男女数量的差异，过去上网男多女少，现在女性基本超过男性了，因为男女问题不是种族问题，一个家庭的组成有男有女，有夫有妻，所以男性虽然在技术上曾有占先的地位，但是很快女性就追上来了，而且现在网上很知道女性需要什么，提供了诸如购物中心、健康信息、减肥服务等等，使得女性能充分利用网络。但很有趣的是，种族之间并没有出现这种变化。黑人使用网络，甚至使用网上互动程序的都越来越少，差距在拉大。

刚才马教授可能有一点隐忧，就是我们有了经济上和政治上的政策，但是如果没有社会方面的考虑，很可能会把族群间的距离加大。美国政府意识到这个问题后，利用团体和基金会的方式，使少数族群成员在年纪很小时就接受技术训练或使用电脑的培训，看看将来是不是可以突破这种界限。回到中国西北地区尤其是少数民族地区的问题，有几点可能是需要注意的。对于一个曾与外界有隔阂的社会，来自外界的资源、能力、技术、教育，其力量会很大，如果是强有力地进入，就会对当地少数民族的既有文化和社会运作的秩序形成冲击。每一种文化都是有其层次的，运作是不大一样的，如果我们进入的时候没有顾及当地的运作方式，很快就会形成不同文化之间的隔膜。而且刚才马教授讲，外地人不都是高科技的人才，也有很多工人，以他们的文化背景和教育程度可能并不了解应该怎样去与当地人很公平、很正常地交往。这些问题在社会学里应该积极地讨论，然后政府部门早做准备，免得产生不好的后果。我想有很多问题是我们社会学家可以着手研究的。

罗红光：原来我们在发展上考虑经济指标比较多，那时候讲"四化"，基本上是科学、技术等。在发展的过程中，环境、人际关系为经济发展带来一些负面的影响，像现在面临的养老问题、分配体系问题。现在逐渐重视经济与社会的协调发展，如果要实现经济可持续性发展，就不能抛开社会，我们在其他的研究中都会感受到这个问题。如果考虑到社会，制度改革仍然是经济改革，在马老师的研究中，有没有在这方面有些考虑，比如制度创新？或者像林老师讲课时讲的，社会和制度之间有一个很好的勾连？在您的研究中会不会涉及这方面的问题？

马戎：因为中国是在各方面体制都迅速改革变化的国家，所有的领域和专题研究都不能回避这一点。林教授这次的讲座主题是社会资本，我知道林教授去年出版了一本很有影响的书 Social Capital（《社会资本》）。那天因为时间关系，您讲得很简略，您谈到政治资本是与权力相关，经济资本是与金钱相关、与 capital（资本）相关，社会资本和网络与人际关系相关。虽然这书我还没有看到，但是我觉得从您的介绍中，它是试图对社会的人际关系在基本理论层面上树立一个理解与分析的系统，这样的研究在华人社会学界还是绝无仅有的。

再谈到我国的少数民族问题，中华人民共和国成立以来，政府根据马克思列宁主义的意识形态，从各个方面以制度化的方式优待少数民族：从民族区域自治制度来看，直接把民族与地域联系起来，同时对这些地方政府中干部任命的族属也有规定。对于少数民族，政府在包括招工、入学、计划生育和干部（官员）选拔上都有一系列相当明确的政策与规定，对于这种对待少数民族人员的优惠政策，您把它算作哪一种资本？

林南：如果从政策的角度来看，我觉得还是政治资本，因为它是从上面下来的。虽然我想在政策拟定时，肯定会有少数民族人士参加，但还是有由上到下的趋势。

从"社会资本"概念来讲，一个问题是结构的因素，结构的因素包括营造很好的大环境，就是刚才您说的我们能够在很多政策上考虑到少数民族的参加，他们有一些主体性，或者在政治结构中有一些位置的安排。这是很重要的。

但另外一个重要的问题是，怎么能让他们自发、自动地参加。这不是单单靠政策就可以解决的。不管是在中国还是在其他地方研究少数民族，都会发现一个问题：给少数民族人士好的待遇是不够的，他的心情很重要，他的看法很重要。而且这种看法、心情不是个人的问题，而是群体的问题。社会是一个网络，个人的感受会变成整体性的感受。这个感受是不是与当初政策制定时的目标吻合，这不见得。弱势群体也好，少数民族也好，会容易产生被多数围绕着、被压迫的感觉，这种心情会在社会层面持续下去。研究社会资本很重要的课题就是研究他们的"自发"怎么产生，尤其是处在一个被隔离的、低层面的情况下。如果他们文化和工作的性质，包括技术方面都有被蔑视的感觉，就会形成一个同质化的坚强网络。怎样把这个网络与我们对接，这很重要。在社会资本研究中，对于形成"自动、自发"很重要的是让他们感觉到可以接触、利用外界来的资源。在西部大开发中，会有很多的资源进入，而资源进入以后，要使他们感觉他们这个群体可以享受到这些资源，能够比较主动地运用这些资源。所以社会资本、政治资本（或政治力量）和经济力量怎样调配很重要。不是说给当地很多资源，当地少数民族人士就很高兴了，不是的。因为人总是追求效果，能够利用这些资源，才有认同感。

少数民族与外来人之间结成的网络关系，就是我们说的桥梁问题，是一个很有趣的问题。我想请教一下，就国内的少数民族研究而言，对民族之间的社会关系有没有具体的研究？

马戎：刚才林先生谈到两点。第一点，从社会制度上来说，对少数民族的优惠政策属于政治资本，但是中国整体上是在从计划经济向市场经济转变中，实际上政治资本在下降，靠行政来管理、约束、赋予资源分配的力量都在下降，市场的运作能力在上升。这样一来，原来政府赋予少数民族的政治资本（优惠政策）的效度在下降，而他们过去那种单纯依靠政策，却在市场经济环境下因历史、地理、教育等因素造成的客观上竞争能力上的弱势在凸显。例如香港的商人到新疆来投资办企业，他不会考虑对少数民族的优惠政策，他招收工作人员的标准是谁能够把事情做得最好、最有效率，语言沟通最方便，因而他就很可能雇佣来自沿海地区的人，而不是当地的少数民族人士。这样一来，随着西部地区市场经济和就业市场机制的发展，少数民族原来所拥有的政策资本在下降，而不得不面对更多市场的因素。

第二点，就是您刚才谈到的关系网和社会资本。我想我们的社会资本的构建有几种途径，主要是人为地、主动地去认识。比如我上学，在学校结识了同学；我到单位工作，认识我的同事；或者我通过朋友的介绍，认识一些朋友的朋友。这样建立一个社会网络，变成我的信息、资源或其他方面的支持。但您会发现，同样面对两个人，采取主动态度对其中一个人可能很有效，对另外一个人可能基本上无效。这里面有认同的量的问题。比如这个人与我在文化背景、民族、宗教方面是相同的，我的主观努力就会比较容易奏效，因为我们的交往具有文化基础上的认同；而在一个美国人和中国人之间，可能就没有什么效果，两人之间的语言可能并不能沟通，尽管主观上想去构建社会网络，但效果不一样。

回到您刚才谈到的问题，我国不同的民族各自具有不同的宗教背景，中国有 10 个少数民族信仰伊斯兰教，改革开放后，这些民族与汉族之间社会网络的建立急剧弱化。原因很简单，过去我们的认同有共同的基础，在社会主义社会制度下，有意识形态方面的大前提。马克思说，阶级超越了国界，超越了民族。既然大家都是各民族受苦的穷人，那就一起来反对压迫我们的富人。所以在 20 世纪 50 年代和"文化大革命"期间，民族之间有相互认同的意识形态基础——也有经济基础，土地改革以后各族的农民分了田地——他们感激共产党，感激毛泽东，那时各族民众之间的认同具有这样一个基础。"文化大革命"结束之后，意识形态中的"左"的倾向开始减弱，与此同时，原来的宗教、传统文化的影响力在上升，认同的程度明显加强，可能会不利于族群之间社会资本的建立与社会网络的构建，所以我认为这是一个大问题。

林南： 您刚才讲的与我在沿海看到的有相似之处：经济动力和社会动力在慢慢提升，网络的建构都是经济给予动力，再加上当地以家族为主的力量，从而建立新的社会网络，这种网络是很稳固、很普遍的，而政治动力在相对下降。碰到的也是同样的问题：不论是经济制度还是社会秩序，还是需要政治力量的。政治不是干扰它，而是使它的运作正常化，使市场的游戏规则能够维持，使大家都遵守市场规则，不能让有的人采用不正常的运作方法利用市场空间侵犯其他人的利益。社会学一个很重要的课题，是提醒政府或其他执行政策的人注意很多不同的因素，政策不是要压制，而是要使市场运行公正公平，使其按照游戏规则良性运行。这是基本的要求。

我接着想说的就是您说的社会和文化的力量在兴起，这个问题怎么解决？现在全球都涉及亨廷顿所谓文化或者文明间的冲击。我们在20世纪90年代看到全球化时，认为全球化的基础是经济，从经济资本来看全球化。但是从"9·11"事件中，大家发现在全球化中社会的力量往往超过经济运作的力量。这个问题如果我们不及早注意，纯粹把它当作经济问题来解决的话，就可能出现很可悲的结局。

举例来说，布什在"9·11"事件之后发言，很不幸地用了一个词"Crusade"[①]，他的本意是表达解决恐怖分子问题。但从历史文化上讲，这个词对应基督教对伊斯兰教的宣战（"圣战"）。几百年来，基督教想把耶路撒冷从伊斯兰教手上拿过来，这就变成一个文化和宗教问题。布什在发言的时候，下面的人发现他讲错了，所以以后没有再讲。但是，这个词马上就传遍了伊斯兰教世界，让人联想美国会再度以十字军东征的方式来解决问题，所以反应很强烈。我想在开发西部的时候要特别小心，对既有的文化和社会的基础应当去维持，而不要破坏，不要产生一种印象：外来者来了以后要以外来者的方式和政策进行改变。因为这样的印象会出现一种很自然的反应：我按我的做法为什么不行，而非要用你的方式做？

我很奇怪，为什么美国总统布什这样的人都可以说出这样的话

---

① 可译作"救世军"或"十字军"。——林南注

来。所以很多政治家还是需要我们不断地提醒，即便他再聪明、力量再大，有时候也会想不到这些看起来很小、实际上却很核心的问题，造成很强烈的反击。

我想起布劳教授讲过的一个很简单的理论：两个人群在交往的时候，人口多的人群是占绝对优势的。比如少数民族有10人，而多数民族有100人，每个人有10次交往机会，那么少数民族交往的多是多数民族，多数民族交往的还是多数民族，少数民族就有被包围的感觉。怎样调节这一问题？不是说把他们的交往隔断，而是怎样把他们数字上的劣势变成质的优势。所谓质是指资源的交换，比如在西部开发过程中，有个很重要的要使当地人感受到的概念，就是我们进来不是把这里的资源挖走，不但资源不被挖走，还会通过开发建设把外面的资源运到这里来，给这里的人们一个外来的、更好更丰富的资源环境，因此要在政策上一开始就讲清楚。我那天也提到了美国西部开发的例子，开发不是把西部的金矿和油挖走，而是因为开发从而使外部的资源进来，这样整个地区就会发展。美国的西部现在基本上可以与东部相抗衡，当然这经过了很长时间。美国采取了市场的机制，但是有政策在引导市场力量把西部开发起来。西部不仅仅有印第安人的力量，而且有阿拉斯加的力量，也有拉美的力量和法国的力量，怎样使当地人变成"美国人"，怎样使他们能对美国具有认同感，很重要的一点是给他们以资源的保障，甚至给他们更丰富的资源，从而加强他们的认同。

马戎： 林先生说的是核心的问题，在西部开发中，少数民族作为某种意义上的帮扶对象，其语言是少数语言，其教育发展落后于沿海汉族地区，工作技能和工作经验在竞争中都处于劣势。我们希望看到西部开发的结果是少数民族在当地的资源分配中得到应有的份额，让他们感到平等和安全。这就涉及参与的问题，由于现在有些经济资源不再以行政机制分配，必须要通过市场机制分配，带来的问题就成为当地的少数民族能不能充分地参与到西部开发里来：当外部公司进来以后，他能不能被雇佣，能不能到比较好的岗位，以使得他们在将来资源分配时能够得到自己的一份。

按您的观点，过去我们的分配是政治资本，是一种权力分配和行政安排。但在西部开发过程中，必须要引进市场机制，不可能靠原来的行政安排，因为外资、港澳台资不会接受这种安排，原来的行政机制不可能继续运作；而我们又不可能像香港、台湾地区那样完全以市场机制来运作，否则本地的劳动力包括大学毕业生和知识分子都可能被挤出当地劳动力市场。我考虑了一个兼顾双方的办法：在劳动力的培养上采用行政和政策的方法，加强学校的投入，甚至可以适当延长学制，等少数民族学生获得必要的竞争能力之后，再让他们进入劳动力市场参加竞争，那时再采用市场机制。我想这可能是唯一的方法。这就必须要对我们现有的少数民族教育体制进行全面的反思和改革，要发展双语教育，强化汉语教学，如果汉语能力差，怎么与外来的企业管理层人员、技术人员沟通？同时还要发展英语教育，这样使他们在数学、物理、化学、英语等学科的成绩和实际能力能够与汉族学生进行竞争。就业方面，不能完全按照过去的行政方法，在毕业时强行分配，用人单位必须接受，毕业生带指标工资下去，计划经济时的国有企业可以接收他们，是因为干不干活无所谓，工资由国家下拨，不用考虑生产成本；但是也不能完全让工厂主、企业家随意挑工人，因为在这种形式下，如果具体事例处理不好，可能会带来社会稳定问题，所以要研究相应的调整方法，要介绍政府的民族政策，政府劳动部门要参与劳动力市场上的协调与沟通，采取经济措施（如减免税等）鼓励外来企业家雇佣当地少数民族劳动者。

还有一个问题。那天听您的讲座受到的启发很大，长期以来我们关心的一个问题就是怎样建立不同文化之间的沟通。您是刚刚参加了南京大学的百年校庆，在1998年北京大学百年校庆时我们举办了一个国际学术研讨会,会议主题是费孝通先生定的,叫"文化自觉与跨文化交流"。那时人们就看到了在不同文化、宗教之间存在着矛盾。我们一直在想,不同的文化比如基督教、佛教、儒家、伊斯兰教,怎样在文化沟通当中建立一种新的、更宽广的人类文明(不是说一个具体文明分支)的融合,但是我们一直找不到对这种融合(或隔阂)进行测量或判断的方法,从而判断出过了5年、10年之后,不同宗教和不同文化之间的关系是沟通得更好了还是隔阂更深了。您刚才谈到的社会网络,我觉得倒是一个可以在研究中加以量化的方法。比如在新疆或西藏,我们可以调查现在与过去相比,各族居民在居住方面是更混杂了还是更分离了;在平时的社会交往方面,在过去维吾尔族过节的时候请汉族同事去,现在如果不再请,是否可以说是一个倒退?其实,我们可以从您的社会资本和社会网络量化的角度,来开展一个具体地点、一个社区当中跨文化沟通变迁的研究。

林南: 社会资本涉及的面很广,可以从各种不同的角度来讲,我坚持用社会网络概念来讲,就是因为它的量化基础特别强。举个例子,我们有个新的方法叫作定位法,指给出十几种不同的职业,然后问调查对象认不认识(这类从业人员),比如说你认不认识一位小学老师、律师或警察。不认识的时候,是不是可以通过配偶来认识。这样很简单地就可以区分某类职业是男的还是女的多,是黑人、白人还是拉丁裔的多,运用到中国就是具体的民族,是少数民族的多还是汉族的多。而且,因为选择职业时是社会选样(抽样),是社会上比较普遍的、一般人可以接触到的职业,可以发现在这个网络中,他们接触到的人是同质的还是异质的。我们当然很希望看到异质化程度高,因为这样资源运用比较灵活,也许我们会发现汉族异质程度高,而少数民族异质化程度比较低,这在研究中是可能得出的结论。

另外一个是您提到的,也很重要,就是在一个社交场合中,对客人是不是有不同的邀请。我最近在研究喜庆(喜宴)的问题,请客时一般在客人中有一位主宾负责致辞，多半社会地位比较高，可以观察他是哪一种文化、哪一个民族或者哪一种政治资本的代表。如果是文化融合得很好的地区，邀请主宾时应该有不同的选择。也可以考察民族间是不是有隔阂，是不是某一个民族请的主宾一定是本民族的。从很简单的日常生活中就可以看出社会网是怎么扩展的，其中内容是什么，有没有涉及不同性质的人群。我想这些方法在将来的研究中也许可以加以利用。

马戎：原来我们做过一些民族关系的研究。关于居住格局的调查，我们在五个自治区的首府城市都做过，了解街区居民的民族构成，调查当地不同民族成员的邻居当中有多少是本族或其他民族，发表过一组文章；也开展过交友分析，调查平时交往当中交往较多的朋友圈子的民族构成，比如在蒙汉杂居的地方询问被访者的朋友中几个是蒙古族或其他民族，得到一个比例，分析影响这一比例变化的自变量；同时，我们也借鉴了美国学者在族群关系方面的研究，调查了不同地区的族际通婚（intermarriage）；还做过城乡之间的比较研究。如果把这些研究放在一起做社会网分析，在社会网的不同层面和方向上再整体化概括化一下，可能会更好。总之，听您的讲座，我觉得社会资本和社会网络理论对我们研究族际交往关系的量化方面能提供一个很好的工具。

林南：您刚才讲的这几个研究，我觉得都很好。社会资本从理论上讲有一个很重要的贡献，马先生刚才所说的研究我们已经做得很久了，但是为什么现在会出现社会资本这个概念呢？是考虑到资本。在通婚或者居住的条件下，所碰到的人代表的资源是什么，这很重要。在美国，黑人和拉丁裔的人住在一起，但因为两边都是穷人，虽然有mixture（混合）的意义在，并不代表他们资源的上升或接触到好的资源。资本的意义就在这里——接触面后隐含的可以利用的资源是什么。加入资本以后，对民族关系的变化就会看得比较完整。

马戎：我们以前只是注重族属，没有看他们的社会位置。您刚才谈的，我觉得启发很大，我们以后在研究民族之间的社会交往关系时，可以注意这里面是否标志着社会资源的提高、社会资本的增长。

林南：这一点是很重要的，社会资本概念不仅对社会学界产生影响，也对经济学界产生影响。比如世界银行、国际货币基金组织通过20世纪90年代经济不景气阶段，发现很多经济模式用在发展中国家或者地区是不适合的，开始尝试其他的途径，就接触到社会资本这个概念。但很可惜，当时他们认为社会资本概念只是参与的问题，如义务的教会工作、献血等。结果他们把这个模式很直接地用到发展中国家，比如在印度，他们把当地的贫困居民组织起来以形成团体。问题在于如果只是穷困的人在一起，再怎么努力资源还是有限的。社会网的概念是一定要让这个群体接触到外界质量比较高的资源，这样才有利。

所以我有时候说，世界银行滥用社会资本的概念，把社会资本的名誉都搞坏了，他们没有想到资本后面的含义。我们担心的是，他们这样的做法可能没有效果，在印度的小村子把大家组织起来，组织半天还是没有什么可以运用的东西。这也涉及网的稀疏，疏的好处在于可以出去，这些问题在你们的研究里可能已经出现了；还有网的密度的问题，后面代表的是资源，如果结合社会资本来做可能更精彩。

马戎：我有一个小例子向您请教。在美国，种族通婚有一个很普遍的模式，就是"上嫁"（marrying up），比如很成功的、地位很高的黑人男子娶一个地位偏低的白人女子。在这种情况下白人女子是"上嫁"，从社会地位（social status）上讲她属于稍微低一点的。黑人男子娶地位比较低的白人女子是不是通过这一途径获得某一种社会资本？如使他更容易得到白人社会（主流社会）的某种认同。这可能是一种交换，白人女子得到的是经济资本，马上可以提高自己的生活水平，而黑人男子得到的是社会资本，我觉得这是一种重要的双向的交换。

林南：这是一种交换。我们知道，在民族的内部同质性很强，关系大都是在族群里发展，通婚的关系实际上是一种资源的交换，美国很多黑人职业球员与白人女孩在一起。有一个高尔夫球星"老虎"（Tiger Woods），他所有的女朋友都是白人，黑人就出来抗议，说他为什么不与黑人女孩子交往。Tiger Woods 的解释是我根本不是黑人，他说他不但有白人血统，还有泰国人血统，甚至还有中国人的血统——他的母亲是泰国的华裔。所以这样讲起来，这就是您刚才讲的资源交换，女方处于弱势的时候，可以通过婚姻触及资源，男方可以通过他的夫人进入白人圈子，尽管可能地位较低，但他接触到的资源可能很大。

我希望做一个很有趣的社会资本调查，针对夫妇的。婚姻实际上是两个社会网的桥梁，每个人都有自己的活动圈子，结婚的时候两个圈子就接触了，这两个人做桥梁。但在普通社会中，男性作桥梁的可能性比女性大，因为女性的社交圈比男性小，至少在西方是这样。西方的女性是不工作的，所以她的生活圈子比较小，而通过丈夫的关系接触到比较多的网络，比如参加各种社交活动、喜宴等。问题在于，桥梁搭得好、婚姻进行得好的时候资源都很丰富；如果桥梁搭得不好、夫妇两个感情破裂，对两个人的影响不一样。丈夫的网络已经铺得很广，桥梁虽然断了，他可能马上通过其他途径补上。但是处于弱势的、需要桥梁的女性一方，如果断了，影响很大。所以我研究医疗社会学就是这个原因，这与社会网有关系，一下子脱节的话，身心马上都会受影响。女性的弱势是有这个原因的，这是个社会性很强的问题。

社会关系一直在运作，只是我们没有检验或者计量到。在研究中国改革过程中，要注意把社会性或者社会关系进行量化，而且找到与政治、经济之间的重要关联。如果能在研究中把这些关系显示出来，也许可能比在西方看得更全面一些，这还需要中国社会学者的努力。

马戎：伴随着全球化的进程，现代化和现代性成为谈论多年的话题。有些学者说，现在的全球化实际上是西方化，现代性、现代化无论从标准、理念到工具性都是来自欧美的社会发展，包括我们社会学的一般理论也是来自欧美社会。又有人在讲，全球化和本土化是并行的，毕竟这些年来，尤其是伊斯兰教国家，对欧化、西化做出了一种反应，对于全球化过程中出现的社会问题，或许可以把全球化分成不同的层次，某些属于工具层面的方面会普遍化甚至标准化，而在另外一些层面，全球化实际上是推不动的。全球化在经济生活的各方面很有效，也有利于国际沟通，但在很多基本观念的层面上，这个世界可能还是会保持多元化。

另外，在我们的社会学研究理论中，可能还要对各个具有不同传统的文化的根源、发展、现在的生命力和表现方式做出一些归纳。谈到社会学的理论建设，各国学者都会根据本国的研究，包括对本国社会资本、社会网络特点的分析，对网络建构的渠道、网络运作和表现形式的研究等，总结出各自的文化特点，使得现代化和现代性既有共性的地方，也有各国的本土特点。按照费（孝通）先生讲的就是"多元一体"，既和谐又保持各自的特色。

林南：最近西方一些学者已经开始对"现代化"这个概念进行修正，承认了"多元现代化"这一概念。我举一个实际例子，在土耳其，凯末尔革命成功后，当局认为政体及其运作和宗教要完全分离。土耳其是伊斯兰国家做得比较成功的，政治、经济、社会的运作可以与宗教分离，可以世俗化，这在伊斯兰国家中是比较少的。伊斯坦布尔大学有一个规定，妇女进校园不许戴头纱，而头纱是伊斯兰妇女习俗化的装饰。学校（教育团体）是一个世俗化的阵地，和军队一样，不许把宗教的东西带进来。但最近一个医学院的女学生坚持戴头纱，学校就说，你再戴头纱进来，我们就开除你，你不但犯了校规，而且违反了国家的规定。但女学生说，你干扰我个人权益，我戴头纱是我自己决定的，你怎么可以决定不许戴。她的行为得到了一些女学生和校外妇女的支持，最后演变成了妇女运动，她们要求校园有戴头纱的自由。这件事很有意思，给我的一个启示是，它是一个现代化的妇女运动，这些妇女都受过较高教育，这个女学生的父亲还是医学院的教授。但她们要求的是什么？是传统的恢复，两者结合得非常好，对她们而言毫无冲突。她们说，这是我的生活习惯和文化选择，你怎么可以干涉我。这是现代化的观点，给我很大的启发，现代化真的是多元的，不一定要坚持把过去的一齐都打破。我们研究社会网的问题，包括社会运动，各种因素是纠结在一起的。我们不一定要走单线发展的路子，人们对其他掺进来的因素有一定的需求，如果我们能够容纳这些因素，在社会交易上就能比较良性。

原载《社会学研究》2003年第6期

全球化与现代化

时　间：2002 年 5 月 22 日

地　点：南京金陵饭店咖啡厅

对谈者：周宪：南京大学艺术学院教授，南京大学人文社会科学资深教授。研究领域：文化研究、美学研究、文艺研究。主要作品：《从文学规训到文化批判》《美学是什么》《视觉文化的转向》《文化表征与文化研究》《20 世纪西方美学》《审美现代性批判》。

金耀基（Ambrose King Yeo-Chi）：香港中文大学校长，曾任香港中文大学新亚书院院长。研究领域：现代化研究、社会与文化转型研究。主要作品：《大学之理念》《从传统到现代》《中国社会与文化》《中国政治与文化》《中国现代化与知识分子》《剑桥语丝》《海德堡语丝》《敦煌语丝》等。

金耀基：关于我自己的学习经历，我以前是念法律的，然后念政治学，后来又念国际关系和社会发展学，不纯粹是学社会学的。不过，在我读博士之前，我研究的关注点已是现代化问题，特别是中国的现代化问题，而我研究的切入点则是社会学的。现代化牵涉的方面太多，我比较注重的是政治发展、社会发展，当然也关系到文化的变迁。一个社会的现代化过程中必涉及制度的变迁，其实也是文化变迁的核心。应该提一提，我之所以对大学有兴趣也是把大学作为一种制度来看的（见我的《大学之理念》）。现代大学是现代制度建构中的重要一环。30多年来我一直在香港中文大学任教，对所关注的研究问题始终未离未弃。但我的时间与精力用在大学行政上越来越多，20多年来完全无法跟大学行政分开，20世纪70年代后期到80年代中期担任新亚学院的院长，整个90年代担任中大的副校长。在这个情况之下，我就不能再像70年代早期那样作经验性的社会学研究了，因此倾向理论性的思考，当然我十分注意别人的经验研究，以避免理论性思考脱离经验。此外，由于时间的关系，我以前比较关注而现在很少谈的，是中国台湾地区的发展，特别是它政治民主的发展，过去写过不少文字，很多是政治性的评论。

罗红光：您的研究对我们晚辈的影响蛮大的。

金耀基：1966年出版的《从传统到现代》，确实产生了不少影响。中国虽很早就盛谈西化，有时也谈到现代化，但不是真正的现代化论述，可以说，这本书是第一次从现代化理论的层次来谈。可以想象，在那个年代谈现代化当然要受到美国社会学，特别是美国社会学大师帕森斯的影响。再者，现代性与今天盛行的"全球化"观念有千丝万缕的关系，我在南大讲演时谈的"全球化"在某种意义上可视作一种西方现代化的扩张。不过，我始终认为现代性脱离不了各个社会的文化传统，亦因此"现代性"是多元的。我以前讲"从传统到现代"，并不是说一旦现代化就没有传统了，为强调这个观念，我还写过一篇文章《没有"没有传统的现代化"》。

罗红光：或者叫"命定"的现代化。

金耀基："命定"的现代化的说法是在后期了。墨西哥当代最有影响的诗人巴斯（Octavio Paz）曾说墨西哥是"命定的现代化"（Condemned to Modernization）。他认为，墨西哥除现代化外别无他途。但他不认为现代化完全是一个福音，在现代化中许多好的传统价值都会改变、失落，但墨西哥的出路还是只有现代化。我个人在37年前写《从传统到现代》时也是这个观点，我始终觉得传统中的一些好东西应该用心保留下来，但在现代化逻辑下，不是想保留就可保留。中国20世纪20年代讲"西化"的不少是一流的知识分子，都措意于"救"中国，却"看不起"中国传统。而在21世纪或者20世纪末期，大多知识分子则不是"看不起"，而是"看不见"传统了，倒不是中国文化不见了，而是我们心目中的文化传统不见了，这些文化传统包括从很具体的器物方面的东西一直到不容易看到的精神层面的东西。周先生您是学文学的，可以谈谈将来中国文学本身的位置。其实，中国的文学传统与中国人的身份认同有极大关系。

周宪：我的背景也比较复杂，本科学的是中文，硕士转向哲学，博士却搞的是戏剧，越来越专门。

金耀基：戏剧是个多样性的东西，涵盖性很大。

周宪：我过去主要从事文学批评，后进入文化研究，然后又对现代性进行研究。我对现代性研究主要是想从西方现代和文化现代性方面切入中国的问题。中国在现代化转变过程中，西方现代化的背景对我们影响深远，我们最好能找到一些对解释中国现代性有参照和启发的东西。我的兴趣比较广，什么东西都看，社会学方面的东西也看。

金耀基：因为您做文化研究不可能不看这些方面的东西。

周宪：对，包括社会理论，包括全球化。但在骨子里我跟您的想法一样，最后要回到解答中国现代转变的问题上来，包括传统文化。因为我的感受也一样，我在韩国生活过一年，我发现韩国人对待传统和我们的态度不一样，我们好像认为传统的、老的东西都是应该抛弃的，韩国人就不是这样。

金耀基：我跟您的观点一样，日本人对传统的保持也比我们执着得多。

周宪：我在韩国听到一件事情，不知道是真是假。他们说"文革"以后我们要恢复祭孔，但是我们不知道怎么来祭孔，那个仪式我们没有了，而现在韩国保留着。于是曲阜就派人到韩国成均馆大学去看祭孔仪式怎么进行。我听到这件事后觉得很震惊。这个文化本来是自己的，结果过了许多年之后，又跑到别的地方来学习原来的文化，这对中国人来说简直是个讽刺。

罗红光：从生活经历中也可以发现，中国传统文化追求"集体主义"精神，包括尊老爱幼、互助互爱，以及一套被制度化了的社会福利及设施等，可社会主义的中国反倒在传统文化领域比较弱。我有一种印象，日本人在观念上特别像社会主义。在人与人的伦理关系上，儒家思想对生活层面的影响在这三个国家中也显得比较不同。如果按照儒家脉络从强到弱排个顺序的话，过去是以中国、韩国、日本为序的，而现在看，韩国仍然肯定儒家思想，人与人之间的关系在伦理层面上表达得非常清楚，日本次之，中国属于第三位。

周宪：这里面还有另外一个问题，虽然对于中国、日本、韩国在看待传统上的态度差异问题我想得不是很清楚，但我觉得中国近代以来对自己传统的比较激进或者偏执的态度导致了传统的断裂。也有人说没有，但不管承认不承认，现在中国的年轻人对传统的认同是很薄弱的，比如现在大学生喜欢唱西方流行歌曲绝对胜过唱京剧。我们学校搞过一个试验，把昆曲引进学校，结果学生就在那里看热闹，完了也就完了，但是流行歌曲可以成为他们日常生活的一部分，甚至是英文歌曲。我想，这个事情可能具有两面性：我看过林毓生的文章，他认为五四运动以来有一个文化上的反传统思潮；但回过头想，如果没有这个，中国的现代化会怎么样？当然这是一个假设。中国文化上产生的这种变化，对新学、对西方、对新的现代化道路的接纳态度，跟韩国和日本还是不一样的。

金耀基：我想我了解您刚才讲的。到韩国学习怎样祭孔，就是我说的当代的中国知识分子已"看不见"文化传统，至于要学祭孔仪式，我相信这是因为自己的文化认同发生了危机或是不稳定，要找一些依着。有人要学祭孔，是把祭孔看作根源的东西，根源的东西是与人的文化认同深切相关的。在民国初年也有人有这样的想法，这种想法在现代化的过程中会自然产生。对传统重新认同、摄取，就出现所谓传统的建造问题，就是创造（invention）、再造（re-invention），这种现象不只在中国，什么社会都会有。我想在现代化的过程中一定会有这种现象，现代化是一种特殊的社会变迁，以前的社会也有变迁，中国人在佛教进入中土之后，就有过重新寻找、肯定中国儒家里某些东西的努力，重新看儒学的根本性在哪里。

当然，今天佛教已经变成中国文化的一部分，完全中国化了。回到刚才提到的怎样去理解再造传统，我认为，根本上是在文化巨变中寻源求根。韩国我了解很少，日本我知道得也不多，但大体上讲，他们的传统在现代化过程中所受的冲击没有像中国这么大。

周宪：我觉得可能是对传统的态度问题。我到韩国去，发现民俗馆非常多，他们注重保留自己的传统。大学生必须有一门课程跟传统文化有关，不是像我们这样学习理论课程，而是去体验，比如韩国的女孩子要学传统舞，男孩子要学传统鼓，通过具体活动把传统变成生活的一部分。当然韩国也面临着和我们同样的问题，但他们没有经历过像中国社会这么强烈的振荡，这就使他们在接受外来东西时和我们的态度不一样。我在韩国做讲座时说我夫人是一个法官，他们非常惊奇，女的怎么能做法官？我一下感觉到中国也有另一面，开放给中国带来了对新东西接纳态度的转变。

金耀基：我们看中国发展的历史，距离中国拒绝西方的制度、价值观已经过了相当长的一段时间，相对而言我们中国对外来的事物是比较开放的。记得唐君毅先生说：中国人对外国有一种"没遮拦"的精神。也许中国人对自己的认同不是特别弱，而是特别强吧！在这种情况之下，即使大量开放，都不会构成自我认同危机。值得注意的是，中国人移居东南亚后对保留中国传统的坚定性要比在中国本土的人强得太多了，因为他们觉得假如失去了"传统"，那就不能确定自己是中国人了。在本土就没这个问题。

周宪：他们是生活在异族文化的包围中。

金耀基：没错。再想想，当中国在真正进入全球化的时候，我们就不啻生活在诸多异文化的包围中了。

周宪：恐怕还存在一个问题。您的一篇文章中谈到，从历史上看中国一直是中心，中国是中心的时候对外来的东西采取的态度是很宽容的，因为外来事物不可能完全改造中国。在那种情况下中国的文明是很领先的。但是随着近代中国衰落，中国人在心理上对自己的东西也产生了怀疑，情况就不一样了，比如盛唐时期对外国文化的接纳与现在还是有区别的。

金耀基：当初佛教进入中国时，中国也有辟佛现象。佛教之所以进入中国，恐怕跟中国文化（尤其是主流儒家文化）对于解决人生在宗教层面的问题不够强力有关。佛教进来以后慢慢与中国文化水乳交融了。今天再回头看中国文明与西方文明的碰撞，19世纪中国碰到西方的东西时，是从实际的需要中一步一步发现我们非学它不可的，是一个痛苦的过程。根本上是基于实用性的目的，当然还基于保护我们自己文化的动机。到了"五四"的时候有一个大的变化，什么大变化呢？"五四"的时候，一部分知识分子的看法是要把中国文化丢掉来接受西方文化，用西方的"文化"来救中国的"民族"。这与曾国藩讨伐太平天国是绝然不同的，曾之所以要讨伐太平天国，是要保名教纲常，即中国文化之命脉，他这种保中国文化的意识使他超越了"汉""满"的民族界限。到了我们有"民族国家"（Nation State）的观念之后，新文化运动的健将们把中国"民族"与中国"文化"分开来了，他们要保的是中国的民族，不是中国的文化，甚至，恰恰是为了要保民族而弃文化。这是一个非常大的变化。现在虽然大家对中国文化不重视，但已没有人像"五四"时有些知识分子那样要把中国文化丢掉。

周宪：中国文化与西方文化的接触有很多情况下是被动的。近代以来因中国积弱不振，在耻辱中去接受西方文化，就是别人坚船利炮打过来之后，发现自己的文明有问题，于是向外看世界。我前一段时间读梁启超、康有为的国外游记，能深深地体会到他们当时的心情。所以我写过一篇文章，讲中国人出去留学，从最早晚清的官吏出去学西方，到梁启超他们，再到（20世纪）30年代那批作家出去，这三阶段国人出去看西方的心态完全不一样。

金耀基：是不一样，我想这个观察是很对的。从文化层面讲，过去100年一直是中国到西方去学习、采经。到今天，非西方社会有100万青年到西方大学去念书，从全球角度看完全是一面倒的倾斜，这其实跟我们100年来的文化流向是一样的，还是觉得在西方能够找到对自己的文明建设有帮助的东西。但是，另一个形态的"全球化"出现以后，这个现象已在渐变。诚然，我们谈学习西方，涉及刚才谈到的现代化的问题。我说过，现代化是一种特殊形态的社会变迁，现代化的内涵与结果与一般社会变迁是不同的。现代化内涵基本上是启蒙的理性精神，固然，启蒙的理性发生了变质，亦即工具理性的膨胀，今天，尤其是后现代理论中，对此有种种批判，但是启蒙的价值：公正、平等、博爱，有普世性的诉求意义。这些价值在非西方社会已经被接受了。在日本肯定是被接受了，近年在台湾地区这些启蒙价值观念也在不断增强，中国大陆的一些调查也显示这些观念被接受了，这在100年前是不可思议的。总的来说，现代性已开始深化。您刚才说韩国人对女人当法官感到惊讶，这牵涉到东方文明结构里妇女地位怎么提升的问题。其实，现代性讲到最后就是个人主体性的提高。个人主体性之升起，当然与个人主义之发展有关。讲到个人主义（individualism），它在中国常被译作为"个人第一主义"，亦即是极端自私、有我无人，这就变成一种"唯我主义"，个人就变成唯我至上的个人（egoistic individual）。就像社会学大师迪尔凯姆所批评、

全球化与现代化　99

担心的,这种唯我主义的发展,会令社会道德发生崩解,而他所希望的是一种"有道德的个体"(moral individual)。moral individual 是有群体基础的,不是脱离群体的或与群体对立的,可以说这是一种健全的个人主义。总之,百年来,中国已发生了根本性的变化。在一定意义上,西方很多启蒙运动以来的观念或多或少地被接受了,但也产生了变质或异化。"德先生""赛先生"大家都知道。的确,对德先生(民主)有不同的诠释,也看不出与它有关的、健全的个人主义已在中国生根;但赛先生(科学)来到中国即受到欢迎甚至膜拜,胡适之说,它是万能的,没有人敢去挑战它。今天科学还被认为是万能的吗?不见得。我们再深一步看,这里面就有科技理性膨胀的问题。科学的重要性是没问题的,但是变成科学主义、技术主义就有问题了。

周宪:对,大学里面就有这个问题。大学作为一种制度,大学教师作为特定制度里的主体,他们的角色,在我们看来越来越被制度化了,工具理性的倾向非常明显。比如要统计教师每年写多少文章,晋升多少级别,文章转化社会经济效益如何,有多少贡献,全用量化的观念、工具性的指标来衡量。

金耀基:在这一方面社会科学比人文科学好不到哪里去,当然有一些社会科学的大型研究是例外的。这的确涉及刚才提到的工具理性膨胀的问题。中国的大学制度是从西方移植过来的,不是从太学、国子监纵传下来的。我要为人文在大学里定个位,现代大学被认为是"知识工业",已经变成"认知性的复合体"(Parsons)。我们问:什么是知识?过去我们说这个人很有学问,他"四书""五经"读得很好,对联写得很漂亮,就说他很有学问,学问就是知识。《红楼梦》里面说"世事洞明皆学问,人情练达即文章"。但今天却不是这样看,在"知识的科学范式"(paradigm of scientific knowledge)下,知识已经狭窄化为科学。哈贝马斯曾有力批判这种观点,指它为一种"科学主义":科学主义不只把科学作为一种知识,而是把科学等同于知识。科学等同于知识，那么科学以外的知识是不是知识？科学以外还有无知识？科学主义的思维对人文科学产生了很大影响。（20世纪）70年代，我在剑桥大学作研究访问时，剑桥大学有一位历史学家Plump表示，在"知识的科学范式"里，人文学所做的学问已算不上是知识了。他编的一本书讲的就是人文学的危机。您刚才提到大学里的考核，要看出了多少篇文章，要量化，香港的大学也是这样。这种倾向源于哪里？说远点，这是由17世纪伽利略的观点发展而来的，他说要了解自然，自然是一本书，这本书是用什么东西写的呢？是用方块、圆圈、长方形写的，都是可用数学来表达的，所谓"第一性"的东西必须简约到可以用数学来表达，是能量化的，这才是知识。这种观点一直发生影响，不但渗透到科学，也渗透到社会科学。社会科学又分两种，一种是比较靠近科学的，一种是比较倾向于人文的（我是比较倾向人文的）。那么，有一种现象我想周先生可以讲一讲，即知识的科学范式不但用在科学，已经进入人文领域里去了，人文现象也要用科学的方法去研究。我认为这种现象是值得我们注意和反省的。

周宪：我觉得这实际上是现代性的问题。有人认为启蒙精神实际上就是这样的。阿多诺说，启蒙精神是一种数学；鲍曼讲，启蒙是一种几何学。不管什么学，追求的是清晰的、可证实的表达，这就跟传统形成了比较、发展的关系，所谓的传统知识有很大一部分不仅仅是知识，还包括智慧。我们现在的课程设计强调知识性，实际上是强调它的可操作性，比较强调技艺的东西，不太强调道德的东西。有些智慧不是可以通过课堂传授的。比如关于价值、生命的意义、信仰等，需要去悟。再比如传统的知识体系里，教授的方式也很特别，孔子跟他的学生的对话方式，现在已完全不存在。现在大学里面什么都要量化，什么都要能够很清晰地表述，什么都要可以检验。这给人文科学带来很多的问题。

金耀基：这个问题有时间我们可以多谈谈，这是根本性的。上面提到全球化的问题，社会学学者瑞泽尔（Ritzer）认为：全球化可从"麦当劳化"来观察。其实不要把"麦当劳化"的说法看得太粗俗，是挺有新意的。这个观念我认为是20世纪后期全球化下韦伯所讲"科层组织化"的延伸。"麦当劳化"讲的是什么呢？是生活秩序的有效性、效率性和精确性，是可以量化的。之所以大学要看发表几篇论文，要量化，是"麦当劳化"现象在学术界的展现，从这个意义上讲，"麦当劳化"是韦伯"科层化"的深化。可以说全球化是科技理性或者工具理性扩张化，它的影响力太大，所以我们中国现在也是这个样子。现在我们把很多原来是伦理、道德的问题，一概变为技术性的问题，因为不把问题变成技术性的就很难用科学方法来解决。技术化、数量化几乎已变成知识创发的内在理路，科学如此、社会科学如此，甚至人文科学也受到这样的压力，其实这是把知识狭窄化、单一化。近年来，已有对开启现代性的启蒙运动的不断反思，对启蒙理性之异化为工具理性、科学理性批判得更深，今天我们已不能继续把理性狭窄化为纯粹的科学理性了。这种说法，当然不是反对科学，应指出，尽管对科学主义的病态已有了广泛的认识，但工具理性的力量像水银泻地一样无往不在，使现代性出现了严重偏颇的发展，也引发了激烈的反思，这不只是"后现代主义"的事，也上了现代性论述本身的议程。的确，我们要肯定现代性本身有"反思性"：中国人决定要现代化，是经过一番大挣扎的，其实，中国在现代化过程中，有意识地保留自己的文化传统，这不一定是保守、反动，而是现代性的反思性，对现代性的反思应该是当代中国现代化中的重要议程。

周宪：我现在关心的一个问题就是谈现代性的，我把它归纳叫作tension，张力。这个观点并不是我提出来的，西方有一种观点，比如美国学者卡利奈斯库说：现代性是什么？现代性是两种现代性的冲突，一种是启蒙运动以来的科技理性、工具理性，包括反映为社会的现代化、科学技术的进步、工业化城市化等；还有一种现代性就是反对前面的那个现代性，表现为文化的现代性，或者叫审美的现代性。这个思路与我的想法比较一致，回过头来看西方，好多西方的艺术流派如现代主义、先锋派，一个很重要的思想就是他们对现代社会带来的问题进行的反思或批判。最极端的例子，有一个画派叫作立体主义，开始立体主义对整个工业文明、技术文明欢欣鼓舞，他们认为人类形象消除了，要画机器，画出机械文明，用几何的方式来表达世界。第一次世界大战爆发后，机械和技术被用于战争，来摧残人类，艺术家们突然发现，对技术的崇拜是有问题的，原有的观念立即受到了冲击，他们马上醒悟，于是这个画派很快就消失了。这个例子很值得深省，现代性是一个很矛盾的东西：一方面现代性带来便捷和福祉，比如物质的文明、生活水平的提高；另外一方面又丢掉一些东西，而当你要去捡回那个东西时，你要付出代价。从这个意义上讲，我想研究两个现代性之间的冲突，用鲍曼一段比较有名的话来讲：现代性是什么？现代性就是它的文化站在它的社会存在的对立面反抗它，所以现代性的不和谐注定是它所需要的和谐，现代性所要求的和谐就是它的不和谐。以他的观点来看，在中国的现代化过程中还不存在很明显的对抗。中国的文学艺术或者说文化的现代性，与中国的启蒙、科技、社会现代化实际上是比较一致的。但也许中国的科层化高度发达并带来了很多问题之后，作家、艺术家们会提出一些问题。其实，现在已经有艺术家提出生态文学，他们从生态的角度来反映社会，不再按照传统的文学模式来塑造形象、反映社会的进步，而思考生态与人文的关系和现代文明的问题。我觉得这是比较有意思的。

金耀基：周先生提到了鲍曼，他对现代性的反思是蛮有意思的。可以说他是一位讲后现代的社会学者，他提到现代性的矛盾（ambivalence），现代性本身有两种并立的内在理路。今天讲后现代主义，不能不提现代主义，现代主义着力在文学艺术或文化上。现代主义不等于现代性，它是现代性的一个向度。而今日的后现代主义是针对现代主义进行批评的。说到后现代主义与现代性的关系，我认为后现代主义不宜只看作是"后"于现代性的，它是现代性所内有的，是"反"现代性多于"后"现代性的。我们说到"文化现代性"，它对现代性本身有批判，有距离，"文化现代性"与"后现代主义"有很深刻的关系。周先生是做文化研究的，文化研究的性格很复杂，很难有一界限，但它强力地想摆脱工具理性的束缚，想摆脱实证主义的思维方法。文化研究可说是对正统社会科学"地盘"的一种攻掠，对传统学科分际产生很大影响。

周宪：从我的专业角度来看，文化研究要恢复知识分子的尊严和社会干预传统。大学高度制度化以后，我们的文化研究也慢慢地制度化了，做经验研究、文本分析、价值中立的判断等，最后我们的传统研究都慢慢地被工具理性化了。现在文学界在讨论文化研究现在没有文学性，从我们的专业角度说，这种说法是有道理的。研究文学的应该关心文学对不对？可是在我看来，文化研究就是要反其道而行之。文化研究不要学院化，一学院化就不再是文化研究了。文化研究在很大程度上是表达知识分子对社会的想法。从这个意义上，我从您的文章中得到一个观点，也是我非常认同的一点，即知识分子要有更大的社会关怀。我们在专业化的社会、制度里分工越来越细，势必在一个非常狭小的环境中看问题，在"牢笼"里做事，对宏大叙事、大问题就不会关心，一辈子只能做一些很小的、琐碎的事情。文化研究的一个好处就是打破被制度化、专业分工条件下的专业化局限，所以萨义德讲知识分子是"业余"的。我们现在写文章并不是出于"兴趣"，也不出于"创意"，只是为获得更多的"文化资本"，而文化研究旨在摆脱这一束缚。我认为，如果把文化研究还原为文学性的文化研究，就等于取消了文化研究的特性。文化研究在这个时候要通过这样一种策略方式来颠覆学院化制度的制约。

金耀基：我想问，"不要变成文学性的文化研究"，是不是指反对学院式的研究？

周宪：是的。文学性的研究是20世纪的发明，尤其是新批评主义的出现，二战以后英美国家的英文系教授深感一个难题，即在自然科学的强势之下，如何与数学系、物理学系的教授比肩，使自己所研究和教授的知识也具有科学性，否则教的就不是学问。于是慢慢把鲜活的文学研究制度化分析，让它变成科学化的东西，发明了很多带有科学意味的新词，文学研究更趋于技术化。这时出来的东西倒是非常文学性了，文学性中最为鲜活的东西——价值、观念、道德却都没了！最后文学研究就变成了文本分析的技术性操作。要打碎这种枷锁，文化研究就应运而生。

金耀基：知识有多个领域与向度，刚才您讲的是知识的认知性向度。以前大学讲信仰（University of Faith），现代的大学是讲理性（University of Reason）的，但目前"理性"又精减到"科学理性"的地步，知识被狭窄化、单一化了，问题就来了。近年联合国教科文组织就在讨论教育的目的是什么，提出的结论是，教育的目的是学"知"（learning to know），学"做"（learning to do）。此外还要学与他人共处（learning to live together）、学会做自己（learning to be），后二者的知识就不限于认知性的知识领域了。

罗红光：学习他者的理解（to learn the understanding）也是我们社会科学一个广义上的目标，其中的特指the就是一种认定的预期目标。

金耀基：是的。如韦伯讲的，"理解"是建构社会科学知识的基本要素，哈贝马斯的沟通理性是人的"知识取向"的一个向度。这牵涉到我刚才讲的知识的多元性。就像贝勒（Bellah）所讲的，我们应该把科学的知识范式扩大，即知识并不限于科学的知识。前不久一位哈佛教授Gardner到中文大学演讲，他讲什么呢？他讲多元智能

全球化与现代化

（Multiple Intelligence），以前只讲"智商"（IQ: Intelligence Quotient），后来不是又有了"情商"（EQ: Emotion Quotient 或者 Emotion Intelligence）吗？一个人的成功与否，情商可能更重要，他强调智慧的多元性。您刚才提到审美（aesthetic），这又涉及另一个知识的领域。南京大学的吴为山，他拿一撮泥捏捏就捏出个人来，您能够吗？我不能，他是雕塑的天才。美学是知识与现代性的另一个向度，社会学中最早看到现代性问题的是齐美尔（Simmel），他提出了美学现代性问题。他与蔡元培同时代，蔡先生讲以美育代宗教，我不知是不是与他的论点有关。韦伯也讲这个问题，韦伯认为在现代的知识气候下，伦理判定变成了品味判定（the judgment of taste）的问题。这说法很有道理、很深刻呀！的确，讲道德往往会跌进相对主义的陷阱，但不道德、不合伦理的往往很难有品味。

周宪：中国人也有这种思想。韦伯讲，在传统社会里，审美效应与宗教伦理是一种紧张的关系，宗教伦理内部表达的是信仰，是宗教的观念和思想，可是审美表达的是感性的东西，是形式的东西和情感愉快的东西，这个张力到了现代化之后实际上被分解了。我认为这个判断是很有预见性的，它预见了现代主义的矛盾。我们现在谈美学的时候，读的最多的概念就是快感、趣味，您刚才讲到生命、生命力、形式，或者身体、感性等概念，韦伯曾讲，艺术就是把我们从认知的和伦理的实践压力中解脱出来的一种救赎，我觉得哈贝马斯基本上也是韦伯思路的延续。

金耀基：您刚讲的这点很重要。韦伯对于审美的问题、对于现代化之后人所处的情境有很深刻的体会，他感知到世界真正进入哈贝马斯所说的"科学的文明"的情境。在科学文明里，世界被"解魅"了，那么信仰和价值这些东西如何安顿？韦伯有两篇论文是极重要的，一篇是《科学作为一种志业》（Science as a Vocation），另一篇是《政治作为一种志业》（Politics as a Vocation），这是两篇很难读的讲演稿。在"五四"时，中国知识分子曾提出"科学""民主"的口号，我认为这两个口号与韦伯这两篇讲演连起来看很有意思。启蒙运动之后，科学与政治在现代人生活范畴中占了重要的位置，也改变了现代人的生命情境。人们已感知到科学力量的巨大、对文化生活的冲击，韦伯当然理解科学的意义，但他要给科学定性，要限制科学的范围。他指出，对人的良知、价值，科学是没有资格发言的。托尔斯泰也说过，对于如何生活这样的问题，科学是没有意义的。韦伯指出的科学局限性是对科学的反思，现代性里面有一些问题是需要反思的，韦伯就是一个反思者。他是对现代性反思最早、最深透者之一。

周宪：我想知道您有没有关注过"索卡尔（Alan Sokal）事件"？

金耀基：中国台湾已经出了两本关于此事件的专著，其中一本叫《知识的骗局》（Alan Sokal and Jean Bricmont, *Fashionable Nonsense: Postmodern Intellectuals' Abuse of Science*, 1998, Brock,man, Inc.），这是批判或者说是作弄搞文化研究、搞后现代主义的人的书。索卡尔是个物理学者，他用一套后现代主义话语，或者说一套看来高深却似是而非的话语，写了一篇皇皇大文发表在文化研究的专刊上，用这件事来证明文化研究以及后现代主义的虚妄与似是而非，这确是件尴尬的事。

周宪：这个事件里实际上隐含了一个大问题，即科学与人文之间今后如何对话的问题——学科都不可沟通了。譬如，早上我坐在社会学的会场上，我不知道你们在说什么，你们到我们这里也不会知道我们在说什么，大家都在各自的圈子里说"行话"。现在知识分化越来越细、越来越分支化、越来越专门，每一个学科都创造秘密的行话，只在某些人之间才能沟通，我讲一个概念只有你懂，别人不能懂。我有时候给学生上课就讲，你跟走廊里的扫地女工说我们上的课，她会不知道你在讲什么东西。知识越来越专业、越来越进步，跟常识也就越来越有距离。我自己有一个体会，最近北京大学出版社约我写一本介绍美学的书,是写给中学生看的,于是我就写了。痛苦得很!为什么呢?我发现我会用非常专门的术语来很好地写一个学术问题,但用非常浅显的话把专门知识写给没有专业知识的人看,委实很不容易。

金耀基: 这在学术专业化中恐怕是很难避免的现象。学术不专业化就不会深刻。要专业化就很难完全避免有"黑话"。结果道术隔裂,隔行如隔山。不止不同学科之间难以沟通,即使同一学科也不一定能心领神会,所以今天专家多,而通人则凤毛麟角了。

周宪: 科学搞得非常专业化、专门化没有什么问题,因为关心科学问题的人还是比较少。但是人文学科是要提供价值判断的,应该跟公众保持联系,知识应该能够转化为公众语言。我不知道像吉登斯、布迪厄这样的知名学者上电视讲话,英国、法国的普通听众是否听得懂。但人文社会知识可以指导人们如何生存或存在的问题,提供价值和意义,这使它和自然科学有了区别。科学——如研究小行星——与老百姓没有什么太大的关系。当然这里还有一个比较大的问题,就是理论与实践的关系。我读萨义德的书,他说知识分子应该是一个业余者;但这里有一个悖论:当你没有一定的专业知识,在专业里没有一定知名度,你的发言就根本不会被人关注。

金耀基: 因为整个社会已经变成这个样子了。

周宪: 是的。所以要成为一个公共知识分子,就不容易了。

金耀基: 作为一个专家、学者,跟大众沟通确是不容易的,这涉及"通俗化"问题。其实"通俗化"一直在发生着,今天我们讲的一些语言,20世纪的人根本没有用过也不会了解,但今天社会大众至少小众是会了解的。40年前我写《从传统到现代》时用了不少专业用语,在那时有点像"黑话"。我有一个长辈是"五四"时代的人,他那时候说,你讲的现代化我觉得很有意思,不过你写的一般不容易懂啊。但现在这些用语都一般化了,已变成大众媒体里的用语了。我们今天用的语言也不算是普通语言，在十句话里面有好几句是专业的东西，如何把专业语言通俗化，是公共知识分子不能避免的。今天在文化领域里，就有很多人担负着这种工作，如电视、报纸的媒体人，他们谈文化时要把文化研究的东西变成大众可以理解的东西。当然，这涉及文化修养，不是什么人都可以做得到、做得好的，这就是BBC（英国广播公司）跟许多传媒不一样的地方，BBC是具有水准的，所以在公民社会中发挥了很大的影响力。

罗红光：回到我们刚才科学主义的话题，中国的社会学家在美国，如果不使用计量就没有发言权。中国的社会学研究是针对成果的量化，美国的社会学研究不仅仅是针对成果，还要针对研究过程。

金耀基：美国就是上面提到的麦当劳化，麦当劳化是一种超级的工具理性化，刚才周先生讲的即是对这现象的批评。说到社会学，不能不注意社会学大家诸如哈贝马斯、布迪厄、福柯等，没有一个是靠在美国期刊上发表文章成名的。这种问题当然不能够一刀切地讲，我只觉得科学主义的通吃现象是可忧虑的，如果连人文研究都倒向科学理性化，实在不是很好的现象。如罗丹雕刻的人像，那不仅仅是个雕像，你可以从中感受到生命终极的意含，不能将雕刻出来的微笑来量化，看看嘴张到多大就说有多少愉快。蒙娜丽莎的微笑不是"不可言说"，但绝对是"不可量说"。知识不是限于"可量化性"的东西，也不只限于"认知性"（cognitive）范畴。当然，写美学或伦理学的文章，不是完全主观性，它自有本身的理路。但量化不是知识建构的唯一理路，近年来，在人文与社会科学中"叙事"（narrative）的抬头不是偶然的，它有方法上的必然性。

罗红光：感谢两位教授的精彩对话。对于从事社会科学研究的我们来说，"德先生"和"赛先生"的问题始终伴随我们；也只有到了今天，人们开始真正地思索科学主义给我们带来的利与弊。我认为，只有保持一种对话的态度，对所从事的"科学研究"保持一种冷静的

全球化与现代化

反思精神，理性与非理性、科学与伦理、研究与应用之间的矛盾才能有良性的沟通。

原载《社会学研究》2003年第6期

文化多样性与现代性

时　间：2004年4月15日

地　点：中国社会科学院社会学研究所贵宾室

对谈者：苏国勋（1942年2月—2021年2月1日）：中国社会科学院社会学研究所研究员、博士生导师，曾任社会学理论研究室主任。主要研究领域：社会学理论、社会思想史。主要著作：《理性化及其限制：韦伯思想引论》、《社会理论》（编著）、《社会理论（第3辑）》、《全球化：文化冲突与共生》（合著）、《社会理论与当代现实》（编著）。

索夫纳（Hans-Georg Soeffner）：康斯坦茨大学教授，普通社会学系主任，曾任德国社会学会会长、歌德学院学术委员会主席；美国加利福尼亚大学旧金山分校、加利福尼亚大学伯克利分校、波士顿大学客座教授，智利圣地亚哥大学客座教授。研究领域：知识社会学、文化社会学、宗教社会学、传播社会学、法律社会学。主要作品：与 J. 瑞博合著，《视觉技术》，载于 W. 拉默特编：《技术与社会理论》（Zusammen mit J. Raab: Sehtechniken, in: W. Rammert [Hg.], *Technik und Sozialtheorie*, Frankfurt/M. 1999, S. 121-148.）；《没有天棚的社会》，载于《多元社会中的文化和宗教》（Gesellschaft ohne Baldachin, *Kultur und Religion in der pluralistischen Gesellschaft*, Frankfurt/M., Velbrück, Herbst 2000）；《生活方式》，载于约尔格·胡贝尔编：《日常语用学的美学选择》

(文化——分析，干预措施 10）（Ästhetische Gegenentwürfe zur Alltagspragmatik, in: Jörg Huber [Hrsg.], *Kultur—Analysen. Interventionen 10*, Zürich 2001, Voldemeer; Springer Wien/New York: 79-113）；与德克·坦泽勒合著《比喻的政治》，载于奥普拉登、莱斯克·布德里奇编：《论权力在现代社会中的表现》（Zusa-mmen mit Dirk Tänzler [Hg.], Figurative Politik. *Zur Performanz der Macht in der modernen Gesellschaft*, Opladen, Leske & Budrich. im Druck）。

罗红光：在全球化背景下，现在开始出现一些文化上的动态，主要反映在文化的多样性。请苏教授和索夫纳教授分别从亚洲和欧洲环境来谈谈全球化背景下文化多样性的新问题。

索夫纳：文化多样性在欧洲并不是新鲜问题。之前更多从帝国主义的对立面来讨论文化多样性，但是从欧洲启蒙运动特别是到浪漫派这个时候开始，在德国和法国，人们对文化多样性有了新的认识。当时出现了一种哲学：任何一个文化都具有同源性，或者说都具有同样的重要性。有一句话说得更清楚：任何一个文化离上帝都同样地近或同样地远。但新的全球化对欧洲来讲是一个新的问题。为什么呢？在第二次世界大战之前，应该说欧洲是全球的权力中心，英国、德国、法国那时都是世界强国。但新的全球化是以美国为中心，有一句名言"新的全球化就等于美国化"，两者实际上是一回事。欧洲人这时才突然意识到自己不再是世界的中心，而是多元文化中的一部分。所以从欧洲人的角度，要重新思考自己在全球化中的定位。我想讲的是：现在全球化的出现对文化的保障产生了威胁。这个问题到目前还没有引起足够的重视，我们注意到了大众传媒对文化的威胁，注意到了工业或者产业化对文化的威胁，但是没有注意到全球化过程的背后还隐藏着反动的、反权威文化的潮流。这个潮流叫全球区域化。全球区域化导致的结果，是人种功勋主义，人种功勋主义推广到全球，带来的不是自我开放，而恰恰是自我封闭。在这个情况下，一个既古老又新鲜的问题出现了，就是不同的文化究竟应该如何相互理解，特别是当它们有着不同的历史背景、不同的语言、不同的宗教以及不同的宗教制度和法律制度时。关键的是，当不同文化在人这个问题上有不同理解的时候，它们相互之间才能进行沟通。

苏国勋：索夫纳教授说的对我很有启发。就中国人来讲，近年来随着中国社会的改革开放，各个制度方面慢慢和国际接轨，于是从经济、金融全球化引起了文化层面的全球化问题。一和多的关系，是东方哲学很古老的命题，中国文化里也一直强调。中国儒家讲"理一分殊"[①]，"理"是一的，表现形态是多的，应把多样性和统一性结合起来，不会认为世界只是一个样的，也不会走到相对主义上去，认为世界只有多样性没有统一性。中国人在这个问题上思维是辩证的，而且中国人强调文化层面的多样性，中国儒家叫作"和而不同"嘛！我想中国人在文化全球化里面最明显的表现就是孔夫子所教导的和而不同。全球化作为一种整体性诉求，和地方化诉求在一个国家（文化共同体）里表现为所谓世界主义对本族中心主义（我族文化中心主义）这样一对矛盾。当代文化全球化里面中国人接触更多的是美国式全球化。比方说，美国的麦当劳化文化，这种完全走向美国的文化，中国人肯定接受不了，所以中国人主张和而不同。但我觉得这并不代表中国文化非常封闭，不是！中国确实承认文化里有全世界同一的部分，但是在表现形式一定是多种多样的、不同于美国文化的。按照中国人的理解，文化全球化一方面是世界主义，另一方面是本族中心主义，

[①] 宋朝朱熹提出的概念。中国宋明理学里讲"一理"与"万物"之间关系的一个命题，源于道家。道家认为，相对于宇宙中"万物的多"，"一"是万物的"统一者"。宋明理学采纳了道家思想，提出了"理一分殊"的命题。朱熹从本体论角度指出，总合天地万物的理，只有一个理；分开来，每个事物都各自有一个理。

这两方面都是不能缺少的。美国的文化观点也是这样，一方面鼓吹美国是世界主义，另一方面又讲本族中心主义嘛。美国文化的"公民宗教"讲美国人是上帝的选民，这是将自己的文化、种族看作世界的中心，实际上背离了它世界主义的观点。我觉得即使美国这种强调麦当劳化的文化也离不开这两个方面。在这个问题上我觉得中国文化和欧洲文化有很多看法相同的地方，尤其在文化上，和美国的全球化特别是麦当劳文化是不合拍的。

索夫纳：您说得对，中国和欧洲之间的确有很多共性。从历史上来看，中国和欧洲也确有非常多的相似之处。比如欧洲过去长时间一直是战争：民族战争、种族战争、宗教战争与所谓帝国主义战争。中国历史上也有过所谓的战国时代，民族间的内战也曾经造成中国大面积的区域冲突。第二次世界大战以后，欧洲并不是出于理性而是出于历史的压力，开始重新思考自己内部相处的问题，这联系到欧洲开始走向一体化。要注意，这个时候没有任何外在和内部的强制，各国完全是自觉自愿地走到一起，实际上形成了一个联邦政府。但您刚才说到的一个问题还是很明显，即不同的文化究竟应该如何正确相处。英国一位哲学家谈到过所谓文化差异的问题。他说文化之间的相处涉及的不是宽容，而是相互容忍，不同文化相互遭遇时，没有办法很好相处，让它们相互宽容是不可能的。欧洲人在面对这个问题的时候曾有很大的困惑，所以突然兴起向中国人的学习，向中国学到很多东西。比如，欧洲人曾把民族概念、种族概念和人民概念混合在一起，而中国人不把民族概念和种族概念联系在一起，而是和"中华"概念联系在一起。这样"中华"就有很大的包容性，它虽然也是民族，但可以包含不同多样的文化。欧洲人从中国得到了很多的启发，可以看到，欧洲现在实际上在兴起一个新的帝国，欧洲人也在试图寻找一个新的欧洲观念，他们从中国学到的是如何革除过去旧的民族概念，建立新的民族概念。

再谈谈您说的美国化即麦当劳化的问题。欧洲一体化的过程越来越向我们强调欧洲和美国之间的差异，欧洲和美国在以下三个概念上存在巨大的差异：第一个差异是人权概念，欧洲和美国对人权有完全不同的理解；第二个差异是民主概念，欧洲的民主概念是联邦制的，美国虽然是联邦制国家，但它的民主恰恰是集中化的；第三个差异是民主信仰的概念，美国把民主变成了一个信仰体系，把民主和基督教关系到一起，这一点从小布什政府可以看清，而欧洲是目前世界上最世俗化的地方，欧洲人认为如果把民主制度和宗教信仰特别是基督教挂起钩来，就排除了其他民族对民主的介入。

苏国勋：我非常同意教授的讲法，美国的民主确实和基督教紧密地联系在一起。最近我写了一篇文章，主题是美国人为什么在中东问题上偏袒以色列，造成中东问题很难解决，很明显是和基督教有关系。在这方面中国人有东方式的智慧，和而不同实际上是同和异、一和多的辩证关系，涉及不同民族、不同文化、不同文明间的相处时，它有很深刻的内涵需要进一步地阐发。这样讲不是说东方文化中国文化拒斥西方文化，中国100年来从西方文化中吸收了许许多多的东西，包括制度建设、思维方式、行为方式等。欧洲文明——特别是启蒙运动以后——形成的人权观念，包括民主、自由的观念，对中国人的思想启蒙发挥了很大的作用。我强调的是在文化全球化的过程当中，全球化和本土化是一对矛盾，表现在政治共同体上就是全球化主张人权、民族国家主张主权。中国作为东方国家，它几百年的停滞和西方帝国主义的成长并行，有很屈辱的一段历史，所以在民族心理上有一种奋发图强的力量。现在中国的影响越来越大，表现出来的就是中国人愿意参加一些国际事务，过去我们认为国家主权不可分割，现在把主权分为不能谈判的核心主权以及和整个国际世界相关的边缘主权，那么有些地方必须让出些东西，参加联合国一些事务如维和意味着中国人已经在主权观念上发生变化了。关于人权观念，外界对中国有误解,实际上中国人反对的是美国人通过人权观念和主权观念使自己称霸世界的行径,尤其是现在,很明显联合国在制度上缺乏有效的操作机制,个别大国很容易掌控联合国,美国往往利用一些"实质正义",像伊拉克问题,很多国家都反对武力解决,认为这条路不可行,但美国执意单边行动,结果行动开始后,反过来要其他国家出兵,这表现出美国人实际上是借助人权主义,无视别的国家的主权,这是中国人极为反感的。

索夫纳: 比较一下中国和欧洲,我们发现欧洲在过去的几百年当中有一个重要的经验,就是个人决定一切。个人决定一切追溯起来和宗教有关系,欧洲早期只有一个宗教——天主教,那个时候没有选择,只能信仰天主教,但后来教会发生了分裂,分成了天主教和新教。不同教派之间有争斗,每个人都要选择是信仰天主教还是信仰新教。首先是君主们抉择,到底选择哪一个作为国教,之后每个个体也有选择宗教信仰的问题,所以个体性概念在欧洲有着很深的宗教背景。这个概念对整个欧洲近代文化有很深的影响,构成了后来欧洲所有重大社会变革的基础。比如法国大革命,甚至马克思的《共产党宣言》里都以个体性概念作为基础。康德写过一篇文章《所谓启蒙》,其实是对个体性概念的回应,或者说是受到了个体性概念的启发。不光是康德,当时整个启蒙学派如法国的北部学术派也都在写这个问题。启蒙学派和宗教改革的差别在于他们强调个体性,但他们认为个体性不单与宗教有关,还与个体的生活经验有关系。作为法国大革命的产物,法国的宪法强调保护个体,有两个原因:第一是个体很强大,强大到可以成为民主的基础,这里强调个体强大,是强调个体的差异性,而不是不同文化的差异性;第二是个体在强大的同时又十分脆弱,因为个体的力量是有限的,在面对制度和其他人的时候有时不能捍卫、保护自己。所以要有法律制度来保护个体,个体的强大与脆弱共同构成欧洲人权的基础。欧洲在20世纪所有的战争,特别是到纳粹的时候，实际上是遮蔽了欧洲独有的这套观念。现在这个个体性概念又重新引起人们的注意，也就是刚才谈的问题，即当欧洲人与非欧洲人相遇的时候，他们究竟应该怎样相处。从欧洲人内部来讲，他们有同样的哲学、历史、文化背景，沟通起来并不困难。法国人、德国人、意大利人有共同的背景作为基础，所以能够意识到个体性概念，可面对非欧洲人的时候，欧洲人怎样建立个体政策？您刚才讲中国人面对西方，欧洲人在面对非欧洲人的时候同样面临欧洲认同纯正的问题。

再谈美国，欧洲和美国的确有很大的差别。美国从内战时开始，就强调"美国民族"这一观念：美国每一次战争都要为民族而战，要忠诚于民族。万幸欧洲没有统一的民族，不需要像美国人一样培塑起忠诚于自己民族的观念。可是马上又出现一个问题，欧洲人要找到认同的话，他们应该忠诚于什么呢？一般认为如果作为共同的欧洲认同，欧洲人应当忠诚于民主制度，忠诚于人权制度，以及建立在民主和人权基础上的宪法制度、宪政制度，而不是忠诚于民族概念或者种族概念。

最后，我要谈一个带有反恐意义的话题，我要很小心地来说这个例子。欧洲的政治家、思想家、哲学家到中国访问的时候，都被寄托着重要的使命，就是希望能够来中国谈谈人权问题。欧洲媒体报道的时候，也经常说只是顺便谈到了人权，没有把人权作为中心的话题来谈。其实这是欧洲人的一种误解。欧洲人不能来指责中国人——一方来指责另一方说你的人权是不行的，我的人权概念可以完全转嫁给你。建立在个体性基础上的人权概念可以转嫁给中国，这是不对的。欧洲和中国应该是通过法律制度的相互交流，建立起对人权的共同理解，因为在谈到个体性概念时欧洲和中国是有差别的。差别在于，中国的个体性是有共同的集体作为背景的，而欧洲不是这样。

苏国勋：作为一个中国的知识分子，刚才教授所讲的我基本同

文化多样性与现代性　　117

意,但有一些保留。在我看来关于解决人权的问题就是先用和而不同的原则把形式的正义和实质的共善解决好,再谈形式正义的时候就没有矛盾。我们讲人权,肯定不是世界人的人权或者全世界的人权,谈具体人权就离不开具体的时间和地域,问题就出来了,西方人注重形式,而东方人尤其中国人强调实质,只要人权一落实到具体形式上,正义就被打了好多折扣。比方说科索沃战争和伊拉克战争,干涉国要派自己的国人冒着生命危险去"解救"科索沃的阿族人或者伊拉克人。从拯救者的个人人权来讲,能证明他的人权价值要低于被拯救者的吗?被拯救者有人权,需要拯救者冒着生命危险去解救,那拯救者就没有人权吗?对被拯救者来讲,他有什么具体的人权吗?现代战争尤其是美国发动的战争,为减少本方的牺牲往往采取远程轰炸的形式,这种轰炸让很多无辜者被炸死炸伤,当地人的具体人权在哪里?这里面根本没有人权可言。因此一次战争无论从拯救方还是被拯救方来讲,人权都不是形式上的正义,必然是实质上的共善。形式正义从理论上我觉得很有道理,但是您不能否定东方人的实质正义,它有它的特征、道理,正因如此东西方才有对话的必要嘛。现在东方人主张共生,在这个世界、在这个地球共生。这种说法跟官方政策没有任何关系,完全是我作为一个人文知识分子的个人见解。

索夫纳: 共同的善和形式权利是一个关键的问题,这和欧洲的"契约理论"有关系,是18世纪、19世纪欧洲的一个重要理论。形式权利应该是社会契约的结果而不是前提,而且社会契约应该在共同的善和形式权利之间找到一个平衡。一个公民只有期待从集体那儿得到承认,得到反应,才会签订这一契约。他希望与别人同等地来签订这个契约,因此社会公正就显得尤为重要。您举的伊拉克和科索沃战争的例子很好,德国人在政治上可能参与了科索沃战争,但在哲学和道德上德国就没有参与这场战争。关于科索沃战争,欧洲人和美国人对战争的理解是有差别的。在欧洲人看来这场战争应该是一场正义战争，欧洲人希望通过战争把自由和权利还给科索沃，还给被拯救者，实际上捍卫的是共同的善。欧洲人关注战争的结果，能不能给科索沃带来共同的善，而美国人对战争的结果是无所谓的。这一点在阿富汗战争也表现得很清楚，美国人通过远程轰炸打败了这些统治者之后就不管了。交给联合国，交给欧洲人去管。所以欧洲和联合国始终强调应当把正义战争和共善有效地联系在一起，而不能只是单纯地参加战争。

再举一个例子：国际法庭。美国人也涉足国际法庭，但只在本民族利益受到威胁的时候才会提交国际法诉讼。美国只关注本民族的东西，是最典型的民族主义。

涉及共善这个重要问题时，有些时候共善导致文化上的争斗。我们把人权、社会公正等作为普世概念推广到不同文化时，就会造成一些冲突，即便当我们在生态和经济层面上推广这些概念，也会面临冲突；比如当我们把人权概念向伊斯兰世界推广时，马上就面临女权的问题；当我们把宗教自由推广到伊斯兰世界时，就会遭遇到原教旨主义。关键的问题在于，我们如何来解决由于共善所导致的不同文化的冲突。

苏国勋：非常同意教授说的话。不同文化面对一些问题的不同理解，实际上还是源于文化根基上的差异。作为东方的学者，我们特别强调双方加强相互的理解。谈到共善问题，我想起美国轰炸伊拉克，伊拉克人受到专制的荼毒，又要冒着美国的轰炸，他们没有获得一点实质正义。对于美国来讲，他们认为他们的结果最后表现了共善。但对于个体来讲，被炸死的时候讲什么人权呢？有什么实质共善呢？这里面有双方的文化的不理解，可能理解一点，但没有情感上的感同身受。美国推翻萨达姆政权，认为解放了伊拉克，它恰恰不知道，把兵力打掉很容易，可像伊拉克这样一个有伊斯兰文化传统的、多宗教多宗派进行斗争的国家，想保持国家秩序的稳定必须要有这样一个人

文化多样性与现代性

物，一旦把这一人物去掉以后没有人能够代替，所以造成伊拉克相当长时间的秩序混乱，没有秩序大家怎么生活？在这种情况下，伊拉克人的理解可能跟西方人不太一样，他们并不是一定赞同专制政权，但是会觉得国家没有这样一个人物就不能稳定。事实上也确实有这样的问题，现在的临委会根本起不到作用。长此以往，伊拉克会很长时间没办法维持秩序。东方人宁肯受一点累，也不希望失去秩序，失去秩序就可能失去生命，那么，我可以勉强一点。这就是价值观念的不一样之处。说穿了还是文化之间怎样达到真正理解的问题。

索夫纳：如果撇开我们在学术上的讨论，站在军事上来讲，欧洲完全依赖于美国、依赖于北约。欧洲如果要摆脱美国，重新武装自己，首先要一笔庞大的开支，最关键的问题是欧洲人无法做到重新武装自己，欧洲有长期战争的教训，重新武装在政治上很难得到贯彻，所以暂时没办法摆脱美国。但是，欧洲又是反对美国的干预政策的，比如说法国和德国反对美国的干预政策，有些情况比较特殊，意大利、西班牙和荷兰，民间都是反对干预，但是政府是支持干预的。

谈到双边政策问题，您刚才谈得很好，究竟是出于什么样的道德考虑，使得德国和法国的政治家、哲学家以及普通民众决定不参加伊拉克战争？从德国来讲，它有过一个暴君，就是希特勒。暴君当然杀了很多人，推翻暴君同样要杀很多人，这时不能简单地以死亡数字来衡量有没有必要来推翻暴君，暴君杀了10个人，你推翻暴君可能要死15个人，这不成为不推翻的理由，关键看战后的结果，德国和法国认为伊拉克战后的结果是非常危险的，这是因为尽管德国在第二次世界大战把希特勒推翻了，但有过一个民族的传统，即魏玛共和国时期，德国可以把这个传统接续起来，而伊拉克不存在一个民族的传统。

现在我们谈您刚才说的秩序问题。您说的是对的，秩序问题由来已久，人类从诞生起就开始寻找秩序。秩序首先是规整自然，然后是规整社会包括对人自身的规整，但是我们要看到这里存在一个辩证关系，秩序要是过于强大，就会对人构成威胁。如果政府过于强权，对个体或家庭干预过大，这实际上是对秩序的强化，对个体包括对家庭就构成一种威胁，我认为秩序不是一个非常容易接近的概念，必须放到由秩序、自由与强制构成的三维关系当中，三者应该有一个良好的互动。现在回到刚才说的伊斯兰的问题，我赞同您的观点。我们的确对伊斯兰都不是很了解，我虽然有伊斯兰朋友，但从没有在伊斯兰那边生活过，如果有所了解也完全是理论上的。但是，我们应该对伊斯兰抱以一个新的观点，就是在今天伊斯兰世界同样和其他世界文化之间有着对话关系，伊斯兰本身并不存在原教旨主义，它自身有发展变化的过程，而今天正在发展和变化。伊斯兰世界内部也有差异性，我们会发现，印度尼西亚、马来西亚，包括中东的伊斯兰国家相互之间有很大差异性，这里我特别强调一个例子，就是土耳其，土耳其典型地说明伊斯兰世界正在走向与其他文化之间的对话。在全球文化对话的环境中伊斯兰国家在改变，土耳其是一个极好的证明。

现在再回到哲学角度来讨论关于在全球化时代不同文化相互理解的问题。欧洲人和中国人究竟如何相互理解，阿拉伯人与中国人究竟如何理解，是一个值得重视的学术问题。我想举德国已去世的哲学家伽达默尔的一个观点：个体之间有必要相互理解，也在不断地努力相互理解，民族之间也在努力地相互理解。伽达默尔强调的是个体和共同体不过是参与了相互理解的过程而已，为什么呢？相互理解的内在对话逻辑，其过程是自身展开的。所以个体的相互理解也好，共同体的相互理解也好，实际上是共同博弈的过程，对个体、共同体来讲，做好对话的准备才是最关键的。

苏国勋：我觉得目前东西方文明之间的对话还仅仅停留在外在的理解，缺乏真正的、内在的理解。我理解您讲的主观的问题，没有这个就没有办法真正地达到理解。东西方文化目前表现出来的不同的文化之间缺乏共同内在的理解，正是因为大家只停留在态度上，这是不够的。另外，刚才索夫纳教授谈到他作为德国教授对伊斯兰民主的理解，我是个汉民族的中国人，从中国文化的角度，我认为土耳其不能够作为伊斯兰民主的例子。土耳其有它特定的历史背景，它原是拜占庭帝国，受到基督教的强大影响，近代有凯末尔革命，而这些在伊斯兰世界很少见，伊拉克和伊朗都缺乏土耳其拜占庭帝国时期的那种基督教文化的侵袭，因此没办法类比，这是其一；其二，这涉及伊拉克和伊朗的传统，他们什叶派和逊尼派的传统是土耳其不具备的，土耳其经过凯末尔的革命，早已接受西方的文化，体会很深了，它是主动地借助西方文明。中国人面对西方文明时能够接受，但是毛拉们不是这样的，这是传统所致。因此我认为您对他们的理解还是外在的，缺乏对原教旨派的真正理解，因此就难以想象美国明明以解放者自居地"解放"这些人，这些人反倒拿枪去打美国人、憎恨美国人的这种情况。我觉得东西方这种仇恨，起码伊斯兰文明和美国人的这种仇恨情绪会蔓延很长时间，造成很消极的影响，对于整个世界的文化沟通是很不利的事情。我更多地就不同文明来讲，不讲中国文明，是避免本族中心文化主义的嫌疑，但我觉得中国文化里面有一条可作为不同文明之间对话的底线，那就是"己所不欲，勿施于人"，基督教也有这种说法，耶稣基督讲"爱人如己"。基督教文明是从正面讲，而中国人是从反面说，意思是一样的，这样两个不同的文明就可以很好地交往。中国自古以来是有自我中心主义的，就是文化中心主义。西方文化也有很强的欧洲中心主义或者西方文化中心主义，但都已成为历史，现在不应再这样认知。不能以自己的文化为中心，一旦自认为是中心，就会要求你的边缘跟你有相同的看法。对于中国人和欧洲人来讲都应该有这种共识，不能以欧洲的标准去看欧洲边缘的地区，同样我不能以中国的道德标准去看我周边的亚洲民族。当然，这个比喻听上去世界只有两个文化中心，一个欧洲中心，一个中国中心，我没有这个本意，只是在打比方。

索夫纳： 我完全同意您的观点。现在谈三个问题：第一个问题是原教旨主义，实际上原教旨主义涉及的是文化之间如何相处的问题，很大程度上，原教旨主义可以看作对文化冲突的一种回应，从这个角度讲，不但伊斯兰世界有原教旨主义，美国也有原教旨主义。第二个问题，我只是把土耳其作为一个例子来阐明伽达默尔的哲学理论，按照伽达默尔的理解，对话状态的出现与对话主体自身是不存在太多关系的，它是指实际发生的一个过程。从土耳其来看，您可以看见不同文化之间实质上对话的关系是存在的，莫扎特很多作品的灵感是从土耳其来的，而土耳其人也从基督教世界吸收了很多文化，即便现在土耳其在世俗化以及现代化的过程中和原教旨还有冲突，但已不再是伊斯兰和基督教意义上的冲突，实际上是相互糅杂了不同文化背景的冲突。第三个问题是您谈到的黄金原则，即中国人讲"己所不欲，勿施于人"，而欧洲人讲爱人如己，如果仔细观察，您会发现有一个人对这个问题的考察，恰恰是把中国和基督教的这个黄金原则完全糅合起来，即康德在他《实践理性批判》当中的陈述。

苏国勋： 作为补充，中国人对这个问题的反思仍然要比欧洲人早 2000 多年，孔夫子说这话的时候是公元前。

现场翻译：曹卫东
原载《中国人类学评论》第 24 辑（2014 年）

关于"信任"的跨国比较研究

时　间：2011 年 7 月 29 日
地　点：中国社会科学院社会学研究所鸿儒轩
对谈者：景天魁：中国社会科学院学部委员，中国社会科学院大学特聘教授，社会学研究所研究员。1995—2006 年先后担任社会学所副所长、党委书记、所长，1998—2005 年任中国社会学会副会长，2001—2005 年任国际社会学协会副会长。主要研究领域：社会发展理论、福利社会学、时空社会学、中国社会学史。独著：《打开社会奥秘的钥匙——历史唯物主义逻辑结构初探》《社会认识的结构和悖论》《社会发展的时空结构》《底线公平：和谐社会的基础》《底线公平福利模式》《中国社会学溯源论》等。合著：《时空社会学：理论和方法》、《普遍整合的福利体系》、《中国社会学：起源与绵延》、《中国社会学史》（第一卷：群学的形成）等。
佐佐木正道（Masamichi Sasaki）：日本中央大学社会学教授，国际社会学协会主席（Chairman, International Institute of Sociology, 1997—2000），兵库教育大学名誉教授。主要研究领域：信任研究、意识研究、国际比较研究、国民性研究、全球化研究。主要作品：*General Trust among Megacities: The Case of Shanghai, Seoul, and Tokyo*、《日常生活中的媒体和"信任感"》、《现代社会的信任——国际比较研究》、*Trust in Contemporary Society*、《全球化和地方社会的转型》、《信任感的国际比较研究》等。

一
"现代性"之辩

罗红光：佐佐木先生长期进行关于信任的研究，这次做了六个国家和一个地区的比较研究①，引起了大家的兴趣。今天围绕佐佐木先生的信任研究展开一次自由对谈，话题是信任。我的第一个问题是，为什么做这样的信任研究？

佐佐木正道：直到最近，关于信任的研究还被认为是少数人的研究领域。历史上滕尼斯、齐美尔、迪尔凯姆，还有美国的帕森斯等人都做过相关信任的研究，然而多数社会学家有一个基本共识，即认为信任研究是观念性的研究，作为一个研究课题是比较难的。但在近代，尤其到现代化以后的社会，信任研究又出现光明，研究课题也逐渐增多。说明社会纽带出现了弱化现象。美国学者 P. 布劳认为社会信任对社会稳定来说是不可或缺的因素，通过人际关系的展现起到安定社会的作用；韦伯将信任的着眼点放在了各种物质的交换上；科尔也指出：社会交换基于社会信任这一点十分重要，重要性体现在，如果没有人际关系、社会协同，那么社会将不存在；此外，卢曼认为：信任能够检验整个社会系统，而且随着社会趋于复杂，信任则显得更加重要。这对社会学来说，是一个重要课题，因此信任研究也逐步被认可。更何况在当今全球化背景下，时间和空间都被压缩，文化交流、人际往来、理解他者的文化乃至国家就变成了现实生活中必须面对的问题，因而信任开始成为社会学家必须研究的课题之一。

信任本来是一个哲学命题，经验研究相对较难，做实际调查尤其困难，相对而言，信任研究会涉及国与国之间的差异，通过价值分析、世界观调查，呈现信任高、中、低的国家，即区分信任级别，并分析这种差异背后的原因，这类研究在国际化关系中显得越加重要。福山围绕信任做过类似的研究，其中包括中国，我个人的研究动机主要表现在思考国家间区别的主要原因究竟是什么，究竟是个体主义？

---

① 因本篇谈及的调查问卷，内容较多，篇幅所限，故问卷内容不再附录。

集团主义？或是后现代主义思潮下"夏威夷主义"（基于族群文化和伦理认同，反对外来权力和权威的族群运动）的影响？还是文化上或传统价值观上的差别？社会学意义上的"规范"是否有差异？这就是我的研究动机。

景天魁：信任问题特别复杂，哪怕讨论两个人之间的信任已足够复杂，涉及心理层面、道德层面等。讨论一个小组织、小团体，例如企业员工对老板的信任、各级管理层的信任、内部的信任，就更为复杂。佐佐木教授做了国际范围内七个国家和地区的比较研究，难度很大，需要极大的勇气，而且比较的层面较多，包括心理层面、道德层面、社会层面，既涉及个体，也涉及宏观，很不容易。想得出一个比较令人信服的结论，确实需要长期的艰辛努力。从方法论上可能也有很多问题需要讨论。

像在其他问题上一样，我个人在信任问题上比较倾向于整体主义。我觉得个体之间的差异太大了，特别是在信任问题上。富人之间、穷人之间更信任，还是穷人对富人更信任、富人对穷人更信任，都很难讲。这受到如文化、家庭、社会等很多方面的影响。信任问题可以由心理学家从心理层面研究，人类学家从人类或文化层面来研究，社会学家也可以从很多角度来研究。我比较感兴趣的是从社会结构的状况、社会制度、社会关系方面来研究，即什么样的社会结构和社会关系状况更容易建立起人们之间的信任？我觉得这个问题比较容易确定一点，涉及的因素和层面更好把握一点。

从有利于形成或促进人们之间的信任来说，我觉得还是可以看到一些起作用的社会结构和关系的因素，从佐佐木教授做的这些国家和地区的研究中，就可以看到一些共同的特征。比如一个社会的贫富差距比较小，它的信任度就会稍微高一点。当然这不能绝对地讲，还有其他因素起作用，得排除某些特殊因素的影响。这就中国来看也是明显的，原来计划经济时期，经济和社会发展在效率方面固然不好，但我觉得那时人们之间的信任度比现在要高。这比较好理解：如果大家有相当多的共同利益，它就可以成为建立信任的基础；如果共同利益很少甚至没有，就很难让利益受损方信任剥夺其利益的一方，信任关系就很难建立。当大家利益共同时，且不说主观上的目标是否一致，客观上都有一种普遍的、大家都能接受的、比较平等互利的关系，我觉得这是建立相互信任的必要基础。从这个意义上讲，好的社会结构是大多数人共同利益比较大的、会增进人们之间共同利益的社会结构。我更愿意把社会信任问题放在现在中国社会建设话语里面来看，比方说，在市场经济条件下，是否可以通过加强社区建设增强社会成员的信任？陌生人走到一起，谁也不认识谁，非要叫他们相互信任，这很难。在市场经济条件下社会流动性比较大，大量的人由于城市化、工作等原因生活在一个社区内，这是一个陌生人的社会，那么我们可以通过在陌生人社会里建立一些相对来说不陌生的共同性的环境，增强社区成员之间的联系、感情和相互关怀，在小的范围内形成信任关系，推而广之，进一步促进更广泛社会成员之间的信任。所以我的理解是社会信任建立在社会关系、社会结构基础上。佐佐木教授所做的信任研究肯定要比我说的要广得多，也肯定是更有意思的。

　　道德层面的教育能否增强信任，我曾听过佐佐木教授的讲话，感觉要得出结论来很难，比方说，七个国家和地区的家长都是怎么教育子女的？是不是教育孩子要信任陌生人？这对信任的真正形成很难讲有多大作用。在中国，我估计十有八九的家长会教育小孩子不要轻易与陌生人交往，不要跟陌生人走，这是一种自我保护，不一定会对小孩对整个社会的信任态度有多大影响。教育固然是一个重要方面，但对于信任形成，我更加强调社会的基本作用。我总是相信，好的社会结构是有利于信任形成和发展的，如果社会结构不好，其他因素很难发挥大的作用。

　　佐佐木正道：感谢景教授的重要建议，其中有很多观点我们可以分享。的确，关于信任的研究十分复杂这一点毋庸置疑，刚才您提出社会结构和关系的问题，截至目前，信任研究在社会学中有六个理论背景。我下面将介绍的六类理论背景中，哪种适合解释中国也是今后的研究课题。这六种理论主要来自欧美的两大流派：一种流派认为信任属于个体的特性；另一种则认为信任是人际关系的产物——如老师您说的那样，信任与社会系统整体有关。个人层面的研究有人格理论和心理学角度的围绕性格的研究，譬如调查性格开朗或内向，或者人们的生活满意度，如您提到的收入高低对社会满意度的影响等，属于个人层面的研究。在社会层面，有信任作为社会问题的研究，即与社会的关联，中国社会学者的社会网络理论属于这类研究。此外有社区理论，譬如大城市内部的信任度较低，而小的地方社区内部信任度则相对较高这类关于地方社会规模的研究。还有针对地方社会内部的满意度涉及地方社会种种内在联系的研究。最后一种就是社会理论的研究，即社会上人们的公共性、公共安全以及您所指出的社会福利是否充实等涉及社会整体的问题。这六种研究视角中，从个体来看，除了本人的性格以外，还有父母教育孩子把外人当小偷或者教育相信他人这种事实的存在。这些在当初的信任理论中显得十分重要。从性格特性层面，一个人拥有乐观开朗的性格，关联到自己在多大程度上能够掌控自己的生活，明天的生活不能无保障，因此社会保障、社会福祉直接关系个人的生活稳定，显得十分重要，涉及人们对生活的基本想法。社会层面来看，刚才说到的社区问题、安全问题这些区域性问题，还有刚才提到的社会志愿者的组织与行动，表明参与社会、改造社会的积极态度逐渐地表现出来。这类调研今后也将势在必行。刚才讲社会网络，商业行为、地方社会中的人际关系与信任相关联，这一点在社会主义国家和在东欧的调查中尤其可以发现，社会网络十分重要，民众对各种系统不一定相信，但往往对人际关系十分信任。刚才提及的"社区理论"，譬如说夜间行走是否安全。从社会理论角度看，人们的收入高低，即收入高的人和收入低的人之间的差距是否影响了社会信任？还是阶层影响了社会信任？还有移民研究，以及针对制度的满意度，其中包括了对社会福利制度、医疗制度以及对交通设施、食品、科技的信任度等。在日本，一些科学家声称原子能发电站绝对不会出现问题，甚至有这样的研究，如"原子能安全对策研究所"的专家曾说，绝对不会出现（泄漏）问题，但是仍然发生了大的泄漏，促使人们调查信任与社会整体有什么样的联系。

景教授刚才讲到的重要一点在于，贫富之间的人际关系及其信任问题，在调查中我设立了"俗性"栏目，将贫富问题放在开放式问卷中，观察收入或阶级对信任所能造成的影响。还有您说到对计划经济的看法、利益共同体等问题，布劳、科尔这些人从社会交换角度定位信任是利益共同体。此外对于陌生人的认知，如赴欧洲、美国或日本如果产生了好印象，在某种意义上会产生对当地人的信任，当然，那里不值得信任的人很多，所以说，接触是重要的基础。其次重要的是获得信息，知识分子被认为是值得信任的人群，如今天电视中出现的那些人，他们收集信息作出决定，什么人值得信任，什么人不值得信任，他们做出这样的判断。对于社会的信任，像刚才景先生提到的社会福利问题，又如布劳所说的"稳定的社会"，也就是营造一个安定的社会环境，强调具有一定意义的保障，收入高的人和收入低的人之间的差距很可能预示收入低的人对社会的不满，但是如果那些人获得社会的保障，让他们能感受到他们也是社会成员，而且这将关系到大家的爱国心，由此对移民的排他性思想也会减少，外国人来分羹的想法也不会产生。尽量保障生活不是"额度"的问题，而是进一步充实社会福利制度，正如景先生所言，它十分重要。

景天魁： 我觉得还有两个有联系又有区别的问题，就是信任基础和信任指标。信任基础涉及如何理解信任，而信任指标涉及如何测量信任，这两个问题有联系又不一样，有的角度或指标可能有利于我们理解信任，但未必能够测量信任，用这些指标来测量不同国家的信任度高低是很难做到的。比如在传统社会里，人们之间的信任建立在血缘、亲缘纽带的基础上。这种信任有情感或者习俗在里面，很容易建立很高的信任度。在一个家族内部，或者村庄内部的小群体，信任度可能很高，甚至到了大家不分彼此的程度，它的基础是情感性的、世俗性的，与现代社会的信任基础可能是不同的。现代社会的信任基础存在于陌生人社会里面，在国际交往之间，在市场上，谁也不认识谁，但是大家遵守共同的规则。那么在规则基础上也可以建立起信任，否则人们无法行动，无法达成效果。但这种信任就像阿庆嫂说的"见面开口笑，过后不思量"，和依靠传统纽带形成的情感性的信任是不同的，依靠情感形成的信任发自内心，可以长期保留。情感和规则反映了传统社会和现代社会信任形成的两种不同基础，这是我们理解信任所必须考虑的。但是，理解信任的角度或者指标能否用来测量信任高低呢？我觉得很难讲，比如一些宗教情绪比较大的国家，它的信任靠情感或者信念的基础而形成，其内部信任度很高，但外部信任度可能极低。而在一些市场经济比较发达的国家，其内部信任度可能不是很高，外部信任度却不一定很低。就像我们讲的弱关系与强关系，在找工作的时候，陌生人的弱关系也可能发挥很大作用。所以，很难拿这些指标来测量或者比较不同国家的信任度。

这样的话，佐佐木教授的调查问卷还值得进一步研究。例如问卷中问：你认为大多数人是否值得信赖？多数美国人可能会说"是"，但有的国家的人们回答"是"的比例可能比较低。这个提问对于了解他们如何看待信任可能作用不大。能不能认为回答亲戚可信任的国家信任度就高，亲戚可信任度低的国家信任度就一定低呢？不见得，其整个国家的信任度很难比较。我的意思是，我们可以从很多角度去理解信任，但是当比较、测量信任的时候，指标很难找，我更倾向于找一些客观的资料。比如，如果我们认为收入公平有助于增加信任，那么我们就拿这种指标来测量，因为收入指标很客观。如果不做区分，主观指标和客观指标可能很难协调一致，如在主观指标上（信任度）可能比较高，在客观指标上可能比较低，反之亦会出现。如何将理解信任和测量信任、评价信任区别开来是值得考虑的，这是两回事，尽管两者有关系。这是我给佐佐木教授的一点建议。

佐佐木正道：是的，您指点的是重要的问题。关于测定理解，我们针对各种各样的信任项目提出问题，发现三个要素在测量信任上十分重要，它们分别是经济、政策和政治。譬如问：对经商来说如何才能确立信任？如您所说，我们避开了所谓难以测量的问题以及调查本身没有意义的问题，能够确立的是以上三种因素。相互信任的问题在9问的D里，测量的度越高意味着相互信任度也将提高，它不是一时的现象，而是如齐美尔所说的那样，通过各种交换才能出现信任。如商业行为这一词汇意味的那样，它需要与感情分开，这基本上是经商的规则，不能情感用事是铁律。但是，只要是人的社会，要做到这一点十分困难，只是尽可能地减少情感因素。为此也就意味着要开放，尤其在人际关系问题上，公开你我的特殊关系，将公共与私人的问题分开处置，这一点在商业行为中十分重要。相比之下，日本的商业模式中掺杂着一些"情感"因素，当确认人际关系没有问题之后才启动商业行为，之间不混淆，而是有顺序，这一点也许中国也一样，首先确定人际关系，然后才谈商业，他们构筑共同的平台，习惯上相互获得共同的信息，如"同一所大学毕业""同乡"等，尽量考虑共同的基础。并不是因为我们是朋友就降价，商业就是商业，在这里，人的理性会发挥作用。刚才的问题十分重要，在我的研究里充分地考量了这类问题。我尽量将对方的因素纳入分析，关于这一点作出说明。

景天魁：信任研究基本上属于心理层面的研究。国际上从心理学角度研究信任比较多，佐佐木教授的主要合作者，比如斯坦福大学的那些教授也是搞心理学的。所以问卷中这些指标从心理学上讲，是无可挑剔的，也很有价值和意义。

我补充一点：是否可以稍微增加一些更加客观的指标？这七个国家和地区放在一起的时候，再怎么说也要进行比较的。我总觉得当把这些过于主观的指标放在一起进行比较的时候会有难度。增加客观指标可能比较起来更加方便，例如我刚才讲到的，如果一个国家的收入差距比较小，相互共同利益比较多，可能社会普遍的信任度比较高。从我们对各国的观察来说，这种说法有一定的可信性。当然，这是从整体来说的，不是从个体来说。个体是很难说的，什么社会都有极不信任的个体，那就是另外一回事了。所以我建议增加社会差距方面的指标，从社会公平程度测量信任程度。

我还建议增加社会福利方面的测量指标。这些年做福利研究，我感觉到，从整个世界来看，社会福利比较完善的国家和地区，社会成员之间的信任度偏高，更容易建立起信任关系。为什么呢？因为福利兼有规则信任和情感信任的优点，现在的福利制度不论是社会保险还是社会救助、慈善，都是按照规则建立起来的，这些规则的背后是有情感做基础的，包含对贫困者、利益受损者的同情、关怀，那它肯定有利于增进社会情感基础。人们会觉得相互之间不那么仇视，有一种温馨的感觉。人们会想，我贫困了或者遇到风险了，还有人照顾我、关心我、支持我。这样的话，信任就自然可以建立起来。

再补充一点：一个国家的现代法治建设情况、法律体系完备程度对信任的影响。从国际上来看，大多数的现代法律体系比较完备的国家的社会信任度偏高。陌生人之间相互信任凭什么？凭的不是相信个人，而是相信法律，即人们之间办事情不敢违约，不敢欺骗，否则会得到法律的惩罚。所以，在法制完备的社会，社会成员容易建立信任关系。

从社会公平度、社会福利程度、社会法治水平等角度来研究信任，比较好测量、观察。如果能通过调查看出它们和社会信任度之间存在比较明显的关联，再以其去测量就比较可信，也能得出很多有意义的结论。比如，我们的社会应该加强法制建设、缩小收入差距以及增加社会福利，这些都是向现代社会发展的必要基础。

当然，不是说不应该从个人角度、心理角度来研究信任。我觉得从个人角度、心理角度来理解信任是非常好的，从心理学角度、伦理学角度、个人角度可能更加丰富对信任的理解，这样在国别之间做比较，意义比较明显。用客观的社会指标来比较信任、测量信任可能更加可信。

总之，能不能增加一些客观的指标。因为您做的是七个国家和地区，这里面暗含着比较。您认为在所调查的七个国家和地区中美国社会信任度比较高，这就是一种比较。我觉得相比主要凭借心理的、伦理的指标得出信任研究的比较结论，不如增加一些客观的指标。不是说前者不好、不能用，它们对理解信任很有价值，但是对于测量信任来说有点不准。

佐佐木正道：我认为命题调研比较困难，如法国、意大利，似乎有些项不能反映实际状况。虽然我们划分出了国家和地区，但在其他属性上，如年龄、学历、收入等，也能够看得出差异。的确，涉及主体性方面的问题有难度，但有其测量的方法。譬如，面对"您认为您幸福吗"这样的问题，对方会反问："幸福指什么意思？"所以问"对您来说的幸福"。这里的"幸福"已经不具备客观性。不是说收入超过某个线就是幸福，而是说对您来讲的幸福感。这里的满足感实际上有个人差异。在这里一方面尊重对方的选择，同时客观地进行分析。我经常对学生这样问："满足吗？"对方会反问："您在什么基础上说满足？"幸福是什么，在什么层面上讲幸福，在这里并不界定它，而是说对您来说的幸福。韦伯所说的"宗教的定义是什么"，意思是说对个人而言的宗教，在对每个人的意义上尊重其选择。不是说在此之上是宗教，之下则不是宗教，韦伯的界定与我们这里所说的一样。我们相信你所信任的东西，因此与刚才的提问有关，这一点测定比较困难。另外，法律越发达的地方信任度越高，关于这一点的调查在美国我们没有做，法治国家类似的研究非常多，相反法制不够发达的地方，这样的问题就显得十分重要。我的问卷中有这类设问。譬如参阅9问的A、B、C，"尊重法律吗？""进电影院的时候无人看管的话你是否不购票进入？"等类似的设问。还有如"如果法律正确您是否守法？"或者"法律有问题的话，您是否试图改变法律？"不管怎么说，景教授，在这里重要的一点是，中国古人说"仓廪实而知礼节"，因此必须繁荣经济、充实福利，这无疑关系到每个人的幸福，有关这一点，传统社会譬如日本有"企业福利"的传统，但是它仍然不能满足需要，因此福利制度需要国家来完善。由于社会变迁，有些传统资源消失了，日本的工龄制度、终身雇佣制出自家族制的传统，面对传统被削弱的现实，由谁来负责大家的福利？应该是国家、地方自治机构来承担这样的责任。已经有很多社会学家指出：在全球化以及后现代主义的情况下，地方承担社会福利责任显得越来越重要。与此同时，尊重法律也变得重要起来。我问卷中"如果无人看管您是否不购票进入电影院？""人性本善？"等问题，其中也有哲学的基本问题，还有法律的基本问题，所以，景教授指出"不仅仅是个体层面"，当然如此，但是这里重要的点在于，六种理论中哪个具有更强的影响力？不调研则不知道。不是一开始就说是社会心理学的研究还是社会系统更具有说服力，而是需要进行比较，这时需要普世的视角，即是否具有共同性，譬如相互是否信任这样的问题，中国社会、日本社会、美国社会、欧洲社会之间是否存在共同的基础。据我的调查结果来看，呈现为否定的结果。因此适合各自社会的理论就显得重要起来。也就是说两方面均做做看，心理层面及您说的社会系统层面都纳入思考的范围，分析各自在不同的国家有何作用。譬如一般认为北欧由于具有充实的社会福利，因而人们幸福感相对高、相互信任度也较高，有关这些我们需要经过调研再说。根据我的调研结果可以肯定的是，30到40问的三个问题角度，即经济、政策、政治，均关系到信任，如40问中"您是否相信亲属"等关于地方社会的问题。

景天魁：您的研究主要从个人指标、心理学层次来做，这当然非常必要，也非常有价值。很希望您的研究能够继续下去，调查更多国家和地区，比较更多的不同文化背景下的信任问题。因为受国家和地区数量的限制，有些拉美的、非洲的国家和地区没有纳入进来。将来如果经费允许做更多的国家和地区，比较越多，估计得出的结论就更可信些。对于全世界200个国家来说，做七个国家和地区，要想得出普遍的结论，太少了点。这是我的一点希望。

我刚才说要加强客观指标的测量，不是说这些主观指标的价值不大，我反倒觉得您设计这些主观指标是很有意义的。而且，信任问题从理解的角度来说，更大程度上是一个心理问题、道德问题，主观性很强。您讲得非常对，我刚才讲的收入水平、法治水平、福利水平，这些是必要的基础，但绝不意味着具备基础了，人们的满意度、信任度一定高，不能画出简单的相等关系。那么反过来说，当我们讨论信任的主观指标的时候，确实也要谨慎，要考虑是不是凭着这些主观指标的测量就能够得到一些比较严谨的结论。比方说，知识分子文化程度高，是不是信任度一定高，这就很难说。我觉得，知识分子因为信息比较多，理性比较强，相互之间比较容易建立起信任关系。就这一点上，可能是对的。但是知识分子之间的信任度是值得怀疑的，中国古话说"君子之交淡如水"，知识分子之间很难达到铁哥们儿的程度。这也是一个特点，也值得分析。再比方说，是不是关于某某信息多，就一定能建立起信任呢？很难说。像现在的食品添加剂，知识分子懂得多，越懂得多越不信任，反而懂得不多的人容易信任。所以我们要看具体情况，是不是能够依据获得信息多，就能得出知识分子群体的信任度比工人群体或者别的群体的高，这可能需要一些限定的条件。在什么情况下、对待哪些问题、在什么意义上，可能比较信任；在什么意义上不一定信任。面对主观指标的时候，可能比较麻烦，客观指标可能比较好处理一点，所以我的一个建议还是在您的问卷中加强客观指标，至于客观指标如何增加，也要考虑。第二个建议是，可能的话，问卷调查的范围再扩大些。

总而言之，目前国际上，能够像佐佐木教授这样的，在信任问题上，做这种大型的、跨国和地区的问卷调查，很难得。不仅有经费问题，还有调查的操作问题。佐佐木教授的调查动用了一些国际上比较可信的专业调查公司、机构，这就很难做到。因为时间关系，我最后强调的是，佐佐木教授的研究很有价值，调查所得到的样本、数据，开拓的研究方向，包括问卷设计，都很有价值。我也祝这项研究能够更上一层楼！

佐佐木正道： 非常感谢！为了检验上述几个理论，我已经在七个国家和地区开展了研究。结果表明：信任度比较高的是日本、美国、德国，关于中国目前只是个别城市，如上海、北京等大都市的研究人员所调查的数据，如果条件允许的话，希望开展全国调查。然后信任度中等的国家是俄国和捷克；信任度最低的国家是土耳其。调查划分为高、中、低三个档次。下次如果有可能的话，我会把所谓信任度比较高的一些国家比如挪威、加拿大以及北欧的一些国家纳入调研。今后还希望做对具有传统色彩的国家如中国、法国的研究。目前为止的研究所见，因不同国家和文化不同，信任有较大差异。这样的调研仍然要从个人和社会这两个维度来进行。我想即便是信任度同样高的国家之间，通过比较研究我们也会发现其中的文化差异。所以，以这次的调研为契机，会增加一些信任度同样高的国家以及信任度同样低的国家进行研究。其中会涉及到历史的因素，即历史背景、宗教背景还有民族背景，还将考虑社会福利充实的国家和不够充实的国家，通过比较进一步完善我们的研究。这么做当然不只是为了理论，也有利于实践。比方说，在日本，信任度取决于不违约、体贴别人等，被看作重要的因素。一般而言，信任被认为是取决于诚实、直率、公平、大度、有责任感等，但是关于日本呈现的有意思的结果是：考虑别人的心情、会换位思考，还有守约等等，均属于实践性的结果。今后考虑诸如中国人在日本做生意或日本人与中国人做生意的情况，可以知道什么对信任是重要的。另外，在您刚才的意见中，工人还是没有足够的信息，这一点如您所述，但是这种现象是否是稳定的，还是一次性的而在多次互动之后产生连带感。还有在网络时代，如在日本，是否信任该人，先在网络中查阅该人的信息之后再作决定，因此名片远远不够，而是需要查阅该人的背景资料，当然他们判断的指标仍然是同乡或同一座大学毕业等等。在这种全球化背景下，信任的研究越来越显得重要起来，因此也希望中国社会科学院的研究者的指导与帮助以开展这类研究。

我非常期待景教授的社会福利的研究！景教授在中国是做社会福利研究的重要人物，今后关于信任与社会福利的关系，一定考虑组合共同研究的计划。谢谢！

现场翻译：罗红光

日常生活、身体、政治

时　间：2003 年 10 月 22 日
地　点：北京三里屯北小街"金谷仓"
对谈者：汪民安：1995 年从武汉大学硕士毕业，在《中国文化报》工作了一年左右。1996 年转到中国社会科学出版社工作，担任责任编辑。1999 年，考上北京师范大学的"文学理论"博士，师从罗钢教授（现已转到清华大学中文系）。《福柯的界限》一书是其博士论文。多年来主编作品有：《罗兰·巴特》《尼采的幽灵：西方后现代语境中的尼采》；专著：《后现代性的哲学话语：从福柯到赛义德》。主要论文：《德勒兹的世纪》《生命权力、巴以冲突与种族主义》《SARS 与身体》等。

冯珠娣（Judith Farquhar）：1986 年毕业于芝加哥大学人类学系，并获得人类学博士。2001 年至今担任美国北卡大学人类学主任教授，后担任芝加哥大学人类学系主任。研究领域：医疗人类学，尤其在中国城乡研究医疗实践与公共卫生政策。主要著作：《认识实践：遭遇中医临床》《饕餮之欲：当代中国的食与色》《超越肉体：物质生活的人类学读本》等。

赖立里（主持人）：您二位都在编辑关于"身体"的书籍。能否介绍一下，你们为什么认为"身体"这个题目很重要？

冯珠娣：在美国，这个研究方向是有历史渊源的。1987 年，美国的两位医疗人类学家写的一篇文章《关心的身体：身体人类学导论》(The Mindful Body: A Prolegomenon for an Anthropology of the Body)提出：医疗人类学基本上是关于身体的人类学。作者之一M. 洛克(Margaret Lock)正是我正在编的这本身体读本的合作者。医疗人类学在美国大学课堂上是一个比较热门的论题，由于1987年那篇文章影响非常大，很多人类学的老师都希望能有一本关于身体的人类学研究读本。我编的这本书包括十部分，第一部分是经典人类学对身体的论述，其他部分则是历史、哲学、科学、文学和大众文化等角度的论述，我希望将来这本书可以用于大学的课堂教学。

汪民安：我编的这本书的题目是"后身体：文化、权力和生命政治学"，包括四个部分：身体与哲学、身体与生命政治学、性别与身体、消费文化与身体。我之所以编这本书，是随着自己研究而伴生出来的兴趣使然，对尼采(Friedrich Nietzsche)以来的欧洲思想，我有过一些涉猎，他们讨论身体的多样方式让我震惊。很早前我就读过柏拉图的《斐多》，里面谈到灵魂与身体的关系，柏拉图拼命地贬低身体，因为他特别强调智慧、真理、知识、理念，而身体永远是通向智慧、真理、理念和知识的障碍，因此，一个哲学家或一个爱智慧的人应该抛弃身体，死亡是无足惧的——死亡仅仅是身体的死亡。只有身体的欲望被压抑，或者说只有身体死亡，灵魂才能更加活跃起来，智慧之路也才能更加畅通。将柏拉图的这种观点和尼采的观点进行对照，就会发现，围绕着身体的观点既是丰富的、截然歧异的，也是引人入胜的。

冯珠娣：我非常喜欢从哲学意义上对"身体"进行历史追溯。可以看出，在哲学史上，身体是意识、知识的障碍，身体的生命是短暂的，因而是普世概念要超越的时间上的障碍。"超越"这个概念本身基于将身体作为庞杂的、本地的、局限的概念而定义，所以"超越"的概念需要作为意识和知识的障碍的身体。没有身体，"超越"的概念就没有意义了。

汪民安：对。超越性概念的反面基本都是些感性的东西。柏拉图实际上对整个感性的领域都是持否定态度的，除了身体之外，还包括艺术、诗歌，这些东西都是不确定的，是与知识相反的，是通向意识和知识的障碍，只有确定的知识、理念，只有那些普世性的诉求才被他赋予了更高的价值。柏拉图建立了身体与灵魂的二元对立，这一二元论后来在基督教中，尤其是在奥古斯丁那里又重新得到了改写。在基督教思想中，上帝的观念类似于柏拉图式的理念，正如身体永远是理念的障碍，身体也是接近上帝的障碍。这样，在整个中世纪，对身体的压抑有增无减，身体被认为是滋生罪恶的源泉。

冯珠娣：从中我们也可以想到，在中国是缺少"柏拉图式"的哲学传统背景的。西方哲学背景下的问题放到中国环境下是一个什么样的问题？

赖立里：也许我们可以从这个问题开始：为什么要研究身体？这个问题的回答通常是从哲学史开始的，我们是否也从哲学开始谈起？

汪民安：如果中世纪将身体看作罪恶的渊薮，那么，17、18世纪以来的欧洲思想并没有在道德方面来严厉谴责身体，但身体仍旧被看成知识的对立面，对世界的认知、对大自然的认知成为哲学的核心任务。无论是笛卡尔的理性主义还是培根的经验主义，都将知识的获取视作新时代的使命。只不过二者信奉的途径和方式不一样而已。笛卡尔对现代欧洲哲学的塑造十分重要，他将"我"定义为"我思"（cogito），在"我思"里，就不存在身体的成分。在人和世界这一核心的认知关系中，身体基本上找不到什么位置。笛卡尔不太相信身体对外界的感知，而相信存在着普遍理性，认知交给了这个普遍理性，这个理性存在于人的意识中，和身体无关。人们将笛卡尔这种哲学传统称作意识哲学或者是主体哲学，在这种传统中，身体不再像中世纪那样被看作罪恶的象征，但仍然不是哲学的重心。现代欧洲的意识哲学传统还是把人分为两部分,即精神性的意识和身体这两个部分,与意识相关的这种认识论一直贯穿现代哲学,并构成了现代哲学的核心内容,身体在这个认识论传统中无关紧要。

冯珠娣:对,我同意您的观点。笛卡尔式的二元对立已经在欧美的哲学和语言中深深扎根了。但是也有一些人认为,现象学避免了这样的二元对立。您是否认为在身体这一问题上,现象学对现代的欧陆哲学产生了很大影响,从而使身体重新获得了人们的重视?

汪民安:现象学当然是对意识哲学的一个批判。胡塞尔(Edmund Hurssel)、海德格尔(Martin Heidegger)和梅洛-庞蒂(Melau-Ponty)都对笛卡尔的二元对立展开了批判。就身体而言,马赛尔·莫斯(Marcel Mauss)、梅洛-庞蒂以及布迪厄(Pierre Bourdieu)将身体和意识的关系这一与现象学相关的传统,重新作了反笛卡尔式的思考。他们努力消除身体和意识的对立关系,这个传统十分重要。但从我个人的角度讲,我认为尼采是最重要的,尼采对黑格尔主义的批判是最重要的出发点,我对身体的关注以及对身体的理解,主要还是来自尼采,以及深受其影响的福柯(Michel Foucault)和德勒兹(Gilles Deleuze)。

冯珠娣:古典哲学都有这个缺陷,始终把着眼点放在个体身上。现在的现象学研究似乎也没有超越对个体的重视,所以我想您是对的,只有欧陆哲学的尼采传统才开始克服这个问题。我下面试着从哲学的溯源,从人类学、社会学及社会科学的角度谈一下。

19世纪以来,社会科学从不同于柏拉图的角度大量地论述身体,奠基者有马克思、韦伯和迪尔凯姆。社会科学最早是从医学角度、医学意识来看身体,如福柯在很多著作中探讨生物医学如何发展成为认识身体的霸权话语。仔细读马克思、韦伯和迪尔凯姆的著作,我们可以发现,其实他们有很多观点对身体的研究提出了新的认识,是不同于医学认识上的身体的,例如马克思早期的著作中很强调积极的、主动的身体，集体性的、生产性的身体。

在人类学长期以来大量的跨文化比较研究中，有许多详细的关于人类学身体的有趣描述。如我编的身体读本，采用了一篇埃文斯-普里查德（Evans-Pritchard）关于"努尔人"的文章，描述努尔人怎样感受、怎样经历时间，即人们的身体和生活的经历。他们的时间可以随着自身经历的不同而不同，时间不是恒定不变、不受个人意识支配的，这与欧洲人的时间概念差别很大。所以，至少人类学家已经表明身体的生活在世界上不同的地方是不同的。埃文斯-普里查德对"努尔人"的描述是在20世纪30年代，但直到80年代（1987年）那篇文章，人类学家才开始思考什么是身体、应该怎样来研究身体。从那时起人类学家开始感到，对于身体我们需要更多的理论，需要更多的哲学。

赖立里：如果需要更多非正统的哲学以及更多的理论，那么我们下面的讨论是否可以从身体的定义开始？怎样来定义"身体"？

冯珠娣：可能身体是没有定义的。

汪民安：对，这是肯定的。我理解的身体同阿尔托（Antonin Artaud）有关，他有一个著名的定义：身体是有机体的敌人，应该存在着一个"无器官的身体"（the body without organ）。德勒兹后来让这个说法变得更有名了。"无器官的身体"在某种意义上是一种无中心的身体，就是说，身体内部并没有一个核心性的东西主宰着一切，身体的每一个部分都可能是自主的、独立的。这样的身体不是一个有机体，在很大程度上是一个各部分没有紧密关系的碎片的组合。这样的身体当然可以被反复改变、重组，可以被反复地锻铸。阿尔托有很多著名的论述："我是我爸爸""我是我妈妈""我是我弟弟"……他的意思是，身体在很大程度上突破了自我的界限，自我和身体并没有对应的关系，身体并不一定属于"我"，阿尔托认为的身体和主体是断裂的，同时身体是没有边界的。这很像后来克里斯蒂娃（Julia

Kristeva）讲的文本理论——互文性理论，克里斯蒂娃认为文本之链像河流一样，文本总不是独立的，它和别的文本永远不会截然分开。身体和身体的关系就类似文本和文本的关系，身体是众多身体中的一个环节，同其他身体永远不是脱节的，而且没有界线。

冯珠娣：显而易见，从阿尔托的说法来看，身体不能说是一个客观的存在，身体永远不是确定的、固定的。这与笛卡尔的主客观的对立不同，阿尔托的身体不是客观的，而是历史性的、过程性的、经验性的身体。我认为对身体的定义还是非常重要，但不是因为我们可能找到一个单一的定义，而是找不到一个单一的定义，在整个世界文化有那么多各种各样的对身体的定义，正如努尔人有着"时间性身体"这样的独特定义，中医对身体也有着不同的定义。

我研究中医的理论时，得出一个结论，即中国没有笛卡尔式的身体，在中国不可以像笛卡尔那样把身体看作与精神完全分开的那种纯粹的身体。中医理解的身体是动态的结果，是气化的结果。中医所关心的不是这个最后结果（即"身体"）的构造，而是气化过程的质量。而且"气"不只是身体内部的气，还包含了外界的各种气，身体是各种气综合作用的结果。对中医来说，气也有特定性，某一种气会产生特定的身体，但身体和世界（中医讲"万事万物"）的基础是气，气是物质性的。

再者，在回答"如何定义身体"的同时，我们还要回答为什么要做这个定义：原因就是身体作为研究课题需要唯物的方法。美国的人文学传统上是较为唯心的，这样一个背景下，开拓唯物的方法是很重要的。我知道您对德勒兹很感兴趣，他对身体有很多独特的见解，您能不能谈一些想法？

汪民安：德勒兹对身体的理论是他重读尼采后形成的，我相信，德勒兹所谓的身体是尼采与德勒兹的一个特有综合。他对身体有一个简单的定义："身体是力和力之间的关系。"只要有两种不同的力发生关系，就形成身体。不论是社会、政治、化学还是生物的身体，身体都是力的差异关系本身。这一点非常重要，它表明，力不在身体之内，身体不是力的场所、不是力的表现媒介、不是力的容纳和承受器皿，身体就是力本身。从这一点看，德勒兹也是反再现论的、反笛卡尔主义的，同时也是反固化形态的——因为力总是处在生成（becoming）过程中，总是处在一种流（flow）的过程中。

我想德勒兹的身体观念可能跟中医的身体观念十分相近，如果中医观念中的身体是气化的结果，不是稳定的、固化的、结构性的存在，我相信这就是德勒兹要说的身体。因为德勒兹的身体也是一个力的过程，是一个没有固定结局的生产过程，身体是不同性质的力的关系的结果，这个结果并不是静止的形态，而是处在流变过程之中。我也愿意将尼采和德勒兹的力理解成中医所谓的"气"，二者都是物质性的，都有唯物主义色彩，但都是无形的，都被一种能量所驱使。如果说，中医的气会产生身体，那么德勒兹的力也会产生身体。身体既是被力所产生，同时它也就是力本身。

冯珠娣：对。而且，尽管这样的关于身体的定义具有很大的抽象性，但对中国的现代历史很重要，是很有意义的，比如集体性的身体"集体"，集体的经历、记忆如何理解？

赖立里：谈到这里，我们不由会想到文化、社会的集体性。而且汪民安也提到，德勒兹的"身体"是政治的、社会的身体。那么我们是否可以问这样一个问题：身体是文化和意识的基础吗？

汪民安：德勒兹的身体概念不仅仅指通常所理解的身体，还指某一种力场中的独特关系，比如政治身体或者社会身体，政治身体或社会身体同样被某种不同类型的力所驱动，显然，这样的身体可以是复数的、集体性的。我很难说清楚这个"身体"的意义，但却固执地相信，这个集体性的身体同布迪厄的场域（field）概念有些相似。当然，"场域"可能更具体，更具有现实的阐释性，并不诉之于抽象的力，同时，场域并没有摆脱再现论的色彩，因为场域是对一种竞技关系的逻辑再现，但"身体"并不是再现，而仅仅是竞技本身，身体完全相信和凭靠力的互动关系和差异关系。集体性的身体，如果将之用来解释历史的话，那就势必会将各种类型的社会组织抽象为一种力，这些力本身永远处在竞技和争斗的旋涡之中。这一点，我想就开始接近福柯的观点了。

至于身体和文化、意识的关系，尼采可能更为直截了当。尼采有一句名言："以身体为准绳。"万事万物要凭借身体来衡量，身体是一切事实的评价基础，这也是尼采的透视主义的一个核心。透视主义在很大程度上认为，解释学应该是从身体出发的，而非从意识出发，解释如果从意识出发，就陷入了普遍理性的陷阱，而如果从身体出发，就必定是局部性的、有视角的、反普遍性的。通过这样的身体的透视，尼采把身体和世界——身体所观察到的世界结合起来，把身体和历史、社会、政治经济结合起来。历史不再呈现在人的意识之中，而是和身体打交道，这样，身体一下子就占据了历史进程中的核心位置。

冯珠娣：把身体当成出发点可以作为一种观点，但如把身体作为纯物体性的东西进行研究就会出现许多问题。如当下的中医科学化，就出现了很多问题。为了证明中医是科学的，需要不断寻找它的物质基础；而我们知道，中医理论中身体是气化的结果，是灵活的、流动的，不是固定不变的、纯物体性的。这个矛盾在中医科学中表现得特别突出。尽管中医自己的话语可以对气化的身体有很清楚的表述，但受强大的现代科学的影响，中华人民共和国成立以来的中医发展一直致力于寻找中医的物质基础。这就产生了很多很难解决的问题。

赖立里：所以身体并不是想当然的一个简简单单的生物体，而是内外各种力作用的结果。换句话说，身体不是问题的起因，而是各种问题交织的结果。那么，是不是我们可以通过身体看社会？或者说，能否作身体的社会学研究？

汪民安：尼采和德勒兹的"以身体作为出发点"的理论，被海德格尔批判过。海德格尔认为尼采还是陷入了形而上学的陷阱中，因为他设置了一个本体论式的基石：身体或者权力意志。但是身体，或者说尼采的权力意志（will to power），不是形而上学意义上的本体，因为身体是有流变性的，"身体当成出发点"是一回事，身体是否可以作为客观研究的对象又是另外一回事。我想正是因为身体的流变性，将身体作为出发点和身体不能被科学化地对待恰好是一致的：身体确实可作为一个社会、历史进程的出发点，我们可以从身体的角度考察社会历史的发展，也可从社会历史的角度考察身体，身体和社会互相作为核心来对待；但身体本身同样也恰恰不是科学研究的对象，因为身体是可变的，是在动态之中，是不能被客观的科学眼光所捕捉的。也正因为这种可变性，社会历史才能不断地改变身体，不断地在身体上刻上某种印痕，不断地让身体发生某种变化。从这个角度来看，身体不可以用完全静止的呆滞眼光来看待，正因为身体具有可塑性，社会和历史才可以反复地作用于身体之上，如果身体像磐石一样稳定不变，社会历史不可能同身体发生关系。所以身体可作为社会理论的核心基石，不可以客观知识和真理的对象来对待。

冯珠娣：确实是这样。从社会科学来说，传统上曾经从一个角度以身体作为出发点，但没有真正深入对身体的理解和身体的探求中去。譬如所谓"身体的自然的需要"，我们并不了解身体真正的需要是什么，而是把我们自认为的"需要"强加给身体。也许我们可以再深入谈一下"身体是由历史中的各种社会过程组成的"，从这一点我们可谈一下有没有身体社会学。

汪民安：当然是存在身体社会学，因为社会历史在不断地改造身体。按照福柯的说法，历史在不断地摧毁身体，历史存在于身体的表面。福柯也很具体地研究了惩罚身体或规训身体的历史进程。在福柯《规训与惩罚》（*Displine and Punishment*）的开头描写了对弑君者实施的酷刑：五马分尸的方式将他给杀掉了，这就是历史上权力对待身体的一种方式。开始是暴力对身体的惩罚，最后变成了监狱对身体的干预和改造，监狱的功能实际是纠正身体，使人的身体合乎规范，当然还存在各种规训权力，这些权力让身体成为一个有用品，成为驯服的对象，让身体成为驯服而有用的东西，把身体当成生产工具来对待和生产，权力反复地改造、制造和生产出他们所需要的身体，身体完全成为权力的产品。所以说历史是有策略、有意图地制造出身体，而身体恰恰反射了这种历史的痕迹。福柯的这种研究，我想无论如何都可以算是一种身体社会学研究了。

冯珠娣：我完全理解，身体社会学最根本的是"身体史"，而且从身体社会学来说，福柯的研究还表明了不只是社会学、经济学、社会阶级、各种体制，甚至空间的安排和组织都是生产身体的技术。

赖立里：这是否同时涉及了"身体的也是政治的"这样一个问题？

汪民安：整个社会利用各种丰富的权力技术，并且带有各种战略性意图来改造身体和生产出不同的身体，这肯定是多种多样的，绝不仅有一种模式。

冯珠娣：甚至可以从对身体的空间的安排，从体制的角度看政府的控制、政府的组织。非典（SARS）是一个很好的例子，如汪民安的关于非典的文章《SARS危机中的身体政治》（《东方》2003年第8期）很详细地讨论了政府的控制和政府的组织。

汪民安：权力一层层地把个人的身体局限于空间当中，把个体的身体同别的身体尽可能地隔离，这实际是空间对具体身体管制的一个实例。

冯珠娣：从我的研究看也是这样，住在胡同、平房、四合院这样狭小空间里的人们，他们的居住情况往往是被忽视的。对于整个城市来说，人们考虑更多的是城市的规划，即现代城市该怎样变化；而在平房这样的狭小空间里生活的人们,他们的经验和体验则很少被提及,具体的身体生活很少被注意。

汪民安:我曾写过一篇文章,讨论现代的家庭空间、现代家庭空间的生产模式,家庭中的空间对孩子、对父母都有什么影响,家政怎样借助于空间而展开。比如:孩子的卧室与父母卧室之间的位置摆放关系会怎样影响他们的身体。通常孩子的卧室是没有钥匙的,或父母有孩子卧室的钥匙,但孩子绝不会有父母卧室的钥匙。这样,孩子的身体总是处在父母的监视之下,但父母却能摆脱孩子的目光。此外,四合院中生活的人,塔楼中生活的人,住在别墅里的人,他们身体的姿态、身体的形象,包括惯常声音的大小都是有差异的。显然,日常的空间本身对个人的身体直接有一种塑造力,有一种生产性。

冯珠娣:这些住在平房里的人的日常活动是非常重要的,值得研究。我个人很关心那些住在这么小的空间里的众多的人们。随着北京城市的拥挤程度不断加重,人们被迫接受越来越差的基本生活条件。住在平房连最根本的条件如空间、空气和用水都很困难。对现代北京人的身体生活来说,这些情况是很核心的,其中有很多问题值得研究。但同时这些人的感受又往往是被忽视的。这样的空间安排有一个很基础的逻辑,就是人的定义:人是什么样的,可以吃什么样的苦。

汪民安:所以您看,现在所谓的空间本身已经变成我们生活的最大动力来源,拼命工作的目的无非是使空间居所能够更大一些。普通人的生活目标就是空间目标。这一点很符合身体的本性:身体的本性(按照尼采的说法)就是身体之力的反复繁殖,而空间的扩充和身体之力的繁殖是相辅相成的。从这个角度来说,德勒兹的游牧思想可能是身体和空间二位一体的游牧。既然力的本性都是要扩张自己的空间,作为力的身体也要不断地扩张自己的空间。多数中国人生活的动力是要买一所更大的房子,空间在很大程度上来说已经不是居住机器而是生活的目标。这可能与身体的本能有关,身体不断地扩张自己的空间。您说的人到底能吃什么样的苦，我对此的理解是：身体之力到底有多大的弹性限度？

冯珠娣：说到这个，我过去在农村作过一些研究，村民对他们自身身体角度的优越性是很清楚的。他们认为他们有更大的空间居住，有清新的空气，有更新鲜的蔬菜、水果，城市的生活没有这些。村民有他们自己的道理："我们过得挺好。"

赖立里：这个观察的确非常有意思，这些村民从身体的角度对什么是"好的生活"做出了自己的阐释，而不是跟从城市生活的意识形态人云亦云。这个阐释从一定程度上反对了那种霸权的、整齐划一的、普适众人的标准话语。能否再谈一下权力与身体的关系？

汪民安：从历史角度来说，福柯谈到的主要是18、19世纪权力和身体的关系，那时是生产性的资本主义对身体的组织和要求。现在发生了一些变化，现在的资本主义变成了消费性的资本主义，它对身体的态度也发生了变化，绝对不同于18、19世纪，甚至也不同于20世纪上半期，现在的消费资本主义下，身体成为消费的对象。原来的权力或社会历史不断要求将身体作为器具去生产，但现在的要求不同，是不断地让身体成为消费的对象。这个时候，权力组织身体和改变身体的方式就发生变化了，它要制造出身体的需要，有时甚至是虚假的需要，为的是要让身体成为一个消费品。我认为讨论消费主义和身体的关系非常重要，那么多的补药、洗护品、化妆品、健身器材等，都是将身体作为消费主义经济生活中的焦点。我没有具体的统计，但我知道中国围绕身体的产业占比相当大，电视中与身体有关的广告也是最多的。

冯珠娣：还有一点时间，我想汪民安可以再谈一点生命政治，身体是权力的怎样的对象？

汪民安：生命政治是福柯的一个概念，同生命权力（bio-power）密切相关。福柯用生命权力这个概念来描述权力形式的历史转型。比如他发现，早期君主制的权力是惩罚身体、否定身体和屠杀身体，但从17世纪开始，权力的否定方向发生了逆转，原先是镇压身体的权力，现在是来投资身体、强化身体、赋予身体以能量，此刻，各种各样的政治技术和权力技术包围着身体、管理身体、制服身体，同时，控制人口的调节权力也出现了。实际上，福柯强调的是两个方面：一方面是对身体的训练，另一方面是对整个人口的调节。福柯称前者为身体的解剖政治学，后者为人口的生命政治学，针对身体的训练权力和针对人口的调节权力，构成了管理生命的生命权力的两个极点。生命权力的靶心是生命，是对生命负责，而不是对生命进行死亡的威胁。由于性处在生命和身体的交界处，处在个人身体和集体人口的交界处，这样，福柯的性史研究的意义就十分清晰了：权力对性的控制、刺激、规范实际上是权力对生命管理的强烈表现。性、身体、人口和生命就这样成为政治和权力所包围的对象。福柯将权力管理生命的历史时期称为"现代生命阶段"，也称为"性的时期"，以此对立于屠杀权力所主宰的"血的时期"。由于生命的调节权力与整个人口的健康、安全联系起来，因此，它关注的出生率、死亡率、寿命等问题，关注的是生命的质量问题。

冯珠娣：您令我想到中国对"素质"的关注，如教育上我们说素质教育，还有基层的一些所谓的提高素质的运动，如"文明运动"等，从这个角度，您认为素质与生命政治学有什么关系？

汪民安：我认为这是生命政治学的实践形式。我相信，中国目前的社会现实是福柯所谓的生命权力在各种体制结构中不断地发挥和实践，这在非典时期表现得非常明显，甚至是生命权力的一个极致表现。权力的实践形式是不断地救助生命而不是放逐生命，不是将病人抛弃以获得其余人的安全，而是对病人进行救治，权力在生命的层面上运作。而救助生命、增进健康恰恰是生命政治学的核心目标之一。非典期间政治权力的反应的确是符合福柯所说的那种生命政治学的反应。就您所说的"素质"而言,如果它指的是身体素质,我相信这是生命政治学的实践:如小学里要求学生喝牛奶、做体操等,都是在国家的层面上、国家权力强制性地要求的;还有,生命政治学最典型的目标是人口控制,而中国的调节生育政策是最典型的生命政治学实践,我们的人口以什么样的发展规模、什么样的发展速度,才符合高素质的人口要求,才符合国家的最大利益,符合人口的健康目标。我想,这都是生命政治学的内在要求在起作用。

但如果您所说的"素质"是文明或者文化素质的话,恐怕不完全是生命政治学致力的目标,生命政治学主要还是在身体和生命的层面上发挥作用。福柯对意识、对教化、对内心实践的兴趣好像不如对身体的兴趣强烈,当然,他在《性史》的后两卷中开始讨论伦理实践了,不过那时候,他似乎对生命政治学的兴趣也冷淡了很多。

所以,我觉得中国和美国一样,生命政治学在发生作用。但是在美国,生命权力、生命政治学太敏感了,敏感到什么程度呢?福柯在《性史》第一卷最后一章有几百字提到生命权力在纳粹德国的疯狂实践,在那里,生命权力的目的当然也是健康,但为了促进种族的健康、人体的健康,纳粹可以把"看上去低等"的种族即犹太人杀掉,因为犹太人"威胁"到了他们种族的纯正和健康,这样,生命权力本来是救助的权力,却演变为杀戮的权力:为了我的健康我可以把你杀掉,因为你威胁到我的种族安全。在此,我很容易想到美国所谓的反恐战争以及对伊拉克的战争,这就是生命权力过于敏感的实践:美国就是认为伊拉克这个他者民族威胁到我这个种族的安全,我的国土的安全,所以为了我的种族、我的国土更安全,我可以而且必须把这个种族降服,必须改造这个种族。这就是生命权力最敏感,而且敏感到极点的不正常的表现。

冯珠娣:对,从素质我们可以谈到大的政治影响,其中包括美国在世界事务中——如对伊拉克战争中——把生命权力的运用发展到

日常生活、身体、政治

极致的现象。这样的问题我觉得也可以参考中国的中医理论。我们都知道所有的种族性的身体都对社会有危险，您已经提到20世纪在种族的名义下各种形式的暴力。美国也有很多人反对种族主义，但反对的人还是认为世界上只有一种身体，仍然没有走出笛卡尔式的身体的本质论。比较难做到的是，在避免运用种族分类的概念思考问题的同时，认识到这个世界上身体的多样性。如果认为各个身体都毫无差别，那就开启了用单一话语解释生命（即生物医学的）的霸权之门。中医的概念里有更有效的方式来反对种族主义，因为中医认为有各种各样的身体。具体来说，无论哪种文化环境都有各种身体，种族主义的身体是不存在的。人类学和哲学具有更能动也更有效的手段反对不平等。这些关于身体的问题不是生物的，而是社会的、政治的问题。

汪民安：我完全同意您的观点。您刚才以中医为例，用不同类型的差异性的身体来反对截然对立的身体，反对等级性的身体，所有的身体应该存在于对差异的认同当中，从这点上看，各种各样的差异性身体观应该取代那种等级性的身体观，如果身体类型从德里达的"延异"概念上来理解，而不是在形而上学的意义上来理解，我想种族的问题（它应该和身体问题密切相关）、种族歧视问题，应该能找到一个恰当的出路。

现场翻译：赖立里

原载《社会学研究》2004年第1期

我们是彼此的一部分[*]

时　间：2008 年 9 月 30 日

地　点：福建泉州后城"清其神"茶馆（又名"古厝茶馆"或"后城老茶馆"）

对谈者：王铭铭：北京大学社会学人类学研究所教授，中央民族大学民族学与社会学学院特聘教授。研究领域：历史人类学、人类学理论与方法、文明研究。主要作品：《逝去的繁荣：一座老城的历史人类学考察》《走在乡土上：历史人类学札记》《西方人类学思潮十讲》《西学"中国化"的历史困境》《社会人类学与中国研究》《心与物游》《经验与心态：历史、世界想象与社会》《西方作为他者：论中国"西方学"的谱系与意义》《中间圈："藏彝走廊"与人类学的再构思》《超社会体系：文明与中国》《刺桐城：滨海中国的地方与世界》《从经典到教条：理解摩尔根〈古代社会〉》等。

　　萨林斯（Marshall Sahlins，1930—2021 年，中文名：司马

---

[*] 2008 年 9 月至 10 月之交，著名人类学家萨林斯（Marshall Sahlins）先生应中央民族大学、北京大学"多民族聚落与文化互动研究：以藏彝走廊为例【06JJD850001】"课题组及复旦大学社会科学高等研究院之联合邀请，来北京、上海、福建等地访问讲学。借此机会，笔者邀请他与王铭铭教授进行学术对谈，萨林斯教授欣然同意，并建议围绕"We are the one of others"（我们是"他者"之一）这个主题展开对话。对谈安排在福建泉州古厝茶馆举行，由"学者对谈"摄影团队录制音像，后录音由罗杨整理并翻译成文字。

少林）：查尔斯·F.格雷学院人类学与社会科学荣休教授，芝加哥大学荣誉教授、美国科学院院士。研究领域：文化人类学、历史人类学、经济人类学、亲属关系等。主要作品：《石器时代经济学》《文化与实践理性》《历史之岛》《告别特里斯特斯之喻》《"土著"如何思考：以库克船长为例》《甜蜜的悲哀》《向修昔底德致歉》《人性的西方幻象》《亲属关系是什么，不是什么》等。

第一部分 他者与人类学

王铭铭：您提出一个对话的好主题——"我们是'他者'之一"，而不仅仅是"他者"。这个题目让我首先想到的，是克利福德·格尔茨对人类学和比较方法的论述，大意为，人类学并不是伪善的谦逊，而是将我们自己的世界看作众多世界中的一个，我们的处境只是众多处境中的一种。这是您的言下之意吗？当您说"我们是彼此的一部分"时，是否有进一步的想法？

萨林斯：这就是我们对谈的主题？哦，这的确就是我想说的。"我们是彼此的一部分"是指，除非把自身放在一个更大的背景中，否则我们无法理解自身。卢梭曾经说过，如果你想研究人们，环顾四周即可；如果你想研究人或人类，那就必须观察整个世界。因为若要理解人的共性，必须得知道其差异，我们的社会只是众多社会中的一个，每个社会都按照自身种属及精神发展，它们合在一起构成整个人类。我们谁都不比别人高明，我们都依赖于他者。因此，我认为格尔茨对人类学的理解是对的。

王铭铭：作为一个中国人，我对于"我们是彼此的一部分"这个提法的理解可能"通俗"些，也许可以从历史的角度谈一谈。我的外婆，她村子里的人把她叫作"猫眼女人"，因为她的眼睛既不是黑色,也不是棕黑色,在汉人看来,她的眼睛是"有颜色"的。因为所有汉人的眼睛都是黑色、棕黑的,所以黑颜色就相当于无色,但其他颜色就被认为是有色的。我外婆的绰号让我想起元朝的一种等级观念,在蒙古帝王统治下,中国的人分成四等:第一等是蒙古人,第二等是色目人,第三等是北方汉人,第四等是南人。"猫眼女人"也许是我们所知的"色目人",可能还包括欧洲人和印度人。因此,当您说"我们是彼此的一部分",我也许可以说,在体质而非文化的意义上,我作为我外婆的外孙,也是"他者"之一。不过,当这些村民叫我外婆"猫眼女人"的时候,那却是一种有点不好的偏见,因为她不是汉人,而是属于其他民族,因此体质也具有了文化的意义。所以,在很小的时候,我对自己家乡的文化混合就比较敏感。我们有这种混合,但我不确定这是否就是您所谓的"我们是彼此的一部分",因为您刚才所谈的听起来似乎更有深意。我很想再听听您的看法。

萨林斯:在我看来,不同文化之间的人们在思考他性、思考自身的独特性上有很大的差异。比如18世纪时,中国和法国都认为世界上只有一种文明、一种文化,而其中的人们在程度或者量上有不同,如果你在文明的量上比别人少,你就是野蛮人,"文明人"可以将自己的文化强加于他人,改变他们,所谓的野蛮人可以成为帝王,变成文明人;另一种看待差异的方式便是德国人发展出来的民族主义,德国当时在工业上不发达,处于英国和法国的压力之下,到1817年才成为一个民族,将他们统一起来的不是政治因素,而是德意志民族意识,所以对他们而言,差异问题具有完全不同的意义:社会与社会之间根本不同,每个社会都声称在质量上比其他社会优越,且不可更改,一个德国人就是一个德国人,因为他或她继承了其语言和文化,继承了一系列从祖先传下来的习俗,它们都无法改变。有意思的是,这两种看待差异的类型其实都依赖于他者。德国人之所以是德国人,因为他们不是法国人,古代中国人之所以有文化,那是因为存在着所谓"蛮夷",他们都依赖于他者。德国的差异概念主导了西方人类学。有意思的是,法国并没有发展诸如美国那样的人类学,后者经由博厄斯、罗伯特·洛根等重要人物的引进,几乎完全承袭德国。也因此法国人才有独特的民族文化的概念:文化不能以任何方式加以传播,因为或许它是特定社会所独有的。但我认为这两种概念最终会彼此依赖,它们都缺乏另一种社会,缺乏人类社会的另一种可能。所以,我能理解你提到的中国的这个例子,等级制度中存在着一个文明程度的观念,正如德国人认为他们的文化完全不同于法国,法国和德国就此问题一直打到一战。

王铭铭:您所讲的有点像对民族主义的批判性反思。自20世纪80年代初起,民族主义就已成为西方社会科学中的核心论题,但您的评论也非常不同。在您的一些著作中,您说您的文化概念跟那些讨论民族主义的人所理解的文化有相当的不同。现在您谈的这种人类学或者说历史人类学的观点,给我的印象是,非常契合于我们对于民族主义的批评。

萨林斯:我不支持民族主义,我的态度是反对,因为它根本无视每个社会都是因为依赖其他社会才得以确立自身身份的事实。没有法国人就没有德国人,非法国人的德国人是什么?我的意思是,这是文化上的区分而不是文明程度的差别。所以我并不赞同民族主义文化观,它忽略了人们在根本上彼此依赖这一事实。文化样式间互相依赖的关系创造了每一种文化样式。在中国古代,文明的概念的确有赖于与"蛮夷"的各种关系,甚至是冲突,既然他们是"蛮夷",就不能被"文明化",所以"文明人"总希望同化这些"蛮夷"但从未成功过,事实上文明人也需要外部的"蛮夷"来看出自身的独特。差异本身只是一种内部的依赖关系,我认为真正的问题在于,为什么社会如此依赖他者,为什么自我身份是基于差异和多样性?我想到人类社会的一些基本事实:人们不能控制自身的存在,没有人能够掌控死亡,没有任何社会内部的东西能够操纵死亡，没有人能控制决定庄稼长势的天气和雨水，没有人能控制疾病。因此，每个社会的存在从根本上来说是不完整的，需要超越于自身的东西，而这些东西正是一个社会生与死的缘起。我认为，其他社会常常扮演着为某个既定社会的存在提供各种可能性的角色。好比社会内部事务中的婚姻，就表明这样一个事实，即任何世系或家庭都不能够脱离他者而延续，必须引入外来者，你自己的身份以及你孩子的身份总是依赖于他者的存在。这种对于外来者的内部性依赖是人类存在的根本条件，即使我们像法国学派那样区分他者，或像德国人那样认为我们与他者完全不同，这种互相依赖是人类存在的根本事实。

王铭铭：您刚才所谈的，放在中国理解起来并不是那么容易，因为您所说的承袭了人类学的思想传统。如果我理解得没错，这个传统也许来自一条理论的脉络——从最初葛兰言对中国亲属关系的研究，到后来列维-斯特劳斯的亲属关系研究，有一条连续的发展线。但由于列维-斯特劳斯运用语言哲学，所以他有点抹去了葛兰言的关系思想。您似乎一方面采纳了列维-斯特劳斯的联姻理论，另一方面——这我认为很重要——您在试图恢复关系理论，并把它作为我们理解彼此的核心，这是一种做人类学研究的历史方法。

我们去年开了一个关于他者概念的会，名称是"不同文化中的他者观"。之所以要组织这次会议以及思考这个问题，是基于对西方人类学近段历史的思考。事实上，这个话题根本提不起很多人类学家的兴趣，因为自20世纪80年代以来，我们有很多批评"他者"观念的书（这个"他者"是英文中"O"要大写的他者），似乎在指责过去的人类学作为一门研究他者的学问，有神秘化和浪漫化的倾向，其中，把自我神秘化、把他者浪漫化，似乎是人们批评的对象。我认为人类学中有很多这样的因素。但这股"反思人类学"的潮流——如果我们愿意这样称呼的话——使得人类学终止了对于他者的观察。因为如果仅仅是神秘化，仅仅是浪漫化，我们就并没做什么有意义的事。

萨林斯：首先，这种后现代人类学的确把很多概念置于"禁用"的名单上：不能使用"他者"，不能使用"结构"，不能使用"文化类型"，不能使用"主导象征"，不能使用任何暗示"秩序"的词汇。禁用"秩序"是为了他们所喜好的流动性、不确定性、竞争性以及"文化事实的本相"，我认为这类观点不会持续太久，因为它在欢庆无知。在这种观点之下，你只有无法说出任何决定性的东西，才算有所了解，这是问题之一。第二个问题是，对于"他者"研究的批评，忽略了我们最开始所谈的"我们是彼此的一部分"。自我反思应该通向一种"我们是彼此的一部分"的研究，不研究他者的想法是根本不可能的，如果不研究他者，自我反思性的研究也就不再有效。这种内部依赖出现在人类学研究中，当我自己去斐济做田野调查，开始考察他们的习俗、亲属关系，反思自己文化中亲属关系的习俗时，发觉自己之前认为是自然而然的亲属关系礼俗，仅仅是亲属关系的一种形式，这只能从他者的视角才能发现。在我们另一晚的谈话中我重复过这个观点，我认为必须将人类学看成一个场域，它的可能性基于你和他者有同样的素质和特点这一事实，你和他者、你和所打交道的人都是人，你能够理解他们，因为你也是人类，你能够将自己社会的观念转译到他者的社会。列维-斯特劳斯曾经说过，人类学是有关礼俗的学问，它从客观上非常遥远乃至相斥者出发，以主观上可理解者和熟悉者结束。比如，我刚开始遇到19世纪斐济流行的食人风俗时，觉得它既遥远又让人不舒服，绝不想着手。而当开始研究它，就注意到在那个社会中蕴含着一种逻辑。例如，根据1929年一位著名人类学家的记录，独木舟的制造者要为酋长造独木舟，酋长曾对造舟人说，我不能给你一个"生"女或"熟"男作为报偿，因为基督教破坏了我们的宴会。那么，"生"女（即处女）和"熟"男是干什么的呢？为什么这二者是等同的，能够互相替代？其理由充满逻辑，因为在分类体系中，人们要回报神灵，后者则带来社会再生产这一好处；"生"女（处女）也是这样，她们通过婚姻带来社会再生产这一好处。所以神和女人有同样的目的和结果，这个哲学观点在亚里士多德那里也存在。这样一来，它们的习俗就显得越来越有逻辑，逻辑是有时内在于人的东西，内在于人的头脑，也就是说，在头脑里人已经复制社会中各种有意义的关系。我们有能力像了解自身一样了解他者，因为他们的习俗也是逻辑关系——后现代主义者加以否认，但事实显然如此。当你碰巧遇到那种逻辑，当你在田野工作中发现那种逻辑，当你通过你的分析找到那种逻辑时，你已经在你的科学中复制出了科学主体被建构的方式。这使得我们能理解他者，而这比起其他科学如自然科学来更为有力。我强调自然科学，指的是比如我想知道玻璃是什么，但我不能变成玻璃本身，我对玻璃知道得越多就越不熟悉它，它也就越少逻辑——玻璃里面是相互分离的分子而不是坚实的形态；如果我运转机械，我也会发现它是基于一整套毫无逻辑的时空关系，在量子力学中，它们被认为是在同样地点同样时间的一些元素。我对自然科学知道得越多，就离人类越远，从人的理解意义上说，我对它就了解得越少；但我对一个习俗了解得越多，即使是他者奇怪而陌生的习俗，它就越内在于我，成为我的理解的一部分，通过建构的方式在我的头脑里再生产它。所以我并不同意我们无法理解他者的观点，事实上他者是我们能够强有力地理解的唯一事情。后现代主义的观点否认了人类学这门科学的本质，否认了"我们是他者之一"的人类学的本质。人类能够互相理解，这并没有什么神秘，因为我们是不同的人，有不同的经历，我们能够在意义的层面互相理解，即使我们基于不同的经历在感觉上不同。我认为理解这点非常重要，即我们是关于他者的科学，我们是彼此的一部分，他者也使我们自身的科学成为可能。

王铭铭：您的科学观很独特。我们是否可以就此认为，您的科学观更类似于传统的宇宙观——把人当作物，同时物也可以是人？您提到"人类学的本质",人类学的本质是否与传统的宇宙观更像呢?

萨林斯：也许就中国的宇宙观来说的确如此，但西方的宇宙观不是如您所说，西方宇宙观对人和物作了根本的区分。在绝大多数社会的宇宙观里，世界的确不仅充满人，也包括人们相互给予的礼物等，它们都是物，承载着赠予人的"灵"，所以在绝大多数宇宙观中，世界是主观地建构的。正因如此，至少部分如此，使我觉得西方存在着一个大问题，自古希腊以来在文化和自然之间存在彻底的区分，不带任何主观性的自然唯有通过事实和实验才可理解，而人类是主观性的存在，所以根本不能以理解自身的方式理解自然。这对于留在中国的基督教传教士们来说是一个有趣的问题，很多中国人相信事物包括精神的和物质的，传教士们无法理解，认为这有点疯癫。可是，我认为的确要搞清楚，正是由于宇宙的主观性部分，绝大多数宇宙观才被提出，由此理解更容易些。

王铭铭：您似乎在暗示，西方文化没有恰当的他者观念。如果是这样，我可以继续回到莫斯对"人观"的研究，他勾勒出西方概念的一个轨迹，西方对于自我观念的幻象。在他的论著中，提到自我观念的三个发展阶段，最早的阶段非常类似于"他文化"，第二阶段则是罗马时代或古典时代，人们制定了法律、制定针对人的司法体系，为自我观念的发展奠定了基础，财产或所属物的观念成为一种纯粹的自我认同。您是否也认为，西方文化有不同的发展阶段？因为您提到希腊时代已经丧失了这样的原来的人的观念。您是否认为希腊神话存在更早的不同版本，在后来西方才变得越来越用"我"来代替了"他"？

萨林斯：我认为实际上西方对于自我有两个概念，一个从另一个发展而来。其中一个自我的概念我们没有提到，我曾说过它非常类似于普遍性。在这个概念中，自我并不是有共同边界的，它不同于人，因为自我大于人，自我在我的子嗣中，我也承载着父亲和母亲的自我，因此在亲属关系中人们互为彼此，自我是包含着他人的"超我"。所以当他们受伤时我也感到疼痛，当他们去世时我感到悲伤。这意味着我们、自我也在于他者之中，他者也内在于我。我认为这种"超我"是亲属关系的普遍特征，亲属关系是一种普遍的现象，对于所有人来说都有类似的自我，而自我并不是个体的人。但在西方，你也许会说人的概念固定于事业型的关系，如商人，尤其是男人，因此自我的概念表示一种自私自利的动物，时刻准备去占别人的便宜，绑定在财产所有权关系中的个体的自我，是与他者无关的自治个体，而他人的财产是自我实现个体主义的途径。我们不应忽略，这是一种特别的自我形式，并不是必要的形式，更不是普遍的形式。

王铭铭：您对自己的文化持批判态度，我认为只有这样，才能对不同文化中的他者观念有恰当的研究，否则就无法包容它们。

萨林斯：我想您是对的。也许我们已经考虑过"我们是彼此的一部分"，我们不过是众多其他形式中的一种特定形式。除此之外，我认为在中国有一种矛盾——如果我理解得没错，在古代中国与"蛮夷"的整个关系体系中，存在某种政治中的"蛮族"力量，古代中国人非常懂得占用和教化，用来服务于帝国，比如檀香木这些来自东南亚的东西，进入帝王的朝贡体系中，"蛮族"呈上它们，也是呈现一种神圣的和极度的力量。人们在朝廷上使用这些物品，例如在唐朝，当帝王面见大臣的时候，一张焚有香或香木的桌子放置在他面前。点上这些来自东南亚的、承载着帝王力量的香，朝臣们吸入它，继而心领神会。这是占用蛮野力量，而外部的蛮野则被朝廷加以驯化和利用。这是文明和蛮野互相依赖的典型例子。这种内部依赖可能依然存在，这些野性的力量有一种吸引力，而不仅仅是让人惧怕，它能够包容，而帝王的力量也能够被包容在所有的异兽与珍奇之中。

王铭铭：是的，从"土著的观点"出发，比如从我们福建人的看法来说，事情和您所说的也很有关联。福建的简称叫"闽"，汉字的

"闽"是一条虫子在门里。所以福建人说，一旦我们走出门去，我们就变成龙，我们被困在门里，所以成不了龙。福建人具有帝王都惧怕的某种力量，因为我们能变成和他同样的龙。

对于帝王和"蛮夷"这两方面您都有非常有意思的阐述。不过，我想稍微返回您之前的论述，它非常有见地，也充满社会科学的意味。就一般的社会科学而言，我对于齐美尔思考很多，他写过一篇叫作《作为陌生人的知识分子》的文章。在他的社会学研究中，他以自己作为一个商人儿子的经历，暗示知识分子正是超越自身社会边界的人。您的他者观也带有这种追求吗？

萨林斯：其实列维-斯特劳斯曾经定义过人类学：人类学家是通过对其他社会习俗的关注，表达你对自己社会不满的人。所以原则上，我尊重其他社会所作所为，在我看来，其他社会的习俗反过来会使你对自己的社会加以"他者化"，使你自己的社会成为"他者"，然后尊重外面的世界。我的确知道知识边界的跨越者之说，知识分子必须跨越边界，因为在类似与差异中，存在着智识性思考的根本品质。知识分子是走出去发现外部事物的人，这些外部事物与内部的理解息息相关，也使得我们成为彼此的一部分。

王铭铭：您提到了列维-斯特劳斯，他曾经对西方人类学非常失望，而对于非西方人类学的崛起寄予厚望，他说，人类学需要对话。但他对非西方人类学的潜力也深感失望，因为遭遇了西方殖民主义者的压抑，这些人类学家并没有办法恰当地理解他者，也就是说，非西方地区的人类学没有适当发展的条件。您如何回应这点？

萨林斯：几年前我与他有一次谈话，他尤其对于人类学没能走出西方深感失望，但他认为，其原因在于非西方社会一度遭受帝国主义的改造。有些人类学家是被殖民的人类学家。但我认为他过高估计了西方全球化的力量，其实在日常中可以发现，即使在现代的全球化过程中，地方特色挪用了外面的影响，但在它们的名字下重构它们。其结果是,差异依然是可能的,依然可以把我们的相似性呈现为差异,哪怕我们消费趋同。只要能这样,在做人类学研究的时候,我们就可以从当地的世界观、从当地的自我和他者感中获益良多。我认为列维-斯特劳斯特别关注世界上要有不同的人类学,因为他深感人们破坏文化差异实在太多。我觉得他也许高估或者并不欣赏这种来自现代世界体系内部的差异。我理解这点,但我认为各地人类学的发展是极其重要的,并且依然很有前景。

王铭铭:这真是巨大的鼓舞。在我们讨论关于他者的观念之后,我会试图写点回应萨义德和列维-斯特劳斯的东西。萨义德似乎总是把他的论辩集中于西方的东方主义,一些中国学者试图反转这点:"在中国,我们有西洋主义。"但仔细了解中国对西洋主义的研究之后,我非常失望,因为他们仅仅在谈论中国如何被现代方式所影响,或者是崇拜西方的现代化。我并不认为这是一条正确的道路。所以我写了一篇关于西方作为他者概念的历史谱系的论文,勾勒出另一条线的历史,我认为中国最早对于西方的概念是神话性的;第二阶段中国的西方是印度,自汉代以来印度就深深地影响着中国,一位荷兰汉学家写过一本书,名叫《佛教征服中国》,内容非常有意思;后来进入海洋时代阶段,中国与所谓的"西洋"有很多接触,但其实首先是印度洋;最后是鸦片战争之后的阶段。梳理这段历史的时候,我对中国的世界观、中国的他者感、中国人类学的潜力非常乐观,不像列维-斯特劳斯,他也许并不怎么信任非西方的人类学。我已经出版了这本书,但有一些后悔,因为它听起来有点像帝国主义论调。因为我说中国的先决条件是帝国,我的学生总是问我:老师你是说帝国主义是个好东西吗?因为我是"蛮师",我总是回答"如果这有益于知识,那么就是好事"。虽然您不是我直接的导师,但我从您那里学到很多,很想听听您的评论。

萨林斯:我认为中华帝国的话题是一种认识论的条件,作为一种理解他者的条件,这对于我认识中国的他者观有很有意思的影响。中国人对他者的兴趣,体现在总是问他者对于中国有什么意义,这并不是一个公正的看法,我认为它也有一些局限。我更想说的是,中国人类学尤其应该研究那些与中国无关的人们。在很多国家的人类学历史上,有一个常规的顺序:最初研究那些我们附近的人,他们也许被殖民或以其他方式在自己的范围之内;接着去一些诸如南美、太平洋、东太平洋群岛、夏威夷、塔西提之类的地方。中国对于这些地方已经没有特别的兴趣。中国人类学的力量将会延伸,直到产生一种超越帝国或变成一个超帝国的兴趣。当然,中国的影响已经遍及非洲等诸多地方,我认为不久以后中国人类学将拓展至此,帝国的影响非常重要。

王铭铭:在清朝中期的中国版图上,最远最偏僻的地方被描述为欧洲。我们中国人也很擅长欧洲研究。

萨林斯:我认为应该有一整队的中国学者去对标西方的汉学家成为"中国-欧洲学家"。我确信他们的研究将会使我们意识到"我们是彼此的一部分",这能带来我们尚未意识到的东西,所以我非常鼓励中国学者去欧洲做研究。我还记得第一任中国大使的欧洲之旅,当他们穿过了地中海,面对希腊的时候说:"这里一定是中国文明与欧洲文明最早接触的地方,因为这里是欧洲文明的发源地。"我觉得如果中国学者去做美国人类学,将会是一个有意思的转变。我将非常欢迎中国的人类学家。

王铭铭:让我们稍微休息片刻,如果您没有异议的话,等会儿我们再继续谈您有关历史的观点。

第二部分　陌生人王与历史

王铭铭:尊敬的萨林斯教授,您曾给我们作过两次题为"秩序与变迁中的内部文化关系"的讲座,强调他者是一个更为普遍的概念。

在20世纪80年代,您也出版过相应的著作,曾研究"陌生人—王"的问题。有没有研究不同文化中的他者、概念体系乃至政治秩序中他者形象的其他方式呢?您是否认为,在每种文化中,他者总能够被当作某种观念的人物或力量,而社会力量可以使其成为王?我很想听听您的更多见解。

萨林斯:我以前讲过,在绝大多数社会中都有这样一种感觉,那就是外在于社会的力量超出任何人类能够控制的以及人类本身的力量。一般来说,所谓超自然信仰的基础,亦即组织社会的根本力量,它一定大于社会本身,既然我们不能掌控生与死,那么这种根本性的力量一定来自社会外部,是超越社会的力量控制着我们。这个外在的部分是一般性的条件,对外部权威这一根本事实的政治性认识,在很多前现代社会中都能找到,比如非洲、南美、北美、南亚、东亚、太平洋诸岛等等。在这些社会里,占统治地位的国王或酋长来自社会外部,被认为是一位外来者的后代,有时这位外来者是天的后裔,例如日本,而通常则是来自远方的王国,人们认为这些王国是宇宙的普世力量之源,从这些王国里来的武士和其他人组织起了地方社会。如果去看美洲也会发现,印加人是由外来王朝统治的,阿兹特克人是墨西哥的外来者,在玛雅王国中城市由陌生人掌管。在整个太平洋地区,占统治地位的群体都来自社会外部,如巴厘统治者来自爪哇,爪哇统治者来自海外譬如印度。因此在绝大多数前现代社会中,统治者是那些怀有文明和组织力量的人,他们源于外部。另外,在一些文明国度更遥远的腹地,地方酋长常常变成外来人,替代那些真正进来的外来者,在中国的边陲之地就有很多这样的例子,汉人给他们取汉姓、头衔,或者有一些传教士使团,而这些则给予地方酋长合法性,使其成为这些偏僻之地野蛮人群的酋长,正是因为他们采纳了汉人身份才变成了当地的外来者。关于权力的外来属性很重要的一点是,很多社会有这样的观念:国王的权力不由权威的内部关系来支撑。这与很多理论，诸如马克思主义、结构-功能主义、结构主义不同。这些理论都认为社会内部的政治是内在于社会的一种强权关系，以此来解释统治群体、统治阶层的权力。但我认为，统治群体所宣称的权力明显不来自社会内部，而是与祖先联合，才更有威力。在世界的中心，比如中国、东南亚的佛国以及其他很多地方，统治者都声称自己是普世统治的权威，其他社会则从这些普世的国王那里获得权威。例如，三国时期，蜀国派遣诸葛亮征服云南，他征服到今天昆明西边一带，然后将地方酋长任命为统治者，这些酋长采用汉姓，很快他们就认了汉族祖先，其中一些的祖先都能追溯到商朝，甚至追溯到盘古那里了，这些酋长通过加入帝王的家系，使自己成为统治领地上的外来者。他们从汉人那里获得其统治的合法性和权威，在诸葛亮去世很久以后，当地人还在为他建庙宇，宣称他们的铜鼓是几千年前从他那里传下来的。地方权威把他们的权威归于诸葛亮，甚至那些诸葛亮从未涉足过的地方如云南西部情况也是如此。因此这是地方社会秩序化的根本条件，统治者依赖于其他方面，依赖于从外部获取的权力，人们甚至使自己的国王外来化。

王铭铭：我对于社会理论也很有兴趣，也许您并不感兴趣，因为您的研究在某种意义上更加偏重文化，但您发现了一些与迪尔凯姆的社会理论很不同的东西。例如，他似乎也有关于超越性的观点。如果我理解得不错，理论上，他认为有一个神学上的绝对他者，或者作为上帝的他者，他把上帝看成超出社会层面的，正如您所说，来自下面，却如阳光一样从上照耀。您好像谈得更为深刻，迪尔凯姆是否不同于您所讲的这种模式？

萨林斯：迪尔凯姆似乎认为对神的信仰是社会权力的外部投影，因为人们并不知道他们是被社会力量所强制，不知道被什么所强制，就错误地把社会权力当作神。我认为这还是基于不同文化的内在认识论，即人们需要独一而隔绝的自治实体，但社会严格说来并没有如此强大，至于有外部的影响，是因为社会不能控制人的存在，不能控制人的生命与死亡，所以必须有一个比社会更大的力量。迪尔凯姆的理论是所谓的"危险认识论"的牺牲品，是有关文化的主要理论，无论是马克思、迪尔凯姆还是拉德克里夫-布朗、博厄斯，这些主要的人类学理论以及结构-功能主义、进化论、唯物主义，都假定社会是孤立的，其发展源自内部的生产关系，或者社会的结构，但忽略了大的区域之间的相互关系。中华帝国就是一个更大关系体系的一部分，无论是北边、西边还是南边，以及中南半岛等，这是一个拥有几个中心以及外部中心的大区域，只能从这个大体系中去解释其中的任何一个社会，从它在整体中的位置去解释，它也许高度地依赖中国、缅甸或者泰国。比如泰国人，他们采用中国身份，而在腹地的那些丘陵地带，当地酋长则采用泰国身份以及一整套的泰国特征。他们是从中心播散出来的中介形式。我觉得这正是世界被组织的方式，而上面这些理论并没有考虑这一现实。这些理论将每个社会视作隔绝的，通过内部关系决定其形式，但它的形式和身份其实非常依赖于外部，包括它的统治权力常常掌握在陌生人王的手里，所以我认为迪尔凯姆的社会向外部投影理论缺乏对这一事实的理解，即忽视了社会自身并不是足够强大。他有一种社会的社会性逻辑，将社会视作加诸人们身上的强制力，而且这种社会的感觉便是上帝的感觉。但事实上上帝也来自社会之外，大于社会，使得社会得以理解自身的运作，因为人不能控制自我的社会。

王铭铭：您所说的类似于杜蒙的"遁世修行者"吗？

萨林斯：我所讲的很多的确类似于他的东西，不过，他是一个内在论者。比如他认为，内在价值创造出社会阶序这种有关洁净的理论，内在论基于洁净以及最洁净者如婆罗门的力量的观念。但在印度和斯里兰卡，著名的加雅王权起源于来到斯里兰卡的一头狮子，也是外来者建立起了王国。内在论过于简单，而社会不能简单地仅从内部

我们是彼此的一部分　167

解释，要接近一个内在相连的世界以及一个有等级组织的区域的真实历史，我们必须有更为广阔的视角。

王铭铭：我曾经在想，为什么西方社会科学不可避免地被嵌入杜梅齐尔所描述的印欧神话体系中，他称之为"三功能论"，我们也可以叫它"三位一体"。我非常好奇的是，您的理论显然不同于所有的印欧神话学。但当我阅读您的《历史之岛》时，觉得您采纳了杜梅齐尔的很多东西。您似乎对其他人持非常批判的态度，比如韦尔南等。在您更早的一本书里，您认为韦尔南独创性地注意到希腊与外部世界的联系。您能否再深入解释一下？

另外，您所谈的一些东西很像葛兰言在《中国的文明》中所说的。他比较了罗马文明体系和中国文明体系，认为罗马强调强大的国家和法律的观念，而中国则认为关系是基础。我觉得您似乎也在这一脉上。为什么您不用葛兰言而用杜梅齐尔呢？因为您谈到了王权，王权在我看来非常地欧洲化。在中国，帝王是在关系体系之中，也许被他的后宫控制着。当然这仅仅是好奇。

萨林斯：您是说我为什么不用葛兰言代替谁？

王铭铭：杜梅齐尔。葛兰言对王权、巫师、生产者有很多论述。

萨林斯：我不得不以杜梅齐尔开头，因为他其实受过霍卡特的影响——后者是研究斐济岛的一位民族志学者，他认为若要理解印度王权的配置，必须先读有关斐济酋长的仪式配置。我最初的兴趣是斐济酋长就位仪式，它与印度国王一样，都在本地人中植入外来者，但杜梅齐尔没有提到这点。罗马最初的王权也掌管于外来者，拉丁人由来自特洛伊战争的祖先创造，比如埃涅阿斯是拉丁人的祖先，他与当地一位女子结婚，产生出拉丁后裔，其中一个拉丁王国叫作阿尔巴，罗慕路斯和雷穆斯这对兄弟从这里出走，建立罗马城。后来这片领地被萨宾人占领，当地男人被杀，女人被抢去做萨宾人的老婆。因此罗马城的建立就是一个陌生人—王的例子。世界上很多地方都像这样，外来者进入，他拥有强大的力量，他很年轻，不像那些已近垂暮的先前统治者，他打败了当地人，与当地的一个女性结婚，建立起王国。这种故事在拉丁美洲、非洲、波利尼西亚、东南亚等地都能找到，这也是很多欧洲征服者的故事，和罗马的故事大同小异，其实古希腊的故事也是这样，比如伯罗奔尼撒人的起源。整个印欧体系都基于陌生人的王权。陌生人王与隔绝的土著女儿结婚，然后开启统治者的世系。我是这样对杜梅齐尔和韦尔南感兴趣的。但杜梅齐尔没有谈到这点，只是描述过，并没有把王室的功能理论化，三功能其实是外来陌生人进入，在土著的神职人员和成为国王的武士之间做出区分，土著人的生产者、神职人员和国王内与外联系着。当杜梅齐尔在斐济看到同样情形的仪式配置时，他认为印欧这个模式是普遍的。这也就是说，"我们是彼此的一部分"，造就了陌生人—王和起源神话。

王铭铭：对其他人来说，亲属关系和基于亲属关系的神圣王权，在理论上有一种紧张关系。我并不认为别人对此关系也像您一样地坦然处之。您把这个看作一件好事，但我觉得，也许我们可以继续以决定论者的方式思考一下，什么才是决定性的因素？葛兰言也许将这种关系视作决定性的。杜梅齐尔也许倾向于王权或者说神圣王权理论？对于我的疑惑您作何感想？我不知道答案，不过这似乎也关涉到一个问题：神圣王权是否是一种普遍的制度？

萨林斯：我觉得问题可能出在其中有很多的中介方式。你们称呼中国的帝王为天子，他不是天，而是神授的天之子。所以我认为神圣国王和神授国王的区别过于极端，其中存在各种各样的中介阶段，但都是作为王的人的抽象。一般来说，国王总是一个陌生人，与普通人不同，具有异乎寻常的特点。在中国，帝王当然包容整个世界，他的宫殿、标识、饮食，他就是一切。作为这样一种抽象物，理论上他并不像其他人那样有作为个人的各种关系。神圣的和神授的多少总有些区别，国王也许是神的直接化身，也许是以神授的方式作为神的儿子,或者天的儿子,也许帝王既不是神也不是神之子,他与神的关系只是比其他人更近一点而已,因此有很多种接近神的方式,而这些方式是为其他人所不具备的。我觉得它们都是表征的,虽然我不确定具体地方的解释,但比如在中国,周朝的祖先显然是蛮族,并没有和帝王有直接关系,无法在宗谱上追溯到。所以他们有别样的发明:他们是天的儿子,他们采纳了变通的谱系,采纳了天的王权关系。他们用这种变通的王权关系越过了遗传的谱系关系,这一点很重要,使得商朝在这种新的谱系中因为与天没有关系反而被瞧不起,即使在被征服之后也是被作为蛮族和暴发户。周朝乃至秦朝都不是蛮族,因为虽然其统治者不是神的直接化身,但用某种历史关系把他们当作与天有联系的人,并作为其他所有人与天的中介。所以我觉得这种特定的模式不宜过分强调,因为它们的功能很相似。

王铭铭:我们中国人总是把帝王当成傻瓜——虽然历史上有一些聪慧、英明和伟大的帝王,帝王总是由占星师和士大夫来引导,甚至他们肢体的移动都直接而强烈地受占星师、算命师控制,这些人时刻告诉帝王如何行事。让我想到人类学在对待土著社会知识分子时的缺陷,也许这不包括您的研究,因为您对巫术国王与人们的联合很感兴趣。我想强调的是,为什么我要读杜蒙的著作,因为其中有"遁世修行者"的纯粹个体主义,这些人看起来很像中国的知识分子,比如庄子南游,到达天上,比帝王都快活。我对您作品的一个私下评论是,您很少讨论知识分子和他们的思考,地方知识分子的思考也是一种行动的方式,您似乎框定在某种传统宇宙观的研究中。

萨林斯:这要看情况。我在夏威夷调查的时候,思考过社会的结构,那里有一系列传统神职人员控制着宗谱。在困难的形势下,统治者会召唤这些人,正如以前统治者在同样情形下所做的一样,这些知识分子传递着从过去到现在的结构性关系。我认为很重要的一点是,这个国王是谁,他是否被他的子民信任;另外,他能否有效用。这很关键，如果他的法力不能奏效，人们便会杀了他。所以并不是简单的知识分子的权力高于国王，知识分子所做的是在权力的历史当中并在目前的形势下说服帝王，使帝王听从他们，但更重要的是帝王的力量能够奏效，如果不能，这些知识分子也有很大的麻烦。如果这些神灵、神职人员或其他力量在当下无法起作用，人们就会将其去除。信仰基督教的绝大多数宗教社会，其一大特征便是基督教告诉人们死后如何得到幸福。现世太恐怖，因为人背负着原罪，这个世界布满荆棘、多灾多难，因此它是关于来世的宗教。但很多宗教是关于现世的，传教士到了太平洋地区，他们问土著人死后将发生怎样的事情，土著人说我不知道，也不关心。有关现世的宗教，其神灵可以在此生中被测探，人们会随时去除那些不能奏效的神灵，他们有更为实际的观念，也许对神灵更少屈从感。比如新西兰的毛利人，他们设法用各种谈话和原则来测探神灵，如果神灵不能立竿见影，就将神灵驱逐出去，此外，他们也用各种方式驱使神灵听他们的话。这些宗教其实更多地被人化了。

王铭铭：在中国我们经常看到知识分子对权威的屈从。帝王总是改变策略，他们在不同环境下采纳不同由知识分子创立的思想流派。帝王貌似一位挑选人，知识分子看起来是提供选择的。但因为我是一个中国知识分子，也许有点野心勃勃，想影响政治，所以我设想，这些知识分子必须超越所有的结构，包括支配结构。在中国历史上我们只有过两三种选择，比如儒家、佛家、道家，帝王时而采纳或推行道家，时而是佛家、儒家，所以我们仅仅是创造出一些选择，其实在我们背后还有别的更具智识性的东西。它是什么呢？我们不知道。这是迪尔凯姆、列维-斯特劳斯所谓的分类体系吗？

萨林斯：这是您之前的谈话，尤其是元朝那段时我想起的话题之一。在元朝，就边疆问题而言，不同流派的官员总是为应该使用"德"——帝王的美德、还是使用"力"争论不休，直到一些汉臣决定，如果帝王有德，那么他就能使用强力。但人们总在犯错，他们在将被打败的地方使用武力，在无效的地方使用美德。您讲的知识分子屈从于权威这点好比西方历史上那位不穿衣服外出的皇帝，他说自己穿了一件漂亮衣服，人们见了都说皇帝的确穿着一件漂亮衣服，除了一个小孩，告诉国王他什么也没穿。所以直到今天，我们想用谚语表达虚幻的东西时，还用皇帝的新装这个典故。正如我们谈起政客们，当他们唇枪舌剑都宣称自己为人民谋利益的时候，其实都像那位没穿衣服的皇帝。

王铭铭：非常高兴有这次谈话，我们也是"我们是彼此的一部分"，也很荣幸邀请到您，感谢您富有启迪的谈话！

萨林斯：谢谢！

文字翻译：罗杨
原载《中国人类学评论》2009 年第 12 期

在国家与地方社会之间

时　间：1999年10月23日
地　点：北京丽都饭店
对谈者：罗红光：中国社会科学院社会学研究所研究员、博士生导师，上海研究院特聘教授，中日社会学专业委员会会长、亚洲论坛创始人，曾任中国社科院社会学研究所《社会学研究》编辑部主任、副主编，人类学室主任。主要研究领域为文化人类学、经济人类学、影视人类学。主要著作有《黑龙潭：一个中国村落的财与富》（日文版，行路社，2000年）、《不等价交换》（浙江人民出版社，2000年）、《人类学》（中国社会科学出版社，2014年）等，发表论文多篇。
　　　　杜赞奇（Prasenjit Duara）：历史学家、汉学家，芝加哥大学荣休教授。研究领域：历史社会学、文化人类学等。主要著作：《文化、权力与国家：1900—1942年的华北农村》《从民族国家拯救历史：民族主义话语与中国现代史研究》《全球现代性的危机：亚洲传统和可持续的未来》等。

罗红光：您一直做中国清代历史的研究，但您的研究涉及的领域很多，如社会学、文化人类学的很多成分就融会在里面，其中还包括对政治经济学的研究，像财政问题的研究以及国家政权内卷等问题。您的研究不仅在中国而且在日本都产生着很大影响。在我们研究国家与社会之间关系时，您的著作《文化、权力与国家》给我们这些后来者很大的启发。

在中国讨论国家与地方社会之间的关系时，要涉及一个大的背景，那就是东方学或称东方主义（Orientalism）。其中对中国产生重要影响的，有马克思、马克斯·韦伯还有满铁调查组，满铁调查的背景里面也有韦伯思想的一些痕迹。另外曾经对中国产生影响的还有魏特夫（K. Wittfogel: 1957）关于水利社会的研究、弗里德曼（M. Freedman: 1966）关于宗族的研究、施坚雅（G. William Skinner: 1977）的市场圈研究、奎恩（Paul A. Cohen: 1984）以及萨义德（E. Said: 1993）的研究。这些研究比较清晰地反映出西方人是如何审视东方、审视中国社会的，他们或从权力制度、或从意识形态、或我们正在讨论的现代性等方面来切入论题。国内文学界和思想界最近在热议萨义德，其中的一个焦点是中国内部的视角如何体现出来——人们原来评介中国历史总是先有"西方的冲激"然后才有"东方的反应"，即中国的历史总是处于被动的状态。我想，摆脱殖民统治之后的民族国家建设过程中关于国家与地方社会的讨论，总是离不开这样一个大的背景：东方与西方列强。在这个意义上我想提一个问题，在您撰写早期著作像 *Culture, Power and the State*（《文化、权力与国家》）的时候，您所面临的美国的学术背景是怎样的？能不能给我们简单地勾勒一下。

杜赞奇：您提的是我的学术背景方面的问题。我本来是在印度开始研究中国历史的，那时候我已经对农民社会有兴趣。到美国以后，我受到的最大影响来自人类学方面，特别是对农民社会、印度农民社会和民间社会的研究，当然也有日本满铁学者们所写的东西的影响。他们的看法跟人类学学者的看法当然不是完全一样，因为这些人都处在20世纪三四十年代的战争时期，他们有自己的看法。比如有一些人倾向您所说的田园性、浪漫主义，可是也有很多人不是这样，满铁的年轻学者当中的左派，他们反对这方面的影响。我的研究是在这些背景下展开的。我以为，要想研究中国的农民社会，我们应该看中国民间的文化和宗教的特色，特色不是指跟别的国家怎么不一样，而是说它充当什么样的角色。因为我以为文化和社会有很大的不同，文化有它的时间性，有不同的变化节奏（a rate of change），它的改变速度跟社会的不同步，可能我们以后可以谈谈这个方面。

罗红光：这里您涉及一个问题，即讨论国家与社会问题时基本可分为两类思考的角度。第一类是像上下级关系那样的领导与被领导，也就是统治与被统治的关系，那么，这就涉及国家如何培养国家精英来实现国家理念，这是从国家制度权力与意识形态（包括儒家的理念在内）来分析国家与社会之间的关系，从这个角度所进行的是自上而下的分析；第二类则是您说的研究中国农民社会的自下而上的分析。这两类分析体现的都是二元论的二分法思维方式，也就是人们常说的"刻板印象"。在这个逻辑下，国家与地方被视为一种对立关系，这就会出现两个问题：作为第一类，因为它做了一种假设，即国家为实现理念通过国家精英来动员社会资源，所以它对老百姓日常生活中无意识的、普普通通过日子的社会资源就会视而不见，总是以国家的理念、国家的权力作为假设的前提，看到的是国家靠权力实现其理念，对整个社会的基本面貌则看不见了；再看看第二类——自下而上的方式，从事田野工作的人类学在这方面做得比较多，社会学也做得很多，这种方式可能在方法上有局限性，其方法可能是统计也可能是个案分析，这些个案在讨论国家与社会关系时究竟怎么对话是一个有代表性的问题。所以单纯地从国家往下看，或者单纯地把地方看成田园的、和平的传统社会都有自身的局限性。

杜赞奇：所以我觉得在这方面文化就很重要，特别是文化网络，因为文化网络可以变成一个中介、一个媒介（medium）。可以说，它不是完全被国家和农村和其他社会利益群体决定的，不是绝对主义的、单一化（reductionism）的，是简单化的、只有一种行动者的，或者说是 reduce to the simple thing（划众为一的）。所以用文化网络

在国家与地方社会之间　175

的观点可以看到许多的不同的社会利益（群体），如通过看文化作为媒介是怎么改变的，可以看商人的利益，看不同阶级农民的利益。我想讲的基本意思是，文化的观念（idea of culture）使我们不把任何事情都归结于社会的冲突，让我们看到不同的利益群体在其中都有自己的代表。正如我在有关关帝的文章中所说的，对关帝的解释代表了不同社会利益（群体）的观点。比如商人把关帝当作财神，当有人问按官方说法关帝应该是战神时，他会说关帝既可以是财神也可以是战神，两个方面都可以；又如按官方说法关帝的圣诞日在农历的五月，但按大多数农民的说法则在六月份，所以有的农村在这两天都搞庆祝。由此我们可以看到，文化倾向于减少并厘清关于社会整体（social whole）概念的模糊性，并且不把任何事物都化简为某种社会利益（social interests），因为每一种解释都是需要依赖于其他的另外的解释（这个意思表达得更准确，因为它还映射了"历史变为话语之后"的含义）。而且，社会与文化改变的速度不一样，也许后来文化也改变，反映一个新统治者（dominant）的利益，可它不是与社会同时的，因为我们没有一个统一的文化、一个统一的社会观念、一个社会整体（social whole）。也可以说，本来所有的社会理论都没有历史性，但我以为是有一点历史性的，因为有时间性、有暂时性（temporality）、有动态的因素（dynamic element）。

罗红光：您讲到速度和历史性两个问题——文化有自身的生存历史，有自身的变化速度。那么，您的"idea of culture"（文化观念）指的是复数的吗？

杜赞奇：这是个很复杂的问题。当然可以说，每个社会团体的解释或解读，好像代表其自己的文化；可是我们看关帝庙，它是一个文化，可以说是相对性的，对它有很多的解释。

罗红光：您提出了一个权力的文化网络的重要概念，它就像是个平台，在讨论国家与社会的关系时，为我们提供了一个新的、讨论它们之间关系的视角,而不是单纯的二元对立。中国共产党建党初期搞了早期的统一战线,为的是联合党外人士,同党外民主人士一起构建共同奋斗的力量,国共两党也合作过。后来许多涉及国家与社会关系的地方,都沿袭了统战的机制,比如工会、妇联都是企图在国家与地方之间建立平台,虽然不是您讲的权力的文化网络,但它是国家体制内的一个平台。我们在讨论这个问题时发现,城里有工会、妇联还有消费者协会,甚至有出租车司机群体那样的舆论空间,那么,有关农民的平台在哪里呢(Where's peasant)?原来有个农会,现在是什么呢?这个问题您怎么看?

杜赞奇:虽然我不是研究现代的,但我也想说几句。中国共产党曾利用文化网络的一部分,目的是替代以前的组织。可是我也看到党对城市和农村不一样,他们对农民更多抱以谈判或说服的态度。当然也有新干部,可是我认为这些干部和城市的干部不完全一样。因为农村里面的这些干部也代表农村团体、农村共同体。那这些干部可靠不可靠呢?可以说比较可靠,干部们的 subject formation(主体定型)是被党塑造的。可是并没有完全形成一个新的上面能控制的团体,虽然也有人民公社,但是政府对农村的极端控制不是很强很直接。

罗红光:对。在城市里比较直接,因为存在着单位制,农村虽然有人民公社,但干部好像更具备双重性,也就是说,行政系统到了末端,一职多功能的现象极为普遍。

杜赞奇:如果说过去的农村干部更多地代表他们自己的社会,现在的这些干部在这点上也没有很大改变,他们仍然是代表社会的。我想其中很重要的原因是:他们的收入不是来自中央政府,而是来自集体。对此,我想听听您的意见。

罗红光:您说得对。北大做的口述史研究,还有折晓叶教授的研究基本上也反映出这个意思。在您的著作里曾提到,当时乡绅的退位是国家权力的致密化——"内卷化"造成的;在我们的研究中还可以看到,农村自身有一种承载社会变化的能力。历史上国家意识形态千变万化，任何政策的、军事的、经济的力量都可以使意识形态结构发生变化，唯独农村多少年来都体现着承载该社会变化的能力，它基本上表达这样一种历史线索：虽然也有来自国家权力资源的威信，但老百姓获得威信还有许多渠道。北大的口述史研究基本沿用事件和过程这一方法，其目的在于了解承载宏大叙事的当事者如何看待他们面对的问题，选取的大多是来自国家意识形态的事件，比如土改、"大跃进"、人民公社。他们做了50年以来的口述史研究，通过记录村里精英的更迭、盛衰来讨论国家与地方社会之间的权力关系。

杜赞奇：可是也可能村民和你们谈时是这样，他们之间谈的时候有内部话语。

罗红光：对，很可能有。我们下去调研时也感受到了，有时他们对我们是一种说法，他们群体内又是一套话语，我们进不去。还有一种与口述史研究不同的方法，是从权力结构方面研究探讨现在的权力结构，北大的张静是代表。您的思想对这些研究都有影响，他们也在讨论国家与地方精英之间的关系，这两个方法不一样，但讨论的同样是精英。这个精英与您的文化的权力网络中的精英有可以对话的地方，他们既代表地方利益，同时也能表达国家的意识形态。

杜赞奇：这是什么样的精英？这是新来的精英吗？不一定是干部？

罗红光：不一定是干部。比方说庙会的会长。

杜赞奇：现在也有庙会的会长吗？是什么样的人？

罗红光：我可以给您举个例子。比如在陕北黑龙潭有个村庙，是龙王庙。明清两朝皇帝曾普遍给地方封庙，当地老百姓基本沿袭并保持了拜庙的习惯。过去龙王庙是搞自然崇拜的——祈雨，但现在可以祈福保佑平安，不再只是祈雨了，比如外出打工的陕北人也要到这里来抽个签。这里的会长既不是干部也没有其他职务，他只是念过书，识字。当然，人们对他的人格、人品等要求很高，这些品德表现在给庙上奉献很多钱、把庙盖得更加辉煌以及类似的一般老百姓做不到的事情上。做这些事时，他基本上是按照本土的文化脉络行事，从里面获得威信资源。但是达到一定程度后，他也就与国家发生关系了，比如用庙会中的布施，从事植树、建校、铺路等社会公益事业。这本是国家财政二次分配中应该做的事业，但是现在庙会在某种意义上承担了国家的义务。而且，庙会中用的话语都是科学的，比如"改造环境""环保""重视教育"之类。

杜赞奇：很有意思。

罗红光：在国家与地方之间的关系中土生土长的这类精英，我把他们叫作文化贵族。

杜赞奇：对，和地方是话语（discourse）的关系。

罗红光：可能用科学的话语，也可能用意识形态的话语；而因为他们采用抽签之类的形式，所以他们用的是历史资源。

杜赞奇：历史资源？

罗红光：对，我写过这方面的小论文。比如某人抽了一签，这签上说的是孔子的"尼山讲席"，这个故事讲的是孔子经历千辛万苦，一番努力后获得成功。抽签人可以通过这个史实获得一种被历史证明了的经验的启示。老百姓以为启示是从龙王来的，但实际上是从历史的典故或者历史的事实中得来的，所以通过解签人老百姓始终跟历史有一种对话，体现的是"前事不忘，后事之师"的逻辑。文化贵族也可以此获得（形成）自己的威信资源。黑龙潭人告诉我们，他们跟历史有这种形式的对话——可以"以史为鉴"来证明当下行为的正当与否。

杜赞奇：您认为他们跟以前的干部有什么区别？1978年以前的干部是怎样的？

罗红光：以前是比较典型的从权力机构贯彻下去的干部。但是村一级不是行政单位，行政单位的末端应该是镇。

杜赞奇：可是他们还算干部？

罗红光：应该算。因为许多村级干部是被任命的。但是村与村之间是有利益冲突的，如人民公社的时候。人民公社理论上讲应该是一个统一体，但实际上在统一的管理体制下，村之间甚至人民公社之间都有利害冲突，比如围绕地界、水利灌溉等问题就发生过争斗，这些往往是影响当地干部威信的关键所在。当这些村干部涉足于国家意志的时候，才有可能从本村利益维护者转化成为表达国家意志的"精英"阶层，其"精英"的两面性就表现在这两种利益之间。

杜赞奇：到了现在，那些以前的干部都没有权力了吗？

罗红光：基本上都退下来了。现在的新干部更介于上述两者之间，他们既对地方的资源有充分的理解能力，对国家的话语也有非常详细的理解，对现在的改革、老百姓对生活的渴望都很关心。原来只是上边单方面的命令，如一天得完成多少任务，现在则需要交涉（编织）的过程。

杜赞奇：所以现在的农村变得社会化了，也可以说市场化了。可是您说，庙会也做很多社会服务，如慈善事业。

罗红光：农村的"社会化""市场化"在很大程度上离不开以文化为基础的社会福利，也就是世俗化了的那一部分文化。

杜赞奇：是世俗化吗？我认为宗教的动力很重要。

罗红光：是，这个宗教的动力是隐藏在后边的。来抽签、烧香的那些香客、信徒并不否定世俗利益，他们通过这个神圣的地方来实现世俗目的。我认为对黑龙潭的研究至少反映了历史和现在、国家和社会、权力与权威之间的文化关系，两个维度同时在黑龙潭那里表现了出来。当然不仅是庙会，还包括城市里的企业家协会、慈善家协会，以及福建和山东的那种村级的"企业家联合会"，它们不纯粹是国家体系里的，同时也不是纯粹的乡间的、土生土长的，而是相互渗透的关系，甚至是相互定义的。农民有了钱后，和党支部、村委会联合起来，搞一个企业家联合会，跟村级理事会有点相像。这个企业家联合会也建学校，修公路，就是您所讲的，很可能他们是在文化的权力网络里面实现国家与地方之间利益的交涉和自己的理想。

杜赞奇：这个新文化网络里面也有阶级分岔吗？

罗红光：有的，而且比较清楚。我以为它是一种被威信支撑的权力网络。

杜赞奇：所以也可以说新的文化网络里有一个补偿功能（compensative function）吗？有一点这个方面的因素吗？

罗红光：对，我认为它们是这样互补的。所以国家与地方之间通过这种中间的精英和他们所搞的这种中介组织——一个是体系里给他们准备的，另一个是老百姓自发的（中介组织）——就建立起联系了。所以中国的农民社会并不像人们说的那样被埋没在国家权力体系之中看不见（看不见的似乎只是散沙般的个人而已），而是在权力的文化网络中表达自己的集团性存在。这一点与我们上面所说的城市中的统战体系有所不同，它给我们展示了一种被文化所定义的社群（或称民间中介组织）。我想问一下，在您现在的研究中，关于国家与社会之间关系的中介，或我们所说的"transnational"（跨界的）有没有新的想法？

杜赞奇：首先，您说的是对中国中心论的历史（China-centered history）有什么样的意见。我以为，从19世纪，特别从历史变成了一种线性历史话语以后，中国的历史和国外的历史好像分不开了。在某些作为国家建设者的知识分子那里，国家的基本范式，在松散的层面已经与跨国力量相关联（超越了国界），因为它源于全球性概念的话语，他们已经在表述这种话语，并且想用这种概念化的历史（线性历史）来改造社会，实现现代化以及所有诸如此类的目标，并且要按照这种话语来改变村落形态。这并不是说不存在本土的历史表述的影响，但是它们交混在一起，旧的中国历史的力量已经被现代话语再造和重新讲述了。比如在我的第二本书里我讲到秘密社会，那种关于秘密社会并不是想回到明朝，而是要进行新的革命的说法，其实就是再造的。孙中山等革命家跟这些秘密社会合作，可是后者的目的和革命家的目的不一样，他们以为是回到明代的社会，回到以前的社会，特别是哥老会、青帮。我们可以看到革命家是怎样利用他们的。在20世纪上半叶，我们可以看到文化里也有一个冲突的维度（dimension），总有一种努力，试图把旧的中国文化用新的范式来诠释，在这个思路下我们可以说新精英。我认为在20世纪我们总避免不了这种张力，因为跨国的力量总是试图让中国的文化走向世界。因而我们不应仅仅从国家或者精英、老百姓（的角度）看，而且还要从不同文化的不同发展趋势（的角度）看。但是我认为这是20世纪的一个发展，不久将会有一个转变，并且还会出现不同的文化。因此，我想说——这说法具有某种刺激性，在某种意义上，20世纪初期中国的知识分子和（中华民国）建国者们的话语也许更接近于日本或韩国的精英而不是他们自己的农民。

罗红光：不一定。中国和日本的土改运动以及关于"地主"和"封建"概念的早期运用可以充分地证明这一点。

杜赞奇：而这些类别（categories），这个"地主""封建"的语言本身就来自线性历史的跨国际的话语，它们能被两个社会中的知识分子和国家建造者所理解，但他们的农民却听不懂。我提这个问题是想引起争论。不单是日本的观点，也有语言，语言很重要，很多语言是从日本来的。

罗红光：近代史中许多概念的来源，除了我们常识中的"西方"以外，还有一个是儒家的后生——日本这个渠道。因为二战的原因，我们似乎全盘否定了那一段相互影响的历史。

好，我们今天就谈到这儿。谢谢杜赞奇先生。

现场翻译：王甘
原载《社会学研究》2001年第1期

二

困惑与机遇

全球化问：当今世界文化多元与单一化困惑

时　间：2001年6月9日
地　点：北京西坝河茶馆
对谈者：黄纪苏：中国社会科学院退休职工，曾先后担任《中国社会科学》《国际社会科学》《国际思想评论》的编辑，写作了不少文化研究及社会批评的文字，戏剧作品包括《一个无政府主义者的意外死亡》（改编）、《切·格瓦拉》（编剧）、《我们走在大路上——近三四十年的社会心理史》（编剧）。

青木保（Tamotsu Aoki）：文化人类学教授。曾任教于大阪大学、东京大学、国立政策学院大学，现任早稻田大学文化人类学与文化政策学教授。曾受邀为哈佛大学访问学者，巴黎社会科学高等研究学院和德国康斯坦茨大学客座教授。曾在泰国、斯里兰卡等亚洲国家和欧洲进行过广泛的实地考察，曾经与中国社会科学院的人类学家合作进行过IT传播与文化产权、文化外交政策等研究。获得过三得利学术奖（Suntory Academic Prize）和吉野奖（Yoshino Sakuzo Prize），获得日本最高荣誉的日本政府"紫绶奖"（the Recipient of the Medal of Purple Ribbon of Japanese Government）。主要著作：《在泰国的寺院》《文化的否定性》《异文化理解》等。

黄纪苏：我想先说点个人的读书经历。大概1986、1987年，社科院成立没多久的情报中心库容满了，要处理书，我得了消息跑过去挑了一箱子，其中一本日本池田大作和英国历史学家汤因比的对话录，只花了我五块钱，但花了不少天阅读，因为是英文原版的。对话者的视野非常开阔，谈古论今，言心言性，不同地区、不同文化都有涉及，对我启发很大。和青木先生见面之前，罗兄介绍了一些情况，当今日本学者有一种跨文化的普遍关怀，我们需要这个，因为人类社会走向全球化是大趋势，不同文化彼此交流借鉴，思想上相互参照、激荡，既是必然也是当然。

青木保：您讲的多元文化形势大家都体会得很深刻。世界多元化提出来以后，产生了一个多元世界里以什么样的形式来表达或表现多元的问题。这是世界经济体系全球化所忽略的一个问题，大家也觉得是一个难点。当今世界虽然朝着多元方面发展，同时还存在多个地区同一化、单一化的现象。举一个例子，在纽约我们看到有星巴克，在东京见到有星巴克，这次来北京，北京也有星巴克，感觉全世界的星巴克是一模一样。此外还存在一个地区内由本来的多元变成了单元的情况。这里值得关注的是：其一，由于信息化发展，信息也使大家普遍朝一个方向移动；其二，就是世界贸易组织，受其影响世界经济体系也有朝着一个方向发展的趋势。现在人们处于什么时代呢？就像是处在普遍主义和多元化之间交界的地方。大家的烦恼也来自这样一个时代。

罗红光：譬如在您的研究活动中，包括您写剧本在内，您是怎么感受到这种中国现在面临的普遍化、多元化的？

黄纪苏：普遍化和多元化的矛盾在中国非常突出，中国多元分化的舆论就是一个很好的例子。全球化的一个重要部分就是资本主义市场的扩大，均一化符合市场逐利的内在逻辑。好莱坞的梦工厂就影响了全世界的价值观和审美趣味，使之趋于同一。其他如时尚、学术等等也都如此。当然，也要看到全球化、普遍化合理的一面。世界各地的高速公路长得都一样，为什么呢？因为功能上、建设上、管理上只有这样才比较对。再比如互联网，弄得地球上处处 BBS、www.xxx.com，但对老百姓有利啊，以前他们舍不得买书，只能在公共场所聚谈国事，互联网结束了只有知识分子读这读那、说东说西的局面，为原本靠边站的群体提供了文化资源。所以在讨论普遍化与多样化的时候，需要不同的坐标视角，需要具体情况具体分析。今天中国学者争论这类问题过于简单化、宏大化了，不利于正确妥善地理解、处理相关的问题。

青木保：对您刚讲的这些我表示赞成。在美国式全球化这个大背景下，消费文化、大众文化譬如巴黎文化、好莱坞文化等的发展非常强势，比方像您讲的技术、互联网等，如果单从技术（交流）方面的发展来看，我们承认这一变化是合理的，同时我们需要从一个整体来看具体问题，正如您前面提到的中国知识分子的弱化现象，在日本，从前的知识分子阶层具有很大的存在意义，随着大众文化的发展，原有的知识精英被淡化、平均化，这个阶层逐渐地衰退了，取而代之的是大众化。为什么这么讲呢？二战以后日本社会突然间发生的变化，基本上是受美国的影响，体制来自资本主义制度。追求资本主义制度的同时，平等、民主等意识也从美国引进，产生了一个所谓的理念就是平等主义，在这个理念下出现了一个现象：日本形成了"中间阶层"，即所谓的上下阶层之间的等级差距缩小，极端贫困和极其富有的在整个社会里占比显得很小，社会没有阶级突出，不像有些国家贫困差距非常鲜明。虽说上层社会和下层社会各自有其特点，但比较对整个社会的影响来看，中间阶层特别庞大，大家共同拥有一种文化。就因为这个差距不是那么大，大家"彼此彼此"，共同营造了"中间社会"这么一种文化氛围。

黄纪苏：枣核型的社会。

青木保：日本 80% 的人都处于这种状态，他们所感到的所谓的"存在的意义"，是大家都没有觉得被压迫或压迫别人，都觉得彼此跟我差不多。那么知识分子在塑造社会的同时，自己也变得逐渐大众化了。这一点和有些国家不一样，有些国家知识分子面对政治、面对其他居民时，往往代表自身群体的意见而出现。在日本，虽然知识分子在很多的媒体和有关机构里发言，但已经不是以知识分子的姿态，而是站在群体的立场来发言，他们站在自身社会阶层的另一端，即中间阶层。

黄纪苏：日本今天知识分子角色的日趋淡化，跟整个占人口80%的中间阶层混为一体，对日本民族和社会真是件幸事。说到中国知识分子，他们的处境和感受可能跟日本知识分子有些区别。首先，在世界的等级结构中，中国的地位属中间偏下，属于第三世界集群。其次再说国内，我今天看到一幅雅鲁藏布大峡谷的照片，江水在这个地方拐了个大弯，这很像中国社会转型巨变的写照，20世纪90年代前中期，知识分子回到象牙塔，除了觉得象牙塔名不副实、自己收入不到象牙级别外，都能一心经营自己的一亩三分地，在自己的专业领域日积月累，希望沿着硕导博导的阶梯早日加入中产阶级。但到了90年代末，一些知识分子又有了说国事天下事、为其他人代言的冲动。这是因为（20世纪）80年代开始、90年代愈演愈烈的社会经济过程造成贫富分化等社会问题。大量工人下岗，而中国当时尚不完善的社会保障体系又保护不了他们，他们生活非常窘迫。于是一些知识分子便走出专业小天地，面对社会问题分析原因、寻找办法，成了公共知识分子。公共知识分子由于对原因和办法的认识不一样而形成不同甚至对立的思想流派。在一个风不起浪不兴的平稳社会里，人类学者就好好研究人类学，经济学家就好好研究经济学；但在一个充满变革的社会里面，一些知识分子就可能走出学术小世界，走上社会大舞台，承担一些本来不属于他们的角色。

青木保：您的话引人入胜。您讲的那种国际等级秩序，在国际关系、国别之间的这种现象也是在知识分子理解范围内的。日本的音乐、剧本，也是以不同的形式参与社会活动。但是参与是否有引导社会潮流的作用，知识分子们是抱怀疑态度的。日本的知识分子的这种状况，与其说他们是在引导潮流，倒不如说可能是消费文化来迫使他们这么做，就是商品化。

知识分子与社会之间的同一性究竟在哪里，这是需要讨论的。以切·格瓦拉为例，在日本，原来很多人都接触过切·格瓦拉的作品，现在年轻人也对他观察得很深，切·格瓦拉在他们心目中代表永恒的能量，有"无尽者"的意味。那么，切·格瓦拉所表达的，与其说是他经历的事件本身，不如说是他所反映的"人"，展示的"人性"，咱们应该讲人性这层关系。

黄纪苏：或者叫人道主义。

青木保：在（20世纪）90年代以后，尤其是苏联解体、社会主义阵营瓦解以后，原来这些追求平等理想的国家就出现了所谓"虚无""空"的理念：究竟什么是理想，什么是理想社会？实际上不光是社会主义国家，美国也有这个疑问，什么样的才算是理想社会，大家都在追问这件事。

到目前为止，知识分子在思考理想社会这件事上进展不大。马克思也好，美国的学者也好，先哲们对人类提出过很多问题，而且让人类去共同奋斗。可是现在更多的是对马克思、对美国制度停留在一种解释上。意义更深刻的一个问题在于，我们不应再去重复地解释、逼真地理解马克思的问题，而是要看到眼前由于社会发展导致的一些反人道的、反人性的问题，对导致社会分裂、反人类的一些社会发展进行批判与反思。反思的同时知识分子应该发挥该有的作用——思考社会应有什么样的理想、追求塑造什么样的前景，实际上这个是比较突出的问题，是超越制度的问题。

黄纪苏：您讲得很深刻，触及了世界现代史的一个很重大的问题。社会主义运动150年，当年很多人认为它为历史另辟蹊径，是把人类带出丛林世界的大道通衢。但到20世纪30年代，首先是西方的知识分子如纪德、罗曼·罗兰还有奥威尔他们发现，被视为实践社会主义最成功的苏联，路线问题实在太大了。苏联的问题在后来中国以及其他国家同样出现。我们的确建立了一个有别于以往的新社会，但这个新社会依然存在着压迫和不平等。这就造成了一种很深的幻灭感。那么何去何从，该走什么路呢？20世纪90年代俄国总理切尔诺梅尔金就说，道路我们早试够了，现在路就一条，很清楚。他指的是西方建议的"休克疗法"，也可以说是回到十月革命以前。中国也是这样，"文革"结束之后，知识分子普遍对中国革命产生一种幻灭感，觉得新路还不如老路呢。《切·格瓦拉》第三幕"建设新社会"里有这样一个场面——

> 一群败类冲入建筑工地，五个伟大一马当先。
> 五个伟大：等新房子盖起来不得猴年马月了，拆！（抽出一根枋子）
> 败类甲抱起一摞砖头：我先用它去铺老路。
> 败类乙：我要盖一座殖民地风格的别墅。
> 败类丙：我他妈来做恭王府！

其实我不否认社会主义也有其短板，中国革命有自己的问题。但它毕竟是告别丛林世界的一次成规模的伟大出走或尝试，虽然在行程中也走过弯路，但它的基本目标及其所秉持的基本价值观如社会平等、大同理想是向上向善的，不应一概否定。我们曾有一个阶段忽视精神文明建设，大家只知讲高低强弱而不讲善恶是非。小孩经常问大人是山中之王厉害还是森林之王厉害，这正是这些成年人世界通行的价值观。如今一个个津津乐道的无非是谁特别有才，谁会多少门外语，谁挣了大钱，都是比权量力。在他们的视野里善良没位置，在他们的尺度下老实人等于零。知识分子也接受了这一套价值观，甚至比一般人更甚，因为他们有本事，算是"强者""成功人士"。这就是为什么（20世纪）90年代工人下岗下得那么悲惨却又那么柔顺，因为没多少人为他们发声抗议，因为掌握舆论工具的知识分子相信"几家欢乐几家愁"是社会本相，是"自然秩序"，符合热力学第几定律。我们创作戏剧《切·格瓦拉》并不是要宣扬暴力革命、无产阶级专政、计划经济，我们在意的是社会的价值观，人的内心制度，我们就是想说，人别老琢磨着欺负人，别那么势利眼，讲点同情心，即便没才华、没能耐、没门第、没相貌，也应该得到起码的尊重。别老是徐志摩、林徽因，也念念不起眼的普通人。我对陈寅恪先生非常敬佩，很喜欢他的旧体诗，但特别讨厌很多人对他的那种流着口水的艳羡，什么名臣之后、游学列国、能说八九种外语。他们就不想想当年中国教育资源有多匮乏，文盲率有多高。陈先生掌握那么多种外文，很可惜后来没有几种得到充分利用。如果这些外语由八九个平民子弟分头掌握，是不是更好呢？

青木保：社会被视为只要能干就是好社会，如消费主义社会，我对大家都成为美国那样的社会是不是幸福这一点有非常大的疑问。譬如日本社会，人们在物质上的满足并不能转换成让社会朝着更好方向发展的理想和动力，相反，社会成为一种"无感觉的社会"，甚至出现了没有动机的杀人犯罪。物欲上的满足并不一定能够代表精神提高，社会应当有面对未来的理想，也就是您刚刚说的理念的东西，缺少价值观意味着缺乏理念、缺乏理想，人们就赤裸裸地表现出短期行为，而我们需要价值上的长期的理想色彩。

罗红光：今天二位从全球化带来的问题出发，围绕全球化背景下的"多样性"与"单一化"交换了意见。双方一致认为：全球化表面上看似比以往更加展示了文化的多样性，但其背后隐藏着单一化倾向，即美国化。这也是因为全球化虽然提供了前所未有的可能性，但这种可能性仅仅围绕"可能""工具理性"提供了技术，人们在"能做"与"不能做"上分成国际间的等级，失去了对社会发展理念的追求和认识，在这一点上美国式的全球化同样没有理念，这应当引起知识分子的警惕。再次特别感谢两位学者的对话与高见。

现场翻译：罗红光
文字整理：马龙飞

全球化背景下的反恐怖主义

时　间：2002 年 3 月 29 日

地　点：中国社会科学院社会学研究所人类学研究室

对谈者：景天魁：中国社会科学院学部委员，中国社会科学院大学特聘教授，社会学研究所研究员。1995—2006 年先后担任社会学研究所副所长、党委书记、所长，1998—2005 年任中国社会学会副会长，2001—2005 年任国际社会学协会副会长。主要研究领域：社会发展理论、福利社会学、时空社会学、中国社会学史。独著：《打开社会奥秘的钥匙——历史唯物主义逻辑结构初探》《社会认识的结构和悖论》《社会发展的时空结构》《底线公平：和谐社会的基础》《底线公平福利模式》《中国社会学溯源论》等；合著：《时空社会学：理论和方法》、《普遍整合的福利体系》、《中国社会学：起源与绵延》、《中国社会学史》（第一卷：群学的形成）等。

本–拉斐尔（Eliezer Ben-Rafael）：以色列特拉维夫大学社会学教授。第 36 届国际社会学协会（36th IIS, 2001—2005）主席。主要研究领域：全球化研究、文化社会学、宗教社会学等。主要作品：《多重全球化：世界城市的语言景观》（合著）、《面对欧洲的异教：比利时犹太人的案例研究》、《持久的风险》（合著）、《以色列的族群性、宗教与阶层》、《多重现代性时代的犹太人认同》等。

景天魁：全球化的问题社会学家研究得比较多，也有过许多重要的话题，但是"9·11"事件以后，社会学家都把恐怖主义的话题纳入到全球化这个大背景下来思考。在全球化的过程中会形成一些新的矛盾和冲突，比如说地区之间的冲突，这些矛盾和冲突与现代恐怖主义存在怎样的关系？或者说，恐怖主义产生的根源是什么？请您谈一谈。

本-拉斐尔：恐怖主义是全球化的。因为现在很难把一个地区与其他地区隔绝开来，而且现在恐怖组织非常容易得到外界的支持和支援，所以反恐怖主义的行动也应该是全球性的。如果你在一个地区打击恐怖主义，他总会在一个新的地方找到他的同盟军，所以应该采取像恐怖行动一样的方式来反恐怖主义。

景天魁：恐怖主义的产生是有过程的，应该说这些年恐怖主义的产生来自全球化过程的扩展，全球化过程中资源和格局的改变造成了如贫困问题等更大的问题，这些问题的产生会造成人们的愤怒、怨气，这会不会是造成恐怖主义存在的原因呢？

本-拉斐尔：从客观上来说，全球各地人们的生活从来没有像现在这样好过，可是由于现在的社会是绵延连续的，人们不是纵向地看——感到自己现在的生活比过去好，而是与其他地方人们的生活进行比较，这样就会有不满，就会有挫折感，就会愤怒，就会倾向于采取极端的措施，这是一方面。另一方面，现在的科学技术为恐怖主义的蔓延提供了可能性。现在交通运输非常发达，使跨越广阔空间的行动成为可能，恐怖分子可以上午在这里作案，下午已经甚至到了地球的另一端，也可以在北京策划一个恐怖主义计划，而在特拉维夫或纽约实施。此外，全球通讯网络、互联网把所有的人都联结起来，给恐怖分子提供了技术上的支持。还有一种现象，我称之为"CNN症候群"——因为媒体的全球化，在一个很小的地方发生了一点事情，马上就有记者扛着摄像机去报道，全世界立刻就可以看到这个事件，于是采取行动的人就变成了世界级的知名人士，这也是这些人采取这一行动的动机。媒体的全球化是全球化的一个方面，它帮助这些人在世界剧场里成为世界闻名的明星。所以，全球化不仅带来如财富的再分配不公平的负面影响，同时也促使恐怖主义分子产生在全球剧场里表演的动机。

景天魁：刚才您谈到两个问题，一个是恐怖主义产生的客观原因，另一个是技术条件的问题。我觉得技术条件如传播手段、运输手段都是中性的，可以成为恐怖主义的手段，也可以成为反恐怖主义的手段。恐怖主义者可以使用它到处活动，反恐怖组织也可以利用这些手段打击、监控恐怖主义。

媒体的扩散之所以与恐怖主义的产生有关，不在于它的扩散作用，而在于它在扩散什么。如果扩散的内容足以激发人们的仇恨，那可能与恐怖主义有关；如果扩散的内容不足以激发人们的仇恨，而是扩散有意义的知识，那就与恐怖主义无关。媒体这种手段可以让最贫穷国家的人们看到美国人怎样生活。过去没有电视的时候，世界是封闭的，没有这种比较，在这一点上我觉得恐怖主义可能与媒体有关系。问题在于媒体炒作的内容是哪里来的。要搞清楚这一点，我们有必要先搞清现在所说的恐怖主义与20世纪的冲突之间到底有什么区别，我们可以把现在的恐怖活动与第一次世界大战或第二次世界大战作一个比较。两次世界大战可以说是解决20世纪世界范围内矛盾的一种办法。当然，这种办法是我们都不愿采用的。当时世界范围内的矛盾积累到了一定程度，就用战争的办法来解决，尤其是第一次世界大战。第一次世界大战是在富有国家之间进行的，显然是为了争夺资源——强国之间在争夺资源。第一次世界大战和第二次世界大战都有像中国这样的国家被卷入。中国的卷入当然不是去争夺资源，而是成为被争夺的对象。可见，20世纪前期或者中期，世界范围内矛盾的解决是运用战争手段，它的特点是发生在国家之间的，是为争夺资源的；而且一般情况下是强国之间或被迫于强国之间发生。那么，恐怖主义有什么特点呢？人人都知道恐怖主义的首要目标是美国，为什么"9·11"事件发生在美国？因为它是世界上占有资源最多、最富有的国家。世界范围内富有和贫穷之间的反差极大，使贫困国家和富有国家之间，弱势的边缘的民族、国家与强势的主流的民族、国家之间形成一种矛盾，产生一些怨恨。我这样说绝无为恐怖主义的产生作辩护的意思，只是客观地分析这种冲突是怎么来的。从这个视角我们看到20世纪末到21世纪初愈演愈烈的恐怖主义的根源及其表现形式。应该说，恐怖主义与20世纪的两次世界大战是大不相同的，我们是否可以从这一视角探究其原因呢？

本-拉斐尔：您一直在强调不平等是恐怖主义产生的根源。我觉得不平等是很多冲突的背景，不平等也大量存在，像阶级之间、宗教之间有很多冲突，我非常同意您的观点。但我感到，今天的技术发展在很大程度上使恐怖主义的行为成为可能，为恐怖主义提供了许多方便之处。此外我觉得，恐怖主义在这个世纪的蔓延也有文化方面的原因。因为文化方面——如价值观——不像经济发展全球化那样容易为人们所接受。对有些社会、有些群体来说，新的、现代化的、普适的价值观，对他们构成了一定的威胁。以20世纪的纳粹为例，德国当时是一个高度文明的社会，人民受到非常好的教育，科学、文学、商业文明都处于欧洲的巅峰，但是它在几年之内就变成了野蛮的、惨无人道的国度。我觉得不平等并不是其中主要的原因，德国自身的文化影响到了德国社会、民族的灵魂，他们意识到自己"独特"的文化，意识到自己的"卓越"，在一定的危机情况下就产生了纳粹主义这个怪物。我觉得现在伊斯兰社会里一些教派对伊斯兰教的某种解释，不一定是其真正的教义，以这样的解释为信条就难以适应现在的现代性的、比较普适的新的价值观。比如在阿富汗、尼日利亚、巴勒斯坦，他们感到难以接受现代的价值观，于是这种冲突就用新的形式来表示。再比如现在的欧盟,欧盟现在存在一种新的身份认同问题,原来各国的内部有很多冲突,像爱尔兰之于英国、科西嘉之于法国,在这些国家加入欧盟之后,这些内部的冲突就有了新的形式来表述,有了新的特征。在全球化的过程中不仅仅有信息、人口、技术的流动,还有价值观的散布。比如今天大家都认为平等很重要,都反感不平等。但是在50年前或100年前,不是所有的社会都认为平等很重要,有一些社会就是在不平等的基础上建造起来的,有钱人过着很好的生活,而很多人却会饿死,他们认为这是非常正常的现象。可是现在,由于价值观的全球化散布,恐怖主义者就经常出来说,我们战斗是因为我们要追求自由、追求平等,于是大家就给他们鼓掌。由于全球化的媒介的扩散,恐怖主义者就有可能去操纵媒体,给他们的行动找一些合法性。比如"9·11"事件之后,有的法国人就认为美国人是活该,应该受到惩罚,这实际上是全球化的媒体人物在操纵媒体。

景天魁:恐怖主义与文化到底是什么关系,恐怕不是很容易说清楚的。一般地说,恐怖主义与文化有一定的关系,这里面有两种情况,一种情况是文化上的普遍主义,另一种是文化上的特殊主义。在全球化的条件下,人与人的交往范围扩大,交往的手段进化,人的价值越来越普遍化。中国最近加入世贸组织(WTO)以后就深深地感到了这一点,在迈向世界的时候碰到了一些普遍的价值、普遍的规则,这些价值和规则不是国家、人群、社会自生的,但又不得不面对、不得不接受,这就有所谓本土化、地区化的问题。我们可以分析一下目前世界范围内人们是如何处理这一问题的,在哪种处理下文化才可能变成恐怖主义的温床——我不认为在任何情况下这一问题都能够和恐怖主义挂上钩。刚才讲欧洲人20世纪忙着打仗,21世纪忙着统一、建立欧共体。他们现在用找共同性的方式来解决他们之间的矛盾,这个方式比20世纪的聪明多了。是不是欧洲国家之间现在没有矛盾了呢?不是。当然,我也认为欧盟的统一与处理对美关系、欧元对抗美元这些动机有关。欧洲和过去不同可能与文化有关。比如刚才您讲到，欧洲人的认同比较容易，因为他们都属于基督教文明圈，有这个前提比较容易认同。尽管在欧洲范围内有爱尔兰问题等，但基本不是文化的问题和恐怖主义的问题。亚洲有比欧洲更复杂的问题，起码亚洲不仅仅是一种文化，有中国、日本、印度、东南亚的文化，其复杂性要比欧洲大得多。但亚洲人并没有忙着搞统一、一体化，而且也不以恐怖主义的方式来解决问题，原因何在？亚洲文化的特点，历来是愿意找一些共同性，不管共同性大也好，小也好。比如现在中国和日本即使有一些矛盾，但还在找一些文化上的共同性；中国和东南亚也在找一些文化上的共同性，现在中国还要和东南亚建立自由贸易区。总而言之，文化上的差异并没有导致亚洲人选择恐怖主义的方式来解决相互间的矛盾，那么，什么人要选择用恐怖主义的方式来解决价值的问题、文化的问题、普遍主义和特殊主义的问题呢？您刚才提到伊斯兰教原教旨主义，在伊斯兰内部有不同教派，有相互之间冲突的情况，这是不是与恐怖主义之间有直接的关系，要看具体情况。如果美国的文化和中东的文化不发生碰撞，没有强势文化和弱势文化之间的区别，而都把彼此当作可以认同的文化，能产生恐怖主义吗？恐怖主义的产生不是因为存在着文化的差别，而是因为存在着强势文化与弱势文化之间的不能共存性。如果大家觉得即便有矛盾、有差别，但是还可以待在一起，那也用不着采取恐怖主义的方式。所以我想，文化本身有普遍主义和特殊主义，真正构成恐怖主义的是极端的普遍主义和极端的特殊主义。你非得认为我们的就是普遍的，不追求我们普遍的东西都是劣等的，是不允许存在的，那你就可能成为恐怖主义的目标。我们谈文化的时候，就会涉及绝对的文化上的普遍主义、绝对的文化上的特殊主义，请谈谈您的见解。

本-拉斐尔：有两种不同形式的革命，一种是社会主义的，另一种是无政府主义的。马克思主义认为社会上被压迫的人应该组织起来形成自己的政治力量，作为一个阶级来革命。但无政府主义却这里扔一个炸弹，那里扔一个炸弹，实际上他们不是代表大多数被压迫的穷人的利益，而是很少一部分人的利益，所以战略不同，他们采取恐怖主义的做法，采取暴力。不平等的状态不是产生恐怖主义的直接条件，因为在战略方面不同。如果代表大多数人的利益去革命，可以与既有制度达成妥协，让更多人得到利益。与无政府主义的小群体是不可能妥协的，用正当的方式不能满足他们小群体的最大利益。美国的世贸大楼被攻击时，谈判的双方到底是谁？恐怖分子的立场是什么？他们有什么条件？实际上什么谈判都没有，根本没有谈判达到妥协的过程。我非常同意您刚才所说的，如果我们想在这个世界上很有尊严地生活下去就需要妥协，比如持普遍主义的也能容忍特殊主义，持特殊主义的同时也能够尊重理解普遍主义。双方都要尊重对方的各方面的特征，才能在地球上、在全球化的条件下有尊严地生活。但是恐怖主义不会这样。我认为恐怖主义不代表穷人，不代表被压迫阶级，本·拉登自己就是一个有钱人。他们只代表很小的一群人，这一小群人为了他们自己的利益，希望得到很多东西，采取了恐怖主义。克劳塞维茨说过，战争是另外一种形式的政治，对恐怖主义来说，和平是另外一种形式的战争。

景天魁：我们从经济讨论到文化，又从文化讨论到政治。经济角度讨论的是利益问题，这个比较容易谈；文化角度讨论的是价值的问题，不太容易谈，但也可以谈；政治角度讨论的是什么问题呢？是势力的问题，这是没有道理可谈的。我觉得目前世界还缺乏公正合理讨论国际政治的条件。当一个国家想干什么就干什么，想打谁就打谁，这还有什么可谈的？至于说到多数人的利益、少数人的利益，我的问题是，少数人的利益为什么不可以存在？为什么这个地球就允许多数人的利益优于或压倒少数人的利益？如果你允许少数人生存，承认他们的价值，在政治上给他们一定的地位，他们为什么非要和你玩命？可见，是因为没有一个起码的合理的国际秩序，才导致少数人不得不用身体绑炸弹的方法来解决问题。所以，我觉得要想从政治上讨论恐怖主义的问题，就应该确立一种基本的前提，那就是要有对话的机制，要有一种允许少数人的利益存在的格局。在这种情况下，才有可能不采取特殊的、极端的手段，而是摆在桌面上讨论以解决问题。如果从政治上来看恐怖主义的出现原因，那就是因为没有一个办法将这些人要说的话、他们的利益要求，通过正常的、合法的、公开的渠道表达出来，他们才采取一种非正常的、极端的、特殊的办法来"发言"。

本-拉斐尔："为什么多数人要压倒少数人？"这个要看具体情形。多数人有时愿意给某些少数人提供生存空间，有时不同意给少数人生存空间。我不认为所有的冲突都不能解决。一些小的冲突是可以解决的，是可以谈判的。有的冲突比较容易解决，比如您刚才说的，经济上的比较好解决；文化上的比较难，但也可以解决；政治上的比较难解决。我希望跟您达成一定的协议：我首先同意您一个观点，也希望您同意我一个观点。我接受您的观点：多数人应该足够聪明，应该知道给少数人留下足够的生存空间。希望您也能接受：恐怖主义并不完全代表少数人的利益，恐怖主义代表的是完全没有妥协余地和空间的一群人，他们要进行的是全面的战争，没有任何妥协的迹象。我的结论是：解决少数人的问题时就假设他们不是恐怖主义，与恐怖主义作斗争时要假设他们不属于少数人。

景天魁：关于恐怖主义的讨论我们已经涉及了经济、文化和政治三个方面。本-拉斐尔教授是国际社会学机构的主席，我想请您简单讲讲从社会学学科研究的角度应该怎样研究恐怖主义的问题，或者说恐怖主义给我们社会学提出哪些具体的课题或挑战？

本-拉斐尔：这个问题很难回答。但是，因为社会学家研究与社会有关的方方面面，而恐怖主义又是一个社会问题，所以社会学家必须要面对这一问题。我们本来以为,新的世纪来到了,大家可以喘口气了,可以轻松一下了,可是没有想到没有玫瑰花园在等着我们。"9·11"事件好像意味着一个新时代的开始。新的时代是一个冲突的时代,也是一个责任的时代。作为社会学家,不仅仅要去发现问题、定义问题、分析问题,不能纯粹地用纯科学的眼光观察世界,还要有道义感,要有道德的责任。恐怖主义的出现对社会学家是一个新的挑战。我不准备引用太多的观点,我只想引用一位您熟悉、学习过,我也学习过的卡尔·马克思的话:哲学的目的不仅仅要解释世界,还要改造世界。

景天魁:我们明年将要召开社会学大会①,在大会上恐怖主义的问题一定会被讨论。从社会学的学术研究来说,社会学这个学科产生的背景是帝国主义向世界的扩张,现在我们面临的世界的特征、发展趋势、矛盾冲突的特点和解决方式可能已经与经典社会学家面对的大不一样。在19世纪形成的社会学的一些基本的理论、视角及其社会学的方法,可能在新的时代条件下受到新的挑战。希望我们共同努力,为社会学的时代发展奉献我们的思想智慧。

现场翻译:王甘

---

① 原预计2003年7月在北京召开第36届世界社会学大会,因流行SARS而延期至2004年。

东亚的"中产阶层"问题

时　间：2006年9月27日
地　点：釜山大学社会学系
对谈者：陆学艺（1933年8月—2013年5月13日）：中国社会科学院社会学所研究员、中国社会科学院荣誉学部委员，曾任社会学所所长、中国社会科学院学术委员会委员、中国社会学会名誉会长。研究领域：社会学理论、社会结构与社会分层、社会发展等。主要作品：《当代中国社会流动》（主编）、《当代中国社会阶层研究报告》（主编）、《社会结构的变迁》（合著）、《当代中国农村与当代中国农民》、《农业发展的黄金时代》等。

金成国（Seung Kuk Kim）：釜山大学社会学系荣誉教授，韩国社会学会前会长。研究领域：社会学理论、社会不平等、无政府主义思想。主要作品：《混合社会及其朋友：无政府主义者的自由主义文明转换论》、*A Quest for East Asian Sociologies*、《现在，此处的无政府主义者》、《韩国的无政府主义者》、《无政府主义·环境·共同体》等。

金成国：现在我们已经进入全球化时代，发达国家和不发达国家之间的差距、穷人和富人之间的差距、年轻人和老年人之间的差距越来越大。从经济角度来看，这是一种不平等；从社会文化角度来讲，这是一种歧视。韩国进入全球化时代之后出现了两极化问题，作为韩国经济重要指标的中产阶层趋于消失。现在有一部分人提出这是全球化进程带来的一种弊端，全球化导致了社会的两极化。很多人在批评这个事情，认为社会上已经失衡了，不公平，所以阶层之间有矛盾。不知道中国有没有类似的情况？

陆学艺：近20年来，随着实行改革开放，中国参与全球化的活动越来越多，单从经济上来说，中国发展得很快，近年来GDP指标保持在每年9.2%左右。28年来可以说经济翻了三番。这说明我们参加了全球化竞争，引进了外资，改善了投资环境，也出口了大量的产品。这方面应该说中国在全球化进程是得益的，我们也做了贡献。但就国内来说，虽然20多年来经济发展了，但我们的社会政策不到位，出现了城乡差距、地区差距、贫富差距扩大的现象。这种事情政府在2000年就发现了，2002年召开十六大的时候已经正式提出要遏制这种扩大，保证社会的公平。但是由于经济政策和社会政策还不到位，所以这几年还是扩大的趋势。国内一些学者认为这是一种两极化的现象，但我认为我们现在说的两极化与金先生刚才讲的两极分化不是一个概念。金先生讲的两极分化，是指工业化过程中"中产阶层的崩溃（消失）"，在我的国内研究中，我觉得中国国内的中产阶层仍然在发展中，我们叫"社会中间阶层"。

按我们课题组的研究，自1999年以来，这些年中国"社会中间阶层"发展得很快，以平均每年1个百分点的速度在增长。所以我们估计，在一些发达地区，如上海、北京、浙江可能已经超过30%。这个增长对我们社会经济的发展，经济与社会的进步都是有促进作用的。

金成国：韩国四五十年前进入工业化进程的阶段，中国可以把它作为借鉴的经验。韩国在20世纪60年代进入工业化进程的时候，关于阶层有一个目标，有些像中国正在建设的"小康社会"，我们想达到"国民全体中产阶层的实现"。当时朴正熙政府的目标是进入80年代后可以实现"自我开拓的时代"，每一个家庭都有一部轿车。当时这个目标的实现非常成功。80年代中期，有少则40%、多则70%—80%的人被定位为"中产阶层"，但是在这样的过程中出现了不少的问题。正如中国当代一样，出现了城乡差距，尤其是在城市劳动的工人与城里的白领阶层相比，他们有一种相对的剥夺感，成为一个比较大的社会问题。所以到我们实现民主化进程的时候，想尽办法通过制度化来解决社会上的各种矛盾。

1990年，韩国开始重视实现民主化进程，以摆脱朴正熙式的独裁政府制度。1998年韩国面临严重的亚洲金融危机，之后经济一直低迷不振，以致不能恢复内需，中产阶层崩溃作为经济增长的一个主题慢慢地出现。很多中产阶层崩溃的最大原因是韩国遭到金融危机之后很多人失去了他们的工作岗位，也找不到好的工作。有些人的事业一直遭遇失败，出现了新的贫困阶层。韩国社会经济的不景气也导致了很多年轻人找不到工作，因此成为失业阶层。但是相比之下，现代、三星等大型企业的职工的生活反而比以前更好，因为就职于最大的垄断企业，同时中小企业、制造业的职工的劳动所得乃至工作岗位都得不到保证，所以出现这种崩溃时，也出现了阶层之间的矛盾。现在中国从解决文盲问题走向了解决小康社会的问题，而韩国面临的问题是没能保护中产阶层，没能发展中产阶层，反而出现了退化的现象。

陆学艺：我觉得金先生讲"崩溃"可能为时过早了一点，更不能说"消失"。遭遇1998年亚洲金融危机最严重的那几个国家，从国内的资料来看，韩国的结果还是最好的。印度尼西亚、菲律宾、泰国三国都从金融危机发展到现在的政治危机。金融危机后韩国中产阶层拿出钱来支持政府，可见当时韩国中产阶层仍然有力量。现在讲韩国的中产阶层"崩溃"或者"消失"这个词还是不太合适，现在美国、日本都有这种现象，而且仅仅是缩小，比起我们来还是比较大。不知金先生是否同意我的观点？

金成国：有些人可能把中产阶层的规模定位在人数方面，但还有一部分人可能认为我现在不是，以后我可能成为中产阶层，已具备"我属于中产阶层"这样的心理状态，他能把这样的心态用于社会发展。现在韩国社会面临的问题是，目前的中产阶层到底以什么样的心态在社会中扮演一定的角色？由一个特定的阶层来主导社会的话，从民主的角度是不公平的，需要各种阶层来扮演一定的角色。但是韩国目前工人和农民的声音越来越大，主要是这些人的需要得到改善。有很多人指出，现在的工人太富裕了，他们填饱了肚子出来闹事。但是现在除了一些大企业，很多工人的劳动条件、所得都是不稳定的，存在比较落后的情况。而农民由于全球化要求他们开放农业市场，所以也有一种危机感。本来需要中产阶层来整合这些声音，但是中产阶层的声音越来越淡化，主要是农民、工人的声音越来越大。所以这不是量的方面的问题，现在从质的方面来看的话，能够展现中产阶层势力的声音越来越弱。

我同意您刚才提出的中产阶层的"消失""崩溃"是比较夸张的批评，这算是一个政治领域的措辞。中产阶层在量的方面可能减少了一点，其依据主要是韩国的失业有所增加，然而这可能是产业转换、调整时期会出现的正常现象。现在还有很多人说出现了另一个贫困阶层，实际上是以前中产阶层的工资提高得特别快，经常高于低收入阶层的人，他们的工资水平已经达到了顶点，现在是低阶层的工资在提高，中产阶层认为自己的增长幅度不如低收入的人，也赶不上他们的生活水平，在情绪上觉得自己有点贫困，不如从前。从这样的角度来看的话，您刚才讲的是对的，阶层的"崩溃"是比较夸张的。

陆学艺：刚才说的问题也是发达国家、发展中国家的新问题，值得研究。现在我们中国还没有遇到这样的问题，你们的问题对我们将来的发展是有参考意义的。中国现在的整个经济，特别是中产阶层还是在继续发展，从几个数字来说：我们现在大学扩招以后，每年要招收500万新生，这是将来中产阶层扩大的基础；每年有50万—80万户的中小企业、私营企业家、工商企业家在增加，这些也是中产阶层扩大的基础。所以，这几年中国的中等阶层或者说中产阶层的发展，可以说每年增加一个百分点，现在还要幅度更大一些。政府决策部门也把这个作为政策的目标，提出要调控、扩大中等收入的比重。不管从实际层面还是政策层面，我觉得中国都学了发达工业国家，包括韩国的经验。

金成国：20世纪60—80年代，谁成为韩国的中产阶层呢？从农村流入城市的产业劳动者成为中产阶层，从农村到城市读书的农民工的孩子成为中产阶层，不知道类似的情况会不会发生在中国？中国可能会面临的问题是农民工问题。中国农民工出现于工业化过程之中，10年或者20年后中国形成大规模的中产阶层的时候，农民工是不是能成为中产阶层是一个值得关注的问题。

陆学艺：这在中国属于学术界正在讨论的问题，要想城市化、工业化建设健康地发展，我们必须把农民工的问题处理好。到现在农民工已经出现20年了，但他们并没有真正富起来，并没有变成中产阶层，甚至40多岁了、老了，病了、残废了，又回到了农村，还比较贫困，或者收入高了以后反倒受到了歧视。所以要改革现在农民工这一套制度，像产业工人一样培养，刚才我提到大学生，私营企业要学习韩国、日本，使他们富起来。总体来说，我想我们可以形成一个课题，中韩可以合作研究，韩国中产阶层到底是怎么形成的，40岁、50岁的一代人哪些变成了中产阶层，这对我们研究社会学是很有帮助的。

金成国：刚才您提到了一个非常重要的问题，到底谁进入了城市，然后扮演了中产阶层的角色。中国跟韩国的情况好像有所不同。在中国，农民工进入城镇一阵子之后又回到农村，但是韩国没有这样的情况。自从20世纪60年代韩国进入工业化进程之后，大多是年轻人从农村来到城市工作，几乎没有老年人。在农村，比较有钱的人家把他们的子女送到城市学习，我们把这些比较富裕的人叫"中农"，这些子女毕业后主要从事一些办公事务；比较穷困的农民家庭的孩子到韩国的大企业工作，主要是担任比较高端的工程师。随着时间的推移，他们的工资提高之后，就成为韩国的中产阶层。在中国，农民工已经有了20多年的历史，年纪大的人的生活相对来说还是比较贫穷的，很难把他们发展成为中产阶层。但是，中国的经济成长速度比较快，所以，农民工如果在比较好的大企业作为比较高级的劳动者，他们也有成为中产阶层的可能。而且，刚才您在上午讲演时也提到过，中国的农民工在城市赚钱很辛苦，花钱很谨慎，如果他们把资金投到孩子的教育方面，让孩子得到比较好的教育，那么10到15年后这些孩子也有可能成为中产阶层。另外，中国的耕地面积比韩国要大，韩国耕地面积比较少，耕地得不到更大的利益，中国目前正在进行科学化的发展，所以，农村可以实现一些科学化的经营管理，通过农村自身的发展，在农村也可以形成农村的中产阶层。

陆学艺：这个话题我们告一段落，下面我想请教一个问题。二战以后，在亚洲，日本、韩国、新加坡以及其他国家和地区实现了工业化，经济高速增长，收入差距缩小，这是保障战后成功的关键。这个经验值得我们学习。我们在这28年也属于高速增长，但收入差距不仅没有缩小，反而扩大了。城乡差别、地区差别、贫富差别都扩大了，这是我们面临的重要问题。韩国在高速增长时期是怎样缩小这些差别的？

金成国：如您所说，资本主义的产业化进程初期阶段肯定会出现收入差距和社会不平等现象，因为，进入工业化之前可以说是贫困的平均化，每一个人都很穷，没人会觉得有贫富悬殊，但是进入工业化、创造了财富之后，有能力的人拿到的多，没有能力的人拿到的就少，所以会出现收入不均现象，这是在自由民主主义体制中肯定会发生的问题，是避免不了的。在经济发展中出现不平衡现象，农民或劳动者就会发出不满的声音，会通过示威等方式要求他们所应得到的权利，会花相当长的时间进行集体斗争。之后，国家要实行一个收入平均化的政策，韩国虽然解决了一些问题，但是在斗争的过程中出现了很多严重的问题。中国政府目前应采取的行动是未雨绸缪，预测未来会发生的事情，提前实行有关政策。这样，即使出现社会矛盾，也可以在最短时间内最有效地控制社会上的纠纷或者是混乱。必须要有制度上的缓解政策。否则劳资双方或城乡之间的差距越来越大，肯定会导致政治上的混乱。一个明智的决策者必须要提前准备，提前预见往后会发生的问题。具体来说，今后中国政府须采取的措施首先是要保障最低的劳动报酬；其次是合法地组织劳动工会，工会要合法地表现他们的不满，这样可以形成社会与劳动者之间的沟通，消除他们的不满；再次是保障他们的医疗保险和养老保险制度。韩国在经济发展过程当中，及时制定了这样的有关政策，消除了劳动者的不满，减少了社会矛盾。中国政府如果想发展中产阶层的话，必须首先想到这些部分，给他们开拓一些倾诉不满之声的途径，让他们抱有"如果好好工作的话，可以达到中产阶层"这样一种希望。韩国最失败的是没能保证住房问题，房地产问题是韩国社会的一个大问题，希望中国在这方面不要重蹈韩国之辙。

陆学艺：我最后提一个问题，从很多材料来看，未来30年到50年，应该是亚洲崛起的时候。而亚洲的崛起要靠东北亚这一地区，即中国、日本、韩国。现在经济的联系，我们三国已经不少了，总的趋势是好的。但是我们在政治上缺乏大的智慧，所以使得我们三国在经济上不能更好地合作，互补、共赢得不够，这很遗憾，当然这不是我们讨论的问题。但是，我们学术界，特别是我们社会学界应该在这方面做一些工作。现在的问题是，我们在这方面的研究、合作、交流太少了。两年前我到日本去，跟罗红光的导师青木保讨论过这个问题。

现在日本也好、韩国也好、中国也好，都往欧美那边去，舍近求远，跟他们来往很多，但是我们三国来往太少了。所以我这次特地来跟你们交流。我觉得在亚洲崛起的时候，我们社会学家应该在促进社会政策方面起一些作用，在这方面进行经验性的、学术性的研究，从更宏观的角度看世界。所以我们要创造机会，你们到北京去也好，我们再来也好，一定要制定一个计划。我们会在北京那边提出一些计划，找出共同研究的问题。这是一个宏观问题，也是亚洲的问题，应该把亚洲社会学搞起来，老是抄人家的，那怎么行！

现场翻译：崔女士

从新马克思主义视角看阶级理论

时　间：2007年7月12日
地　点：中国社会科学院社会学研究所广言厅
对谈者：李培林：中国社会科学院社会学所研究员、社会学教授，全国人大常委会委员、中国社会科学院学部委员，曾任中国社会科学院副院长、社会学所所长。研究领域：社会发展、企业组织、社会结构变迁等。主要作品：《社会转型与中国经验》、《当代中国城市化及其影响》（合著）、《金砖国家社会分层变迁与比较》（合编）、《当代中国民生》（合著）、《李培林自选集》、《和谐社会十讲》、《另一只看不见的手：社会结构转型》、《社会冲突与阶级意识：当代中国社会矛盾问题研究》（合著）、《村落的终结：羊城村的故事》、《重新崛起的日本》、《中国小康社会》（合著）、《20世纪的中国：学术与社会（社会学卷）》（合著）、《就业与制度变迁：两个特殊群体的求职过程》（合著）、《国有企业社会成本分析》（合著）、《中国社会结构转型：经济体制改革的社会学分析》、《新社会结构的生长点：乡镇企业社会交换论》（合著）、《转型中的中国企业：国有企业组织创新论》（合著）等。

赖特（Erik Olin Wright, 1947—2019）：加州大学伯克利分校社会学博士，威斯康星大学社会学系教授。2012年曾担任美国社会学学会主席。主要研究领域：社会阶层、阶级分类、比较发达资本主义社会和后资本主义社会的阶级结构等。他拓展了"阶级"的概念，引入定量研究的方法，被誉为"极富影响力的新左派理论家"。主要著作：*The Politics of Punishment: A Critical Analysis of Prisons in America*（《惩罚的政治：对美国监狱的批判性分析》）；*Class, Crisis and the State*（《阶级、危机与国家》）；*Class Structure and Income Determination*（《阶级结构和收入稳定》）；*Classes*（《分层》）；*The Debate on Classes*（《关于阶级的辩论》）；*Reconstructing Marxism; Interrogating Inequality*（《重建马克思主义、质疑不平等》）；*Class Counts: Comparative Studies in Class Analysis*（《后工业社会中的阶级：阶级分析的比较研究》）；*Envisioning Real Utopias*（《设想真正的乌托邦》）；其作品被译为西班牙文、葡萄牙文、日文、韩文、中文等多种文字。

李培林：您被称为新马克思主义社会学家，我们或许可以从马克思主义或者西方马克思主义的话题开始。在中国，我们通常把马克思之后西方国家的马克思主义称为"西方马克思主义"，以有别于马克思主义。

赖特：让我谈一谈我认为作为智识与理论观念的马克思主义的问题。首先，我想谈谈马克思主义这一名称。一种观念以某人的名字来命名存在一些问题，因为当你用某人的名字命名观念时，这个人看起来对于这些观念具有某种特殊的权威，马克思主义即马克思的"主义"。但它应该是随时间而发展的观念，我举一个例子阐明这个问题，你们或许知道，在美国对生物进化论有争议，在美国有人不信进化论，他们相信基督教的《圣经》，称其为创世论，一种神创造了万物的观念，而将生物进化论称为达尔文主义，以表明这不是一种科学的理论，而是某个人即达尔文的观点，他的所有后继者——生物进化论者们,都是达尔文的追随者。现在看来这当然很荒谬,达尔文开创了一个理论体系,它已经发展出很好的新方向,大多数生物进化论者并不读达尔文的书,如果你今天在北京大学学习生物进化论,可能出于好奇会去阅读达尔文的原著,但它们并不是你用来学习进化论的教科书。马克思主义也存在这个问题,这位特殊的历史人物——马克思,尽管他十分卓越,但不应被视作权威而仅是一个起点,一旦他被视作权威,马克思主义则变成"马克思学",即研究马克思而不是研究这个世界。我倾向于用一个更加宽泛的词——"马克思传统",而不是"马克思主义",以认定长期以来传统争论与观念的方式虽始于马克思的著作,但只是理论和科学发展的起点。在某种意义上——除非出于好奇心,人们仍然阅读马克思,这是失败的标志而不是成功的标志。当然,阅读19世纪伟大思想家的著作很好,因为它们很有意思。但把马克思当作现代思想的源泉来读是一个错误。我认为我的研究是关于马克思的,因为我觉得自己是这种智识传统的一部分,但当我把这些观点传授给学生时,我们几乎不读马克思本人的著作。这并非不尊重他,而是因为我认为围绕任何一个主题,通常都有比马克思150年前写就的著作更有意思的读物。这是我对于这个问题的首要看法,它是一个理论争论的领域,其中的某些概念与问题定义了这支传统,但并不存在教条,没有我能够称之为真正的马克思主义以及真正的教条。它们只是一系列争议与辩论的场域,例如围绕阶级、支配、不平等这些问题,而我认为最重要的是围绕社会转型问题,即我们生活的世界上的社会形式的转变。

李培林:您是中国社会学界非常熟悉的美国著名社会学家,特别是在马克思主义传统方面。西方马克思主义从卢卡奇开始到现在已经历了很长的时间,我们把对主体性、对人的关注称作西方马克思主义传统。应当说整个西方马克思主义在现代西方学术话语里并不是一种主流话语,但我们也注意到,近年来马克思主义作为一种学术上的思潮在美国重新复兴。在西方马克思主义的整个发展历史上,您如何定位自己?与此前的"西马"代表人物之间有何不同?是继承了这个传统还是有新的定位,或者说可以作为一个新的阶段?

赖特:20世纪70年代早期我在美国读研究生,60年代我是本科生。当时政治激进主义和社会抗争十分激烈,尤其围绕反战运动,因为正值越南战争期间,还有民权运动。我在这种背景下智识得以形塑。我大概从10岁开始就知道我想成为一名教授,但作为严肃看待各种观念以及社会运动、社会抗争的年轻知识分子,我在寻求契合自身政治关怀的理论。马克思传统是可采纳的最丰富思想,它是一股主要的思潮,当时任何有进步政治行为的年轻知识分子都被吸引到马克思传统里并将它作为思想的源泉。在这种背景下,我认为在如何关联观念方面,人们有两种方式处理:一种是将它视作观念的源泉、辩论与发展的起点,但并不是神圣的、确定的、永恒的,而是一个领域、一个发展的起点;另一种是将它视作终点。我的很多同事在20世纪70年代被马克思主义所吸引,认为它是一个完备的范式,充满统一和确定的教条,唯一需要发展的只是细部的研究而不是根本的观念。我在很大程度上属于第一种,将它视为观念的源泉。如果让我定位自己对于西方马克思主义以及这支传统的贡献,我认为是强化了将马克思主义视作一种传统,它是科学的,也是社会科学的研究框架,但不是一种意识形态。社会科学的研究框架需要持续的怀疑主义,质疑自身的工作而不是肯定它。例如,我在写作有关马克思的理论时,总是试图向读者说明我尚未理解之处,并试图澄清这些断裂的地方以及论据的有限性。我经常在写作中留下一个问题环节,列明我理论研究中不充分的方面,也是向读者说明我或许是错的,而不是像很多人那样假装自己无所不知。我希望自己对马克思传统的贡献是强化了这种严谨性,把它当作一项科学事业,这便意味着怀疑主义。科学并不指确定性,而是意味着持续不断的怀疑主义。

李培林：在我们看来您是一个比较特殊的学者，因为一些学者认为，美国是一个"阶级例外"的国家，美国人不像欧洲那样谈阶级，因为它由来自各国的移民构成，很早就把平等作为社会理念，而您一直强调阶级分析。在我们看来，您在美国这样一个国家里谈阶级是很孤独的。您在中国或其他地方产生影响，不是因为马克思理论本身而是您的方法，您是少有的把定量方法引入马克思主义分析的学者。在马克思主义学者中，您是把定量研究发挥到极致的一位。您很重视您的理论，但您的理论产生影响似乎是由于您的方法而不是理论本身。此外，马克思主义强调经济基础决定上层建筑，因此在西方很多人把马克思主义称作"经济决定论"，西方马克思主义实际更多关注人、人本、人道主义和主体性，在这个传统里，您引入了一些新的因素，例如权力的控制、技术等，而对人本和主体性方面似乎并没有特别关注。所以想请您谈谈对这个问题的解释。

赖特：我试图以一种简单的方式捕捉自己研究工作背后的基本推动力，让我用一个类比解释。在医药领域，可以定义两种不同的医药研究。例如，肿瘤学家研究癌症，这是根据研究对象定义，可以研究癌症的各种不同成因，考察诸如基因因素、环境因素、社会因素、行为因素、细菌因素等，因此，肿瘤学是围绕其研究对象——癌症的学科，但可以研究任何成因；将它与研究病毒的病毒学家进行比较，病毒学家研究某个具体的成因过程，主要围绕某种特定的疾病、机制，可以研究病毒及其对癌症的影响、病毒及其对艾滋病的影响、病毒及其对普通感冒的影响等，病毒学可以研究许多不同的疾病，但总是研究相似的过程，即病毒如何作用于细胞。我认为马克思主义传统上类似于病毒学，因为马克思主义传统上关注某种与社会阶级及其经济基础相关的特定成因过程，在研究所有问题时将阶级作为因果关系的原点。有时我将马克思主义视为一个独立变量，因为在定义某种特定成因时，我的研究不止于马克思主义，如果将马克思主义作为分析的传统聚焦于特定的成因,将自身的分析局限于那些机制,事实上很愚蠢。如果你试图理解特定的问题如当下中国的社会变迁,倘若只研究阶级及其对社会变迁的影响而忽略其他,这在科学上很愚蠢,如同研究癌症的人只在乎病毒,病毒显然对癌症有影响,某些癌症很大程度上由病毒引起,但有一些不是。同样,肿瘤学家总会考虑病毒的作用但并不局限于此,这是我的类比。

将马克思主义作为一种理论传统,在分析阶级及其影响等社会问题方面是最为发达且强有力的,它也是这支传统的核心,但马克思主义作为一种传统,需要与其他社会科学传统结合。要充分理解到,我们在观察世界时,会局限在一些可能性之中,因为马克思主义关注特定的机制和成因。我认为这是马克思主义的优势而不是劣势,在确定特定成因时是优势,但将分析局限于这些成因时则变成劣势。所以我在研究和教学中强调宗教、国家、认同、主体性等文化因素的重要性,它们本身不在阶级分析的范畴内,但应与阶级分析结合,以便理解特定的问题。

李培林:除这种历史的定位外,能否换一种比较的办法,将您和新韦伯传统进行比较。在中国,学者们在理论综述中习惯于将您和新韦伯传统的英国著名社会学家约翰·戈德索普作比较。人们发现,实际上在阶级分析的操作意义上,近年来你们的叙述越来越像,虽然有方法的差异,但阶级分析的理论框架差异实际越来越小。但你们理论的出发点不同,因而获得的调查结果完全不一样。如果操作方法完全趋同,分析的结果究竟由什么决定,是由方法决定,还是由理论出发点决定?或者现实有不同的解释,可以得出不同结果,那么现实的真实性到底何在?

赖特:让我首先评价我和戈德索普的研究,然后据此探讨理论与方法对于研究结果这个更具普遍性的问题。

关于我和戈德索普的研究,可以说在实践中我们俩的研究框架并没有巨大差异，在一系列的不同阶级分析中，我们甚至在许多方面十分接近。我认为最重要的差异是在将自身的观察所得与相关概念联系起来时，我们有不同的态度和方法：我试图直接衡量所用概念的核心维度，因此当我把权威作为阶级关系的一个维度时，我会问自己，如何才能在研究中衡量权威关系，怎样的数据才是对这个概念的直接衡量；但戈德索普问的是有哪些已有的数据与其概念相联，他从不走出去亲自衡量。例如，他提出服务关系的概念，这是他对于阶级的辩论核心，服务关系是一种特殊的雇佣关系，它通过长期合同、工作合同等联系雇主与雇员。如果是我研究服务关系，我会走出去研究，寻找在工作场地需要询问的问题，以便了解某人是否置身于服务关系之中。戈德索普不会这样做，他会考察相关的就业数据，并将所收集的职业归入他的阶级范畴，但不会衡量服务关系。例如，我对采用戈德索普的研究框架并为他辩护的一些人说，如果你们研究20世纪70年代日本的汽车工人——那是日本体系最强盛的时候，你们将不得不将汽车工人归入服务阶级，但他们是最普遍的手工劳动者。在戈德索普的研究框架中，服务阶级有终生的雇佣关系、富有前景的职业、工作合同等特征。如果直接衡量服务关系，汽车工人应属于20世纪70年代日本服务阶级的一部分。但戈德索普并没有将汽车工人归入服务阶级，而是划分为熟练的手工劳动者，他之所以这样做是因为没有衡量服务关系，我认为他没有认真思考他自己的观点。在我看来，戈德索普的传统中有非常有意思的概念以及很好的经验研究，但二者之间缺乏联系。他没有直接衡量这些概念及其内容，主要的原因是类似的社会学实地研究耗资昂贵，使用公开的现成数据相对容易，在比较服务关系时，只衡量就业要比使用关于社会关系的特性的全部细节更加容易。因此，出于实际原因而不是理论原因，戈德索普使用的是就业数据。但他的理论不是关于就业而是关于关系，正如我的理论。因此，我们俩的差异是：我试图尽力衡量与我理论相关的事物，而戈德索普的传统基本上忽略这个问题。这是我对于我们俩研究的评价。

我被问到的更具普遍性的问题是理论与方法对于研究的相对重要性。对我而言，从事研究工作的关键是收集数据并以此表明哪里有错。研究的目的不是确证已知而是发现未知，对理论提出挑战并由此不断改进。研究的目的是发现异常，通过找出异常以及重建理论解决异常，因此需要良好的理论起点，因为没有良好的理论起点就无法在其上进行重构，必须有一个理论研究框架允许你出错。但关键是方法必须能够纠正理论，显示理论的缺陷在何处。如果方法与理论毫无关联，方法便无法修正理论。我认为对于重建理论的任务而言，理论与方法的关系很重要，任何科学研究、科学实践的目的是习得新事物而不是确证已知事物。

李培林：这个话题可以进一步深谈。例如，关于中产阶级的问题，您和戈德索普都是根据经验资料和调查数据进行分析，但结果差异很大。在戈德索普的分析结果里，中产阶级在西方发达国家社会中所占比例很大，而根据您的分析结果，实际上比例很小。一开始大家倾向于相信戈德索普的结果。因为二战后现实发生很深刻的变化，变化之一是服务业在产业结构中的比例增大，越发达的国家服务业的比重越高，有的甚至高达60%、70%以上。在这种背景下，白领替代了蓝领，脑力劳动者替代了体力劳动者，出现了戈德索普称作服务阶级的新中产阶级。但最近十几年来，大家的思考发生了一些变化，我们注意到，由于全球化的影响，发达国家的中产阶级在重新发生分化，分化的结果是少数人上升到了高层，大多数中产阶级跌到了下层，所以大家现在重新考虑您的结果的真实性，我也想请您谈一谈有关中产阶级的变化。从研究方法来讲，当理论假设与统计分析结果发生矛盾的时候，到底是应该修改假设相信结果，还是应该坚信假设——因为理论假设是根据更多的研究制定——而认为结果有问题，例如问卷设计不合理、抽样有问题、计算有问题等。

赖特：我首先从您评论的后半部分开始，再回到更具普遍性的在西方近50年来的发展中以及或许在中国的发展中有关中产阶级的问题。

关于方法论的问题，无论何时，当发现研究的考察结果与理论冲突时，我认为最先应进行检查以确信这些结果。有很多原因造成结果与预期不符，其中一个是出现失误，如衡量不如预期。因此首先要做的是确认这些偏差的确与理论冲突，这是常规的科学方法。我的一个兄弟是微生物学家，如果他有关于特定过程的某个假设，但其研究结果与此不符，他首先会检查研究方法的技术层面，例如是否受到污染、化学物质是否以恰当方式产生、计量是否配合得当。一旦确认了结果的确与理论不符，有意思的挑战随之而来，这是我们希望出现的。我想强调这一点，我总是对学生说，当研究结果挑战你的理论时，你不应泄气而应高兴，因为改进理论的唯一途径来自结果的挑战。如果结果总是与你的理论相符，你学不到任何新东西。我们知道自己不是无所不知，在很大程度上我甚至不完全相信自己的理论，也知道我的很多辩论其实有问题，我怎么可能总是对的呢？我应该会出错，但希望找出错在哪里以便改进理论。当然，在现实世界中对教授或学生而言，结果总与理论相悖会令人有些泄气。当确实得到与理论相悖的结果时，应思考现实中哪些原因可能解释这些偏离。其中一个可能是理论没有问题，但漏掉了某个因素，加入这个因素改进理论结果就会相符。例如，在定量研究中，因为一个非常普通的互动环节缺失，必须增加额外的环节，增加不是为确证你的理论，而是因为存在隐蔽的互动，当你能增加了互动环节以后事情就会明了。有时，这意味着你并没有真正想透，数据分析的背景是有影响的。

我举一个自己研究中的例子：我与戈德索普的一次特殊辩论。戈德索普争论道，已婚妇女的阶级地位分化来自其丈夫的阶级。他在20世纪80年代初就此主题写了一篇非常著名但充满争议的文章，他在其中说道，妇女从她们的丈夫而不是自身的工作中获取阶级地位。这使很多人尤其是女权主义者非常恼怒。所以我决定对此问题进行经验研究，我的问题是一个人的阶级地位解释的应当是什么。如果女性的阶级地位由其丈夫决定，那么要定位她，比起她自己的阶级地位，她丈夫的阶级地位应该能够更好地指明。所以阶级地位有助于解释的事情是某人的阶级意识、阶级认同、在阶级结构中如何看待自身。因此，我做了个小实验，比较妇女的阶级或其丈夫的阶级对其意识、认同的预测会是怎样——我将其进一步复杂化，在男性中做了同样的研究，我认为如果这是女性的问题，那么对男性同样如此。我将每一个人都置于两种不同的阶级地位中：每个人有自身的阶级，还有他们通过与其他人的关系而获得的阶级地位，我称之为中间阶级。这个实验让我有了新的发现，并且推动了理论发展。我的发现是，对于美国的情况而言，戈德索普是对的，但对于瑞典的情况，他是错的。美国女性的阶级地位和认同能更好地由其丈夫而不是她自己的阶级预测，但瑞典女性能够更好地被她自己而不是其丈夫的阶级预测。我在丈夫与妻子分属不同阶级的个案中考察，例如，妻子的阶级属于我们所称的"中产阶级"，如学校教师，而丈夫是卡车司机。在瑞典很多个案中，女性从事职业或技术工作，其丈夫从事蓝领工作。戈德索普的预测在美国成立而在瑞典不行，这本质上表明存在互动的环节，瑞典作为一个特定的国家，这是一种背景，在某些背景下戈德索普的理论成立，而在某些背景下他的预测是失败的，随之而来的结论是宏观过程的作用取决于所处的背景，所以，宏观背景会干扰产出结果的微观过程。我认为这会推动理论发展，厘清如何思考宏观过程。这是我认为的人们思考理论与方法关系的方式：寻找缺失的过程，尝试不同方法并将其引入分析，解释某种假设要比其他假设都奏效的条件。

李培林：让我们换一个话题。阶级是划分人的一种方式，我们之所以对这种方式感兴趣或认为它有用，是假设人们有共同的经济社会地位时会产生共同的偏好或行为取向。所以我们自认为把一个社会分成不同的人群时，能够知道这些人群在行动上的差异及其以后行动的方向。但现在很多研究表明相反的方向，新社会运动如环保运动、消费者运动、女权主义运动等，它们不同于阶级行动，这些共同的集体行动不是来自共同的阶级利益、共同的职业等，而是来自共同的价值追求。这种价值追求不涉及阶级利益，人们来自贫穷的、富裕的不同阶层，但共同的想法使他们有共同的行动。此外，最近在中国，依据大规模调查数据得出的研究结果与很多个案研究结果有很大差异。例如，有关农民工的经济社会地位与其社会态度的关系，很多个案研究表明农民工在中国是受到排挤、歧视或不公正待遇的群体，也有很多人写了关于农民工反抗、个体抗争的著作。但最近的研究表明，将农民工与城市工人进行比较，前者工资更低、劳动时间更长、社会保障待遇更低，但在公平感、满意度、安全感、对未来的预期等主观的社会态度指标方面，他们比城市工人积极和乐观很多。随着社会发展、新社会运动的产生以及研究的深化，有了一些新的影响人们社会态度和行为取向的因素，您觉得应当怎样对这些新的因素做出解释？

赖特：我认为您刚才描述的情况与环保运动或女权主义并不相同，因此，我先讨论您提到的情况，再评论新社会运动。

在阶级分析中，当人们争论某人的阶级地位影响或决定了他的意识时——决定比影响更强，并不是指在任何特定时间点上某人的阶级地位，因为阶级具有指向它的时间性维度。所指的是在某人的一生中物质条件形塑的其可能的意识和相应的兴趣。因此，在阶级的时间性意义上，城市工人和农民工处在不同的位置上。农民工从乡村来到城市，很可能因为随着时间的推移在两地有不同的发展轨迹，无论某人是乐观还是悲观，他对于未来的理解与其经历有很大关系。我的理解是，在农民工看来，生活条件通过迁移可能会有很大提高，相对于那些没有迁移而留在乡村的人，在城里会有更多的可能性。用社会学的术语来说，他们认为自己生活的对照组不是城市工人。我刚才的描述是一种纯粹的阶级分析，没有提到文化、传统，只是谈到在一系列阶级地位与经济环境之间移动时个人的生活经验，它不是静态的，而是考虑了时间性。尽管我不确定，但农民有不同于城市工人的文化特征，很可能农民将某些产生乐观主义的文化因素带到城市。另外值得注意的是，按照标准的社会学观点，迁移到城市的农民是自我选择的，这不是一个随机的过程，不是某人随机地从农村带走农民并把他们带到城里，而是人们自己决定去留。平均而言，那些离开的人更有活力、更为乐观、更愿意冒险。因此，你在选择你的因变量，这些因变量是乐观的。城市工人生于斯长于斯，有的很乐观，有的很悲观，他们不是自我选择，但农民工是自我选择，当你试图解释他们的乐观主义时，他们中的一部分恰好是被自我选择的。在美国有一个类似的有趣谜题：参照教育、年龄、经济条件等因素，移民更加健康。在某种意义上这并不令人惊讶，因为如果人不健康就没有精力移民，所以选择的因变量是健康的。不是移民使人健康，而是健康的人才会移民；不是迁移到城市使人乐观，而是悲观的人不会去往城市。

您的另一个问题是关于新社会运动。刚才谈的是如何看待从乡村来到城里的农民工更加乐观和满足这一现象，这可以只用阶级的术语分析，因为自我选择和阶级的时间性维度已足以解释，无需再引入其他因素。但新社会运动如消费运动、环保运动，或归根结底的民主运动——为了政治变革的运动，对于所有这些运动而言，我认为阶级分析并不是足够的。这些运动固然都有其与阶级相关的特定方面，但不能因为这些因素把自己局限在阶级分析里。这是否对阶级理论提出挑战呢？我并不这样认为。它只是对那些为了使阶级很重要而使其具有唯一重要性的研究者提出挑战，我觉得这些研究者处在一种荒唐的境地而不是敏锐的位置。处在敏锐位置上的研究者总会提出问题：阶级如何起作用，并且如何与其他过程互动？对其中某些问题而言阶级并不重要。我的书《后工业社会中的阶级：阶级分析的比较研究》（*Class Counts: Comparative Studies in Class Analysis*）中有一个章节名为"阶级的零影响"，在劳动力和家庭分工方面，我最初的论点是阶级应当影响家庭中的男女分工。我有预期、有好的理由，也有辩论，但我掌握的数据证明阶级的影响基本为零，家庭的阶级特征并不影响劳动分工，工薪阶层的男性与中产阶级的男性干的家务活一样多，虽然都不多。因此，我主张性别结构在起作用，围绕性别形塑的特定文化形式在家庭劳动分工的形成中比阶级的力量更强大。

李培林：人类社会存在不同的社会运动和集体行动的形式，一种形式是革命，另一种是进化，还有一种是内卷化或称过密化。不同的运动形式带来不同的阶级反应。您刚才谈到在家庭里丈夫和妻子社会态度的一致性，但根据我们自己的体验，例如中国在革命战争或"文革"时期，家庭很容易发生分裂，儿子、丈夫、妻子在政治上反目为仇。但在消费领域，丈夫和妻子一致性很强，现在划分中产阶级往往以家庭为单位，尽管女性可能收入低、不工作，但她依赖于丈夫，她的品味也与丈夫更接近。是否能将社会行动看作不只存在一种形式，在不同形式里阶级地位和社会态度的逻辑并不一样？

赖特：我认为这里问到了两类不同的问题，一类是作为社会变革逻辑的革命与进化之间的对比，另一类是针对阶级如何与这二者相联的具体问题。我首先对作为思考社会行动和社会变革方式的革命与进化的对比作一番评论，再引入与之相关的阶级问题。

我思考社会变革的方式是区分制度与社会关系转型中的两种动力。第一种是作为日常社会活动的无意识结果，为了满足我们在这个世界上的生存目的，为了生存，我们都参与了各式社会活动，我们的集体活动具有无意识的结果。例如美国20世纪50年代到60年代，劳动力市场和经济条件都发生了变化，女性开始进入劳动力领域，相比曾经的人数有了显著增长。女性进入劳动力领域并不是为了改变性别关系,而是出于想拥有更有意思的生活、为家庭赚取更多收入等个人原因。开始雇佣女性的雇主也没有打算改变性别关系,他们只是遇到劳动力供给问题,想要更多受过教育的职员。但在20世纪70年代,人们觉醒并发现家庭跟以前不一样了,性别关系也不一样了,突然间我们有了关于性别的斗争,因此,第一种社会变革是日常活动的无意识结果。而第二种社会变革是人们参与集体活动并有目的地改变社会关系。女权运动作为一种有意识的集体活动的妇女运动发展起来,其目的是改变男性和女性联系彼此的条件。有时它采取改变国家,尝试改变关于结婚、离婚、歧视等类似事件的法律的形式;此外,集体活动会导向文化机制,如广告、媒体,但不指向国家。因此,存在一种有意识、有目的的集体活动改变社会关系,同时发生了作为其副产品的转型——我们在每天的生活中所参与的日常活动的无意识结果。革命与进化这两个术语都有非常宽泛的含义。革命当然是有目的的,并不只是无意识的结果,我认为的革命是指有意识地改变事物,事实上,这个范畴比一般意义的革命更宽泛。改革也是一种有意识、有目的的转型。我更倾向于认为将有意识、有目的的转型与无意识的转型对比,而不是将进化与革命对比。革命只是有意识转型中的一种特殊类型。阶级的过程在不同时间、不同地点以不同的方式与这两者相联。大多数的阶级活动和冲突会产生革命的结果,也会产生无意识的结果。女性进入劳动力市场实际上是一种阶级过程,女性从处理家务生产中脱离出来,其家庭的生产与再生产都是家庭内部的,她们通过寻找工作进入阶级结构之中,这是一种阶级过程并与性别相互作用产生了无意识的结果。因此,阶级斗争、集体活动都可源自我所描述的个人阶级活动的无意识结果。

  在这个背景下,您提的另一个问题是关于中国"文化大革命"时期阶级矛盾出现在家庭内部,与当今工薪家庭看起来更像是团结的单元的这两者之间的不同。关于中国的这种情况我没有专门的研究,我怀疑中国家庭内部是否有阶级分化，即使在今天，尤其与移民和其他问题相联系的时候，很可能并不总是如此和睦。但显然"文化大革命"是一个非常特殊的历史时期，也是一个紧张的时期，阶级的逻辑被某些派系作为一种意识策略，以试图对整个社会进行激烈的变革。冲突的缘起并不是自发的，牵涉到动员等。我不知道具体如何发生，如某人应将多少家庭内部的事务视作家庭外部导致的。

李培林：目前用以定义阶级的客观或主观因素越来越多，例如，您使用资产、占有、在组织里的权力控制、技术水平等，更多人使用收入、受教育程度、职业等，布迪厄还使用消费品味。划分指标越来越多，如同家里有个书架，可以把人像书一样按照不同分类标准放到不同格子里，但是否真实地反映了现实分层？无论如何分类、如何研究，我们是想知道用一些客观标准把人划为一个层或一个阶级时，他们是否有共同利益以及一致的行为取向、价值偏好等。最近我们通过调查并进行分析时发现，人们社会态度的一致性与主观的阶层认同关系更为密切。我们把社会分成上、中上、中、中下、下这样五个阶层，让人们选择自己属于哪个阶层，每人根据自己的参照体系选择，并不完全由他的经济社会地位决定。在统计分析里，主观认同的阶级，比由客观指标决定的阶级更能说明人们行为和偏好的一致性。那么，究竟是分析主观认同重要，还是用客观指标将人划分成不同群体重要？

赖特：让我对您刚才所说的这些不同因素作一番评论。某些因素不是阶级定义的组成部分，但是阶级分析的一部分。例如，布迪厄提出的共同品味的概念，我认为布迪厄并不是指工薪阶层的人喜欢吃牛排而不喜欢吃鱼。在布迪厄的分析中，他的一大发现是关于法国的，这或许是法国的特殊之处，知识分子喜欢吃鱼而工人喜欢吃肉如牛排，但他并不认为——但愿如此——工薪阶层定义的一部分就是喜欢吃牛排的人，而中产阶级如知识分子定义的一部分就是喜欢吃鱼的人，他试图论证在文化层面形成区隔的社会阶级再生产体系是加强和巩固阶级分化的组成部分。因此，品味与阶级有关，品味本身并不是阶级的定义，而是阶级再生产过程中的一部分。所以重要的不是将所有事物归入分类的定义中，因为其中有一些是再生产的结果，而不是定义本身的因素。同样，对于职业的分类，职业这一名词在某些人的著作中用作对阶级的定义，但其他人如戈德索普认为职业是使阶级可操作化的方式。职业作为一种简便易行的分类去衡量阶级，但实际不是阶级定义的一部分，这意味着它是作为一种分析策略而不是定义性的。所以戈德索普对阶级的定义用的都是关于社会关系性质的词汇，如服务关系、雇佣关系等，职业成为衡量这些概念的简便方式。这是关于阶级概念的评论。

  此外，我认为非常重要的是理解社会学作为一种宽泛的思维原则，甚至在当今的社会思维中更加具有普遍性。阶级一词用于涵盖许多不同的现象，因此使用这个词有不同的理论基础。有时阶级一词被用作分类人群的方式，是分类体系的标签，分类的目的在某种程度上是将某一群人分化为不同类型。当以这种方式使用阶级时，它是一个分类体系，这个概念倾向于拓展成为包括许多不同的分类原则，如收入、教育、社会背景，所有这些都是某个人的特征。你可以在大街上随便挑选一个人，让他回答你想要的这些问题，用来分类他，分类的结果你称之为阶级。这是在微观个体层面将一个群体分成多种特征，是阶级这个词的使用方式之一，它的使用牵涉特定类型的微观层面论证。微观层面的社会学分析采用的典型方式是个人具有多种特征，这些特征解释了各种结果，因此是个体性的解释。特征能够解释的结果之一是阶级意识或政治态度、价值、行为或人们的处世方式。阶级也被用作结构的概念，不是分类人群的方式而是理解由人占据的社会位置的方式。结构分析表明我们能够在个人的特征与人所置诸的社会结构的特征之间作出区分，我称之为阶级的关系概念。在阶级的结构概念中,马克思主义传统是其中之一,韦伯是另一种定义位置特征的传统,戈德索普某种程度上是某些韦伯主义和某些马克思主义的结合。但这些都聚焦于位置自身的特征以及这些位置如何运作,而不是个人的特征,那么一个有趣的问题是,个人特征如何与结构位置相联系?我的阶级分析最初是这种意义上的结构,尽管有时在个体层面上使用那样的结构分类,有时会带来困惑,看似我正在从结构分析转向个体分析。假设我有时的确以令人困惑的方式在变换,但我的分类逻辑来自位置的逻辑而不是个人的逻辑。

您也提到相比阶级地位,价值或意图更能解释人的行为的问题。一般而言,如果问到某个人为何要以某种方式行事,那么在他们自身的主体性与其行为之间有更加紧密的联系。主体性是一种交织的变量,个体所占据的结构条件塑造着主体性,而主体性也塑造着行为。比起结构与主体性、结构与行为,主体性与行为之间有更加紧密的联系,因为主体性是人一生中结构性因素的累积,而不是任何既定时间点上的结构,行为直接与当下的主体性相关联。所以一个人通过社会结构进行复杂活动,他的主体性自有其价值、取向和信念。他的主体性是长时段的结构作用的结果。

李培林:您认为结构由更长时段的历史决定?

赖特:在某种程度上,结构塑造意识。我并不是说结构是塑造意识的唯一事物,但结构的确长时段而非瞬时性地塑造意识。研究这一问题的最粗略方式是通过考察某人的阶级根源而非社会根源。社会根源是一种描述结构性经历完整轨迹的一个方面的方式。例如,你成长在一个工人阶级家庭,但现在是中产阶级,我们至少了解了你的这两个方面。关于你在社会结构中的位置,当然比这两件事更为复杂。意识由完整的生活经历在社会结构的活动中加上许多其他的事而塑造。因此,个人的主体性不只是其社会结构的应变量,也是在微观家庭传统中塑造其信念的文化机制的应变量。举一个我自身的例子,我成长在美国中部的堪萨斯州,这是美国非常保守的一个州,但我的父母都是教授,所以我还成长在一个学术家庭。至于我的外婆,她是一个俄罗斯移民,在第一次世界大战以前来到美国,在这里度过了后半生,她是苏联的激进支持者,我不知道她是否是共产党员。因为她的缘故,在我的成长过程中,我学得越多,对马克思的思想越有共鸣。20世纪60年代,当我经历了学生运动,我的成长便有了这种非常具体的文化因素,你从我的结构位置中无法知晓,你不会看到这点。如果你考察我的阶级来源,你会看到我出生在一个知识分子的学术家庭,但不会看到我外婆在塑造我的感知中的特定影响,学术家庭使我更加开放,否则我或许会持左派的马克思思想。同时,如果历史上没有发生学生运动和越南战争,我外婆的影响不一定如此之大,它会起作用是因为与它互动的背景。这是使结构分析复杂化的方式,纯粹的结构分析无法捕捉到这些,这也是为什么它并不充分的原因。

李培林:人们习惯上称马克思之后,特别是二战之后西方国家马克思主义的传统为"西方马克思主义",称现代化理论为"西方现代化理论",但并没有东方马克思主义、东方现代化这些说法,即使日本处在东方的地理位置上,但日本把自己当作西方现代化的一部分。中国作为一个有13亿人口的大国正在发展,这样一个大国的总人口几乎比实现了现代化的国家的总人口还要多,这在整个世界现代化历史上前所未有。所以,未来到底怎样,现在很多人感到这是一个未知的方面,所谓中国威胁论也是表示大家对未知的恐惧。全球化作为新的因素已经出现,有一些不同于现代化的特征。在全球化的背景下,现代化的后来者已经不可能重复先行者的老路,这进一步增加了对现代化后来者发展结果预测的不确定性。"中国经验"这个概念,不是单指中国的成就,还指如此巨大的现代化主体的一些特殊经历。您觉得中国的这种经历会给世界的发展道路,给过去的或西方的现代化理论带来怎样的挑战和影响?

赖特：当然，中国在过去四分之一世纪的经历如此令人惊讶，无论在全球范围内还是在历史背景中。公正地说，在基本的物质生活条件以及相应的社会结构方面从未有过像中国过去25年来这么迅速的转型。值得关注的不仅是变革的规模，还有变化的速度，因为它意味着在人的整个或部分生命历程内发生。现年40岁的人，可以对转型之前的中国记忆深刻。如果这种转型跨越了50年，那么从农业到工业再到后工业社会变迁的一般图景，是几代人的事了，这意味着没有哪个人对其生命历程内的这些变革有清晰的理解。转型的时间节点是历史的线索，具有极大的历史重要性和社会学意义上的重要性，变化速度如何起作用这一问题尚未得到很好、很透彻的思考，更多的关注是放在变革的质量和规模方面，而不是人生、人的生命历程与变革速度之间的关系。我认为中国的转型是对已经建立的社会理论的极大挑战，不只是关于移民和马克思传统，而是许多社会学传统。我不认为任何理论传统在有限的可能性内能够预见这些变迁，甚至相信市场魔力的新古典主义经济学家们也不曾预见到如此规模的转型和这种类型的国家。如果你置身1985年，改革已经开始，但大的变化尚未出现，你让一个共产党员预测20年后中国的面貌，他不会预见到这些，也没有人会。所以事实就是每个人的预见都是错误的，这是对每个人的理论、理解的挑战，无人幸免。同样的，我认为苏联解体的悲剧和它的转型，虽然跟中国的一样影响深远但并不相同，同样没有人预见到。1985年、1986年我在苏联，正好在我1988年来中国之前。我目睹了巨大变革发生前的这两个国家。两国都没有人对于即将发生的事有最贴切的想法。它们的结果不同，但都出人意料。所以这是对理解我们既有理论的极好历史经验。我认为有一个从中国的速度和"成功"中得出的错误结论：中国发展中的所有负面影响，例如不平等、部分乡村的遭遇、人们的某些生活方式被排斥，只是不幸的副产品，如果你想得到好的部分，那么你也不得不接受坏的部分。这是不符合我们观察到的事实的不公正结论。为了这种发展，不得不限制民主参与和更加开放民主的政治等，这些观点也是不符合我们看到的发展特性的不公平结论。这对怎样才能有这种飞速发展的理论理解提出了挑战：如何减轻它导致的苦难；与只是指望能动性的做法相反，这种发展如何在更民主的条件下进行等。这些都是挑战，而对于这些挑战我无法给出简单的答案。

现场翻译：王甘
笔译：罗杨

从《21世纪资本论》再看财富的获得与分配问题

地　点：匈牙利布达佩斯，塞勒尼教授书房
时　间：2015年7月7日
对谈者：景天魁：中国社会科学院学部委员，中国社会科学院大学特聘教授，社会学研究所研究员。1995—2006年先后担任社会学所副所长、党委书记、所长，1998—2005年任中国社会学会副会长，2001—2005年任国际社会学协会副会长。主要研究领域：社会发展理论、福利社会学、时空社会学、中国社会学史。独著：《打开社会奥秘的钥匙——历史唯物主义逻辑结构初探》《社会认识的结构和悖论》《社会发展的时空结构》《底线公平：和谐社会的基础》《底线公平福利模式》《中国社会学溯源论》等；合著：《时空社会学：理论和方法》、《普遍整合的福利体系》、《中国社会学：起源与绵延》、《中国社会学史》（第一卷：群学的形成）等。
塞勒尼（Ivan Szelenyi）：耶鲁大学社会学和政治学教授、社会学系主任，美国艺术和科学院院士，匈牙利科学院院士。研究方向：国家社会主义社会不平等和社会主义市场，其"国家社会主义再分配经济"的概念被广泛引用，近年重点追踪中、东欧国家的社会不平等和社会福利领域内的"第二次转型危机"。其代表作为"社会变迁三部曲"：《通往阶级权力道路上的知识分子》（1979）、《社会主义企业家》（1988）和《无须资本家打造资本主义》（1998）。

景天魁：我们这代人基本上都经历过第二次世界大战后社会主义起伏跌宕的时期，这对我们来说是一个观察的机遇，也是一种责任。您在社会主义的转型或者说社会变革过程中做了大量的研究，著有三部曲[1]，是一位杰出的、能够直面社会主义问题的社会学家。社会主义在二战以后在全世界几十个国家兴起，涉及世界约 1/3 的人口，是一次很大规模的实验。不论它是成功还是失败，评价对于我们社会学家来说都是非常重要的。您对这段历史过程中社会转型或社会变迁中的社会不平等问题做了集中的大量的研究，请把您有关不平等研究的情况扼要介绍一下。

塞勒尼：是，让我从我出生的 1938 年开始。那是二战开始的前一年，当时的匈牙利可能非常像蒋介石当政下的中国，是一个保守主义帝国的形态。我印象非常深的是，1945 年匈牙利被苏联红军解放，苏联红军在布达佩斯驻扎了 6 个星期，当时整个城市因为战争被摧毁了。

在 1945—1949 年，匈牙利处于一种半资产阶级的民主社会形态。1949 年是非常关键的转折点，匈牙利转向了斯大林主义的共产主义形态。那时我还在上学，是少先队员，唱着赞扬斯大林的歌曲。1945—1953 年，匈牙利可能与中华人民共和国成立后的毛泽东时代比较类似。1953—1956 年，匈牙利政府实行了很多改革措施，有点像后来邓小平的措施，很多人对这些措施有着革命或者反革命的各种说法。其中最有意思的是毛泽东，他是当时所有马克思主义理论家中唯一真正理解 1956 年在匈牙利究竟发生了什么的人。1957 年，毛泽东发表了一篇文章，文章标题是《人民内部的矛盾》[2]。毛泽东可能是当时唯一讨论在社会主义国家里会出现官僚体制和人民之间矛盾的共

---

[1] 三部曲：《通往阶级权力之路的知识分子》《社会主义企业家》《无须资本家打造资本主义》。
[2] 即毛泽东于 1957 年 6 月 19 日发表在报纸上的《关于正确处理人民内部矛盾的问题》。

产党领袖，虽然没有在文章里直接讲到匈牙利，但因为是在1956年波匈事件几个月后写的文章，触及了很多匈牙利当时的问题。很有意思的是，在1956年的时候，很多匈牙利人都相信中国和毛泽东会支持匈牙利反对派来反对苏联，但是匈牙利的革命还是被镇压下去了，600多人被处决，包括当时的总理。

1963年之后开始出现新一轮的改革。1963年，卡达尔政权上台，被叫作"古拉西"共产主义①，实行了很多改革，匈牙利当时的改革和1978年到20世纪80年代间邓小平的改革有很多非常相似之处。用中国人比较熟悉的话来说，卡达尔的改革叫作有匈牙利特色的市场社会主义，这一改革的思路基本与邓小平的改革相似。感谢1978年一个名叫Lea②的理念！就是说，无须那么快地进入资本主义，只需要试着以某种方式和市场结合起来。1963年到20世纪80年代的匈牙利与1978—1986年的中国很像，如果用中国的术语来说，改革采取了一个匈牙利式的家庭联产承包责任制，他们没有废除集体农场，只是农民在完成定额的任务之后，可以以高价在市场上出售多余的农产品。当时在所有的社会主义国家里只有匈牙利敢这样做，在邓小平的改革之前他们就这么做了，然而在邓小平改革之前，社会主义国家并不知道这种改革。

改革的结果是奇迹般的。当时所有的社会主义国家包括中国、苏联、波兰、东德等，都苦恼于食品短缺问题。但在1963年后两三年的匈牙利，食品短缺问题得到了解决，商店可以随便买到新鲜的蔬菜、牛羊肉等，人们可以吃到他们想要的高质量的食物。实行家庭责任制的同时也维系了集体农场，这是一个非常奇妙的组合。集体农场做了

---

① 也被翻译为"土豆烧牛肉"共产主义。
② 本指牛仔裤品牌，当时Lea品牌的牛仔裤在社会主义国家也成功大卖，后以"Lea"指"市场的力量大于社会制度的力量"这一理念。

一些基础工作和农业方面的准备工作，在土地、个体户和市场之间集体农场也扮演着中介的角色，它的基本规则是把农民多余的农产品买过来，然后再卖到市场。到了20世纪80年代末期，匈牙利又开始转变，全速转向了市场社会主义。这是对您提出的关于社会不平等问题的一个很长的背景介绍。我现在就要讲社会不平等的问题了。

我是从1963年成为一名社会学家的，20世纪70年代我开始做一些经验研究。开始我最关心的是住房问题，特别是住房的分配问题，即政府修建的公共住房是怎样分配的、分配给了什么人。我们在整个匈牙利境内做了很多有关公租房的问卷调查，去测量新房产居民的社会地位，这些房子在当时是非常便宜实惠的房产。那是当时最好的数据。

我和我的好朋友康纳德（Kornad）一起做的这个研究，当时我们都不是马克思主义者，马克思对我们的影响也不是很大，只是觉得社会主义的理念好像就是无产阶级专政的理念，听上去是一个还不错的思想。最早是使用电脑来做计算，我们通过统计结果来看谁住在比较好的公租房里面，发现住在好的公租房里面的都不是无产阶级，而是一些比较有名望的知识分子、专业人士，尤其是党的领导干部。当时提的问题就是，为什么在意识形态上实行无产阶级专政，但实际上公租房里面最大的受益者不是无产阶级而是官员。然后我们进一步去研究普通工人和农民如何获得较好的住房，在匈牙利全国做了问卷调查，发现如果普通工人或农民想要住稍好一点的房子，唯一的办法就是通过市场的方式自己建房子。

这一时期我读了波兰尼（Karl Polanyi）的研究，他在市场经济和再分配经济之间做了一个区分。可以看到波兰尼并没有提及社会福利的分配，他研究的是更早的时代。再分配经济是把资源掌握在中央的手中，然后再分配下去。这与古代中国很像，中央掌握所有的资源，然后再分配下去，长城就是用这种方式造成的。我们认为，无论是苏联体制，还是毛泽东的体制，都是再分配方式的一个现代版本，所以我们当时创造了一个词——社会主义再分配体系。这是一个理性的再分配体系。之所以称为理性，是因为在古代中国，皇帝说自己有再分配权力的理由是这种权力来自传统。与古代皇帝不一样，像苏联、中国还有匈牙利的社会主义领导人再分配权力的合法性来自他们是理性的和他们知道如何分配对这个社会最好。所以就有了一个区别，一个是市场整合的资本主义，另一个是通过理性再分配整合的社会主义。所以接下来的问题就是不平等是从什么地方产生的。

在我们研究之前，大部分社会学家认为不平等来自市场，市场创造不平等，福利国家的体制是用来调节不平等的。这对于资本主义国家来说是正确的，但在社会主义国家，再分配是产生不平等的根源，而人民群众只能通过市场的方式来弥补这种不平等。我们并不是说资本主义的不平等就比社会主义的不平等要强，从程度上来说，资本主义社会不平等的程度比社会主义高很多。但是尽管如此，资本主义和社会主义正好是相反的，大卫·斯塔克（David Stark）把这个叫作镜像比较，与照镜子一样，社会主义左边就是资本主义右边，资本主义右边就是社会主义左边。所以在社会主义体系中，如果你是穷人就只能靠市场；在资本主义体系中，如果你是穷人就只能靠国家。这是我们原创的理论，在20世纪70年代时提出。

到了90年代，整个东欧完全转向了资本主义。转向资本主义社会以后，就创造了市场上的不平等，很多人拥有大量的财富，但这些人大多是由以前社会主义时期的特权者转变而来的。我把这个叫作"世袭资本主义"，即社会主义时期的特权者把他们的官僚体系特权转变为资本主义社会的市场特权。当时我还没有意识到，但现在我意识到当时与康纳德共同创造的原创性理论，其实可以追溯到亚当·斯密（Adam Smith）。亚当·斯密写有英国从贵族制社会向资本主义转型的过程中创造的不平等的论述：市场在资本主义确立其最终统治地位之前，有一段时间可以弥补贵族社会特权制造的不平等，但是最终还是会产生不平等。一会儿咱们可以讨论皮凯蒂（Thomas Piketty）在《21世纪资本论》里面讨论的一些问题，我认为他这个研究和我们讨论的话题有很多相关性。

景天魁： 如果从1917年算起，社会主义过程有近100年的历史；从1945年二战结束算起，也有将近70年的历史。中国走过了一个非常复杂的探索改革的过程，苏联、一些东欧国家也经历过社会主义过程，虽然各国的过程可能有很大差别，但是也有很大的共同性。

从研究不平等的角度来说，我觉得波兰尼提出的问题是非常核心的，即到底怎么看待市场和再分配。中国在改革过程中对这两个方面都做了很多的探索，但是直到现在仍然是个问题。1978年改革开放之前，中国的社会分层总体上还比较简单，不平等的程度不是很大。那段时间一个很突出的问题是中国基本上否定了市场，否定了市场经济，搞起了大锅饭。所以中国在改革开放过程中，对于到底怎样看待市场经济，经过了很长时间的讨论。

中国从1978年开始改革到1992年正式肯定市场经济，经过了很长的时间。为什么最终选择了市场经济？主要是希望市场能够带来效率。邓小平当时考虑的最核心问题是中国怎么走出贫困，用他的话说就是怎么奔小康。市场经济在中国搞了一段时间以后，可以非常明显地感觉到社会不平等的加剧。虽然中国从走向市场经济到现在取得了30多年的经济高速发展，但是不平等拉大的速度也很快。和您刚才讲的情况有所不同的是，中国的穷人在市场经济里面并没有获得多大的好处。大约在20世纪80年代末，您很熟悉的倪志伟（Victor Nee）在中国做过一个调查，当时他认为直接生产者是市场的最大受益者，但实际情况却不是这样。

您刚才讲掌权者在市场中仍然是最大的获益者。市场在带来效率的同时，也确实带来了不平等的加剧。您如何看待市场这个双面作用？我们既希望向它要效率，但是又不希望它拉大不平等，我觉得直到现在这也仍然是一个很困惑的问题。

塞勒尼： 维克多·倪是1989年发表的那篇文章，发表的时候他并没有什么过硬的数据来支持，所反映的也是1989年之前他在中国做的研究。我的理解是，改革开放初期的1978年到1985年中国的城乡差距在缩小，农民是从中受益的，而很多干部是感到沮丧的。改革初期市场才开始扩张，市场转型的早期阶段农民是从中受益的；然后市场发生转变进入第二个阶段，也就是从20世纪80年代中晚期开始，当地的乡镇干部开始进入市场；中国不平等扩大的主要时期是改革开放20年左右，大约从1998年货币改革开始。中国目前的基尼系数在0.5左右，更多的市场导致了更多的不平等。

苏联的悲剧在于在改革一开始就实行了休克疗法，即全部私有化。中国是在1978—1997年缓慢地走向了这样一个不平等的过程，俄罗斯更是在两三年之间一下子就走完了中国1978—1997年这么长的一个过程。我非常同意您的观点，市场制造了很多不平等，对中国、俄罗斯和匈牙利来说，最大的问题就是它们转变得太快，没有足够的时间建立起一个福利国家体系。苏联的转型搞了一个像斯堪的纳维亚半岛式的市场，却没有斯堪的纳维亚半岛式的福利。而且人民群众对不平等的反应也是非常有意思。中国的基尼系数可能是到了0.5，匈牙利的基尼系数一直低于0.3。

景天魁： 那很合理。中国现在已经降到了0.473。

塞勒尼： 有些民间机构公布的中国基尼系数是0.5或0.6，我知道官方公布的是0.47左右，与俄罗斯非常接近，并不比美国高多少，美国已经超过了0.4。马丁·怀特（Martin Whyte）写了一篇名为《沉默的火山》的文章，是讲中国人对不平等的忍耐程度的。这篇文章主要是讲为什么中国不平等程度这么高，但是人民却一直能忍受不平等。他的解释是，虽然不平等的程度在加大，基尼系数在增高，但是底线也在增长，大多数人还是在致富，所以人们对不平等的容忍程度就很高。我想听听您对马丁·怀特观点的评论。中国大概有6000万贫困人口。

景天魁：现在有8000万，按照联合国的人均1.5美元/天的标准，现在有8000多万。

塞勒尼：原来匈牙利的贫困人口是总人口的3%，现在增长到了17%。所以匈牙利的基尼系数虽然比中国低，但是老百姓的抱怨情绪却非常高。中国虽然贫困人口多，但是打个比方，只要你今年比去年过得好，哪怕社会是不平等的，你也不会抱怨，但是如果你的邻居过得比你好，那你的抱怨就会很多。

景天魁：不平等的发展在中国也是经历了一个过程，改革开放前期经济发展很快，邓小平有个先富的理论，让一部分人先富起来，人们对改革有一个预期，觉得现在你先富了，可能过一段时间就轮到我富了，所以那个时期对不平等的容忍度确实比较高，在这点上，马丁·怀特的说法是有道理的。所谓中国人对不平等容忍度高，是因为那段时间人们的社会预期比较高，不见得在任何情况下中国人对不平等的容忍度都高。当经济发展很快，而且在很长的时间内保持高增长速度，一部分人财富急剧地增长，而相对地另一部分人剥夺感越来越明显的时候，对不平等的容忍度就开始明显下降。所以经济增长有溢出效应，如果总不溢出或者溢出达不到一定程度，不平等的感受就会很明显。对于市场的期望也是这样，人们仍然能看到市场有效率，但是如果市场带来很大程度的不公平，那么对市场的质疑还是会出现。

这时候我们就得回头来考虑波兰尼提的另一方面，也就是再分配。再分配被提出来以后，在中国也有一个发展的过程，再分配到底要强调到什么程度？是仅仅在第三次分配即在社会保障、社会福利领域来实行再分配，还是在二次分配里进行调节？或者是在一次分配里解决不公平问题即解决劳动者报酬问题？这就涉及皮凯蒂的基本观点：经济增长速度慢于富人财富的增长速度，资本的收益率快于经济增长率。这种情况在中国也出现了，不论在资本主义社会还是社会主义社会的改革中，无论在中国还是东欧，我觉得这个问题是很普遍的，皮凯蒂的观点可以适用于任何一种经济条件。

针对波兰尼的问题——怎么找到一个市场与再分配的恰当的结合点，我觉得还是需要社会学家、经济学家来继续探讨，现在还没有找到最佳的结合度。我们通过社会主义百年史、70年史或者苏联解体的经验教训，还有您刚才讲到的五六十年代匈牙利的经验教训，以及我们中国七八十年代以来的改革，各国这么丰富的经验，总能够总结出解决市场和再分配关系的答案。

塞勒尼：我从社会主义历史里面得到的启示是，市场的失败需要靠社会主义国家的福利体系来进行弥补，再分配的失败需要通过市场体系来弥补，这一点从1978年中国的改革开放和1963年匈牙利卡达尔改革都得到了证明。

我想讨论《21世纪资本论》中的问题。不管中国、俄罗斯还是匈牙利，福利体系的建设肯定是没有那么完善的。我正在写一篇关于皮凯蒂的评论，希望能发表在《美国经济学评论》上。文章的核心问题是人们在多大程度上能够容忍不平等，不平等在多大程度上会损害经济发展。皮凯蒂对这些问题没有作出明确的回答。瑞典的基尼系数是0.23，人民非常幸福，但经济增长很慢；中国基尼系数是0.40以上，但是人民也能容忍不平等，经济增长很快。皮凯蒂的主要观点就是回报比增长要快。那么什么是回报、什么是增长？皮凯蒂说回报里面主要包含两点：一个是利润，一个是租金。

马克思在《资本论》里讲剥削的理论：资本家要剥削工人，剥削工人的剩余价值，但又不能把剩余价值全部拿走，否则其他资本家会跟他竞争，抢走工人。在《资本论》第一卷里马克思讲，利润增长以后，可能会促进更多工作机会增长，工人收入也会得到增长。如果真的像《资本论》第一卷里所讲的那样，资本主义可以永远持续下去，因为它有利润增长，资本家把利润分给工人，工人得到自己的一部分剩余价值，进而创造更多的就业。但当时世界的资本主义却不是这个样子，马克思阐述的最主要问题是解释资本主义最终会崩溃，所以在《资本论》第二卷里，马克思加入了一个利润下降的理论：让资本主义倒台的并不是剥削，因为资本家都会让出一部分利润给工人，真正让资本主义倒台的是利润的下降。但是，资本主义在利润下降的时候也没有垮台，所以要回到租金这一问题上来。租金理论认为土地的供应是无限的，在土地上耕种可以永远从土地上获得回报，地主们就会从食物价格的提高中来获取租金的收益。什么是租金呢？租金是市场总收入减去耕种成本后获得的收入。利润是从新价值中产生的，但租金不是从新价值中产生。因而真正的问题不是对资本的容忍，而是对租金的容忍到底是多大。皮凯蒂说对了，在人们的收入中，从租金获得的增长部分往往比从利润获得的增长部分高，人们从遗产继承当中获得的收益反而比从市场获得的高。皮凯蒂证实了人们通过继承获得的财富在不断增加，现在大约占比为60%，而19世纪只有40%，这就是租金，不需要工作来获得，父母已经帮他们付出了，他们只需要获取收益。这种情况的存在是在破坏资本主义的市场。皮凯蒂把这叫作"继承制的资本主义"，我把这种情况叫作"资本主义的再封建化"，即资本主义社会现在变得更像一个封建社会。

皮凯蒂没有研究过前共产主义社会，也就是社会主义社会，他所说的获取租金的行为其实在社会主义社会也是非常普遍的。所以在社会主义转型过程中，无论是俄罗斯的寡头、中国的一些"二代"，抑或匈牙利的那些权贵、心腹，他们最主要的致富方式不是追寻从价值中产生的利润，而是通过各种各样的方式去追求租金。所以征税是非常重要的，要对财富和租金进行收税，尤其是对遗产征税，而不是对人们的收入进行收税。如果你的收入里租金的比例比利润高，你就不会想着投资，也不会想着努力工作。如果对遗产和租金进行征税，国家就能够收到更多的资金，创造福利社会。因而皮凯蒂的研究对中国、俄罗斯、波兰和匈牙利等国的意义就在此——要以什么形式对财产征税。

景天魁：这一点在中国还面临一个问题，中国目前还处于要跨越所谓中等收入陷阱的阶段，人均收入水平还不到1万美元。在这种情况下，全民的共识还是发展是最主要的，要保持经济有较大的增长速度，还要容忍更大的不公平。像瑞典这些北欧国家都行得通的成功做法，在中国行不通。

根据中国目前所处的阶段，就我刚才所提的问题——一个比较现实、可行的效率和公平的结合点怎么找？我觉得只讲理想是不行的，有理想还要有一套好的办法，做不了或者没有足够力量来推动是不行的。十几年前我提出一个底线公平理论，就是考虑到这种情况，我们在解决公平与效率的关系的时候，只能从中国目前的发展阶段来考虑。我们确实还要保持一定的经济发展水平，还要容忍一定程度的不平等。在这种情况下，我们能够追求什么样的效率，能够追求什么程度的公平，最好能够找到一个比较好的结合点，所以要解决市场和再分配之间的界限关系。在任何情况下政府都要保证人民群众的基本权利，比如最低生活保障、基础养老金、基本医疗、基本就业、义务教育等福利，这是底线。在这之上，可以让市场发挥作用，让市场继续来引导经济较快地增长。这两者之间必须有一个恰当的关系，才能够既调节政府的行为，又能够让人民群众获益，但不可能让公平达到理想的程度，也不可能让市场达到绝对的作用。这与现在北欧的福利模式有很大的区别。

如果能够做到这一点，起码可以在经济继续发展的同时，消除现在中国8000多万人口的贫困，让中国的教育提升到一个更高水平，让人民群众享受基本的养老和医疗等基本福利。在实现这个结果的过程中，肯定还需要容忍相当程度的社会不平等，让富人能够继续获得较大的利益。不可能像瑞典等北欧国家那样向富人征60%、80%的税，那富人就不干了，我们现在还不能马上走这一步。但是随着人民群众的基本福利得到满足，经过长期发展以后，人民群众的权利意识且维护自己权利的能力就会提高，那时候解决再分配的主体就出现了。这有点像环境问题，中国老百姓在发展经济前期能够容忍一定程度的污染，但是当经济发展到一定程度以后，人们对于环境的意识就慢慢提高了，开始不大容易容忍污染。从这个角度来说，皮凯蒂《21世纪资本论》的分析还是过于集中在资本本身，对于劳动者或新的社会阶层以及中产阶层的研究比较薄弱，而这恰恰应该是社会学应该回答的问题。

您在《新古典社会学的想象力》一书中专门研究过中产阶层问题，您觉得在中国的发展过程中，应该如何扩大中产阶层的比例以促使发展？现在我们看到的一种情况是，自2008年金融危机以来，不论是发达国家还是发展中国家，中产阶层都在缩小而不是扩大，您觉得应该怎么来看或者怎么来解决？

塞勒尼： 我认为关于效率和公平的问题没有简单的解决方案，而且市场的力量遇到全球化情况时还会变得更加复杂。如果政府对他们的代理人而不是对人民负责，问题将非常严重。这在俄罗斯和匈牙利是非常严重的问题。俄罗斯的问题是已经完全私有化，没有什么公共财产可以继续私有化以满足新产生的代理人（寡头）。因此政府就以腐败犯罪的借口逮捕以前的代理人（寡头），把老寡头的财产再重新分配给新寡头。俄罗斯的反腐败运动现在虽然闹得很凶，但我怀疑这其实是政府控制民主运动的一种手段。罗马尼亚最近也如此，有1万多人上街抗议：现在的领导人把过去寡头的资金收回来，然后再重新分配给新的寡头。

对政府来说，民主控制是一个巨大的考验，但是全球化的发展是另外一个方向，全球化带来的问题更加复杂。我们现在每天都能看到新闻上报道希腊债务危机，欧洲的政客希望通过干涉希腊内政的方式，让希腊人继续接受欧盟提出的财政紧缩的援助计划。希腊人之所以不能容忍这个计划，就是因为他们觉得这干涉到国内的民主进程。资本主义现在是全球化地增长，却没有全球化的民主政体或者全球化的政治上的控制基础，所以对遗产、资本和税金征税是一个很大的问题。当资本是全球化的时候，没有办法向它征税：如果对中国富人征90%的税，他们就带着钱跑到加州去了。不光是中国，实际上是世界上所有国家都会面临的问题。我们现在看到的悲剧源于市场的萧条，由此带来的问题是人们对他们的政府、政治家、政党失去了信心，甚至开始不再投票，世界上越来越多的民众都觉得政客是腐败的、奸诈的，这是个大问题。这与人们市民化的程度有关，现在很多人都失去了公民观念，也不知道可以通过团结的方式来争取自己的权利。而且很不幸的是，现在的资本家与马克斯·韦伯写作《新教伦理与资本主义精神》时的资本家已经不是同样的阶级了。这就又回到我刚才说的问题，不论它有多复杂，我仍然觉得最基本的方式还是征税时对收入征的税要少于对财产和租金征的税。

所以，我不觉得扩大中产阶级需要快速解决，真正的解决方式是对财富征税，特别是对遗产进行征税。因为遗产这种收入不是通过创造新的价值产生的。皮凯蒂的观点是征收全球性的财产税，想法是好的，是对的，但是不具有可操作性。我觉得如果对收入和利润征收更高的税，企业家就不会有更多的动力把获得的剩余价值重新投入到生产当中。真正的矛盾并不在于资本主义的效率和再分配之间，真正的问题并不是公平竞争所引发的，而是缺乏公平竞争所引发的。在政治上我是一个"左派"，但是在这方面我引用哈耶克的观点，哈耶克说"我并不是反对计划，我只是反对不能创造公平竞争的计划"，我认为不是要对市场和资本进行攻击，而是如何让市场和资本能够拯救自己。这就像波兰尼和熊彼特曾经说过的问题。熊彼特曾经提问：资本主义会不会永远持续下去？波兰尼的答案是：否，资本主义之所以不会持续下去并不像马克思所说的那样，而是因为资本主义太过于有效率，所以它摧毁了所有支持它的系统，如果不进行干涉，资本主义就会变成没有竞争、没有活力的继承制资本主义，即裙带资本主义，这样的资本主义反而是反市场的、没有效率的。我的基本观点是：资本主义只有通过创造活力和利润才能够解决现在的困境。

景天魁： 那么，问题就在于怎么能够让资本主义发挥这样的作用。过去有理论认为，有一种力量能够让资本主义发挥作用，那就是劳动的力量。劳动和资本之间是相互制约的关系，但在全球化的条件下，资本的力量越来越强大，让资本发挥正向的劳动的力量显得比较弱。怎样才能够使资本主义发挥比较正向的作用呢？

塞勒尼： 劳工包括工会的问题比较复杂，就历史经验来看，工会不一定是消除不平等的方式，因为工会倾向于保护自己的会员，然后来反对不是工会会员者的利益。工会往往要求提高最低工资标准，但如果最低工资标准提高到一定程度，就会带来消极的效应。比如在巴西，提高最低工资标准导致了失业率上升、经济下滑。如此看来，工会反而有可能会给退休人员还有失业者带来伤害。工会经常提高自己的收益，困难群体的利益可能会因为工会过于强大而得不到保证。我并不是反对工会，只是说工会的力量在一个国家过于强大的话，很有可能带来一些我们不曾预料到的消极后果。当然这也没有一个能够快速解决的方法。

我最近发表了一篇关于反贫困的文章。匈牙利有一种叫作最低收入保障的低保制度：如果你的收入低于贫困线标准，那么每个月都会收到一张支票。匈牙利的贫困人口比例现在是17%，高于中国贫困人口的比例。低保制度的哲学逻辑是建立在一个叫作普惠性保障的哲学基础上的，有两种设计思路：一种是只要是本国国人就都应该得到保障；另一种是目标性的，只针对有需要的人提供保障。人们对于更普惠的保障体系一般都会给予更多的支持，具有选择性的、目标性的保障体系在政治上遇到的阻力会比较大。我更加倾向于目标性的福利体系，不需要保障不需要这些钱的人的福利。我在这篇文章里提出了两个建议，其中一个是取消最低收入保障。最低保障是不管你是穷还是富，反正每个人都会收到这笔钱，某种意义上是一种消极的收入税。这种最低保障的思想来自"我只要交了税，就可以享受这种福利"，问题在于如果最低收入保障过高的话，就会有很多人不去工作，所以低保的水平必须很低。然而有很多人从事工作但收入非常低，可以通过提高最低收入的方式来解决，但是如果提高了最低收入，小雇主就没有足够资金来雇佣工人，失业率就会上升，对这种工作的穷人即工作贫困族应该怎么办？英国、美国实行了一种非常好的制度，称作劳动所得税扣抵制，是以工作收入作为基础来决定补偿的税收系统，当劳动所得低于一定金额时，部分税赋可以抵免以弥补社会安全的负担，并激励人们去工作以获得这种补偿。这一政策相当于提高了最低工资标准，是一个较好的系统，它不会危害到雇主的积极性，而是扩大了符合最低收入标准的群体的数量。工会的问题在于可能产生一些我们预想不到的负面效果，如果希望工会正常运作，必须与非常有效的、民主的政府结合起来。

景天魁： 那就要看国家了，如果工会不发挥作用，能够让资本或者企业家做这种事情的力量只能来自国家、来自政府。您觉得在实现效率和公平的平衡方面，政府应该怎么做？特别是在全球化的背景下，征税的力度大一点，资本就跑了，但是劳动者跑不了。您有什么比较好的办法解决？目前包括发达国家、东欧国家，也包括您了解的西欧国家，什么样的政策是最有效的？刚才所讲的不平等问题，哪个国家做得最好？请您评论一下目前可行的、效果又比较好的政策。

塞勒尼： 就像我刚才说的，最大的问题在于资本全球流动，但是没有与它同等水平的、可以制约资本全球流动的政治机构，哪怕欧盟体系也是如此。欧盟的资本是可以相互自由流动的，但是欧盟没有实质性的力量控制每个国家的社会和政治，在希腊看到的情况是一个很典型的例子。

某种程度上劳动力是可以流动的，现在布达佩斯就有2万名中国人，在整个东欧地区包括匈牙利、斯洛伐克、克罗地亚等国家有十几万中国人，都是来做生意的小商人，他们形成了一个跨国的阶级。不只是穷人，其实富人也是这样，很多中国的富人移民到了加州，但生意还是在中国或者新加坡等地方。更典型的是墨西哥裔美国人，他们退休以后都会回到墨西哥，他们的很多生意是在墨西哥进行的，只不过是在美国从事经济活动。但相对于资本的全球流动，劳动力的全球流动只是一个小故事，资本的流动才是主导性的，劳动力的流动现在仍然不够。现在经济移民的人数在人类历史上是最多的，与过去的经济移民不同，现在的经济移民是双向的，以前的移民去了别的国家就不再回来，也不再反馈自己的国家，成了另一个国家的一部分。现在很多国家的移民把在他国取得的财富又寄回自己的母国，比方说巴基斯坦，巴基斯坦基本建立在移民的基础上，它的劳动力在世界各个国家和地区打工，但是他们会把钱寄回国。

景天魁： 资本全球化流动的同时劳动力也在流动，但资本流动与劳动力流动的效果是正好相反的。资本的全球流动是为资本寻求更大的利润，是很有意义的；劳动力的流动就很难讲了。最近几十年中国有全球最大的劳动力流动，就是农民工。农民工的流动虽然不能够一概而论，但是农民工流动性越强，劳动力一方越弱，越有利于资本。资本方是很希望劳动力流动的，当劳动力流动得越大越频繁时，维护自身权益的能力越弱，因为形不成力量。从个体农民工角度来说，流动可以寻求到更好的工作；但从整个农民工群体来说，造成了几十年来劳动报酬始终比较低的局面。近5年劳动力的报酬才开始上升，但上升并不能证明在全球化中劳动力的流动一定对劳动者有好处，而是资本投资遇到困难，中国的经济开始转型，资本家不提高劳动者报酬，那就雇不到工人，才使工资有所上涨。资本流动性强对于在全球范围内实现更大的利益是有好处的，但对劳动者来说，还是一个值得质疑的问题。

塞勒尼： 您说的其实很对，我都接受。而且我强调具有主导性的是资本的流动，而不是劳动力的流动。如果写篇文章的话，劳动力的流动只能以文章注脚的形式出现。而且流动的群体内部有很大的区别，比如美籍华人的平均收入和受教育程度可能比美国白人还要高；而美国最主要的拉美裔移民，存在普遍贫困的情况。

我再补充一个小细节，以前美国的唐人街是穷人住的地方，但现在已经成了一个很繁荣发达、与中国香港差不多的地方。这就是我为什么与匈牙利人解释：就算匈牙利有好几万中国人也不用担心，他们可以带来繁荣嘛。

现场翻译：吕鹏

面对碎片化的文化与知识

时　间：2006年7月15日
地　点：北京王府井大街商务印书馆
对谈者：汪晖：清华大学首批文科资深教授，教育部长江学者特聘教授，清华大学人文与社会科学高等研究所所长，主要研究领域为中国思想史、中国文学和社会理论。1988年毕业于中国社会科学院研究生院，获文学博士学位。1988—2002年在中国社会科学院文学所任职，2002年调入清华大学。1996—2007年曾担任《读书》杂志执行主编。发表中文著作20余种，主要代表作：《世纪的诞生》、《现代中国思想的兴起》（四卷本）、《亚洲视野：中国历史的叙述》、《反抗绝望：鲁迅及其文学世界》等。大量作品被翻译为英语、日语、韩语、意大利语、德语、西班牙语、葡萄牙语、土耳其语、斯洛文尼亚语等。曾获国内外多种奖项，包括2013年与德国著名哲学家尤尔根·哈贝马斯同获"卢卡·帕西欧利奖"（Luca Pacioli Prize），2018年获德国安内莉泽·迈尔研究奖（Anneliese Maier Research Award）。

马库斯（George E. Marcus）：加州大学（UC Irvine）人类学教授、民族志中心主任，曾经多年担任赖斯大学人类学教授，《文化人类学》（Cultural Anthropology）的创刊主编。主要研究领域：文化理论与比较文化研究，精英群体（中产阶级、知识分子等）的民族志研究。主要作品：《不顾深浅地迈向民族志》、《重读文化人类学》、《作为文化批评的人类学：一个人文学科的实验时代》（合著）等。

马库斯：中国拥有大量的人口。因此，虽说您的学术期刊《读书》有着世界上最大的知识分子读者群，但与中国的全体国民量一比，规模就显得很小了。这和美国国内学术期刊的流通量类似，都很小但很结实。真有趣！我一直都专注于一个话题，即人们如何在不同的环境中忠实于平凡的生活，但同时又去想象和实现一些更宏大更重要的抱负。我认为，这个角度下的难点在于建构一个更大背景的框架。此外，我的另一个思考点是当今社会的碎片化生活，这也是今天我们相坐而谈的话题，在您看来，碎片化或者整体性的缺失、秩序的缺失，对于当今世界是否是一个难题？

汪晖：新自由主义市场化进程与碎片化之间似乎有密切的关系。比如，伴随中国大量人口从贫困地区和内陆地区到沿海地区的自由流动，在我们的日常城市生活中，碎片化在不同人群中有着不同增长幅度，人们虽然努力去消除这种碎片化沟壑，但成效有限。在走访乡村的时候，我们则发现，伴随大量年轻人外出务工，社交关系和社会纽带也产生了断裂，乡村社会的有机性正在被拆解。这是当前国民所担心的问题。可能因为已经习惯了从所谓文化角度来看待这种问题，学者们关注更多的还是由于碎片化而造成的文化有机性的危机。事实上，这已经不再是文化的变化，而是社会组织的变化，尤其在农村地区。去年，我们讨论的重点还都是"三农"问题。在大部分出现变化的地区，不仅产生农业问题，而且产生严重的农村问题。如何处理好这个问题才是重点。

马库斯：那从政府或者政府责任的角度来看，该如何应对呢？

汪晖：那就是另一个问题了。目前，中国知识分子和学者在积极讨论这个问题，也产生了公共影响——政府决定实施一个巨大工程，即"新农村建设"项目。讨论的意义何在呢？一些人想要强调政府的职能及其农村政策尤其是乡村重建政策的重要性，另一些人则认为市场机制更重要："乡村怎么样无所谓啦，就直接让市场融入这个地区，让社会市场化。"人类学家观察的社会纽带就这样从两方面（也许从不同层面）被解构和重组了。在这样的背景下，如何培育一种新的社会纽带，即农村地区的公共空间或公共生活，成了真正的挑战。当然，目前社会上对此仍充斥着不同观点，我们也在积极组织讨论。

马库斯：中国在这些学术领域的研究取得了亮眼的成果。《读书》期刊在某种程度上也的确做出贡献，发表了一些佳作，贡献了一些智慧，对于一些新兴问题和目前还没有答案的问题，这些学者选择在期刊发表文章，表达自己的意见和评论。当然，期刊的作用就是指出问题所在，讨论存在的难题。

汪晖：同时，我们也在不断努力寻找灵感，比如组织一些经典讨论等。对于当代的理论思考，我认为其中的一些观点的确称得上是进步。过去几年中国开展了一些大规模的运动，如刚才提及的乡村建设以及环保运动等，一些非政府组织和其他领域的学者都参与了这种运动，这些参与者有两种不同的身份，有些是志愿者，有些是政府工作人员，知道选择哪种身份十分关键。比如政府组织的新农村建设，吸引了许多大学生志愿者，新农村建设在全国各地有十万多个点，这些大学生在做调研，在做访谈，有些在准备撰写毕业论文，同时他们也参与到建设中。最近，我读了他们的一些日记，发现了一些非常有趣的事情。之所以有趣，是因为他们去农村时，都带着美好的愿景，他们或许在学校里对如何访谈、调研接受过很好的训练，但到了农村后发现所学的方法根本没有用武之地。然后他们就会思考为什么去那里。我认为这是非常有趣的地方。此外，生态和环境问题也仍是难题。目前，大部分由非政府组织所策划组织的活动也引发了许多新的问题。这些新问题不仅包括生态环境方面，还包括非政府组织在不同模态下所扮演的角色。我们也发表过有关非政府组织的文章。

马库斯：非政府组织运动是如何在中国兴起的呢？我的意思是，它是由国际组织支持的吗？

汪晖：大部分是的。

马库斯：由于政府本身并不创建非政府组织，那么非政府组织是由国际资金资助的吗？

汪晖：是的，大部分是的。

马库斯：我想这该是全球性的运动了。

汪晖：是的。20世纪90年代，大概1997年、1998年，非政府组织开始在中国出现，之后迅猛发展。大部分非政府组织由外国财团或全球性机构赞助建构，开展了很多工作。但同时组织内部的工作人员对他们的前景并不确定。因为一方面，他们必须与政府合作，但没有补贴，工作很难开展，而且中国政府进行了角色的转变，特别是从发展型政府向社会服务型政府的转变。另一方面，从地方角度来看，非政府组织与政府之间的合作又难以实现，因为现在的地方政府主要关心国内生产总值（GDP）的增长，只有在如环境、贫困、水资源、森林等一系列社会问题上允许非政府组织的参与。我们认为政府应承担起社会服务的责任，但目前这些事情都是非政府组织在做，所以政府似乎并无必要去改变自己的职能，也使得非政府组织成了政府的一种延展存在，这让政府职能的转变和非政府组织的角色都产生了问题。此外，由于资助机制的原因，大部分资金都来自国际基金会，而这些基金会又总会对一些特定项目更感兴趣，为了得到这笔钱，非政府组织必须去迎合它们以吸引其关注，一些项目也确实是这样应运而生的。比如，我去过云南多次，曾碰到商务印书馆的一位编辑——不幸的是他一年前去世了，他是一位非常年轻的人类学家，是云南少数民族白族人。他很担心非政府组织将筹到的大部分款项都只花在当地藏人和藏人组织的发展上，在他们那个地区，不同的少数民族会在一起工作，也会异族通婚，这种传统已延续多年，若国外资金只单一地流向某个民族，其他民族就会感到被孤立或漠视。因此，在某些少数民族之间存在一些差异的地区，外来资源是促进和保护族际交流还是由于资源流向而强化差异和疏离感，这是一个问题。目前连部分志愿者都在关注这个问题，我们也应对此加以重视，但它毕竟符合基金会的逻辑，所以很难得到解决。当然，非政府组织在中国的发展处境依旧艰难，一方面它承受着来自政府的压力，另一方面它的规模也不够大，这是中国非政府组织所面临的最大难题。

马库斯：那如果不是政策制定者，也不是记者，而是中国的知识分子，在这种情况下所扮演的角色是什么呢？在上文您已经向我们描述了危机的基本情况，如果想要一种可理解的、更高层次的且从历史角度来看是有意义的解释，知识分子在其中又发挥了什么样的作用呢？这是我们必须积极参与到对历史的重新阐释或者以某种方式去应用历史的时候，这是一方面。另一方面我们可以谈一下大部分人口正在遭受的痛苦或者面临的困境，我不确定这是不是人类学才研究的领域，刚才那个会场进行圆桌会议时，我曾说过90%的人类学研究都是在描述特定变化情况下的人类困境，或是对社会中所积累的一些历史无法解释的新事物的理解。在某种程度上，可以说这就是当代人类学。当然，有人会争辩说所有的语言发展的确都在暗示全球化的进展，但人类学的研究目的不仅限于此，人类学所做的只是给我们一个或几个概念来帮助我们理解。但这是有关人的研究，不是历史的问题，不是语言的问题，也不是政策的问题，这种语言是来自人类学研究，还是来自一些人类活动当中但不为所知的新事物？总之，言归正传，我想问的是，对问题进行描述是否也是一种学术功能？

汪晖：我认为这主要体现在两方面。一方面，理论上，区域调查研究发现，有些人会在非常具体的语境下重新审视自己的身份问题。比如，当前人们生活在世界各个角落并彼此交融，对其中经常跨国旅行的人而言，传统的边境和边疆的概念已不复存在，因为它们也都处在全球化之中。另一方面，即使在全球化时代中我们的栖息地发生了变化，但随着这些变化，我们突然在某些时刻重新认识到自己的传统身份，因为我们中的一些人勇于击碎生活中的风险和困难。比如在中国的西南部，不同民族的人生活在一起，我们很难区分他们，然而在某些时刻，他们依然可以辨别彼此。原因是什么？在我看来，这是因为他们诉诸自己传统的身份，目前一些学者也在做这方面的研究。另外，我认为一些学者特别是中国学者，对历史抱有非常浓厚的兴趣，他们正试图结合历史、历史学以及民族志进行研究，从历史中找出一些早期的概念术语供当代社会使用。毕竟，中国今天的大部分知识还是来自西方，先不谈实现知识本土化，如何让这些知识适应当前的文化语境仍是一大难题，需要中国学者从西方理论中重新翻译和阐释这些概念。之前我和您提到中国的"文"或"文化"，所有这些中国传统术语在文化语境中有什么含义？当我们将英文"culture"翻译为中文的"文化"一词，或许有机会在传统语境中重新审视这个词汇以寻得一些灵感和启示，为当今社会所用。这也是目前我们正在研究的重点话题：一些学者正在努力寻找一些新的关键词供现代社会使用。除此之外，在中国知识分子中还存在着另外一种倾向，即文化的倾向，只不过是跨文化的倾向。比如他们在谈论"中文"一词时，并不把它当作一种民族语言，而仅把它看作一种书面词汇。许多文化比如日本文化、韩国文化、越南文化也使用汉字，也使用中文的"文"这个概念。所以中国是如何影响该地区的其他文明的——或许比中国文化更发达的其他文明？为了研究这个问题，19世纪到20世纪，产生了一大批学者。

马库斯：中心领域外区域的行为。

汪晖：是的，我认为这一点十分有趣，毕竟我们的大部分知识其实都来自我们的国家知识。因此这种区域知识，可以说是一种新创造和新趋势，是为了应对全球化、强调区域语境重要性而做出的一种努力。

马库斯：那它是面向全球化还是面向官方所建构的历史？

汪晖：都有。

马库斯：它破坏了某种地区历史，建构了某种新的身份。

汪晖：没错。学者们也在尝试寻找一些替代方案。全球化中的一种占主导地位的现代化就是全球化的一种替代品。一些日本学者就研究了中国传统的朝贡实践，基于此，他们发现了该地区——不仅东亚、东北亚，实际上是整个世界——的早期贸易联系，一种基于全球理念的世界经济。这种跨越地域界限的想法虽仍存有很多争议，但却是很多人正在从事的历史研究。

马库斯：那对于主流思想的研究呢？我指的是20世纪80年代出现的批评家权力效应。萨特认为，"他者"的发明实际上是一种自我创造的方式，这些发明引发了一种结果，而研究这种结果的作用就是去质疑那些有权创造这种表征的统治阶级的组成。那么，您怎么看待"文化批评"或"文化研究"？当然，历史上有关中国文化认同感的主流研究并没有得到完善保存，现在也没有好好进行研究，作为一种严肃的学术研究而不只是从普通理论中的范本来看，您认为它是怎样的呢？

汪晖：这与西方理论的发展几乎是平行的，在20世纪80年代末，特别是90年代初，一些新思潮如"写文化"和女权主义被引入中国。这些新思潮在中国学者间引起极大争议，他们强烈批判这些存于本土主流知识中的以现代民族理论为主导的现代化理论。与此同时，人们还十分关注另一个双面性问题。这个问题一方面是对西方中心主义的批判，另一方面是对中国的中央集权制度，或者学术研究中的中心主义，以及人类中心主义副产品的研究。这些学者，尤其是民族学家，因为他们在研究少数民族，在为少数群体发声，所以他们会批评有关中国少数群体的一些流行思想。因此，在这种背景下，当代学术界都在讨论"中国到底是什么"这个问题，许多学者都在关注，只有经过这样一系列讨论和辩论后，"中国是什么"这个问题才显露。

马库斯：但其实这只是一个设问，并没有人期望得到回答，得到一个前瞻性的答案，或引起一些多样化的讨论。

汪晖：您说得没错，这的确是多角度、多样化的。然而，当人们提出"中国是什么"这个问题时，已经超越这个问题本身了。比方说，超越以汉族为中心的中国人视角了。同时，这个与中国有关的概念如何为当今的政策制定者提供一种可能？毕竟中国人拥有连续的历史观。作为中国人，我们拥有上下五千年的绵长历史。然而，如何理解从古至今中国历代少数民族如此多的历史残缺和碎片，同样也十分重要。中国的朝代是如何认定的？在什么样的历史背景下才能创造出这样的形象？这需要什么样的知识？历史研究视角中的身份政治，比如说清王朝是如何将自己定位为中国朝代的？汉人和其他族群是否认同清王朝是一个中国朝代？中国历史的连续性形象是如何被人们创造出来，而不是随历史主流自然形成的？这些都是我们去年在关注的主要问题。

马库斯：我觉得有意思的一点是，可能从来没有一个中国人有过历史割裂感，即使是西方，对中国的革命，包括中国的现代革命，还是有着各种不同的解释。政府的真正形态、思维方式以及再生产方式，都与这一漫长历史时期的连续性息息相关。这样看来，历史是互相联系的这种观点是正确的，但实际上这只限定于某些社会。因此，中国历史的连续性并不是一种静态的延续，而是一种动态的重新诠释、一种影响深远的创造。除此之外，要想去思考现世问题，我们则更需要对历史进行积极的重新解读。在我看来，这一观点在中国是很强大的。个人而言，我相信历史只是一种辅助工具，在西方意识形态是历史性的，世界已经来到了历史终结处，很多时候我们都处在历史的尽头。当然我们都知道事实并非如此，但这确实向我们表明一种将历史视为负担而不是语境的态度。西方的现代思想往往摆脱了历史的负担，某些西方国家如欧洲和美国非常喜欢历史的终结这种说法，但我认为中国完全不同。在其他地方，中国也许会被当作历史成为负担的例子。历史或许从不是一种负担，而是让我们思考现在和过去的一种必需品。

汪晖：有些人会讨论文化的功能，比如政治文化。我们都知道历史充满了分裂和断连。然而，什么样的政治文化才能被用于创造这种连续性？就儒家文化来说，其作为一种政治文化有着多种功能，可以在不同层次上创造甚至超越连续性。这当然不是谈论文化的传统方式，但我们仍然可以从中寻得某种文化规律、某种文化条件。儒家文化在创造历史连续性方面，而不是把这种连续性当作真实发生的事情方面，发挥了什么作用？目前学者正在对这些问题进行比较研究。同时我认为，这些与历史相关的问题也促使人们去重新思考现代性。到底这些联系之间有什么现代性？

马库斯：您认为从这个角度来看，在当今后现代化的时代，这个问题是否重要？中国是否非常重视这个问题？因为有一种观点是西方的发展对于中国并不太适用。它是否引发人们对中国历史的现代化进程的反思？它又是否意味着受到一些外来影响？是否这些思想产生了一定影响？问题有些多，请原谅我，我绝不是在质疑您，毕竟我对中国历史知之甚少。

汪晖：20世纪90年代中期之后盛行一种不同的理论："后现代理论"，在不同的学科中都占据了十分重要的地位。而现代性的概念大约是在对现代化理论持怀疑意见后才重新提出的。本质上，这些理论都是对现代史的不同解读，以一种反现代或反现代的现代性的方式。比如，当前一些人给现代中国革命打上了"反现代的现代性"的标签，因为一方面，它的确是一种反资本主义的现代性；另一方面，这也是基于对进步、革命以及各种思想的共同信仰。同时，这些理论也特别为历史研究开辟了一定的空间。目前一些学者正在研究中国或东亚的"早期现代性"。事实上，20世纪20年代的日本或更早时期的中国就已经进行了这种研究。人类早期现代性的思想萌芽于东北亚，先是10世纪前后的中国宋朝，然后到14世纪的朝鲜，再到17世纪的日本，逐渐发展。当时，由于原民族国家的长途贸易、市场、现代化、官僚主义等各种因素，很多学者难以接触到西方现代性研究。而现在，人们在对现代性进行批判或反思的同时，也在重新理解过去的历史。也许我们需要找到一个新的研究领域或新的概念来描述历史的新发展，毕竟历史真实发生并存在。一方面，我们要重新审视早期的现代性叙述，那是一种与西方现代性平行的现代性。另一方面，我们也会对其进行批判思考和选择，并不会轻易放弃对它的研究。如何描述历史？如何定义20世纪90年代中期之后的历史？现在我们都清楚，对那段过渡时期的重新定义和理解，并不是从国家框架，而是从全球视角出发的。因为20世纪二三十年代，人们谈论更多的还是民族主义、民族国家、民族关系。从总体上来看，全球化是在西方现代性作为元叙事的现代性以及民族理论等理论提出后才形成的新概念。目前，人们正在努力寻找不同世界间的相互联系，比如我们之前讨论过的国家之间的朝贡–宗藩关系和海上联系，这些都是跨国界行动，唯有重新定义那个过渡时期，新的观点才会不断出现。因此，我们在批判元叙事现代性的同时，仍需创造一定空间，理解东亚历史中那些早期思维。这些就是我们目前正在做的东西。

马库斯：感谢您的回答。听完之后我觉得，后现代理论时期与多学科交流和相互交织，为您提供了一种思维工具和思想框架来重新解读中国历史。那些不以历史为导向的人，在后现代化的末期感觉被抛弃了。那如果以历史为导向，我认为在20世纪90年代，我们面临的挑战是使用后现代主义的思想来研究全球性增长结构。

汪晖：中国和日本一些学者正在讨论一个在中文中被称为"文"的概念。这个概念在中文中有着两种定义，一种意味着写作素养，另一种意味着文化。我们知道，中国的书面文化和书面语言，历来都被视为中国统一的象征，正是因为我们有着统一的书面语言，中国历史才可以如此稳定而绵长。然而，所有这些正在谈论"文"的学者，他们关注的并不是中国本身，而是整个世界。所以，他们其实已经是在一个世界体系而不是单一的国家架构中定义"文"这个概念了。这是一个平行却又不同的定位。

马库斯：我对这个话题很感兴趣，它讲的是汉语和一些跨边界、跨国界的词汇。

汪晖：同时，这也重新激起了人们对早期传统的兴致。就比如当谈及"写文化"时，有些人会重新考虑这个字词在当前世界而不是拉丁语世界的角色。那么，如果中国人有这个字词，它将有什么意义？这个意义将不仅是对一个民族国家而言，更是对整个世界体系而言，而这也就是"文"这个词汇的真正含义。

马库斯：与您一席谈，我受益匪浅，我想我们的讨论到此结束。很荣幸见到您。

汪晖：我也很荣幸认识您，并参加这次对谈，谢谢您。

录音整理翻译：徐雪英

数码时代人类学与传播学研究的理想与前景

时　间：2016年9月20日
地　点：北京大学社会学系
对谈者：陈卫星：国际传播学教授，博士生导师。毕业于法国阿尔卑斯大学（1994年获得信息传播学博士学位），中国传媒大学国际传播研究中心主任（2008—2018年）。曾任联合国教科文组织欧洲国际传播客座教授、欧盟高校联合体伊拉斯莫斯世界项目（Erasmus Mundus Programme）访问教授、法国洛林大学客座教授，中国新闻史学会中国新闻传播思想史研究委员会创会会长，中国传媒大学学术委员会委员，中国社会科学院新闻与传播研究所学术委员会委员，中山大学特聘教授，西安外国语大学讲座教授。研究领域：传播学历史和理论、媒介文化研究和国际传播。主要论著：《传播的观念》。
米勒（Daniel Miller）：英国科学院院士，伦敦大学学院（UCL）人类学系教授。早年毕业于剑桥大学考古学及人类学专业，获博士学位，自20世纪80年代以来成为英国后现代主义物质文化（Material Culture）及消费研究领域的领军人物，代表作有《物质文化与大众消费》（*Material Culture and Mass Consumption*, 1987, Basil Blackwell）、《现代性——人类学视角下特立尼达的二元论与大众消费》（*Modernity—An Ethnographic Approach: Dualism and Mass Consumption in Con sumption in Trinidad.* 1994, Berg）、《消费理论》（*A Theory*

of Shopping, 1998, Polity Press/Cornell University Press）、《礼物之慰藉》(*The Comfort of Things*. 2008, Polity)、《东西》(*Stuff*. 2010, Polity)。近年来米勒教授的研究关注数码给当今人类社会所带来的影响，出版了人类学研究领域全球第一本有关互联网的研究（2000）：*The Internet: An Ethnographic Approach*（《互联网：民族志途径》）。较早关注于手机与低收入人群的研究（2006）：《手机：传播的人类学》(*The Cell Phone: An Anthropology of Communication*)。有多项领域的"业内第一次"：如第一本有关社交网站的人类学研究（2011）：《脸书传奇》(*Tales From Facebook*)；第一本有关社交网站的人类学研究（2012）：《移民与新媒体》(*Migration and New Media*)；第一本数码人类学的教材（2013）：《数码人类学》(*Digital Anthropology*)；第一本视频通讯的人类学研究（2013）：《网络摄像头》(*Webcam*)。

米勒：伴随着数码时代的新技术，人们与"他者"不再遥远，因为我们能够用网络摄像头交流，不仅缩短甚至消除了距离，也可能使彼此更为相似。这会让我们面对社会科学从迪尔凯姆到齐美尔的宏大叙事：从更为传统异质的群体到彼此更加平等接近的更为同质化的世界。卡斯特和韦尔曼这些研究数码发展的社会科学家似乎都同意这种叙事，也看似与我们的预期相符。但作为人类学家，我认为不应视其为理所当然，我想看看是否确有证据支持这种论断。所以，我们最近组织了由九位人类学家组成的团队，在全球九个地点开展为期15个月的田野调查，考察社交媒体的影响。

这项研究使我们得到出乎意料的结果，我们发现，社交媒体并没有使所有社会彼此更加相似或使"他者"更加接近，事实上每个地方的人都将社交媒体转变为地方价值与文化的良好表达。例如，我在一个英国村庄作调查，令我惊讶的是，英国对社交媒体的使用不同于其他地方。我们本认为人们会用社交媒体发展各种网络，从而创造出某种网络社会，正如卡斯特等笔下的人，但这个英国村庄的人并非如此，他们以一种非常英式的方式使用社交媒体——与其他人保持一定距离。他们会说，我有一个朋友或表亲在社交媒体上，这样挺好的，因为我可以不用邀请他们来我家，也不用打电话，却不会显得没礼貌，我在社交媒体上联系他们了，这正是人与人之间的合适距离。这种看法是非常传统的英式社交方式。

这表明社交媒体并非被用来消除他者的距离，更有可能的是更加"他者化"。

陈卫星：我非常同意您的说法，也很欣赏您有这么充沛的精力进行这么大范围的考察，来验证社交媒体究竟对社会行为产生了多大程度的影响这样一个社会学问题。

从19世纪社会学形成以后，人们对人和人的关系在工业化、城市化乃至后来的现代化过程中会发展成什么样的趋势，是有很多疑问的。20年代齐美尔提出过陌生人的概念，其背景是西方进入工业化阶段之后，出现了农业人口变成工业人口的社会现象，而在不那么工业化的地方，人们一直保留着很强烈的传统关系。而在中国人伦关系尤其是几千年以来中国人与人之间关系的核心问题，是最重要的社会关系。中国人伦关系的体现就是费孝通先生讲的差序格局，按照血缘和地域进行划分，近亲远疏。进入现代社会后，可能是按照职业、学历的构成来建构社会关系，以一个世纪以前美国社会学家库利发明的"参考群体"概念作为核实社会关系的指标。比如，有一个被数字媒体所证明的传统，在10年前，中国电信的收入主要来自短信，短信消费的很大一部分来自逢年过节人和人之间的相互问候，一般是年轻的、级别低的向年老的、级别高的表示问候和祝福。这可以验证您的观点，即数字化对社会行为的创造性是跟已有的传统进行合作，在某种程度上也可以进行延续，当然这是问题的一个方面。

数字化最关键的问题是，科学技术的进步在某种程度上意味着人性解放的幅度和范围、人自由化的表达的可能性，我想您的研究也表明了这个问题。从这个角度而言，在社交媒体时代，对他者的距离同时存在着远和近，之所以近是刚才讨论的传统的影响和行为，之所以远是因为社媒带来了更大的好奇心，而这种好奇心可能会鼓励我们想办法让它变为近，这就会产生新的社会行为，或者说人类学意义上的冒险，这种冒险又为人类行为的未来发展增添了很多新的话题。

米勒：非常感谢，这是非常有用的讨论，也涉及我们刚刚做的一个项目。汤姆·麦克唐纳教授现在在香港大学任教，出版了一本关于中国农村的新书，正是探讨农村中的陌生与亲密等观念。麦克唐纳教授认为，传统上人们跟亲戚、家人或同学之间的亲密与跟外来者的陌生，是现实存在的对立——这是将齐美尔的理论放到中国的语境下；但现在村民们广泛使用社交媒体，能够直接与陌生人交谈，并且谈得十分频繁，而且，他们把陌生人作为谈论私密之事的对象——譬如有关他们的家庭或朋友等不能与其家人和朋友聊起的话题——以避免带来麻烦。因此，与亲密和陌生的传统对立不同，现在陌生人才是谈论生活中最私密问题和话题的人。

陈卫星：您说的这个现象很有趣，但事实上我们可以这样解释：在中国文化语境下人的社会行为习惯中，人们按圈子形成一个个社交媒体聚会的场所是很普遍的现象，比如过去的 QQ 群、现在的微信群。此外，因为中国文化缺乏西方的个人主义传统，所以聚群是一个普遍现象，在群聚之外的人大概可以分为两类，一类是非常能干、有多方面的社会介入能力或社会参与兴趣的人，他可以同时加入很多群，另一类可能由于年龄、文化等原因的限制而被社交媒体所冷落或者说保持一个距离。

您说的陌生人介入交谈的现象有其真实性，但还有另外一种真实性，就是很多是熟悉的陌生人，在中国有很多原因使人们需要以陌生人的形象进入另外一个传播空间，或者是因为面子，或者因为害羞，或者是因为要发表一些批评尺度比较大的言论。所以，当中国后来提出上网实名制的互联网管理制度时，在受众里激起相当大的不同声音。我们在虚拟空间中有许多相对开放的表达，这可能是工业化、现代化下人们释放压抑的另外一种方式。在20世纪60年代人们讨论过为什么好莱坞是白日梦，但现在这些传统的逃逸方式已经不能满足，需要寻找新的逃逸方式来释放想象。如果再考虑到中国广袤地理空间所内涵的人文资源的丰富性和多样性，中国虚拟世界中发生的行为比西方某些发达国家显得更为活跃和多元化，这点我毫不怀疑。

米勒：我认为您最后谈到的有关多样性的问题非常有意思，因为像我这样的外来者所面临的一个问题是并不十分了解中国以及中国社会，我们通常倾向笼统地概括中国，认为中国人都是一样的。所以我们这项研究的一大优势是，有两个项目同时对中国的社交媒体展开研究。其中一个项目由王心远负责，考察新兴的农民工对社交媒体的使用，她发现他们对社交媒体的很多用法完全不同于麦克唐纳教授在农村地区的研究结果。对我们而言这非常有意思，因为她的很多结论与我们通常听说的中国社会的行为并不相符。我们最初读到她的描述时，认为这与我们之前了解的中式交流方式的差异只是例外而已，但随后她指出，有2500万中国人进入工厂体系，不能称其为一个小例外，这是呈现中国内部多样性的不可或缺的部分，中国内部的差异和中国与我们研究的其他国家之间的差异一样大。

回到上述的问题，我们认为，把对社交媒体交流的研究用来探索新形式的他性是非常有意思的，它正在由当今中国社会的动力而生成。

陈卫星：从这两个不同的案例中，您发现的具体差异是什么？

米勒：王心远的研究表明，在某种程度上存在两种移民，一种是从农村到工厂的移民，同时他们也是从互联网的线下到线上的移民。她指出，之所以这两种移民都来自农村地区，是因为他们希望发现、经历现代化中国的各种新的可能性。所以他们倾向于在 QQ 和微信上"晒"出的通常是他们很感兴趣的旅游、蜜月或豪车图片，他们正在认识新的环境。在新的现代中国中，他们使用社交媒体探索各种可能性以及想象自我，对他们而言，某种程度上这段旅程始于从农村到工厂的迁移。这跟农村中农民的新交流方式相比有着完全不同的兴趣和方式，农民对家庭和教育更为关注，对通过教育而立业有着更为传统的希望，而这些农民工却没有。因此，我们了解到两个形成鲜明对比的群体以及他们对社交媒体的不同使用。

陈卫星：这种不同可以理解为现代化的压力。这两种现象在中国的市民阶级中也都不同程度地存在，在中国的城市生活中，既有很多传统价值的表达，也有很多来自他者想象的东西，比如名车、别墅等。但如果生活在这个语境当中就会看到，这种来自消费主义的想象虽然可能只是一种愿景，但这种想象的存在可以维持这些人的一种生活态度，因为有奋斗目标的激励机制。这些被激发出来的情绪和想象，如果我们把它理解为类似于法国 18 世纪启蒙运动那样的价值诉求，就会产生对现实的超越性观念和行为，从而激发历史维度意义上的社会变迁。但按照激进左派的观点，会认为这是一种暴力象征，因为这是一种欺骗，或者是一种欺骗与自我欺骗的合谋。

米勒：我认为您刚才提到的观点非常重要，在考察这些现象的过程中，许多有关现代性和阶级的复杂环境及背景因素必须予以考虑，理解它们对我们而言非常有意思。但我们仅有两项关于中国的研究，我相信在中国的传播学领域有许多关于中国不同社区的差异性研究，有形成更为广阔的比较图景，以能够在其中探索这些非常令人激动的新发展的各个方面。

陈卫星：传播学的问题稍微复杂一点，因为传播学在中国的历史非常短暂,大概是从20世纪70年代末期开始的,80年代之后,中国在以经济发展为核心这种实用主义逻辑下,开始引进美国的传播学,主要是从对受众态度的调查开始重新检验信息的号召力。从20世纪90年代开始,中国已经明确意识到必须加入经济全球化,所以确定了社会主义市场经济的发展方向。这时我们发现,原来传播信息的手段不仅是一个信息问题,它本身可以服务于经济,甚至成为一种产业,所以中国这时在传播学领域主要把它界定为两个方面,一个是让它继续成为国家政策的发声筒,另一个是让它承担更多的信息联络功能,如广告推广,从而进入传统媒体发展的黄金时代。

米勒:非常感谢。作为一个外来者来看,我认为基于您刚才谈到的原因,在传播学研究的发展上中国或许正处在一个非常幸运的位置。我们正在与前所未有的新发展打交道,有着各种瞬息万变的动态事物,一些研究的老传统在某种程度上显得保守,它们的方法和概念不再适应新的动态环境,阻碍了研究的新可能性。但或许在中国没有这样的负担,因为它是一门新兴学科,可以更加自由地发展研究这些新现象的前沿方式。

我们也在突破传统,尽管我们是人类学出身,与处于非常传统或非常稳定的环境中的人群打交道,但我们试图寻找新的方式与充满动态变化的新媒体打交道。因此在这个项目中,每个团队都设计出很多比较和协作的方面,比如在短短几个月内,或通过一个平台,或跨越世界的不同地域,以处理这些新的因素,研究方式变得非常不同于传统人类学,这就是您刚才描述的全球化环境的体现。

陈卫星:数码的发展全面开拓人的感知功能,空间的扩展性和时间的即时性融为一体,把人性观察的周期缩短了,也使得人性的内涵和定义随时处于一种在技术驱动下的裂变和自我变异。在这个过程中,会不会预示着技术的介入使得人性自身会发生变化?会不会让我们转向基因科学的角度来看待这个问题?

米勒：我认为我们面临着一个严峻问题，即人们对这些新媒体的描述以及回应它们的方式。每当一个新媒体发展时，就会有两种极端的回应。一方面，你常常在报纸上看到非常怀旧的回应，它们会说，在这些新媒体兴起之前我们是更好的人，有适度的、面对面的关系，现在每个人都在低头看自己的手机，我们失去了一些真实的人性。另一方面，有些人面对新媒体非常兴奋，他们会说，现在我们是超人类、后人类、赛博人，因为我们不能够再割裂技术和人类。我们认为这两种观点都有问题，每当有新技术出现，人们总会有同样的回应，不断重复，这两种观点并没有什么新意，问题在于"人性"的含义。当我们使用"人性"这个词的时候，是以一种非常保守的方式在使用，指的是迄今为止所有与人有关的事。或许我们应该对"人性"有新的定义，包括所有人能够所为之事，也包括十年后、百年后的所有新发明。所以在研究中我称其为"获取理论"——新技术使我们获取了人的新能力而非失去人性。

陈卫星：我同意您的结论，人性的定义是开放的，但回到最开始的话题就会发现，任何技术尤其是文化技术的介入对人的影响是一个长期的、有意义的话题。我们不能说技术决定制度，但是技术肯定是制度运行的重要实施手段，肯尼迪时代靠电视来进行竞选，而奥巴马时代是靠博客来进行竞选，这就形成人类制度运行的一个观察点。我们看到，在有技术条件和能力的国家，可能相对容易较快地适应这个过程，但在一些技术观念比较传统的地方，制度运行和技术冲击之间往往形成更严峻的矛盾。但我们知道，技术的运行可能是有资本的推动，但最后被社会所接受肯定是技术实现或者创造了某些人性的新特质，发展实现了人的对象化的发展——就是您最早很出名的"对象化"的概念。这个问题的讨论应该是开放的，在人性和制度之间创造的新范式可能会预言着未来新社会的特点。

米勒：非常感谢。我认为我们出自同一传统。以理论术语而言，我受教于黑格尔的辩证传统，它使我将社交媒体的发展视作一个不止有技术和人性的过程，而是各种事物交织发展的过程。正如您所说，这为各种问题留下了开放的余地。因此当我们考察某种现象时，我们希望知晓技术、合作、资金、用户群等分别作为原因的比例，它们如何作为根本原因导致我们所看到的变化。

在我们的研究中，对此问题有许多令人惊讶和多样化的结果。有时是一个看似非常清楚的案例，如我们在叙利亚和土耳其交界的一个严格的穆斯林社区的调查。在使用新媒体之前，当地男女青年不能亲密接触，因为他们的父母禁止，但现在有了新媒体，这些年轻人每天在社交平台上发500条消息——每天500条，并且他们的父母并不知情。在这个案例里可以清楚地看到，技术如何带来新的社会可能性，但从我的研究中我们得到更加意外的结果。例如，我常常跟人说起我使用电子邮件的经历，在英国的资本主义体系中，公司尽可能使工人不在工作时与工作之外的人交流，他们认为如果允许人们有这种交流，生产显然会受损，但当电脑和电子邮件兴起后，我们能够克服这些障碍，并且依然很有生产力。所以电子邮件的重要性在于消除了这些边界，现在我在工作时处理很多私事，也在家里处理很多工作。这是我的经验，但随后我展开了对那个英国村庄里年轻人的调查，我发现他们恰恰相反。他们从不使用电子邮件进行私人性的交流，而只用它处理与工作、学习、商业等相关的事务。这表明他们正是用电子邮件建立屏障，而这是我认为电子邮件所消除的。所以如果将合作、技术和用户作为最重要的三个原因，我们发现很多令人惊讶的结果，有时与我们的预期相符，但并不总是相符。

陈卫星：我同意这个观点，从20世纪80年代，人们就开始研究新信息技术对社会距离和心理距离的影响。您刚才谈的个人经验和英国青少年的经验，可能是在不同年龄段对工作和私人空间的自由度把握能力的差别所导致的结果。这种现象在发达国家应该比较普遍，在中国的核心城市也会出现。关键是人生活的地方的经济发展水平导致我们对新媒体的感觉不同，或者说是社会本体的文明形态的差异。如果我们所在的是第三产业发达的城市，就会对新媒体的使用所带来的人际交流的自由化感到比较亲切，而在不发达国家和地区——以资源型经济为主的地方，人们对新媒体的感觉可能是更加工具化。

米勒：我完全同意您的看法。例如，我们研究的一些群体并不识字，他们是文盲，看到他们使用社交媒体并通过视觉形式来交流非常有意思，社交媒体创造了交流的新可能，它并不需要识字，可以使用视觉符号创建联系。通过研究这些文盲群体，我们开始理解社交媒体发展的重要，传统的交流基于语言，或文字形式或口头形式，但现在我们有了第三种方式。只用视觉材料而无需语言，凭借社交媒体我们依然能够进行新的有效交流。

陈卫星：我们有时会认为这是很有社会效果、非常人性化的事情，但是如果从传播学的角度看可能会有不同意见。迄今为止，我们所生活的这个世界的制度是建立在文字文明的理性基础之上。我们会发现一个差别，世界上很多不发达的地方，或者比较落后甚至被称为破产国家的地方，有一个重要的文化原因，就是这些地方在历史上没有形成过有效的文字文明阶段。而在近代化历史进程中，一些大国如中国、英国、德国和法国，在形成民族国家的过程中，文字的规范和统一起了非常重要的作用，并且创造了它们独特的有世界影响力的文化。

图像传播之所以泛滥，源于它突出的传播效果，第一它能获得最大量的受众，第二它可能也有人性化的可接近性的一面。但它能不能在更大程度上实现信息传播的理性，我对此有疑问。当然有时候我们也会看到令人好奇的一面，因为对古典文化不愿意表示尊敬的人或感到厌倦的年轻人，他们会形成很大的群体来赞扬这种简单的文化，形成很大的市场影响力或受众影响力，这从 20 世纪 60 年代的图像文化开始，延续在今天的 YouTube 和 Facebook 上面，这有它的合理性，也说明一种文化的危机。当代我们首先接触的文化为什么是视听文化？因为是一种发现，一种释放，有时候也是一种创意，并且会在自身的传统文化中获取资源。

米勒：我认为我们不能低估视觉图像的力量，例如，中国绘画传统总是结合书法，这与英国的绘画传统非常不同，我们二者只居其一，所以对我们来说，中国的古典传统真是博大精深。对我而言非常有趣的是，我看到这些年轻人也创造了新的融合，例如，这些年轻人使用的 Memes（模因）[①]，就是将图像与文字结合。王心远在研究中指出，微信虽然是设计来打字的，但人们也发送很多语音消息，从而创造了更为复杂的交流形式。尽管这看似无法与博大精深的中国传统古典绘画相媲美，但中国的现代艺术家会利用这些新的混合媒体的创新性，也创造出新的博大精深的中式艺术表现形式，至少我希望如此。

陈卫星：您对中国书画的着迷可能源于跨文化传播的魅力或诱惑。英国虽然有一个很不受欢迎的首相撒切尔夫人，但是她的强硬行政手段帮助了英国的产业转型，摧毁了一些传统产业，才让英国的文化创意产业到最近10年在全世界发展得非常有影响力。

米勒：我不太同意您的观点。我认为这些强硬政策非常具有破坏性，使得年轻人失去自信，失去资金支持，并在某种程度上失去允许他们发展创造的文化。在我们变得更加积极乐观以前，还有很长的路要走，需要更加开明、更有推动力的政策，给予人们更多信心去发展新的现代数码形式。从我的经验来看，那个时代是非常具有破坏性的。对此问题，我们或许持不同看法。

陈卫星：您说的这个角度确实对中国产生了很大的影响，中国曾

---

① 网络用户将某一产生共情的内容，如热点时事、笑话段子等，制作为图文、gif、视频等进行传播，即表情包、特效视频等。

经有一段时间非常主张发展动漫产业,但很遗憾,到现在为止投入与结果相比并不理想。我们在全世界的地方旅游就会发现,以视觉吸引力为主的工艺性产品,在旅游业、服务业市场上占到越来越大的比例。

您谈到的我们对图像会产生好感,甚至图像会产生价值,如果参照英国牛津学派的语用学(pragmatics)理论,即说话即做事,可以把图像看作一种图像主体的行为。如果各种技术格式和存在样式的图像信息与人类社会形成越来越密切的互动,在信息生产和意义建构上越来越重要,那么以后不但带来更大的经济价值,可能对未来社会的发展也会产生有效的影响,即让人成长的成本如心理成本、文化成本、社会成本等都降低和减少。这是物质文化的创造性。

米勒:我同意您的说法,您举了一个例子,中国有试图发展动画片的政策,以创造新的商业环境,对人们产生影响,但您认为这并没有成功。我认为有趣的一点是,当政府或商业集团试图发展新的视觉语言时,都不总是十分成功的,而我们在研究中发现,新的视觉发展其实主要来自用户的创造性,当这些实际的使用者创造出自己的Memes(模因)形象时,它们的流行面更广,因为有流行基础,而问题是精英群体瞧不起它们。

陈卫星:我从您的简历中发现您作过大量的研究,在这些研究中,您的网络民族志的研究方法的技术性和可靠性是怎么保证和实现的?

米勒:从很多方面来说,关于方法论的问题,我认为新的数码交流是赋予我们学者的有益本事。过去我们担心访谈会受到我们在场的影响,但在社交媒体上,我们能够目睹其他人之间进行的所有谈话,看到了交流的真实性,即使不在线也依然如此。但我认为这些研究存在一个非常重要的争议:有的人认为研究线上的行为就只能上线观察线上发生的事情,这对研究而言就足够了;但我提出另一种传统,为了理解人们在线上的活动,必须同时了解更多他们在线下的事情。

陈卫星：这种方式在一个国家内部操作是可行的，但在更国际化的操作中，如果观察对象很多，时间和数量如何保证呢？

米勒：这是根本的问题。因为没有人只生活在线上，我们无法预知他们在线上这样做是基于宗教、教育、阶级、性别还是经济的原因。因此，为了开展全球性的研究，我们必须像这个项目试图做的那样打破这点，不能在线下研究的必要性上妥协，在所研究的每个地方都必须将线上和线下结合起来。

陈卫星：有这么好的机会和这么大的投入，我相信在技术上的保障是没有问题的，对以往的人类学是一个丰富和提升，因为增加了线上和线下的结合，到目前为止，你们主要发现的有价值的观点是什么？数字人类学对已有的人类学会产生什么样的贡献？

米勒：我想以新的交流方式与政治之间的关系为例回答您这个问题。如果从事其他类型的研究，并且关注的正好是政治方面，而网上有大量可供研究的政治方面的帖子，研究者会聚焦于政治背景，试图解释人们为什么发表或不发表这些政治评论。但在我们的研究中，令人惊讶的结果是，在所调查的很多地方，网上的政治帖子比我们预想的少得多。例如在土耳其的调查点，应当是出于政治的原因，因为在叙利亚和土耳其边境有很多暴力冲突和政府管控，所以可能人们害怕发帖，但我们在印度的田野点得到完全相同的结果，土耳其的那些原因完全不适用。当我们进一步寻找证据时，发现真正主导的原因不是政治，而是人们与朋友、亲属共享社交媒体，政治常常造成分裂，带来纷争，某个地方的人不希望引起这些纷争，而想维系友谊与亲情。因此，如果我们不研究社会背景和政治，就无法发现社会原因才能解释印度政治帖子很少这一事实；如果只是狭隘地研究网上的政治帖子，就会误解摆在我们面前的真实证据。

陈卫星：我很惊奇您的发现，您的研究证明西方人提出的现代化理论的现实性，因为在库尔德和印度的某些地方，尽管有宗教文化背景的差异,但都首先要建立生活共同体,有生活共同体才可能形成社会共同体,由此才可以建构政治共同体。这可能是对后现代理论的否定。

米勒:我很乐意否定后现代理论,我完全同意您的观点。在不同的社会,人们有不同的倾向性,有的更多参与政治,有的更多投身对他们更重要的媒体社交关系。但在方法论上,我们必须考察所有方面,从而确定某个特定的社会情况。

我之前提出数码形式的发展对人类学很有助益,因为我们能够极大地介入人们的日常交流之中,并且我现在认为,我们无法想象不去研究新的数码技术和社交媒体,因为它是我们日常生活不可或缺的部分。我常常举下面这个例子来说明为什么必须反对把虚拟空间作为完全独立的存在:比如有两个人,一个人对另一个人说,你跟你母亲通了两小时电话,我一直在听,好像通话的情况不太妙啊,你们在实际生活中的关系怎样。因此,我们无法想象现在通过电话的交流与现实世界是割裂的。对于人类学而言,我认为这种观点同样重要。

陈卫星:我理解您的观点,技术的进步和介入所带来的这种对象化的存在,已经成为人和技术共生的一种现象,这种现象会越来越有新发展。您刚才讲的两个小时电话的有趣例子,在中国也能找到,因为有人觉得通过电话沟通会更有趣、更有效、更方便。任何技术之所以被人接受,因为它会产生一种上瘾症,这是技术改造或影响人性的一个观察点。所以人总是在想办法创造出新的技术,来证明人不会受已有技术的控制。

米勒:在研究中,我们发展了一个名为"多媒体"的概念,它试图从方法论上解释我们如何行事,正如您刚才描述的众多新媒体的剧增,它被用来解释人们如何判断彼此,他们怎样选择不同的媒体。例如,某个孩子知道父母不喜欢他交往的女朋友,他们不想见面,希望受到距离的保护。那么他们可以选择非同步的媒体,不必聚在一起,这使他们避免来自父母的怒气。多媒体有助于我们理解人们如何看待不同的社交媒体，并且针对特定的问题找到最适宜的方式。

陈卫星：这符合您一贯的具有人文主义的人类学思想，不管何种新媒体技术，我们在使用过程中，用到具体的人际交往时，不能仅仅把它看作一个有益的礼物，而只能根据对象的适用性再进行选择，这是一个很有意义的想法。从这个角度来看待新媒体，人性的丰富性会比我们想象的要好很多。

现场翻译：王心远、刘怡然

博物馆：文化表达与保护

时　间：2012 年 9 月 2 日
地　点：南锣鼓巷帽儿胡同 4 号，朴道草堂书店
对谈者：罗红光：中国社会科学院社会学研究所研究员、博士生导师，上海研究院特聘教授，中日社会学专业委员会会长、亚洲论坛创始人，曾任中国社科院社会学研究所《社会学研究》编辑部主任、副主编，人类学室主任。主要研究领域为文化人类学、经济人类学、影视人类学。主要著作有《黑龙潭：一个中国村落的财与富》（日文版，行路社，2000 年）、《不等价交换》（浙江人民出版社，2000 年）、《人类学》（中国社会科学出版社，2014 年）等，发表论文多篇。

青木保（Tamotsu Aoki）：文化人类学教授。曾任教于大阪大学、东京大学、政策研究大学院大学等，曾任日本文科省文化长官。他曾受邀为哈佛大学访问学者，在巴黎社会科学高等研究学院和德国康斯坦茨大学担任客座教授。他曾在泰国、斯里兰卡等亚洲国家和欧洲进行过广泛的实地考察，曾经与中国社会科学院的人类学家合作进行过 IT 传播与文化产权、文化外交政策等研究。他被授予三得利学术奖（Suntory Academic Prize）和吉野奖（Yoshino Sakuzo Prize），并且获得日本最高荣誉的日本政府"紫绶奖"（the Recipient of the Medal of Purple Ribbon of Japanese Government）。主要著作：《仪式的象征意义》《日本文化的

变化》《东方主义的逆光》《异文化理解》等。

罗红光：今天的话题是博物馆与文化的表现这一意义上的文化保护，以如何表达和保护问题作为焦点，希望听听青木教授的见解。最近，博物馆的话题逐日益渐盛行起来，其背后包含了诸如"软实力""文化的表现"等话题。就这一点想听取青木教授的看法。另外，博物馆尤其传统博物馆与人类学有着很深的渊源，请结合其历史发表一下您的看法。

青木保：当今中国提出"文化强国"的理念，加大了对文化政策的关注力度，在这个背景下，建设了很多博物馆、美术馆等文化设施。昨天我访问了中国美术馆，据该馆馆长说，北京奥运会的场地4年后将会建设成一个巨大的美术馆，16万平方米，超大！估计是世界上最大的吧。当今北京的国家博物馆在世界估计没有比这个更大的了，20万平方米！日本就没有那样规模的。日本的东京国立博物馆馆长在访问北京新的国家博物馆时说："我们的博物馆只相当于这里的门厅。"博物馆有两个功能：一个是当下中国所说的那样，出于爱国将文化汇总起来，以视觉理解的方式展现中国的文化遗产，告诉世人中国人创造了多么繁荣的文化，这一点和法国、日本都一样，我认为这是博物馆一个很大的作用。还有一个作用世界各地博物馆也都有，那就是无论从文化还是审美角度上看，展示拥有很高价值的古老文物本身也是非常有意义的事情。展示意味着它超越国家，是全人类的遗产。所以世界各地的人们来参观故宫博物院，它是超越了中国、超越了亚洲的文化遗产。

罗红光：是的，文化遗产，作为展示品出现在人们的眼前。从博物馆来看历史的一面，我们发现，很多展品是历史上冒险家从世界各地收集来，展示在自己的国家。从这个意义上看，刚才提到"对人类的遗产"这一说法，并不是针对一个民族国家，而是对人类而言的遗产。作为方法论上的问题,例如至今仍然有效的科学主义方法,又如人类学方法的定位等,人们以这样一个视角来看待遗产,关于这一情况您怎么认为?

青木保:在这里我还应该指出博物馆的另一个功能。近代,特别在现代,英国人与法国人在世界开拓殖民地,他们去非洲、大洋洲、拉丁美洲等世界各地,从原住民那里拿走了不少东西在自己国家展示。譬如古希腊古代遗迹的文物目前被陈列在大英博物馆里,现在希腊政府要求返还,英国拒绝归还,英国政府强调他们保管得更好。这类问题在殖民地关系中较为常见——存在于各地的贵重文化财产被列强掠夺并展放在外国,如巴黎的人类博物馆等在文物保护这方面非常专业,还有如耗时10多年建成的巴黎凯布朗利博物馆(Musée du Quai Branly),那里展示非洲、大洋洲、拉丁美洲原住民文化的东西,一般人类学称其为"物质文化",从那些物质文化中,摘取具有观赏价值的美丽东西作为一种美术进行展示。关于这一点也有各种不同的看法,如为何将那些原本属于生活、生存的东西拿来供人观赏?是不是无视了文化的意味?但是另有人认为:正因为通过新型方式展示历史遗留下来的优秀的文化财产或物质文化,才使其在世界范围内获得知名度。博物馆也有这种功能。

罗红光:的确如此。除了刚才您提到的物质文化,还有"无形遗产",即非物质文化遗产,大概在5年前,我们开展了这方面的国情调研。

青木保:是中国吗?

罗红光:是。主题是"非物质文化遗产"。主要针对以下三个案例:一是妈祖祭,南方渔民的信仰;二是女娲祭,对女神的信仰,尤其在北方;三是秧歌,延安地区的一种民间舞蹈。它们都是以仪式、舞蹈或信仰的方式表达的非物质文化。刚才提到摘取物质文化展放在博物馆,当涉及非物质文化遗产时,这些遗产中都包含着"人",

（当事）人的因素将介入。在这种情况下，对人类学来说一个很难的问题被呈现了出来。对此您怎么看？

青木保：在美国纽约有人类学意义的博物馆，里面陈列着美国原住民印第安人的各种物质文化遗产。据报道，来到博物馆参观的现代印第安人认为那里供奉着他们的祖先及其各种遗物，因此会顶礼膜拜，甚至有动情流泪的场面。这种事情总会发生。拿到外国博物馆展示的文物只是其文化的一部分，只以"美""方便"等品味进行展示，从而失去它真正的意义。日本有源于本土的"神道"信仰，如果博物馆中摆设"鸟居"①，日本人也有膜拜的习俗，但如果仅仅因其中的美、有趣而展示，也会让日本人感觉不舒服。二战后日本也在各地建设博物馆，如大阪国立民族学博物馆，但与殖民时代不同，主要以20世纪70年代以来采集的文物为主，陈列展品的主要目的在于敬仰原住民的文化，为现代人重现。英国的情况实际上是将当地人拥有的东西掠为己有，这在当代已绝对不可能。文化一方面无论什么人都可以观赏，另一方面包含了创造者固有的文化、固有民族的珍贵价值，需要发现其中的价值，防止丢失价值，所以有两方面的作用。建设博物馆、美术馆并非易事，尤其在当代。

罗红光：您提出了非常重要的问题。历史上殖民者单方面地获得遗产并展示自己的威力，其中有对人类有普遍价值的、值得尊重的物品当然也受到了保护——我们也许可以这样简单地概括。近代国家建设中，文物为国家而用，或者为商业、观光而用，其中存在各自的价值；还可以认为这是保护文化的一种方法，如记忆、商品价值、政治价值等。可见博物馆也如此展现了自己。如您所述，美国印第安人开始声张地方价值、自己文化的所有权，这样，博物馆已不再单纯是

---

① 称 Toriyi，是日本神社的牌坊式建筑，表示区分神圣和世俗区域的界牌。鸟居专指神域的入口，进入之后，所有的行为举止都必须特别注意。

一个展示物品的地方，对人类学来说，它具备各种分析视角的可能性。问题是，虽说有各种分析价值，人类学在其中将扮演什么角色？譬如，作为人类学家，需要"参与观察"（田野调查），这种姿态不仅需要对文物进行观察，还要从日常生活入手去接近研究对象。那么在物质与非物质中间，尤其针对"非物质"，需要根据参与观察加深理解。譬如展品，如您刚才所述，被选来展示的东西脱离了当地的文化脉络，对它的解释只依赖于科学家的说词。那么它在日常生活中如何表现，人们如何给该物件赋予情感？如果从博物馆的功能来考虑这些问题，何以可能？尤其从表现文化这一角度。

青木保：从人类学的立场来看，来自世界各地包括本文化以外的文物汇集在一起时，要尽可能传达文物正确的含义，即便是一个面具，也要准确地传达其文化信息，这是首要的。如果只说"有趣""恐怖""美妙"等，对一般人而言，它只会给人以兴趣的收获，人类学的说明还在于介绍其真实的内涵，如在信仰中它如何被使用，准确的说明非常必要。另外，如罗先生刚才所说，博物馆只陈列展品就可以吗？博物馆还应该向社会发出信号。这是一个大问题，截至目前大都是展示而已，根本没有（人类学）解说，现在有必要开展向社会、大众积极传达信息的活动，严谨地传达人类学的解说，即从科学角度正确地解说，传播人类社会存在的各种文化。博物馆不仅仅是爱国主义的空间，重要的是传达其国际性、全球色彩的意义。

罗红光：三年前，中国社科院与欧盟学术委员会围绕文化遗产开展了合作研究，我、鲍江博士也参与其中，欧洲方面的合作伙伴是德国与英国。我们发现了许多有意思的现象，其中一个是英国人的观点。如您说，博物馆应向社会发送信号，英国就主张保护作为文化遗产的北京四合院，当时正值申办北京奥林匹克运动会，期间一些四合院因为奥运会而被拆除。英国学者认为作为活态文化遗产应该受到保护，因为其中有人们的精神，因此在博物馆展示文化这一意义上，主张开展市民保护运动。

青木保：也就是保护文化地方志的方向？对吗？

罗红光：嗯，英国的信号是这样的。德国的情况有所不同，德国的参与者是些优秀的考古专家，大都来自柏林，他们的主要工作是将考古的发现展示在博物馆里，也涉及展品与博物馆的互动。今天常见的是在直线型四方建筑中将展品放在线性的隔段中，但是柏林的新做法相当有艺术感，博物馆设计成水滴形的，很大，里面以曲线的方式星星点点地展示物品［其实中国也有，内蒙古有修建成飘带（哈达）形状的博物馆］，向世界清晰发出了高科技、艺术表现的信号。中国的信号则是将注意力放在联合国，提出很多文化保护的申请，如汉字、中医等等，其背后有国家支持。

如上所说，欧盟学术委员会和中国社科院的合作研究中发出了三种信号。在新型合作研究的情况下，虽说都是博物馆，其背后各有各的信号，当然还有各自的权力，在什么层面可以实现对话这一问题浮现了出来。您怎么看？

青木保：北京申办奥运会，让北京城区迎来了发展，一些传统的部分如胡同等被拆除了，因此开始意识到它们的重要性，呼吁保护北京的历史，现在中国政府也热心地在做吧。我对英国等外国人指出保护的必要性这一点也能理解。东京当时也拆除了很多旧房屋，盖了很多新楼房。我在任文化长官时，想拯救已为时过晚，虽说对尚存的遗产采取了一些挽救性保护措施，但感到在发展经济与城市、农村的发展过程中，保护文化遗产总不尽如人意，往往是破坏之后才后悔。不过我认为当今中国在发展经济中，保护文化财产、贵重遗产的措施已经有了很大提高，日本也开始积极呼吁。日本在发展经济的过程中，很多也是以破坏文化为代价。韩国如此，新加坡或许也一样。虽然欧洲指责中国，但也说明欧洲更早地意识到了保存的重要性，这在发达国家中是一个大课题，国家、民间、社会力量都参与其中。

联合国教科文组织认定一些世界遗产的项目，中国注册了许多，日本的很多也榜上有名。按照联合国教科文组织的标准认定的对人类而言的世界遗产，在册的已有 100 多种，再登录十分困难，已经形成了竞争态势。

罗红光：国际性竞争吗？

青木保：是的，国际竞争。出现了中国有多少、日本有多少这种攀比，甚至对欧洲标准表示质疑。因为日本的建筑物一般都是木制的，如"伊势神宫"每隔 20 年就需要翻修一次，如果按照欧洲的标准，必须是原模原样保存下来的才算遗产。日本人认为，因为翻修的是同一个建筑，其文化是延续的，但从欧洲人的眼光来看它是新的，于是成为问题的焦点。如今以"非物质文化遗产"的名义申遗，如祭祀、人们使用的道具等都显得重要起来。中国各地有各种舞蹈、仪式等，日本在这方面也注册了不少，世界各地都在做同样的努力。这也与世界性动态有关。刚才提到德国考古学者的话题中，他们从考古学者的角度思考如何传递给当代人这一点是他们的尝试，这与今后如何科学地考古发掘并向世人展示两点相互衔接，我认为将来中国也会走到这一步。相比之下，日本的考古学家还没能做到。问题是谁是主角，欧洲如此，中国因为国家强力推行，当然与之相应的预算也伴随其中，而日本在这方面国家没有预算，让人为难。

罗红光：您是文化长官啊！

青木保：哪里！文化预算经常被削减。当今韩国、中国、新加坡都在加大文化预算，日本却在削减。美国的情况又不同，美国"国立"方面很弱，主要依靠民间捐款在做，有名的大都会艺术博物馆（Metropolitan Museum of Art）就是由民间创办，大学也同样，因而想法也会不同于其他国家。

探讨美术馆对国家、对社会有什么意义的时代已经到来，罗先生也提出从人类学学术意义的角度探索这样的问题，通过跨国研究共同计划，了解大家如何对待遗产问题，我认为这种研究十分必要。

罗红光：非常有启发，未来还会触及同样的话题。之前我去中国台湾，访问了台湾大地震的震中地带桃米村，那里曾是贫困山村，旁边有一座规模很大的大学，叫暨南国际大学。贫富差距很大，大学在山顶，村落在山下。地震这一自然灾害让村民开始有了自我意识，开展起了社区建设。为了重建家园，村民发出呼吁，希望共同开展村建运动。结果唤来了来自世界各地的援助之手，也有大陆的援助。其中有个建筑物我印象深刻，是 paper dome（圆顶纸制建筑）。日本关西神户大地震后，日本每年都举行一次世界性纪念活动。有一年在横滨举行纪念会，中国台湾的桃米村民也参加了。当初圆顶纸制建筑是为了让灾民重振旗鼓、安抚亡灵而制作的临时教堂，桃米村民看到纸质教堂之后希望获得，并提出了请求。制作纸教堂的是日本有名的建筑设计师，名字我记不得了。教堂经设计师本人同意后赠予中国台湾桃米村。现在耸立在桃米村正中心，人们由此传承着一种记忆。

青木保：坂茂（Shigeru Ban）吧？有名的设计师。

罗红光：是的。现在纸质教堂作为公共会场经常开展活动，邀请外面的人来这里讲演、动员当地人等，成功实现了恢复重建的集体意识。这是日本和中国台湾之间的一个案例，我认为这就是一种活态的博物馆。所以博物馆会发展出不同的形态，不只是德国的案例，还有民间、企业、基金会、社区等形态，形成不同于传统类型的博物馆，文化的对立成分减少了，当然背后有人类学的思考。

青木保：也就是说做法也多样化了。

罗红光：它特别是与生活密切相关的一种展示。另外如大瑶山——1935年费孝通调查过的地方，那里的山民会展示自己的仪式，也会阅读研究过他们村落的学者的很多书籍，令人惊讶。他们的展示方式与自己的文化认同紧密地联系在一起，他们将文化遗产转换成对自己而言而非对人类而言的一种动力。

青木保：这一点十分重要。自己不单单是被调研、被研究，而是主动联系起自己的所有。这的确也会引起世界对研究的认可。

罗红光：是的，感觉他们和自己的文化认同联系起来了，向世界宣传了费先生的著名调研。

青木保：刚才罗先生提及的广告，也是一个大的环节。文化为社区建设、村落建设服务，会引起国内和世界各地的兴趣与关注并前来观光，这是重要的因素。所以说，可能是本没有什么特色的地方，如果建设具有特色的美术馆或博物馆，也会引起注意，媒体也会关注，世界各地也会来观光者。日本北陆有个叫金泽（Kanazawa）的古城，那里修建了一座"21世纪美术馆"，是一座崭新的建筑，人们可以随处进出，展品都是现代美术品，让这里不仅在国内知名，而且成为世界名胜，从世界各地来访的观光客络绎不绝，其实金泽21世纪美术馆原先只是一个民宿。中国各地修建很多美术馆和博物馆时，一则是为了爱国，同时还有期待有利于观光的功能。这的确是个大课题，但如果仅仅为了广告，夸张到为了广告而搞观光，这就错位了，这一点很难。所以学术和生活之间保持怎样的关联也是今后的课题。当然，博物馆本身各种各样，有战争纪念馆、大屠杀纪念馆等。

罗红光：是的，博物馆背后支配着价值观。

青木保：如同历史见证人，这也是博物馆的性质之一。

罗红光：我们一直谈论文化表达与博物馆之间的关系，如上面所说，博物馆也关乎到保护文化。譬如四川省大地震之后，有个叫北川的县蒙受了巨大灾难，恢复重建非常困难，当时中央指示将北川当作博物馆，所以原来的县城整体成了博物馆，当你进入现场会感觉瘆得慌，里面没有人，建筑物被破坏的样子原封不动。某种意义上讲，它是让人们记住这一巨大灾害。另外如您刚才指出的那样，截至目前保护文化被认为有三种形式，一种是以文字的方式进行保护，这种形式比较传统，而且习以为常；另一种是影像化；还有一种是商业化，人们知道其中的商品价值，为了观光，广告业也因此介入。这三种形式各有不同，它们之间存在相互批判的情况。有批判说商业化可能会对文化带来伤害，我们对这样的问题感到为难。如何保护文化？商业化的文化是不是原来的状态？原初状态究竟从何谈起？甚至连这些问题都不是特别清晰。即便明白原初状态也不一定有意义，因为人们活在过程中。所以保护文化如何是好，这本身也是个难题。

青木保：保护文化的一个难点在于文化在变化的过程中。

罗红光：的确在发生变化，如文化变迁论所分析的。

青木保：日本文化的变化也比比皆是，随时代的变化文化也在变迁。中国的文化也一直在变化中，所以要定位时点或文化的核心在哪里，随着时代推移而变化，看法也将发生变化。在日本，明治时代对德川幕府、封建时代的东西不感兴趣，但德川时代300年之前的东西被明治政府视为重心。终于对德川时代感兴趣，即真正针对江户幕府约300年间作历史研究是最近的事情。这说明明治政府打败德川幕府创建了新型的现代国家后，对此前的事情持否定态度，直到最近才承认德川时代也有很多优秀的东西。这一点全世界都比较常见，即一个新政权对之前它所推翻的政权持否定态度，事实上历史变迁也是建立在对前政权的否定基础之上，所以大家对前政权视而不见。但是文化是连续的，知道什么是自己真正的文化，即便对本国人也不是件易事。所以要建设博物馆，如我来北京首先拜访故宫博物院，中国历史展现在眼前，视觉上的呈现非常重要。当然书籍也重要，取决于接触什么样的形式。去年（2011年）东京举办了故宫博物院展览，有数十万人参观，这只是国内日本人。由东京国立博物馆举办的那次故宫博物院展览参观者接踵而至，那是当年最有人气的活动。

罗红光：是吗，内容是什么呢？

青木保：还是历史文物，如陶艺品、塑像等。

罗红光：我们目前研究文化保护，划分为"物质"与"非物质",作为人类学的一项工作我们当然应该都有所记录,但"非物质"的遗产如何展示,我们在目前的博物馆形式是否合适上有一些争论,有一些想法,也想听青木先生的意见。文化当然会发生变化,因为它是活态,而且拥有一种力量,它不单单是展品,所以记录保存活态文化的时候,我们很难将它从日常生活中剥离出来,所以展示的方式不是传统的博物馆形式,而是影像化,考虑采用"数码博物馆"的方式,譬如"国家数码博物馆"。

青木保:要建设吗?

罗红光:作为梦想。先影像化,如这个对谈也会作为展品,正规地记录日常生活,不把它看作"固化的物",而是允许它变迁。譬如说,作为东西摘取来之后,往往不允许它发生变化,建筑物也不允许翻修,即便说文化是连续的,变化后仍然会被认为是"新品",往往话不投机。我们将其影像化并长期保存,并考虑将其作为一种新型展示方式,青木先生怎么看?

青木保:现在所谓数字化的影响开始显现,这方面的动向十分强烈。譬如美国发展的数字化产业,谷歌也在做数码美术馆,如果在谷歌上搜寻,你会看到世界各地的美术品。另外还有像视觉人类学(visual anthropology)那样,他们去非洲实地拍摄当地人们如何经营日常生活,然后也可保存。现在影像化手段已经变得轻而易举而且准确,我们观赏法国影视人类学家让·鲁什的作品会感觉镜头模糊,但数码照相机可以清晰地呈现,用数码方式记录当下仍然存活的文化遗产十分重要,但并不是拍摄者说拍就拍,而是要经过人类学家绵密深入的调研,由人类学家指出它们之间的内在联系,在研究基础上进行拍摄才可以。如仪式一般一年只有一次,必须认真拍摄,随便拍摄是不严肃的。正因为文化的活态性,更需要记录当下。如北京的很多历史遗迹、胡同生活等,东京、京都也是如此。因此可以说,国际性研究的时代已经到来了,尤其以人类学为核心的研究更是这样。截至目前影视人类学仍然是一种陈旧的形式，即致力于拍摄将要失去的东西，或作为人类学研究的资料保存下来用于自己的研究。数码博物馆将这些全部收集，无论大小，这一做法显得很重要。但是，人类学学者做不了观赏性强的影像，摄像专业者的拍摄与人类学家的拍摄大不相同，正确的影像表达还是需要影像专业的人来拍摄，的确，之间存在一些难点，人类学家指点哪里重要并让专业者拍摄，人类学家和摄影师在一个村落共同生活一年以上以后，也许会拍摄出好东西。

罗红光：的确如此。

青木保：还有一点，就是真品与复制品之间的问题，数码影像很容易呈现，但譬如很大的一幅画在一个很小的液晶体中呈现，与观赏实物的感受很不一样，与真实相差甚远。虚拟的关系与真实的关系结构不同。美术馆、博物馆展示的是真品，所以人们经常去现场观赏，而影像则看不到真实，真实与拷贝之间的关系如何把控？罗先生去农村调研，在那里拍摄到的影像如何和实际生活衔接？

罗红光：这是一个大命题。的确，围绕我们刚才的问题再看文化表述，当然其背后有各种价值观在支持，其形式也会因此而不同，文化保护的问题作为一个现实问题仍然存在，譬如将四合院作为重要的记忆保存下去等，背后都有其相应的价值观。另外，文化又将发生变化，他们以自己的品格挖掘过去，一边考虑现实问题，一边实践文化的表述与保护。数字化作为一种保护方法，是基于人们各自的品格加以处理。其中拥有者的问题表现在归还文化拥有者的话语权，拥有该文化的当地人也应该有发言权。数字化可以实现末端社区建设，保持他们之间的人际关系。

青木保：的确如此。

罗红光：最后，青木先生对您的美术馆有什么梦想？

青木保：东京六本木中心地段的新国立美术馆，英语叫 National Artist Center，我在今年（2012年）1月开始上任。这个美术馆没有自己的藏品，只以展览为主要活动，昨天我拜会了中国美术馆的馆长与副馆长，商谈共同举办展览会的事宜：把日本现代艺术和中国现代艺术放在一起，在东京新国立美术馆举办大型展览会，之后可以在北京举办，如果口碑好的话，可以接着在纽约办。我呼吁双方一起举办，对方都表示"一定"，所以日后将会很忙。我会不时地来这里，还会邀请这里的艺术家访日。中国在山水画方面拥有艺术的古典美，现代的中国艺术家又在古典基础上开始出现了创新作品，这是让我非常感兴趣的部分。作为馆长，虽然我仍然把注意力放在西方，但是我觉得应挖掘亚洲的现代艺术，我知道其中也有很出色的艺术家，应通过这种方式向世界展示，这是我的梦。正好现在亚洲很多国家出现了许多值得称赞的艺术家，我很想向世人展示他们的作品。首先是和中国共同策划，合作办展览。我知道在中国和日本"美术馆"和"博物馆"分别有各自的汉字名称，欧洲称 Museum（英文）或称 Musée（法文），而我们在一定意义上是分开使用的，这一点很有意思。

今天罗先生以人类学的观点看博物馆、物质文化以及现代博物馆的角色、作用，如您刚才举出的案例，小小村落通过纸质博物馆振兴地方文化并向周围扩散等，同时通过观光，广告业今后如何呼应，产生什么影响，这些都是重要问题。现在终于可以说：博物馆、美术馆在学术性、社会性或者国家层面从正面表现亚洲的时代已经到来。在这种局势下，我认为应通过日中开展文化交流，如开展博物馆这样的文化交流的方式，向亚洲、向世界展示一种文化模式。

罗红光：今天我们围绕博物馆、保护文化，与青木先生展开对话。的确，通过博物馆表现活态文化，保护文化，关于这一点无关国家大小远近，我们承担着共同的责任。我们共同努力，再发现亚洲！

青木保：一定！一起努力！谢谢！

罗红光：谢谢！

全球化背景下的治理与参与

时　间：2004 年 4 月 5 日
地　点：北京恒山公寓
对谈者：陈卫星：国际传播学教授，博士生导师。毕业于法国阿尔卑斯大学（1994 年获得信息传播学博士学位），中国传媒大学国际传播研究中心主任（2008—2018 年）。曾任联合国教科文组织欧洲国际传播客座教授、欧盟高校联合体伊拉斯莫斯世界项目（Erasmus Mundus Programme）访问教授、法国洛林大学客座教授，中国新闻史学会中国新闻传播思想史研究委员会创会会长，中国传媒大学学术委员会委员，中国社会科学院新闻与传播研究所学术委员会委员，中山大学特聘教授，西安外国语大学讲座教授。研究领域：传播学历史和理论、媒介文化研究和国际传播。主要论著：《传播的观念》。
刘世定：北京大学社会学系教授、博士生导师，中国社会与发展研究中心主任。研究领域：经济社会学、制度运行与变迁研究、企业制度与组织研究。主要著作：《经济社会学》、《占有、认知与人际关系：对中国乡村制度变迁的经济社会学分析》、《中国乡镇组织变迁研究》（编著）等。
卡蓝默（Pierre Calame）：法国人文主义思想家、世界问题治理专家。生于 1944 年，法国路桥综合工程学院毕业，曾多年从事法国高级行政管理工作，担任过齐诺尔钢铁集团秘书长。自 1986 年起担任欧洲 C. L. 梅耶人类进步基金会

（Fondation Charles Lépold Mayer pour le Progrès de lhomme，FPH）主席，也是"尽责、多元和协力世界联盟"的发起人之一。代表作：《人类的地方区域》《可能的使命》《心系国家改革》《有效、合理与民主的世纪治理》《重新思考我们社会的管理》《破碎的民主》。

罗红光：第一个问题：随着全球化的扩张，现在无论从环境、生产的角度，还是人们生存的条件角度，以往从一个国家内来考虑问题的框架逐渐无力了起来，越来越多的人的问题、环境的问题、产品的问题已经不是能在一个国家框架内来考虑的了，请问三位嘉宾怎么看这个问题，请卡蓝默先生首先谈一谈看法。

卡蓝默：二战结束以来，世界的变化很大，一些领域变化的规模是难以置信的，由此引起了一些对问题思考方式的变化，由对量的思考变成对本质的思考，人类学家在这里扮演了很重要的角色，提供给人们新的认知视野，比如新的管理方式的思考。关于全球化问题的讨论很多，但大多是在含混的、知其然不知其所以然状态下的讨论。在英语里有一种概念"globalization"，但是在法语里有两种概念："globalization"，全球化的概念；"mondialisation"，世界化的概念。要说明的是两种不同的现象。

陈卫星：我的理解是，globalization（全球化）的逻辑是市场法则成为唯一法则的思路，这很大程度上契合中国改革开放以来拼命追求 GDP 的政策导向。在发展成为唯一的手段和目的的观念指引下，各种资源的消耗和人的功能性表现被开发到极端。最后的结果是资源约束的困境越来越大、社会矛盾的量化程度不断提高和国家与社会的关系越来越僵化。如果从 mondialisation（世界化）的角度出发，发展的思路就不一定比照现存的模式，因为自然条件、社会条件、文化条件都不一样，要回到社会建构的问题上来考虑。

卡蓝默:"世界化"概念意味的是各个国家相互依赖性加强,人与自然的相互依赖性加强。这种关系几乎是不可逆的,由此也要求在解决问题时不再只是采取单纯的政治取向,而是全社会必须参与的一种取向。显而易见的是,大的跨国公司都是在这个意义上讲全球化,我们都知道,这些大的跨国公司从殖民地时代就开始了对自然的、对各个文化的破坏,为了实现现代化过程,甚至自我选择文化认同,放弃自己的文化,但以前还只是边缘性的、少量的,今天这种相互之间的冲撞却是全方位的,全球相互依赖的现象在规模上扩大到全球范围。有一个例子,大气层漏洞、臭氧层破坏是一个早就存在的现象,可是到了20世纪80年代才突然成为全世界的热门话题,引起非常广泛的讨论,为什么呢?因为只是到了这个时候,人们才第一次通过卫星摄影看到地球的全貌,在这之前只是通过地理知识获得片面的、部分的论述,是抽象的。全球化的扩大化使人们开始从全球视野去思考存在的问题,这个现象涉及思考工具和思考对象之间的关系,90年代开始做过一些统计:拥有完全可以按照个体自己意愿享受生活的财产的人只占全人类人口的15%,全世界的大多数人都希望能够过那样的生活,可地球的资源只能满足15%的人达到这种愿望。因此,电视卫星等技术的快速发展,使得世界性的认知产生了直接性和即时性,像"9·11"这样的大事件,可以很快通过电视卫星使全世界都知道。认知工具的变化使得人们对世界的认知发生了质的变化,例如塑料大棚的使用本来是科学技术问题,但到90年代却成了一个政治问题,为什么呢?原因就是问题扩展到全球,人们意识到它的副作用会造成臭氧层的破坏,影响我们未来的生存,人类正严重地改变自己的生存环境。最后我还想说,世界化的过程导致科学界不再完全以科学研究为依据。科学研究从宏观和微观的角度对科学进行各个领域的研究,但由于技术的发展,科学界开始从哲学的意义上研究人的存在、生命的存在,如健康等生命科学方面的问题变成了哲学问题。

陈卫星：哲学命题发生了变化，技术发展导致人的哲学观念变化，涉及自然、人性和关于存在的终极性问题，自然生态的变化和科技逻辑的介入提出新的伦理挑战。

卡蓝默：世界化的过程中，社会间的关系依赖和整个全球化的过程是不可逆转的。于是我们又开始考虑，既然是不可逆转的，治理这个社会又怎么可以在传统的分裂模式下去进行呢？到这里我会讲到治理问题。

陈卫星：我认为罗红光提出的问题可能来源于人们究竟会对什么样的经济制度产生信任或依赖，是持以大市场观念还是大社会观念。这个问题来自市场机制的历史演变，几个世纪以来，人们证明交换的逻辑超过生产的逻辑，其原因是人的需求是没办法计划的，但是当交换的逻辑成了赢家时，就产生了其他问题，包括人跟环境的关系、人跟制度的关系。由于认识论意义的理性选择理论——总是把人的理性需求的满足作为基本的出发点——这套西方观念，在柏林墙倒塌后很快辐射到了其他地方，使转型国家落到很尴尬的境地：一方面它们需加强传统意义上的政治权威和行政机构的合法性，但另一方面在政治经济的政策上又不得不依赖跨国资本主义的资金、技术和市场开发能力。这是一个将政治合法性和经济合理性嫁接起来的逻辑，前者合法性的存在需要导入后者合理性的新标准，而后者新标准的效率又不仅仅是单纯的数字概念，必然要卷入对社会和环境的思考，形成复杂的互动关系。比如说现在的环境生态问题、财富分离问题，都属于生产逻辑和社会逻辑不适配的问题。

我接着刚才卡蓝默先生说的关于发展观念的历史叙事谈，这个问题从 20 世纪 80 年代结束以来就成了一个很"历史学"的问题，因为在一般的文化人类学看来，不同地方的"历史"概念是不一样的，例如"前现代""后现代"，通过电子媒体即时传播的方式把时间差抹平了。这种交换逻辑的平面化是取消时间的动力，结果是形成新的全世界范围的不平等。实际上这是"地球村"的幻觉,发达国家和跨国企业只是在推广资金流动、技术扩散和产品销售的全球化,全世界有产者的联合正在使全世界无产者的社会处境越来越被动,这大概可以解释为什么非政府组织正在试图扮演世界范围内的新动力的角色。我先说到这里,请刘教授说说。

刘世定:我想从治理的角度谈一下。从现代治理研究的角度讲,治理的概念涉及各种不同的组织形式,比如奥利弗·威廉姆森(Oliver E. Williamson)就讲到市场和等级制。有关治理问题的考虑是试图把不同的组织形式拿到一个框架里进行统一考虑。威廉姆森一本很有名的著作《市场和层级制》(*Markets and Hierarchies*),就是考虑把市场和等级制看作不同的治理形式,然后分析在不同的条件下怎样的治理形式可能更加恰当。但是由于冷战造成的对立状况,在很长一段时间中不同的治理形式在何种条件更恰当的问题会变成对立的意识形态甚至对立的政治冲撞问题,而不是不同形式的治理问题。

陈卫星:是一个政治上很矛盾、对立很尖锐、制度之间的问题,走什么道路的问题。

刘世定:在现在这种后冷战时代,我很赞成卡蓝默先生讲的"重新从治理的角度来审视世界,改变原来的思维方式"。在全球化背景下,对治理的考虑可能会在两个维度上出现新的问题。一个维度是,我们原来关注的问题的领域扩展了,而且它们之间的联系超出了我们原来的思维范围。比如刚才讲到的,本来是一个技术治理问题,变为一个政治治理问题;本来被认为是一个经济治理问题,最后可能又同社会治理问题联系在一起。

陈卫星:对整个制度设计需要重新考虑。

刘世定:这需要重新考虑,甚至重新考虑新的研究视角,这是一个维度。另外一个维度是,原来从空间上隔离开的一系列的特有的治理方式——比如说有的是在这个国家行之有效的方式,有的是在别的国家行之有效的方式——在全球化背景下，都被压缩到一个空间里。这就产生了不同治理方式之间的关系问题，有模仿，有学习，有碰撞，也有重新组合。这需要研究者用更广阔的眼光、更高的智慧来考虑不同的治理结构之间的关系。

陈卫星：我补充一点，这涉及国际层面的制度合作问题，合作问题涉及我们今天讨论的一个主题，即什么样的成员能够成为国际合作制度安排的主体。过去是民族国家，但现在参与全球性治理的行为主体不仅仅是民族国家，还包括跨国公司和跨国 NGO 等等。

刘世定：这里我想再归类划分一下，我对参与者的考虑比陈教授要更宽泛一点，因为有一些是主动参与者，像刚才讲的民族国家还有跨国公司，但一旦社会被卷入这个进程当中，有很多是被动参与的，比如在跨国公司中做工的人。

陈卫星：问题是他们怎么取得参与者身份？

刘世定：您是说正式参与。但还有一种情况，如跨国公司在中国有许多中国员工，每一个员工都有内化的价值理念，中国人又有中国人的非正式的规则，这些都会不可避免地被带进治理过程，使治理发生变形。从这个意义上讲，他们不是取得身份再去参与的，而是被动参与的，但影响却在其中。在讲"governance"（治理）时不能不强调非正式规范，它们在潜移默化地发生作用。

陈卫星：安排刚性（硬性）的制度的行为主体是跨国性机构，比如国际货币基金组织、世界银行和跨国非政府组织等，彼此的讨价还价就是很大的利益博弈问题，所以这种国际合作的参与我觉得是把参与者卷入等级制的身份博弈中。实际上全球化还是等级制的。虽然表面是围绕着制度安排的身份博弈，但这种制度游戏天然含有等级观念，所以如何从制度设计的角度来建构身份、责任和权利的共享机制是很大的考验。

卡蓝默：有太多的问题，每个问题可能都需要两个小时的对话，我还是试着去回答一下。首先要跟您讨论的是关于市场和跨国公司，这正好又涉及世界化和全球化两个概念的区分使用。世界化强调的是不可逆的相互依赖性，各个社会之间、人与社会之间、人与自然之间的相互依赖性加强，它要求、强迫我们必须思考、建立全球化的管理机制。全球化概念对于我来说是一个意识形态、单向逻辑的东西，基本取向是通过全球化的、具有自我调节机制的市场，自由地根据人们的理性需求调节需要和生产，在这个调节当中，世界会得到良好的治理，即善治。世界银行出现的时候通过市场的调节，去考虑贫穷问题、教育问题，其实还是处于单向的、线性的市场逻辑。于是我们就进到二元论的思维：相互依赖我们就失去各自的独立性，相互分离我们就进入战争。在这种思路下一定会走进死胡同。我们在思考和论辩当中，总是把自身信念和自然逻辑的关系放在不协调的状态，由于在全球化当中，整个世界的依赖性加强，于是全球化的过程成为一个自然逻辑。我们能找出的、想到的是每一个思想和模式与其生存的环境和具体情况相悖的，在这个意义上找出其合法性。

我们需要走出这种贫瘠的思维方式。宏观的大理论导致的一定是最终走向贫乏。从人性的角度，我总是觉得这种制度的、意识形态的对立，不是起因于对立使我关注它，而恰恰是它们的相似性使我特别受益。具体而言，这两种制度其实也就是两种控制自然的工具，是支配世界的两种不同制度，对我来说，这两个制度在对待人与自然的关系时完全像同父异母的兄弟一样，完全不具有人与自然当中那种选择性、互动的关系。一方面是试图把自然变成商品的一种主观意愿，这两个制度都是这样；另一方面是疯狂的技术主义，企图改变、征服自然，给我们的生活环境带来破坏。

陈卫星：我同意卡蓝默先生对"世界化"和"全球化"两个概念的阐释，这就提出一个战略选择的命题，究竟是相互依赖还是相互分离。如果换成国际关系的讨论，就是多边主义和单边主义的区别。但在经济全球化的现实当中，问题的复杂性可能会超越一般意义上的线性逻辑。或者说我们可以从信息流动的方式来旁证问题的复杂性。比如，信息时空覆盖物理时空后所产生的社会影响究竟是让人们感到越来越具有自主性还是越来越感到不由自主，虚拟化的信息时空是越来越集中人们的注意力还是社会本身在加速各种性质的分化过程等等。这些不能统一的信息接受和信息反馈的方式和程度，都会成为人们参与治理性活动的动力和痕迹。

卡蓝默：我继续说另外一个问题，就是到底有没有"西方的理性"？其实这就又说到了一个误区，西方并不只是从理性去考虑它的生存状态，如果是的话就不该有战争，从古希腊到后来，整个基督教文化都在强调"尺度"，这个尺度是亚里士多德讲的"适度"，完全可以翻译成"中庸"。基督教七罪当中最大的罪恶就是"无度"，所以在对某一种文化认知时如果将其界定成单向的存在，把市场化作为一个理性的象征，又将其当成西方，是一个非常大的误区。

回到我们的主题，要想建立一个世界的治理机构，首先就必须摆脱我们现有的成见，这是一项非常重大的任务。刚才谈到古希腊的适度、中庸和基督教的个人的内修（修身），都是可以叫作东方式的，而且深刻地存在于整个西方不同的思想当中。基督教强调人不只是吃面包——人不只是有物质需求，还有其他需求。我们要做的首先就是不能把在哪一个历史时期推向一个极端化的、疯狂的取向或支配性的取向作为整体去对待。回到全球化和世界化这个问题上，市场是一个治理机制，但是这个治理机制既不是天然的法律，也不具天然的吸引力，它是历史性的，并不是一个永恒的方式。

美国知识分子出于利益会把美国的保护主义说成普适主义的、普遍主义的，我们可发现它是非常荒诞的，我们需要做的是从社会和自然本质出发思考人的本质。提到欧盟建设，我觉得欧盟建设的模式非常有意义，对世界化治理是一个非常好的例子。我一开始就想向大家介绍一下它的历史关系,我们现在可以去假想,欧盟如果从一开始就建立成自由市场模式,那将是一个严重的历史错误。当时建立欧盟的唯一一个目的就是建立和平,从两次世界大战走出来的欧洲已经到了自杀的最后的阶段了。

我想推荐一篇1943年的文章,是欧盟的创始人让·莫内(Jean Monnet)写给戴高乐的一封信。当时讨论的不是要去建立市场,而是当德国失败之后,如何去建设和平,当时大家的共识是德国的失败是一定的,同时也意识到一个悖论是我们赢得了战争却失去了和平。对于战争结束后怎样去建设德国,是把它建成多个独立的小国,还是建成一个农业大国,当时有很多设想。让·莫内写信给当时还在英国的戴高乐,问他战后如何做。戴高乐是一个极端的民族主义者,但是戴高乐的回答是建设欧洲。美国当时的态度非常坚定,就是战后最重要的条件之一就是要建设欧洲,马歇尔说了两个理由,第一个是我们能把我们的孩子送到欧洲去战斗,但不能战争完了让他们内部去争斗;第二个是要与当时的苏联抗争,这是冷战的逻辑。无论从意识形态还是和平的角度,没有任何一种思考是要建立一个统一的市场。当时人们相信的是通过建设——创设欧洲,获得一种共同的防卫机制。法国议会当时拒绝欧洲共同防务机制,引起了非常强烈的争论,一个当时参与过争论和建设讨论的人曾当面对我谈到这些,后来欧洲的建设者们看到中国和印度打起来,是一个非常大的悲剧性的震动,觉得所有的努力都完了,和平建设都将失去。1963年,当时比利时的首相是一个坚定的欧洲派,他说既然我们不能从政治上建立欧洲,我们就从经济上建立欧洲,从那时开始有经济共同体。

回到我们现在的主题:建设一个世界共同的治理机制,通过我们的努力改变世界、建立和平。这个建设任务其实是非常急迫的,市场在整个建设中拥有它必要的角色,但这个角色一定是次要的,服从于我们整个治理政治之下的。

陈卫星：当时经济、市场的作用是有限的，但当时在欧盟建设中它支持经济，为什么市场这个问题变得突出呢？是因为一方面市场变成了一个极权主义的逻辑和意识形态；另一方面在很多地方政治玩不过，只好通过经济市场来解决问题，打个比方，市场就像是政治的润滑油一样。

卡蓝默：这造成一种幻象，好像一切都从市场渠道走。市场的问题是成了一种彻底疯狂的意识形态状态，本来是一个调节手段，却变成了唯一的手段，背后隐藏着很多见不得光的东西，所以要把它放回到仅仅是一个生存手段的原有位置上，把它放在一个工具手段的位置上，疯狂吹捧它的重要性是那些赢家的一种通常手段，他们总要为获得正当性创造一种理论，比如种族平等的理论，我赢了是由于市场的平等性，你没赢是你的问题。

关于跨国公司的判断也是一样的，还是处于这种非此即彼的二元论的思考，对有些人来说，跨国公司是成功的象征，非常积极；对另一些人来说跨国公司却是魔鬼撒旦的现代象征。对于我来说，跨国公司是一种特殊的社会建构机制，所以不是很重要，其重要性在于我们在建设"世界社会"过程当中一定要有"世界"存在，跨国公司就像世界社会建构当中的行动者，可是它的问题就在于它停留在自己的运动当中，在形成建设当中去消解，没有所谓的世界治理的考虑。

我想回到刘先生刚才谈到的问题，十分重要，它指出在世界空间的大变化当中，由原来的分裂空间变成一个统一空间的过程中，另一种变化没有发生或者发生得相对极度缓慢，即思想的变化和管理方式的变化。所以我们要在我们的实践当中，结成一个世界联盟，这是1945年以来在全球范围内，经常会由人类进步基金会发动的一项运动，这一类的运动之后产生了一个"人类责任宪章"。这个责任宪章是10年工作的一个成果，参与责任宪章编写的有各个国家的人，包括中国人，一共是500人的大会。可能性就在于只要各地区的人们意识到我们必须共同生存，不管愿不愿意都必须生活在一起，必须共同管理我们的地球，有了这种认识之后，人们就会看到一个钱币的两面的相关性。也就是说，当我们必须处于一种相互依赖状态下共同生存时，我们就必须有一种责任意识，承担我们的责任。

我在《破碎的民主》这本书里面提到了社会契约的重要性，社会契约大家一定很清楚，我们从一上学就开始学，也会说卢梭当时的那些思想，今天已经过时了，没有谁会再提它。但是近些年，社会契约理论又开始得到特别多的讨论，这就是因为我们无论如何也不可能在全球化过程中找到一种如上帝、神这样一种共同的超越的存在，以它来制定我们的世界建构出新的社会秩序。我们只能通过对话建立一种不同文化和管理模式之间的契约形式，在契约当中和谐地去治理。

您还提出一个重要的问题，是关于在一个压缩的空间当中，把不同的治理模式协调到一起，这是否涉及否定各自原来的模式？这个回答一定是否定的，不存在削弱各个管理机制的原来方式，因为治理最重要的含义若用一句话概括，就是治理多元和统一两者关系的一种艺术，在良好的治理当中，我们可以创造更多的多元性和统一性。在这里我强调不能把一个有效的治理同世界银行提出的"善治"混淆，世界银行提出的"善治"同我这里所说的完全是两回事。关于世界银行提出"善治"这个概念，像其他事物一样，我们要把它放到历史中去认识它，当时是在特殊的历史环境当中，当时有"华盛顿共识"，共识的产生是基于现实的关照：一方面是对拉丁美洲国家社会管理的研究——拉美国家出现了公共机制行为无效的状态；另一方面是美国的单边主义和美国的帝国主义的形成，美国的国际秩序的意识导向，导致了意识形态的理念。

刘世定：我觉得公共服务和市场的关系还是可以回到刚才讲的治理的问题，如果把市场和公共服务的提供看作两种不同的治理方式，实际上是找边界或适度的问题。从目前的研究来看，我感觉到经济学家时常面对着这种问题,但是很有局限,讨论市场和其他组织方式的替代,考虑的范围实际上比我们刚才讲到的要狭窄得多,扩展范围后这个问题怎么来谈,实际上还是一个比较新的问题。

卡蓝默:要考虑这个问题可能需要大胆假设,走出原有的习惯思维模式,特别是冷战思维。我有三点要指出,一是人们通常把公共服务、公共管理与私人服务、私人管理对立起来……

陈卫星:以往人们只认为公共服务对应公共,私人服务只对私人,但有一个例子,法国的里昂自来水务集团公司是私营的,但是它从事的却是法国最大的公共服务,而且还在中国的众多大城市中开展业务。

卡蓝默:人们以前思考的是如要对全体提供公共服务就一定要建立公共的机构,如果不考虑全体的公共利益就可以私有化。但问题是,是不是说为谁服务取决于由谁去服务,我们混淆了服务机构和服务对象?

刘世定:这实际上是两个问题,私人也可以提供公共物品,而且所谓公共部门也会有私人利益在里面,也可能提供私人物品。

卡蓝默:首先我们要走出宗教式的争斗,要保证所有人都能获得公共服务,而不是保证公共利益或私人机构。第二点是从欧洲的角度看,不存在全盘私有化和全盘公有化意识形态思路的对立,就连撒切尔这种推行极端自由主义经济的领导人都没有把英国整个完全私有化,就是因为背后有民众的要求,民众对某一个公共服务有需求。

陈卫星:即使是撒切尔这么一个极端的新自由派人物,她在对公共服务私有化时也会从效用原则来界定公共服务。而且欧洲好的公共服务只要人们信赖,还是会保留的。

刘世定:所以说这不是用哪一个来取代另一个,确实有它在特定条件下的边界,但这个边界到底是由哪些因素来确定,我觉得这个问题是可以研究的。

卡蓝默:您讲得很对,其实是两个不同的问题:一是要看是什么样的服务，这些服务无论人们的收入如何都应该共享，比如教育、健康、环境；二是无论是由公共机构提供还是私人提供，所有的人都应该共享。

陈卫星：第一我们界定公共物品的种类，第二我们再界定谁是服务提供者。

卡蓝默：第三点可能更有刺激性、更能引人注意，就是治理的模式，在治理的模式意义上，我们向市场提问，市场能扮演什么角色。

刘世定：我刚才讲的也是这个意思。在市场提供服务还是公共机构提供服务之间，需要把它们放在治理的模式、治理结构的角度来统一考虑。

卡蓝默：要区别什么是公共服务，是靠分类机制，而不是靠……

陈卫星：是靠逻辑指向、接受者、目的，而不是靠活动种类。举个例子，一个人到医院看病和一个人去理发，看病是健康问题，它就是一个公共问题，理发显然是更私人的范围。

卡蓝默：另一个例子是，同样是一个人对另一个人的服务，但我们不会说妓女是公共服务，会说健康是公共服务。

陈卫星：公共物品之所以是公共物品要看它的本性。

卡蓝默：靠它的本质属性而不是服务对象来区别。下一步的确一定要靠财富的本性来决定，我分了四种财富，其中一种是在分配当中消耗掉的财富，以《圣经》中的所罗门王解决两个母亲争夺孩子的故事为例，两个女人都说孩子是自己的，所罗门王说，既然我无法说服你们两个当中的任何一个，只有把这个孩子切成两半，真的母亲说"不、不，我宁可把孩子给她，也不要把他杀了"，另外那个却说"还是把他分成两半吧"，所罗门王一看就知道要把孩子分成两半的那个是假的妈妈，于是把孩子给了那个真的妈妈。我们就是那个假母亲，正在把自然这个孩子分成两半。所以这一种财富——在分配当中被摧毁的这种财富——是不允许它在市场上流通的。

刘世定：这里有一个较复杂的问题，有些财富在物理上不能分，但在权利上是可以分割的。比如那个孩子的例子，孩子是不可分成两半的，分了以后孩子就死亡了，但两个人都可以作为孩子的母亲，比如每个人养一天或每个人享受一天母子间的那种感情，所以这里面有一点复杂性。

卡蓝默：这种产品不可能允许它在市场流通，但您说的那种可能性是有的，但这个可能性只能是市场之外的操作，已经不能去平均分配、去卖了，人们的爱心完全是市场之外的操作，市场一点作用都没有。

刘世定：不能说完全没有用，因为可以交换权利。

陈卫星：可以通过谈判，甚至通过谈判不断界定财产的大小、性质、数量。

卡蓝默：这个例子中，如果保持这个财产的完整性，一定是不可分割的，您指出的"每人一天"不是市场机制，感情的程度是没法计算的，杀人和对母爱的监督都是不行的。

刘世定：没错，权利的界定是在市场之外进行的。

陈卫星：提一个问题，在法国南部修高速铁路，修高速铁路显然是为了加强公共服务的效率性，而法国的农民非常强烈地反对，因为法国土地跟中国不一样，已经私有化了，在这个过程中，财产、公共服务的性质及关系，怎么解释？

卡蓝默：这个问题很简单，好回答多了。总有一部分会牺牲的，为了非商品经济。

现场翻译：于硕
原载《中国人类学评论》第 24 辑（2014 年）

三

批判与创新

社会科学研究对象的实体、观念本体论及人类学的未来

时　间：2011年4月12日
地　点：鸿儒轩（中国社会科学院社会学研究所）
对谈者：蔡华：北京大学社会学人类学教授，1984年至1995年就读于巴黎第十大学民族学系，分别于1986年、1988年和1995年获该校硕士学位、D.E.A.学位和博士学位。2002年，获法兰西科学院授予的"法语国家大奖"金牌。2003年，获北京市哲学社会科学著作一等奖。曾在纳人村庄进行了3年多的田野工作。其研究工作始于亲属制度和传统社会结构，1997年以后主要致力于社会科学和哲学（知识论）的跨学科研究。1997年，法兰西大学出版社出版了《无父无夫的社会——中国的纳人》法文版（英文版，纽约 Zone Books 出版社，2001）。2008年，法文专著《人思之人》由法兰西大学出版社出版（中文版，云南人民出版社，2009）。

郭德烈（Maurice Godelier）：1934年生于法国康布雷。早年对胡塞尔的著作尤为感兴趣。1955—1959年，加入圣克劳德高等师范学院并获得哲学教师资格，把兴趣拓展到马克思理论和政治学领域，并在列维-斯特劳斯影响下进入人类学领域。1963年在法兰西学院开始经济人类学的研究，试图改进马克思主义者关于基础与上层建筑以及生产模式的观点。1966—1969年在巴布亚新几内亚的巴鲁耶人中进行人

类学田野调查,于1982年出版关于巴鲁耶人的民族志《制造大人物》(*The Making of Great Men*),讨论了基于性与性别的不平等,为理解美拉尼西亚的权力体系提供了独特视角。自20世纪90年代起转而关注世界资本主义影响下的边缘社会,以及基于性别不平等的亲属制度理论的新分析。1995年成立大洋洲文献和研究中心,直到1999年一直主持该中心的工作。

蔡华:长期以来,人类学以他者作为研究对象,通过他者认识自己,也认识其他的不同民族。最近有学者认为他者发生了变化,我并不赞成这种看法。我认为,好的人类学家应该是中立的,中立的学者面对的其实已经不是他者,而是研究对象。所以对人类学家而言,如果不是以自身民族的成员身份出现,应该是没有他者的,只有研究对象。

郭德烈:我们必须从西方人类学的开端谈起。西方是指欧洲的一部分和北美洲,北美主要为美国。在欧洲,人类学的发展曾有两种路径。一种是随着商业、军事、宗教、政治的扩张而发展,因于一些国家的殖民,首先是西班牙,然后是葡萄牙,接着是法国、英国等。欧洲的帝国主义扩张持续了三个世纪,最终止于20世纪中叶。另一种则在欧洲内部,伴随着民族国家的形成,民族的形成曾迫使各个国家汇聚人们的风俗习惯,如法国有不算少数群体的不列颠人、阿尔萨斯人、巴斯克人等,罗马尼亚等国也有许多不同的族群。为了建构所谓的民族国家,必须掌握农民的风俗习惯、地方生活、方言,用法语、西班牙语或其他语言把人们统一起来,人们的方言不同,但有同一种民族语言和民族文化。所以,欧洲的精英、统治阶级不得不更多地了解当地人,了解他者的他性,以便进行统治、贸易、传教——去除"假"的宗教,传播基督教等。这是人类学发轫的真实背景——他者的他性屈从于欧洲国家的权力和力量。法国地方上的农民也屈从于贵族，处于较低的地位，他们的地位较低是因为人类学家来自城市，不是农民。人类学家在自身所处的社会中从事田野调查的，当地人和他们之间存在不对等关系。

蔡华：学者们总是提到殖民化的问题，我觉得殖民化的问题对人类学的影响早已结束。20世纪80年代初期我到法国留学时，已看不到殖民化问题的痕迹。西方人类学开始是受殖民地、旅行家、传教士的影响，人类学家认为去看别人是为了认识自己，这就势必使研究者把自身置于自身的文化上，而一个真正的研究者，其立场应不在自身的文化上，而是应该处于科学者、研究者的立场，这个立场是中立的，研究者并不代表自己的文化。异民族跟人类学家自身的民族打交道时，人类学家研究它，异民族是人类学家的研究对象，同时，本民族也是人类学家的研究对象，这是没有任何差别的。此外，研究者本身应该明白的是，研究异民族是要让本民族的人明白异民族是怎么回事，同时，也要让本民族的人明白自己是怎么回事，这才是人类学家的任务。

郭德烈：这是对我们自身非常重要的提醒。20世纪人类学第一个主题的开启是因为我们变了，我们开展调查的社会和国家变为独立的，各个社会之间的优劣关系也部分地改变了。这自然而然地改变了欧洲、美国的人类学家去到非洲、大洋洲时的地位，这些新兴国家是人为形成的，具有后殖民的结构，如殖民者在非洲建立的科特迪瓦，之前只是法属非洲的一部分，法属非洲后被分割成很多块，一个族群分布在多个国家。后殖民的结构十分复杂，观察者和被观察者之间的关系改变了，如果人类学家不明白自身所处的位置，就无法理解他者，反思性的视角对人类学家非常重要。

人类学的危机是一定会产生的，因为他者会发生变化，我们也在改变。这是世界发生大的变化以后，历史学和社会学都会面临的危机。全球的结构改变是我们当下以及在下一个世纪中的处境,我们将在一个新的世界中工作,需要探讨在这个新的世界里做些什么,这点非常重要。

最初,创始这门学科的摩尔根等,面对印第安人、非洲人时并没有完全去除自身的偏见,这是一种半去中心化的过程。去中心化是科学知识的基础,否则就只是意识形态的生产,为了进行科学的生产,必须改变自我,创造一个新的认知上的自我,以此生产客观的、关于他者的科学知识。在身心中建构新的自我、认知的自我、政治的自我,这是政治性的和伦理性的,我们在田野调查、知识生产和写作时需要讲伦理,需要对于我们自身有清晰的伦理意识,这是当下我们所处的新位置。我们如想获取更多关于他者的科学知识,对于这点就值得更多探讨。

蔡华:您谈到的两个问题很有意思。第一个问题是关于历史构成的——人类学产生的历史以及所谓的危机。我很赞成您谈到的,人类学是一个比过去更具批评性的学科,但是,我不认为20世纪70年代到80年代出现的后现代主义对人类学的批评给人类学带来了危机,他们只是批评了之前由于研究者本身没有处在正确位置而导致的错误观点或结论。1984年,我到达法国的时候,有很多人在讨论美国的后现代主义,但我看不出当时的法国人类学有多少是受到前期一些错误理论的影响。其实还是刚才谈的那个问题,人类学家如果把自己摆在本文化的位置上,那么就面临着要去中心化的任务,但如果不是把自己摆在本文化的立场上,而是摆在研究者的立场上——当然这是很难做到的,但是可以做到——就不存在去中心化的问题。

郭德烈:我同意您的说法。所谓的人类学危机已经相对结束,但并没有消失,在美国和英国依然存在,它们是后现代主义的堡垒和要塞。后现代主义者其实是很不错的人,如马库斯等,我跟他们都有私交。悲哀的是他们不鼓励学生做田野调查并形成自身的经验,田野调查本是他们自己的长期经验,是他们了解其他文化的过程,但他们并不鼓励这样的做法,使年轻学生对他者没完没了地批判,但仅仅是批判而已,缺乏形成有力批判的个人基础。他们批评某些书或抽象的理论和态度,是当前后现代主义的一个弱点,它并不明确,因为所有的后现代者都不一样。但不管怎样,我认为现在不能倒退,因为我有信心,相信人类学比以往更加必要——为了理解我们身处的这个全球化的世界,新的强力和利益关系,文化对抗主义,东西方之间、南北方之间的不平等关系。为了理解他者、他者的他性、他者在关系中的位置,无论从实践上还是智识上而言,我们要生活在未来世界,人类学是绝对必要的。

对于我来说,人类学、社会学、历史学都非常重要。比如,如果不回溯三五个世纪,就无法理解什叶派和逊尼派之间的危机。什叶派和逊尼派、伊朗和伊拉克的分歧,并不源于法国或美国的帝国主义,而是更为久远,并在新的背景下发展。所以,人类学家前往伊拉克,不从语言学、历史学中了解何为逊尼派是不可以的,在新的世界里,年轻人类学家去亚洲、非洲,需要大量的历史知识,以及关于伊斯兰教、佛教的哲学知识或神学知识。住在一个村子里,面对的不是广义上的伊斯兰教,而是地方化的伊斯兰教。伊斯兰教被基地组织之流操控,用来指责并攻击西方,但世界上有13亿穆斯林,他们并不是恐怖主义者,他们在自己的国家信奉自己的宗教。我们不能因目前的状况指责伊斯兰教,而必须明白恐怖主义的根源,如果不去做田野调查,就无法理解这些复杂的事情。比如,在"9·11"事件中,19个恐怖分子里有15个来自沙特阿拉伯,即使在欧洲或美国,人们也不理解,沙特阿拉伯是美国最好的朋友,来自沙特阿拉伯的这些人竟然是美国最大的敌人。因为他们是瓦哈比派,是非常极端的伊斯兰教派,遵循最严格的伊斯兰教形式,这是沙特阿拉伯的官方宗教,现在已成为攻击西方的官方意识形态基础。如果不了解瓦哈比主义、沙特阿拉伯的历史，就不会知道在18世纪以前并不存在沙特阿拉伯这个国家。如果缺乏历史理解，缺乏田野调查，就无法了解其他人如何信教，如何与恐怖主义分子的力量扯上关系。

你向前看，但必须知晓历史。成为一个好的田野调查者，必须理解经济全球化，因为经济的强力造成意识形态的抵抗以及文化的抵抗，所以，世界在经济一体化的同时，文化和政治在彻底地分裂，这是一个双向的过程，我们将在这一双向过程中开展工作。新印度教教徒等新兴事物是基于过去并创造未来的新文化，人们用过去的文化或过去的部分文化建构对未来的认同，但并不是对西方的认同，所以世界的西方化过程即将结束。我们工作的未来是更少的西方化、更多的文化化，这点非常重要。蔡华教授认为我们不必回望过去，确实如此，我们不必为历史上的自相残杀而哭泣，即使我的国家曾是帝国主义的，但我并不是帝国主义者，我没有从石油中获利，我是一位学者。

人类学家必须有独立性，独立是指工作时具有经济的和政治的独立性，否则，就只是城市的、美国的意识形态的代理人。因此，既要知道未来是人类学的，也要知道它是一种新的人类学，更需要有反思性和政治性，以及好的田野调查技术和长时段的田野调查，因为我们无法在两周之内理解当地人及其相互关系。我在国内的时候，会为学生寻找资助并让他们去做一年或一年半的田野调查，他们回来停留半年后，我再次派他们去一年或一年半。之所以这样做，是因为在第一阶段，他们相信自己理解了，而在第二阶段，他们明白自己在第一阶段其实还没有理解，批评自身并且能够更好地理解，这需要两到三年的时间，需要资助以及学术上的支持，这对于我这样的教授而言是个大问题，必须寻找更多的资助。但派遣学生做一到两年的田野调查，这是最低限度的要求。

蔡华：您让学生去做一年或一年半的田野调查，我在课堂上也不断重复跟学生说要去做田野，有很多事情在第一次去的时候根本没有理解或没有想到，因此必须再次回到田野，即使第一次去做了一年，也还是要再回到田野。我有一个学生在出发去田野前跟我说，您在课堂上说，总是会有些问题反馈到第二次的田野调查中，这是必不可少的，可是有没有什么好办法可以去一次就够了？哪怕多待一段时间，但不用再返回去。我说这是不可能的。所以我同意您的说法，甚至认为两三年的田野调查时间都太短。

此外，我想对您刚刚提到的话题做一点补充。我非常赞同您的看法。我经常和同事以及我的学生说，至少部分后现代主义者所说的内容是"无病呻吟"，因为它们并不具有普遍性。此外，世界的确已经改变。您也强调了这一点，但是我们所说的全球化包括殖民化，仅指的是经济或金融问题。而文化或者宗教的全球化是难以想象的，也是不可能的。当然，经济上的变化会影响文化，但是影响的范围很小。关于这一点人类学家们看得非常清楚。我想补充的另一点是，有了新变化的世界，是否就无法让人类学家去尝试研究我们的或其他人的社会，亦不能让人类学家明白构建社会的其他方式呢？我认为还是完全可以研究和了解的。举个例子，我曾经做过一个关于WTO（世界贸易组织）的研究，仅仅是我所看到的这些机构，也仍然存在各种弱点、不足，甚至是缺陷、空白。我想知道，放眼未来，您对这些情况怎么看呢？

郭德烈：您的谈话引出许多问题。首先，尽管在过去的40年中存在所谓的冲突，人类学中仍出现许多具有创造性的新领域。第一个冲击是女权主义研究，女权主义研究并不源于后现代主义，女性坚称人类学的绝大多数著作都由男性写作，不同社会中女性的呼声和生活被忽视，女性在人类学的著作中不发声，这是女权主义研究出现的原因。它的出现是一个大变化，因为我们开始必须考虑女性为她们自身及其社会发出的声音，无论男性田野调查者还是女性，必须强制自己倾听男性和女性的声音，以前并不是这样。女权主义研究还认为应由女性理解女性的生活,并将此再传递给女性,这样更好。但我自己曾被巴鲁耶女性带去她们的入会仪式,其他巴鲁耶男人都没有见过我所目睹的,除了我,作为一个人类学家,被女性带去她们的入会仪式。当我回来后,男人们试图把我驱逐出巴鲁耶社会,认为我已被污染,不能再与他们同住。不仅女人类学家可以理解女性,我也可以。

我们后来发展了关于身体、情感等的人类学,诸如巴鲁耶人、努尔人这样的专题性研究越来越少,人类学的题目越来越多,有各种交叉题目,比如身体,但没有思想的身体——或是如您所说的没有灵魂的身体,并不是认知的部分,而是情感的部分,他者的亲密部分,对他者的亲密,十分困难。人类学变得更加丰富,因为对生活的许多部分更为关注。人类学没有倒退,而是通过对身体、国家等的分别研究得以发展。我出版过一本关于身体的书名为《身体的生产》,因为是法文,美国人看不懂。美国人不读外文著作,只读英文著作,这是很大的问题。

蔡华:我不赞成说在前人的研究里面只有男性的声音,没有女性的声音。这是由人类学家本身的成分构成的,要解决这个问题其实很简单,只需要派一些女人类学家去田野就可以。但实际上情况更加复杂,因为有一些诸如莫里斯教授研究的"通过仪式",女性不能参与,只有男人类学家才能够去观察,因为有类似于男同性恋之类的行为。

我去研究摩梭,后来回到巴黎,巴黎的人类学家对我说,这是一本男性写的书,而且书里面发声的人大部分也是男性。其实在我的书里有女性的声音,比如我的访谈者中有女性,而且并不是一两个,当然的确终归是男性占多数。这是后现代主义让我非常不愉快的一件事情,他们始终强调要加入女性的视角。另一件令我不愉快的事是,他们质疑人类学家作为一个外族人不可能彻底理解另一个民族,正如作为一个男人,不可能彻底理解这个社会里面的女人,我觉得这纯粹是玩笑。持这样观点的人都没有做长期的田野,可以去翻看他们的履历和出版物，几乎没有在哪里做过一年的田野。所以我刚才跟您说，我认为应该要在田野里待更长的时间。

此外他们认为，如果要像当地人一样理解他们自身，那么只有培养他们本民族的人类学家，但我认为要做到真正透彻的了解是非常困难的，我们对一个社会的了解只能达到一个比率，比如对社会运作机制，有80%或90%的了解程度，这就已经很了不起了。但这丝毫不妨碍人类学家理解了当地社会如何运作。我觉得这点非常重要。后现代主义者是无病呻吟。我对后现代主义还有一个批评，而且我觉得对他们来讲是一个很致命的批评，他们实际上做的事情只是宣布了自身不存在。既然他们认为人类学无法再书写，如20世纪80年代，"写文化"就宣称人类学不能再写作，但这些后现代主义者一直写到现在，他们用行动证明自身毫无用处。

郭德烈：美国在伊拉克、在世界各地玩霸权主义的游戏，试图通过武力将伊拉克和伊朗变为民主国家，美国学者却说他们无法理解他者，这十分矛盾，但这是美国学者的问题。未来是我们所有人的，包括中国的、美国的、法国的人类学家。看到这些新现象，我感到困难重重。

我有一个女学生，她年纪不小了，出版了一本关于监狱的书，她在监狱里作了两年调查，访谈罪犯，如杀人犯、抢劫犯、强奸犯等，想必是非常艰难的田野调查。我有另外一个已毕业的年轻学生研究的题目是腐败，如商业腐败、行政腐败，是非常难做的题目。此外，人们现在可以活到八九十岁，孤独终老的人越来越多，他们生活艰难，孩子们不再来看望，最终孤独地死去或死在医院里。他们或是陷于瘫痪或有很多毛病，只能长年累月地住在医院，最后在那里撒手人寰。我一个已毕业的学生，他在医院里跟老人们待了近一年，除了没有做过医生（他没有行医资格），其他的工作都干过。当老人快走到生命的尽头，他与其亲属一同陪伴。现代社会有关于死亡的人类学，研究人在年老或孤独时的状况，这也是很重要的题目。

人类学家不再去大洋洲或非洲作调查，可以在北京或任何地方进行田野工作。关于异域的人类学时代已经结束，人类学家能够从事多种研究，这是为年轻人类学家们提出来的。年轻人，无论男女，应从事两年田野调查，做双重的田野，一个田野是在他或她自身社会之外，一个田野是在这之内。一内一外，有双重形式、双重基础，但花费更多的钱和时间，而年轻人总想着结婚生子。我们必须在自身生活中嵌入两年的自由时间去进行田野工作，这其实很成问题，但现在有了这种双重基础的观念，如一个中国人在法国工作一年，再回到云南工作一年，他就有了双重基础、双重视野，这非常重要，这就是未来。我太老了，不能做这种双重田野。我在新几内亚做过一重的、充满异域色彩的田野调查，也是很典型的人类学调查，我是一个典型的研究异域的人类学家。但在政治上，我不是一个研究异域的人类学家，我知道在自身的社会中应该做什么。我的田野在异域，但我的思想、我在自身社会中的政治态度并不异类。这不是政治人类学，我作为一位导师，有责任让年轻人创造新事物、新田野。

蔡华：您就像韦伯，既是研究者也是政治家。

郭德烈：您可以说这是从事学术研究的"政治学"，我是一位学术研究领域的"政治家"。

蔡华：我们刚才谈的是20世纪七八十年代产生的后现代主义对人类学的影响，我觉得可能还有一个问题也是影响人类学进步的，这也是整个社会科学面临的问题。这个问题就是人类学研究对象的性质到底是什么。库恩（Thoms S. Kuhn）在《科学革命的结构》中谈到，当科学研究者们不明白下一个问题之前，他们的科学研究是不能大幅有效地推进的，问题就是我们研究对象的性质是什么，我们应该用什么样的方法去理解它们，我们研究对象的不同成分之间有什么关系。首要的问题就是人类学的研究对象，我很想知道您是怎么看这个问题。前面已经有很多学者，如韦伯、迪尔凯姆都谈到了这个问题，但是很显然他们失败了，并没有找到社会科学研究对象的基本成分的性质，后来也有其他学者在继续努力。我在最近提出了关于信仰研究的问题，所以很想知道您的观点。列维-斯特劳斯曾经尝试过，但是失败了，他说这是一种标记符号，也就是说，是一种象征理论或者符号理论。我曾读过您写的关于宗教政治的内容，我认为我们是在同一方向上向前推进的。

郭德烈：您的谈话和评论提出了许多问题。我们必须区分列维-斯特劳斯的结构主义和结构主义的方法论，结构主义是有关人与自然的哲学观点。没有结构主义的分析，我们无法理解语法、各种语言、各种语言的结构。应持有结构主义的分析或方法论并在需要时使用。在我看来，列维-斯特劳斯对于自然、人类等的论述更像是意识形态的，而不是科学的。但我并不反对用结构主义的方法论理解亲属系统等，我把它作为一种工具，虽然反对列维-斯特劳斯的意识形态，但我尊重它，尽管留着它并没有什么用。

我想说明为何我们能够获取客观的知识。例如，我跟巴鲁耶人生活了七年，他们带着我去打猎、去丛林，向我介绍植物、动物、杀死动物的技艺等，我记笔记、学习，每天都在学习，我成了一个年轻的学生，而他们是老师。我知道这些知识，但并不实践它们，不靠这些知识为生，不用它们创造我的现实生活，但巴鲁耶人为了生存不得不去狩猎。我拥有这些知识是为创造一个人类学家，在书中或影片里与其他人分享它们。我已经做到了客观，因为在抽象意义上，我与巴鲁耶人共享关于丛林、动物等的知识。但在实际生活中，我不使用这些抽象知识，巴鲁耶人会用这些知识维持他们的生活。我认为库恩没有理解这点，人类学家能够获取跟土著一样的知识，只是他们并不以此为生，而是写成书。但客观上这是同一套知识，他们待我如孩童，一步一步地教我，正如他们一步一步地教自己的孩子。我成了一个巴鲁耶人，但在我的生活中，我依然是一个人类学家。人类学家所处的位置很有意思，我既处在巴鲁耶人的社会中，作为人类学家，我又依然身处自身的社会，我在巴鲁耶人的社会中，又在这之外。我在法国，同时又置身其外；您在中国，同时又外在于中国。人类学家为自身占据和创造了非常特殊的位置，他们总是亦内亦外。

处于这样的位置，我们理解他者的他性，不仅是和土著人一起生活，譬如他们每天都会去菜园，有时某人杀了自己的妻子，有时又发生了其他事情，我和巴鲁耶人一起生活，记笔记、问问题，但知识还有另一个获取维度。我开始系统调查，每天深入菜园，留心谁是土地主、集体所有者，不仅和巴鲁耶人一起生活，而且长年累月地系统分析。最终，当我完成对村庄、菜园、入会仪式等的调查时，我考察了土著人的所有方面，有很多积累，这些方面会相互交叉，我会发现缺乏系统观察时没有注意的问题。

系统观察的另一层面是必须要土著人允许，因为人类学家的所为与他们的生活无关。人类学家每天去观察，跟土著人一起照看菜园，土著人有时不得不因为他们而停下自己手中的活，所以，必须先让土著人接纳。在法国，人类学家不可能这样做，如果他们去拜访一个农民家庭，农民会说，好的，你今晚来吧，在我工作结束之后，大约7点钟，过来坐坐，喝喝酒，我工作结束后我们才能开始聊天。农民们不会在工作时间接受人类学家的访谈。同样，人类学家不能从事关于银行的研究，因为无法接触银行的高层，在法国、中国、美国，人类学家无法和银行家、顶层领导者一起生活半年，这些人比巴鲁耶人更加不透明和封闭。人类学家自身所在的社会更加不透明，如法国社会就比巴鲁耶社会更加不透明。我们对自身社会的了解并不比对他者社会的了解更多，因为人类学家在自身的社会中，无法触及决策层，只是停留在低层。

蔡华：其实我引用库恩，不仅仅是因为他对这个问题的看法很对，而且我认为《科学革命的结构》这本书就像一个人类学家写的书，但是这个人类学家是搞物理学的人类学家，就像我是研究亲属制度的人类学家。库恩如果要写一本狭义上的人类学家的书肯定是外行，他从本科到博士都学的是物理学，还教了几年物理学，教完之后发现学生根本听不懂，就像您说的，您作田野的时候，跟着巴鲁耶人去打猎、去做仪式、去田间劳作，了解他们如何生活。所以，库恩从一个物理学家转变为一个自然科学哲学家的时候，他做的是跟人类学家一模一样的事情，他已经走出物理学的领域，而且他写的绝不是生产物理学的定律，他没有生产过任何新的物理学定律，那是物理学家的事情，就像您说农民或者巴鲁耶人的知识是为了他们的生活。库恩生产的是一本书，他的书是关于物理学家在做科学研究的时候如何进入，当发生科学革命的时候会出现什么。如果他不做科学哲学研究，他无法生产出这本书。我对库恩这本书的评价非常高，他做的跟我们人类学家一模一样的事，人类学家的工作是研究亲属制度等，而他是研究物理学的发展历程。

郭德烈：人类学其实是由人类学家和非人类学家共同生产的。例如，我制作一部关于巴鲁耶人的电影，是和巴鲁耶人一起制作，我只是这部电影的作者之一而不是唯一。与土著人一起生产关于他们自身的知识非常重要，人类学的未来可能是知识的共同生产和分析，不只是意识形态的观点，而是知识的共同生产者对自身的分析，既有中国的人类学家，也包括法国的、美国的人类学家。许多国家都有实力很强的人类学学院，尽管带有后殖民的眼光，但巴西、印度和其他许多国家都已有了人类学。他们面临和我们之前一样的问题，必须跟土著人合作开展调查，没有哈萨克人参与的调查就不是关于哈萨克人的人类学研究。必须跟土著人合作，这是一种新的写作方式，所以，"写文化"也是对缺乏土著声音的写作方式的批评，这是很好的批评。

但是，例如我知道巴鲁耶人的亲属体系与北美印第安人中的易洛魁体系相同，但有一点不同，巴鲁耶人遵循父系继承原则，而易洛魁人是母系继承。这表明继承原则无论是父系的还是母系的，都独立于亲属结构的各部分之外。继承原则独立于亲属系统的其他各部分结构之外是一个理论问题，当人类学家陈述这点的时候，对巴鲁耶人去灌木丛狩猎并没有影响，这种标志在他们的生活中没有意义，而在人文科学的知识中有意义。中国的、美国的、巴西的人类学家会讨论继承原则，这是抽象的对话，但是一种产生知识的过程，对所涉及的土著人的生活而言并不重要，但对理解生活形式的差异、理解人类的差异非常重要。如果人类学家在各处都能找到相同的孤立体系，无论是地理的还是历史的，就是理解的大问题，这个问题和物理学、核物理的问题一样大，而且非常重要。人类学家应该引以为荣，我们在被迫成长，解决谜题，这些问题并不抽象而是很具体，因为我们深知，它使我们理解事物何以有不同的组合。这是我对人类学的看法，我们工作的不同维度和益处。

人类学家应该试图说服政治家、银行家和其他决策者，使他们倾听我们。不仅是听我们说需要经费，——我们的确需要更多经费，但更需要被政治家、银行家等决策者倾听。大学的教授多是待在学校里，与政治家们没有联系，他们也不愿去联系，漠不关心，只是出书。但我们必须被政治家理解和倾听。这意味着我们能够在电视上发声，这是另一种责任，我们应与决策者分享我们的知识，而不是停留在学术圈或大学里，它们是封闭的世界，很小的世界，但世界更为广阔。所以另一个问题是如何被倾听，如何上电视发言，不是去唱反调，而是去解释问题，把我们的想法清楚地传递给人们，不是把他们搞糊涂，而是就问题提出清楚的看法，很多教授是使人更加迷惑而不是得到启迪。

自18世纪起，诸如伏尔泰、卢梭这样的知识分子直接向国王——相当于现在的总统进言，有时虽然被投进监狱，但他们有公共的声音,他们似乎比今天的知识分子更加重要,现在法国已没有伏尔泰、卢梭。曾经有萨特等人直接向总理进言,社会党当权的时候,我可以直接跟总理对话,法国一直有这样一股传统,而在美国社会,知识分子没有公共的重要性。法国知识分子可以在《费加罗》或其他报纸上发表文章,现在有很多人类学家和作者撰写关于利比亚、突尼斯、科特迪瓦的文章。《世界报》上曾登过两版文章,评论萨科齐总统的对错,而在美国的报纸上难以看到这样的评论文章。好传统已经改变。萨特是我年轻时的公共知识分子,现在的公共知识分子更加愤世嫉俗。还有太多的电视人,这些电视人去作采访,例如去到一户农民家庭,询问几个问题,但只是问问题而不是认真倾听,被访谈者最后在电视上或许仅有两分钟的镜头而已。这是荒诞的、毫无意义的,也不严肃。

最近在法国出现一个大的争论:是否接受同性恋家庭。圣诞节前我在《世界报》上发表过一篇长达七页的文章,阐述作为一个人类学家,我为何接受亲属制度变革的可能,接受同性恋家庭。我对所谓的代孕母亲采取非常积极的立场,代孕意味着一位女性将生育的孩子给另一位女性。但政府投票反对,有一半的左翼社会党人,包括我的朋友,表示反对,一半的右翼党人也反对,但有一半支持。因此,接受代孕母亲的合法性、接受同性恋家庭成为一个问题,这个问题应该被解决而不是消极对待。西班牙是一个天主教国家,荷兰信奉加尔文教,它是新教国家,而美洲的一些部分,如美国、加拿大的某些地方已从法律上接受同性恋家庭。在法国不可能的事在西班牙可能,在加利福尼亚不可能的事在新泽西可能。在印度、中国等国家现在还没有开始讨论这些,但对法国人而言是一场现实的讨论,选择接受或者不接受。我总是接受电台采访,在报上写文章等。我们有一个由哲学家、人类学家、社会学家、医生、心理学家等组成的群体,面临着其他群体的挑战,我们也反对他们。我们目前输了,但这种输是通向赢的一步，下一步胜利会属于我们，同性恋家庭会被接受，即使带有政治性和宗教性的约束。

我们可以通过官方的途径跟政治家们对话，不是直接的，而是通过写作。我曾向法国教育部部长贝克莱斯阐述我的立场。我在全国性的集会场合接受采访，说明我对同性恋婚姻的看法。采访结束后，这位女部长过来对我说，我理解您关于亲属制度的说法，但如果我接受您的建议，我们将会输掉下一次选举，因为保守的法国人无法接受，所以我们不能采纳您的观点。可以看到辩论的政治重要性，她是对的，一部分反对来自政府，一部分来自基督教徒等，他们并不接受同性恋婚姻或结合，但关键的问题是代孕母亲，人们指责代孕母亲在卖淫，将子宫商业化，出卖身体生出孩子给别人，他们无法理解。其实他们不知道，以前有这样的夫妇去玻利维亚收养当地小孩，或者去越南，因为越南允许收养孩子。但人们不想收养孩子，而想要自己的孩子。如果用平常的眼光看待，把一个女性的生育能力转变为孩子给另一个女性，孩子是她们共有的，无论是生物上的还是社会上的，人们不需要收养就可以拥有自己的孩子。事实上，我向政治家们解释过，甚至向心理分析师说明，接受孩子的女性有了这个孩子，可以重建起包括父亲、母亲、孩子三者的完美核心小家庭，也可以两位女性建立起一个很好的法式核心家庭，但他们反对，认为女性必须从头至尾遭受生育的痛苦。我们面临法律上的问题，谁应该拥有这个孩子，谁生育了这个孩子，这两位女性都是孩子的母亲，等等。我们可以解决这个问题，作为一个人类学家，我经常讨论和写作这个问题。

一月份，我发表了一篇很长的访谈，关于我如何看待目前资本主义体系的危机，发表于《替代经济学》，以表明我们能够在资本主义体系之外做一些事情。我做自己的研究，我的同事们也接受采访、发表文章。我们试图在突尼斯、利比亚、科特迪瓦等问题上产生一定影响。

蔡华：我很高兴跟您讨论后现代的问题和人类学曾经面临的问题，我觉得其实现在这已经不成问题，我很赞成您的意见。未来人类学能够做什么，像我刚才提到的，我们不仅认识世界而且解释世界，这是传统上科学研究的任务。将来我们也能够看到社会机制里面的弊端、漏洞，对不同社会，包括国际组织，能够给他们提出一些新的意见。我希望将来人类学能够做这方面的事，不知道您怎么看？

郭德烈：在国际机构和国家层面做出改变更加困难。我曾在布鲁塞尔做过几年社会科学方面的专家，那里靠近欧盟委员会，我感觉施加影响并不容易，因为有一种愚蠢的看法认为经济才是应该优先考虑的事，因此，全部的讨论都是关于在经济方面我们应该怎么做，改变人们及其生活。而我们认为有必要了解的事情总是令人难以接受。在10年或12年前，布鲁塞尔拨给社会科学的预算经费由3亿欧元增加到如今的超过9亿欧元，这是很大的增长，使欧洲的社会科学针对毒品、贫困、排外、健康、老龄化等问题开展交叉研究。尽管我持怀疑态度，但即使是在欧盟这样的国际层面，这也是一种变革，为了获取用于实际目的的知识，我们不得不参与到这些国际性的问题之中。

社会学家到处都是，但人类学家并不是这样，相比人类学家，社会学家受到政府的资助更多。有时，社会学家并没有做出很好的研究，只是采用定量分析，当他们将定量分析与定性分析结合，便加入了人类学家的阵营，这样可以做出很好的研究。很多时候，人类学家也不知道统计的方法。人类学家应该在田野调查中将社会学与人类学结合，需要对人口的统计分析等有更广阔视野，将人类学的分析与定量分析结合。

所以，支持和发展社会科学有一个过程，不只是发展人类学，而是发展社会科学，我们必须占有一席之地，宣称我们是社会科学家。我们需要一块大蛋糕中的一部分。这块蛋糕在变大，社会学家分掉了这块蛋糕的大部分，经济学家分得更多。但经济学家并不理解社会，也不理解市场结构或策略，他们不懂人与社会，只是知道外因。将人与文化作为外因嵌入数学模型中，这种做法很愚蠢，生活不是外因而是内因。虽然许多经费流向经济学家，但并没有实效。经济学家和我们生产的不是同一种知识，社会学家和我们能够生产这种知识。

研究欧洲的历史学家很容易得到经费，产生影响，但我们需要了解中国的历史，以及更多关于非洲等的历史，这远未得到发展。正如我所说，如果将非洲社会的表面拎起来，就会发现，部落、族群的冲突是因为美国、法国操控着非洲，是有权力的人和各种权力，而不是我们学者。因此，一幅美好的非洲图景需要历史学家和人类学家。目前，4/5 的非洲人居住在城镇，居住在农村的非洲人仅占 1/5，但就业是个大问题，国家没有工业化。因此，需要都市人类学，它比研究巴鲁耶更为困难。一些年轻学者在非洲的大城市中从事都市人类学研究，尽管很难做但这是必要的。东京有 3500 万人，想知道作为一个城市有这么多人意味着什么，这就必须理解那个社会。

很多的田野是开放的，人们的生活是开放的，关于人的知识是必需的。我自己没有创造城市，而生活每天都在创造新的田野。我看中央电视台第九频道的时候，里面有句广告语："我们每天都在动，我们每天都在变。"中国人每天都在变，所以你们每天都有新的工作现场。这是我从电视上看到的，我不确定你们每天是否都在变，但这可以作为本次对谈的结束语："我们每天都要变。"

现场翻译：王甘

现象社会学的可能性

时　间：2005 年 3 月 16 日
地　点：杭州西湖
对谈者：吕炳强：香港理工大学教授（荣休），社会学家。主要研究领域：理论社会学、现象社会学、社会科学方法论。主要作品：《凝视、行动与社会世界》《我思、我们信任，社会之奥秘：社会学现象学论文集》《混沌、奥秘：社会学之本质》，电邮集系列：《听与说》《道与理》《某与人》《天与真》等。
　　　　西原和久（Nishihara kazuhisa）：名古屋大学教授、成城大学名誉教授。研究领域：社会学理论、亚洲社会理论、现象社会学、知识社会学、跨国主义。主要作品：《全球化本土化进程中的社会和意识创新——国际社会学和历史社会学的交叉》《跨国主义绪论——移民、冲绳、国家》《国际社会学的解释范围》《国际移民和移民政策》《跨国主义与社会创新》《主体间性社会学理论》《现代人的社会学导论——全球化时代的生活世界》等。

西原和久：首先，请让我简单做一下自我介绍。我想我和吕老师应该是同时代的人，可能我稍微年轻一点。我们都是在 20 世纪 60 年代度过了我们的青春和学生时代。那时我是个高中生，在当时的时代背景下，我读了马克思、萨特后进入了大学。我原先打算在大学继续研究萨特，但是被韦伯所吸引，在大学和研究生时期都在研究韦伯，然后在研究韦伯的时候遇到了舒茨,翻译了舒茨的著作之后,又被梅洛-庞蒂深深地吸引,这就是我基本的学术历程。我还想讲一点,这一点可能跟今天讨论的话题相关,近代个人主义产生于近代国民国家,我认为现今可以通过重新思考国家范畴,超越个人和国家的范畴重新审视当今的社会学。

吕炳强:我是在香港长大的,像西原老师讲的一样,我们的年轻时代是20世纪60年代,这是一个非常久的动荡时代,在香港、内地乃至全世界都有相当多的学生运动,无可怀疑对年轻时候的我们都非常有影响。不过,我进入社会学和现象学的路径,跟西原老师有点不一样。我是从数学(开始),一直都是念数学,但在时代背景下没法不接触社会学,当时念的书跟西原老师有点相近,不管是马尔库塞的还是萨特的、韦伯的,现在看还是相当复杂的一些书。在当时的环境里,可以说是在没有老师的指导之下,我开始了对社会学的探讨。我毕业后参与了具体的社会研究,还有具体的政策研究。差不多20年以后,到了大概1996年,才重新回到理论的方向,把念过的书重新念起来。我首先是回到彼得·伯格(Peter L. Berger)的社会建构论,然后回到舒茨,从舒茨很快回到韦伯,整个路子可能跟西原老师有点不一样,但最后念的书都差不多。我也从这个范围一直往现象学走,所以梅洛-庞蒂、胡塞尔这些都重新了解过。当然后者的发展与前者的发展不一样,面对的远景也不一样。西原老师专注于非常典型的社会学问题,即个人跟国家的冲突、矛盾到底怎么样处理。我个人感兴趣的不在这方面,而是我们能不能通过现象学、现象社会学来建立理论社会学。

西原和久:在如何将现象学与现象社会学作为社会理论来考虑这一点上,我也很有想法。也许我与您的看法是一致的,为了确认这一点,接下来,我想与您探讨如何理解现象学与现象社会学。您意下如何?

吕炳强:感谢西原老师。实际上我们有相当多相通的地方,不一样的地方，主要是我们对现象学的看法、对现象学本身的重点。现象学有非常广大的范围，讲法也非常之多，每个人都有不同的选点。我的选点可以概括为两个。第一个是一句话"构成实在的是我们经验的意义"，这是舒茨的一句话；第二个选点是一本书的名字，就是海德格尔的《存在与时间》，这个书名点明了现象学非常重要的内容，即时间跟存在之间的关联还有之间的等同问题。从现象学进入社会学，在后来的英语世界里，有两个重要的学派：一个是彼得·伯格跟托马斯·卢克曼（Thomas Luckmann），另外一个是加芬克尔（Harold Garfinkel）和他的常人方法学（ethnomethodology）。当然，即使加芬克尔成为一个学派，后来的发展好像也没有太受重视。彼得·伯格跟托马斯·卢克曼两人后来也没有再进一步地发展，这和他们对社会学的研究兴趣有关。我自己对现象社会学的研究，因为梅洛-庞蒂非常有名的一句话："肉身在世界里，世界也在肉身里。"这句话后来成为我个人理论非常重要的一个起点，我把它总结成一句话：在行动历程中的参与者总是在当下一刻。

西原和久：听了您的话以后，我大致了解了脉络。关于现象学我也有几点思考，下面我就来谈一谈如何理解现象学这一哲学。我想以两点进行探讨。第一点是胡塞尔的现象学有三个不同时代的发展脉络。第二点是后人在接受了胡塞尔的理论后如何展开讨论，一种是积极、肯定的继承，另一种是批判的继承。我认为胡塞尔的三个脉络中，第一个是意识经验的脉络，这是具有主观性的研究；第二个是危机认识的脉络，即如何应对胡塞尔所处时代所遭遇的危机；第三个是意义生成的脉络，这在当时没有印刷成著作，但现在人们已经了解该脉络并明确了全貌。对应这三个脉络的关键概念，我认为分别是意向性、生活世界和主体间性。三个脉络里都有对应的直系继承者。在意识经验层面的继承者是萨特，在危机认识层面的继承者是海德格尔，在意义生成层面的继承者是梅洛-庞蒂。当然我也对刚才您提到的海德格尔的《存在与时间》感兴趣,但考虑到海德格尔在二战中的表现,我有些顾虑。另外,我用身体论来解释梅洛-庞蒂的理论,因为我认为关于身体间性的问题非常重要,这一点随后我将提及。其实梅洛-庞蒂也有批判性的继承者,比如列维纳斯、德里达、德勒兹,倡导后现代主义的利奥塔也算是其中一位。这些学者强调的是自我与他者,或者是认识事物时产生的差异,对于这种差异以及再生,胡塞尔或梅洛-庞蒂之前的现象学更强调人与人之间的纽带,梅洛-庞蒂尤其强调身体间这种纽带,因而面对差异时,他更强调人与人之间的同一性。是强调差异还是同一性,理解现象学的方法随着重点的不同而不同。

关于怎样理解现象社会学,我想分三个部分来考虑。第一部分是20世纪二三十年代开展的现象社会学,在韦伯、齐美尔的影响下,利特以及菲尔坎特等人比较活跃,那时候舍勒还活跃在社会学领域。这种现象学的脉络主要关注心智的综合作用,对此我就不再多言了。第二部分是20世纪60年代开展的现象社会学,这是在批判帕森斯的脉络中形成的,也可以叫作反结构功能主义,刚才提到的彼得·伯格、托马斯·卢克曼等人都属于这一类,再比如初期的加芬克尔提出的常人方法学初期阶段也属于反结构功能主义,总之,我觉得这是一种人文主义或人文中心主义。第三部分是20世纪90年代以前,即现象学发展的时候,那时候现象学批判人文主义,借用福柯的话说是反人文主义的,或者是后现代传统所得以立足的现代性与现象学的发展相重叠。现象社会学的思考也是从这个地方开始起步的。我想谈的就是(20世纪)60年代、90年代开展的现象学,以及目前的现象社会学的可能性。

吕炳强:非常感谢西原老师的介绍。这方面的问题非常复杂,有相当多的文献讨论。从刚才西原老师讲出的题目来看,社会学角度的东西是可以讨论的。我想请教西原老师,如果您把意向性(intentionality)问题归纳成萨特的现象学,萨特的现象学后来发展成了存在主义，但是从社会学来讲，萨特最重要的观点不在存在主义本身，而是怎样看马克思主义跟存在主义之间的关系。这一点连带到西原老师讲的生活世界和危机这个问题。从现象学的角度来讲，海德格尔对这个问题一直是用非常尖锐的语言，当然开启者也不是他，从胡塞尔就已经开启西方文明的危机的讨论。60年代以后海德格尔对西方危机的判断基本上没有太大的发展，反而是哈贝马斯把生活世界的危机的概念，看作他沟通行动理论里面的一个重点。那这样他也回到萨特里面了，因为他把几个在现象学里面出现的讨论又带入马克思的主题里面。西原老师讲的第三点，应该是主体性（subjectivity），还有互相（inter-）的问题。梅洛-庞蒂的讨论到后来又变成福柯这一类。当然福柯的讨论跟他又不一样，在某个意义上，我认为福柯是反现代、现象学主义的一种讲法。梅洛-庞蒂这种身体（body）与世界（world）的问题，如果重新放回韦伯的行动理论里面可能更合适。我想马克思主义根本没法放在现象学里面讨论，如果我们要建立理论社会学，整个马克思主义都不在理论社会学里面。

西原和久：我想您对我的问题做出了四点回应。首先您提到萨特的定位，我认为萨特基本上是主观主义者，或者说是主体主义立场的，从这层意思上来说，他是现象学的第一脉络，也就是意识经验脉络的贡献者。所以与其将萨特定位为存在主义者，不如认为萨特是主体主义者。第二部分提到马克思和存在主义之间的关系，可能与您最后提到的问题有关，我认为有一个讨论整体或社会的马克思主义，然而没有谈到个人，因此人们把存在主义或萨特的主观主义搬过来相互补充，我不认为这是所谓萨特式或者现象学的马克思主义，虽然我喜欢用图式来说明，但是认为马克思主义以社会为中心，萨特偏重个人，两者加起来就完整，这种简单的图式是说明不了问题的，这是我对您第二个问题的回应。关于第三个问题，您提到哈贝马斯，我对这一点也是一样的想法，即认为哈贝马斯的理论主要是针对系统和生活世界，将现象学所具有的生活世界的宽泛概念简约为理想的生活世界，并把它与理性主义的系统作对比进行讨论。这未免有点太简单了，生活世界并不是理想的，其中有纠葛也有斗争，是更加污浊复杂的，有性别歧视、人种歧视等，歧视所产生的场域正是生活世界，不能把生活世界理想化。第四点是反人文主义、反现代主义。您提到福柯和梅洛-庞蒂，我想您可能误解我的意思了。我并没有说福柯的思想等同于梅洛-庞蒂的思想。正如您所言，在身体论方面两者的思想颇有些距离，当然也有重叠的部分。相比身体论，梅洛-庞蒂关于主体间性、身体间性的思考更具有超越近现代二元论的现代性批判的可能性。在现代性批判的意义上，福柯思想和现象学最近的发展有交叉之处，但并不是说两者是相等的，只是说他们有重叠的部分。

吕炳强：西原老师刚才一系列的讲法我基本上没有不同意的。我把马克思主义放到讨论中，是想把这个作为讨论现象社会学可能性的起点。为什么它是重要的？我们必须要重新回到社会学里面去理解。现象学总是被放在意义行动（meaningful action）这一块来考虑，所以从社会学来讲，是没法离开韦伯的理论的，特别是行动认知这一部分。但是在社会学里面我们还有别的，对社会学研究对象的一种不同的、跟韦伯对立的想法是社会结构这一块。社会结构有两个很重要的想法，一个当然是马克思，另外一个就是我们提到的帕森斯功能主义。我具体的判断是，如果从现象学、社会学的角度去讨论帕森斯的功能主义，可能是相对容易的。但是对马克思主义，怎样消化马克思主义，怎样把它融合进社会理论，从现象社会学的角度来讲是难度较大的。一直以来有很多人都想这样做，萨特是其中一个，哈贝马斯也是一个。但是这些尝试没有成功，没法很合理地消化马克思主义。另外，社会学的研究对象，迪尔凯姆（É. Durkheim）的集体表象（collective representation），集体表象迪尔凯姆早年是不用的，他用集体意识（collective consciousness）来讨论，到他晚年的时候变成用集体表象讨论。我个人认为，现象社会学如果真的要变成理论社会学的话，就必须把集体表象吸收进去。

西原和久：我想您提到的有三点。我完全赞同韦伯的"有意义的行为需要相对化"的观点。关于第二点中提到的现象学与马克思的关系，您认为相对于帕森斯，马克思与现象学的关系很少被提及，我在某种程度上可以理解您的看法。也有几个人已经做了这种尝试，比如我的老师广松涉在这方面做了很多工作。我受到老师的启发，按照现在谈话的脉络，我发现有几个关键的概念。其中一个众所周知的概念，即现实中的人是各种社会关系的总和。这是在对费尔巴哈（Feuerbach）的批判中所提到的，人是各种社会关系总和的想法，是把人作为关系来理解。同样，在《德意志意识形态》中也提到"意识与语言同龄"，即意识与语言一样古老。黑格尔也曾说过劳动是对抗自然的、基于人格互动的，也就是说自然改变不是一人所为，而是多数人一起劳动并面对自然。简言之，我认为马克思主义里面有可称为关系主义的视角。这一点与主体间性的话题联系非常密切。最后，我想谈谈迪尔凯姆。我基本上赞同吕老师关于迪尔凯姆集体意识、集体表象的想法，但有一点不同的是，我认为他在晚期著书《宗教生活的基本形式》中讨论了社会形成的过程，这不是已经形成的集体表象或者集体意识，而是提示了集体意识或集体表象所生成的一种模式，这个概念叫"集体狂欢"。这一点我基本上和迪尔凯姆想法一致，我觉得迪尔凯姆并没有认为仅在脱离个人的地方存在集体表象。我认为对于马克思和迪尔凯姆的看法，与现象社会学的现状与可能性的话题密切相关，所以下面我想就这个话题谈下去，您意下如何？

吕炳强：确实是，我们现在已经展开非常紧张的讨论。第一个讨论就是马克思本身的思想，他的早期跟晚期的问题。在早期的时候，即您提到的费尔巴哈批判，在很多方面是以人为主题的。后期他讲系统的阶级，就完全是不同的讲法。我想，如果马克思的理论要吸收现象社会学,或反过来讲现象社会学要吸收马克思主义,大概只能吸收马克思早期的一些观点。所以在这点上我跟西原老师是相当一致的。我认为现象社会学不可能吸收的是马克思后期的理论,特别是关于阶级的理论。迪尔凯姆跟马克思有一点非常不一样——迪尔凯姆是用结构主义、集体表象的方法来讲宗教里面的仪式。迪尔凯姆通过讨论集体意识、集体表象,通过结构主义,让后期的整个人类学和社会学发展有非常大的进步。刚才提到的结构主义的这种差异,要通过语言作为一个集体的表象来分析。马克思对语言的分析,不是从结构主义的角度来进入的,因而无法被现象社会学吸收。我认为现象社会学如果要成为理论社会学的话,要把迪尔凯姆理论里所表现出来的结构主义吸收过来。

西原和久:我们之间开始产生论争,我觉得变得越来越有意思了。第一点是我关于马克思的个人见解。您刚才说初期的马克思可以吸收到现象学,但后期的马克思不是现象学。我个人认为并非如此,马克思1867年出版的《资本论》,其中讨论的是货币、关系、物等如何反映在日常意识当中,他的价值论是物化论,恰好与现象学所关注的意向性、意识与经验、主观性等问题有较多的重叠部分。刚才我只提到马克思早期的部分,在此我要做一个补充:实际上初期的关系主义——人与人之间的关系、互动,在理解后期马克思主义的物化概念上是一个非常重要的视角。我认为马克思本人也在做这样的工作。

吕炳强:当然,任何一个社会学的大师,都没法对人的日常生活置之不理。所以马克思也要考虑到这方面。日常意识在现象学里面是非常重要的基础,舒茨干脆把它叫作 primary reality(基本现实)。但我更关注的是马克思是不是把重点放在这个地方,这是第一点。第二点是这种物象之间的转化是不是我们能借用的,能不能把它这种转化的思路吸收过来,我个人认为是很难做到的。

西原和久:感谢您的说明。您刚好提到了舒茨,我就顺便补充几句。舒茨使用类型化的概念来讨论物化的问题。胡塞尔提出了类型化的概念,从此意义上来看,认识层面上的物化与类型化论,即马克思的思维方式与现象学的思维方式是重叠的。但是,我想再补充一下,我认为可以用别的方式来表达物化,马克思也这么认为,个人与个人的关系可以表现为物与物的关系,这一点是非常重要的。比如我们通常认为货币具有购买力,但这并不意味着用 100 元可以购买 100 元的东西,并不意味着货币或者纸币本身具有这种力量。只有在被人们使用或在处于商品销售的社会关系中,金钱才具有力量,具有购买力,而认为金钱本身具有力量的想法来自物化的思维。因此我认为,现象学与马克思的思维方式重叠较多。但有一点,我感到疑惑的是,我并不认为现象学要吸收马克思主义,或者某一方要吸收另一方。此外,我想论述的不是现象学而是现象社会学。之所以强调社会学,是因为自韦伯以来一直有重视互动、行为的传统,比如美国的象征性互动或者是常人方法学,20 世纪 60 年代美国的现象社会学所关注的焦点也是互动。所以我认为从社会学角度思考现象社会学的重点是互动。因此,我想从这个角度再次来思考作为社会理论的现象学与马克思主义之间的关系,而现象学与马克思主义之间的吸收关系等并不是我关注的问题,而且我认为这并不是一个问题。

吕炳强:感谢西原老师的解释。谈到互动(reciprocity)这个问题,在某个意义上,当然是跟 typification(类型化)有关系。但是如果我们从舒茨本身的理论来讲,舒茨因为去世得早,根本没有时间把他谈到的象征现实(symbol reality)跟社会(society)之间的关系好好地整理出来。而开始用类型化概念整理象征现实(symbol reality)关系。现实(reality)跟象征(symbol)之间,怎么样能够表达出来?可以说是彼得·伯格跟托马斯·卢克曼把舒茨后期没有整理好的内容尝试整理了出来,但是这个尝试我个人认为是不成功的。如果来看舒茨后期的一些文章,我们可以从另外一些方向来发展,可能比伯格和卢克曼发展得更好。这是我对西原老师第一点意见的回应。第二点,关于现象社会学是否把重点放在互动上,恐怕没有社会学不是这样做的。问题是在整个理论的发展上,是要离开互动然后再回到互动,能不能成功回到互动。就有点像我们离开地球往月球进发,出去容易回来难,我对马克思后期理论的看法是,回来恐怕是不容易的。在这个概念上,我对马克思后期的理论有一个疑问:从现象社会学来讲,我们到底愿不愿意冒这个风险跑出去这么远,能不能回来?

西原和久: 您讲的很有趣。刚才我还没有回答您关于结构主义和语言的问题,我想一并回答您刚才的话和提出来的问题。我基本赞同您迪尔凯姆结构主义的想法,特别是在 20 世纪 80 年代,皮埃尔·布迪厄(Pierre Bourdieu)标榜生成结构主义,即结构生成过程以及由结构生发的过程。从某种意义上来讲,这与吉登斯(Giddens)的结构化理论有部分重叠,即关于结构化的结构以及被结构化的结构的理论。今天暂且不谈吉登斯,我们谈谈布迪厄。布迪厄使用习惯和实践的概念来探讨结构产生的过程以及发生与生成的过程,从此意义上讲,可以说是生成结构主义。我对这一点非常感兴趣,但是,我认为布迪厄没有一个完整的身体论,这一点与下面提到的语言问题相关。刚才您谈到了语言的问题以及舒茨的象征的问题,我觉得十分有趣,这些问题仍然很难在现象学中去解读。如果把我们的视野扩展到现象社会学,那么我们就会想到米德的思想,我为什么要提到米德呢?是因为在梅洛-庞蒂身上可以发现与米德相同的思想。刚才谈到了身体间性的问题,米德在讨论互动时,也提到有意义的象征问题。米德从身体与身体之间的关系层面讨论了意识、语言以及社会的产生。谈到语言必然会涉及索绪尔的语言学,但是今天我们暂且不谈。如果我们想从身体或者身体间互动层面讨论语言产生的过程,那么,米德和梅洛-庞蒂的思想将是非常有助于我们思考的。后面我会提到两点。首先我赞成您的看法,认为彼得·伯格或托马斯·卢克曼并没有成功地继承舒茨，并且应该注重后期的舒茨，即20世纪50年代的舒茨，并从他那里思考可发展的途径，而且我正是这样做的。从互动层面到社会层面，这其中的逻辑有巨大的飞跃，就好比从地面飞到天上，中间环节怎么做是至关重要的问题。我想这之间存在一个如何做的重要问题，在这点上我们至少有两条路径可以走。一是我们往往容易在一对一的互动层次上思考问题，其实并非如此。正如齐美尔所说的那样，我们可以在三者关系中思考出发点，在三者关系中，一方被另两方排除，一方支配两方等。可以把这种三者关系的互动作为基本模式去建立我们的途径。二是使用刚才讲到的物化或类型化的理论来思考制度化的途径。即把制度看作物，物化是非常重要的，如果我们不忘记互动的立场，我们就可以安全着陆。我的现象社会学就是想做这样的冒险，我在1998年出版的书就叫《现象学社会学的冒险》。我刚才谈到的米德和梅洛-庞蒂以及后期的舒茨，我都写在了《自我与社会》中。这些想法中的物化的问题在广松涉的著作《物象化论的构图》中有所涉及。该书已有中文译本，阅读这些译著有助于学术讨论。另外听说我的《自我与社会》也即将翻译出版，我感到非常高兴，以上是拙作的宣传。

吕炳强：谢谢西原老师对我提出的几点的解释。您刚才提到的第一本书的名字是非常有意义的。您用了"冒险"这个词，如果我们回顾冒险在社会学的历史，到今天还没有看见有哪一个冒险的人能够最后回到原点。我想提出一个能够回到互动（interaction）概念上的思路，来解决这个问题。实际上，我跟西原老师一样，对互动的概念也不是作为两个人之间的问题来考虑。如果我们把所有的东西都放到二元之间，然后把多元的关系化为很多个二元的关系，可以说这完全是一种再生产（reproduction）。如果不想变成一种再生产（reproduction），我们该怎样处理？这关系到"他者"（the other）概念。西方的现象学家对他者的概念也都有不同的看法，其中莱维纳斯是最激进的，他讲到非人的他者（impersonal other），好像上帝对他来讲是一个他者，死亡是个他者。如果我们沿着莱维纳斯的把社会作为一个他者这一思路，相信有非人的他者，那建立结构主义（structuralism）最后是到达这个非人的他者，还是永远到达不了？如果能到达非人的他者的话，我们马上就引入上帝、社会等非常困难的问题，如果社会是一个非人的他者，等于说构成社会的个人不等于社会的群体，非人的他者就会成为一个谜（enigma），改造性就不存在，社会学特别是现象社会学必须要把这个谜安置好。如果不安置好现象社会学就不成为一种现象学。同理，展开来讲，如果理论社会学不能安置这个谜的话，同样不能成为成熟的理论社会学。

西原和久：对谈的时间快结束了。我认为这是一个本质性的问题。在回答这个问题之前，我想先提一点，目前在国际上，比如参加美国社会学会时，还能感觉到舒茨的象征互动论有它的追随者。德国已经开始出版舒茨全集，今后会陆续面世。至于法国，我们已经提到一些现象学家，在这里就不提了。英国人克劳斯里写了一本《主体间性》，我把它译成了日文，之所以翻译是因为他也注意到舒茨的音乐理论，我碰巧跟他在同一时期关注了舒茨的四篇音乐论，这与刚才讲的后期舒茨相重叠。这个音乐理论不是舒茨的个人爱好，而是他思想深处的问题，其关键在于相互协调关系或相互共振关系，自我和他者在音乐上并不是一对一的关系，所以是不用语言交流的关系。我想关注克劳斯里的这个问题，继续思考这种冒险，这是我想说的第一点。我们提到了世界的样子和克劳斯里，接着以回答的形式考虑的时候我们也提出了这个问题的核心，也就是说作为现象社会学的社会理论，它的问题点和可能性又在哪里。我认为有三个社会理论：第一是要切实发展生活世界的理论；第二是他者的问题，这也是主体间性的问题，这与您提到的他者差异或者是他者、社会之谜有关联；还有一点我曾经在《现象学社会学的冒险》中提到过，迄今为止现象学所探讨的问题，不是一个国民的社会关系或者国民与国民的关系，而是日常生活中的人与人之间的关系，这是一种超越国境的关系。在此意义上它是与超国家的思考联系在一起的。接下来我想谈谈差异与同一性的问题，想集中谈一下他者。刚才谈到一个前提，就是关于超越国家的思考，谈到后殖民阶段或底层阶级的问题时，我关注的是两个阶段关于差异与同一性的问题。第一点是基础文化或者是在身体间性文化，或者是文化研究存在一种普世文化，如何与本国的外国劳动者或移民这样的他者打交道，这是全球化时代的一个主要课题，在这种情况下我们要重新认识基础文化中的部分共性。另一点是，我认为莱维纳斯和德里达有一种思想，即承认他者的存在，同时又接受他者，就像我在书中所写的那样，身体文化的部分和同一性中存在的问题是不一样的，在承认这种差异的同时，需要互相承认相同的部分，也就是说要认识到共性，这是我想强调的一点。还有一点是关于谜的问题。正像您说的那样，谜是很重要的。在这里，我想讲两点。第一点，要区分可知的部分和不可知的部分。第二点，我认为非常重要的是暴力问题，他者突然来袭，自身死亡或者生活受到威胁，我认为可以将诸如此类的暴力问题很好地放到社会理论中去考虑。这是当我们谈到他者时的另一个重要因素，而不是说没有谜，我们应该好好区分可知的和不可知的，认真思考来自他人的暴力的问题，并且有必要将其作为谜来不断地思考。

吕炳强：我想我们慢慢到了一个阶段，开始进行非常重要的讨论了。由于时间关系，我也不打算把所有话题都展开。先讲比较容易的问题，舒茨写的几篇关于音乐的文章如《我们一起玩音乐》（We Play Music Together）写得很早。和布迪厄的习性（habitus）概念可以说是非常接近，我对布迪厄的习性概念特别感兴趣，他也用音乐来讲，但是他不从舒茨这种讲法来讲，而是从斯宾诺莎（Spinoza）来讲。当布迪厄把习性的概念引申以后，后来的发展是非常庞大的，但是我认为不管这个概念怎样庞大，到最后是没法不回到韦伯的行动学的。只有把它包括在行动的类型里面，我们才能安置它，这可能是唯一的出路。其他部分，我想可以这样讨论，我们可以从莱维纳斯开始，莱维纳斯讨论了一个对他来讲非常要命的内容。他为什么要把他者概念提出来，因为他本身就是个犹太人。犹太人在两次世界大战期间，面对的生死问题是非常严峻的。因为生死的问题，犹太人会有非常困难的伦理上的问题：第一，我们怎样看别人加在我们身上的暴力（violence）；第二，他们加在我们身上的暴力到底有什么意志，是合理的还是不合理的？所以从这点返回来看现在全球化的移民问题，从莱维纳斯来讲，这个问题他已经是在一种更残酷的状态下经历过了。所以我同意西原老师的观点，我们要从莱维纳斯这里学会很多东西。回到我们对谈最重要的题目，现象社会学有没有可能性？我相信西原老师跟我一样相信这个可能性是有的，那么可能性如何得到实现呢？刚才西原老师提到，先把社会作为一种谜，一部分是我们知道的，一部分是我们不知道的，分开来处理，这是一种办法。我自己的进路是这样的。对我来讲，社会的实在只有三种：第一种是行动的历程。行动本身不是一种实践，但是行动历程是一种实践。第二种就是彼得·伯格和托马斯·卢克曼他们讲的象征性宇宙（symbolic universe），象征性宇宙不是他们想的，先由别人想的，但是他们用的词非常好，所以变成他们的了。实际上，舒茨已经提出类似概念，叫作有限领域（finite provinces of meaning）。舒茨声称这个概念来自威廉·詹姆士（William James），但实际上这个概念还有一个更重要的来源，即他的朋友历史学家埃里克·弗克利的宇宙（cosmio）概念，您可以把它看成行为结构离开当下一刻后，它作为一种文本（text）而存在的一种形态；反过来，如果宇宙进入当下一刻以后，它就是我们一般讲的社会结构（social structure），整个人立马就存在于社会结构上面。我认为社会结构只有有条件的实证性（conditional positivity），如何找出这种有条件的实证性，是我们社会学家必须要做的工作。这样，我们就能把社会结构变成社会建构，连到社会建构就能连接到现象学的概念，这也是我的进路。如果从这个进路来讲，现象社会学是完全有可能的，并成为非常重要的一种理论社会学。

西原和久：我以回答的形式简单总结一下。刚才您谈到现象社会学的可能性，特别提到了作为社会学理论的现象社会学，这里有一个如何看待社会理论的问题。我非常赞成您谈到前提要从韦伯开始考虑，但是韦伯的理论也不是完全适用，所以，我认为生成社会学（genetic sociology）很重要，生成社会学有三层含义：第一是历史社会学的生成论，第二是社会构成生成论，第三是个体发生的生成论。简言之，"历史上"是说这个社会如何形成的，这个问题埃利亚斯研究过，韦伯也在新教问题上研究过。"社会构成"是指社会是如何从行为生成的，韦伯在《社会学的基本概念》中对社会构成展开过探讨，但是没有研究发展心理学或者是社会化发生机制的问题。所以这一点需要补充，这是生成论之一。下面我们来换个话题。我非常理解刚才您谈到莱维纳斯的逻辑问题，但是我不想把逻辑的问题与个人联系起来，不想把逻辑还原到个人，所以才认为这是社会理论。关于实证性和制度化的问题。今天没时间举中国的例子来具体谈，我举个日本的例子。我想说三点：一是人们预测2007年日本人口将进入减少阶段；二是目前有很多外国劳动者开始涌入日本，据联合国某机构预测，2050年日本人口的40%将是外国人，当然这是上限；三是日本如何援助外国，即ODA（海外发展协会）的问题。也就是说，人们会纷纷跨越国境来到这里。在某种程度上成熟了的社会，在这种情况下，如何加强非军事性的国际纽带将是至关重要的。这不是国家与国家之间的国际问题，而是一种主体与主体间关系的问题，从国际关系到主体间人际关系。为此，我们能做的事如下：比如开展日本国内的学会同世界各种交流机构的合作，在内部设立研究所并开展活动，推进这些超越大学范畴或者超越国家范畴的交流。这对社会理论尤其对实践理论来说是非常重要的，我觉得社会理论并不只是追求纯理论的可能性，而是同时在冒险中追求实践理论的可能性。

吕炳强：非常感谢西原老师。事实上，西原老师的成就是非常大的。我们中国方面，应该向西原老师好好学习。

西原和久：最后我再强调一下。我们的任务是如何将国与国之间的"国际关系"转向人与人之间的"人际关系"，即如何超越个人、国家的范畴，像今天我和您的探讨一样。非常感谢安排这次交流的中国社会科学院的罗红光老师，以及出席此次对谈的吕老师。

文字整理：张凯妮、任文君
文字翻译：张凯妮
现场翻译及校正：朱安新

关于市场过渡理论的讨论

时　间：2000 年 11 月 8 日
地　点：北京建国门社科宾馆
对谈者：景天魁：中国社会科学院学部委员，中国社会科学院大学特聘教授，社会学研究所研究员。1995—2006 年先后担任社会学所副所长、党委书记、所长，1998—2005 年任中国社会学会副会长，2001—2005 年任国际社会学协会副会长。主要研究领域：社会发展理论、福利社会学、时空社会学、中国社会学史。独著：《打开社会奥秘的钥匙——历史唯物主义逻辑结构初探》《社会认识的结构和悖论》《社会发展的时空结构》《底线公平：和谐社会的基础》《底线公平福利模式》《中国社会学溯源论》等；合著：《时空社会学：理论和方法》《普遍整合的福利体系》《中国社会学：起源与绵延》《中国社会学史》（第一卷：群学的形成）等。

王达伟（David L. Wank）：美国人，毕业于哈佛大学。现任日本上智大学国际教养学部社会学教授。研究领域：全球化与跨国主义、宗教、文化政策、当代中国研究、制度变迁等。主要科研项目：当代中国佛教复兴运动分析（1997—1998 年）；*Globalizing Chinese Buddhism: Ideoscape of Values, Ethics, and Lifestyles*（全球化的中国佛教：价值观、伦理和生活方式的意境，2016—2019 年）。主要作品：《中国的社会联系：制度、文化和关系的变化》（合著）、《全球社会的动力：理论与视角》（合著）、《制造宗教，制造国家：现代中国的宗教政治》（合著）；*Area-Based Global Studies in Japan*（《日本的基于地区的全球研究》），*The Rise of Global Studies in East Asia*（《全球研究在东亚的兴起》），*A Study of Laynuns in Minnan, 1920s-2010s: Buddhism, State Institutions, and Popular Culture*（《1920—2010年代闽南的俗人研究：佛教、国家制度和流行文化》）等。

景天魁：王达伟先生从美国哈佛大学获得博士学位后，一直在从事中国社会变迁的研究。他最近出版的一本研究中国的经济社会学著作，受到学界重视。我们知道，美国社会学界对中国市场化改革以来国家与社会的关系变迁相当重视，长期以来形成了一条研究的主线，王博士是这条主线中的一个人物。多年来他在中国很多地方作过调查，A.Walder 就曾对王达伟的研究作过肯定性的评价。他在对现阶段中国社会变迁的调研基础上，提出了一些很有见地的观点，例如在庇护主义问题上提出了"共生型"庇护主义这一概念，对中国学界很有启发。由于他对美国社会学界非常熟悉，首先，请他给我们介绍一下美国社会学界对中国的国家与社会关系的研究情况，主要是一些趋势。

王达伟：市场化改革对中国国家—社会关系的影响，是美国社会学界和政治学界一个很大的课题。有些社会学家对改革以前的社会主义国家有一个很深的印象：改革前中国的计划分配经济给了国家制度下的官员以很大的权力——国家深入社会内部，而且地方官员起了很大作用。那么，改革后地方权力的影响有些什么变化呢？美国人就很关注。不知道中国的社会学界这方面研究怎样？

景天魁：中国从20世纪80年代以来对国家与社会的关系有许多争论和研究，近些年可说是形成了几个小高潮。我们比较感兴趣的是美国社会学家在这方面的研究范式或者研究视角。

王达伟：关于市场经济对国家—社会关系的影响，美国社会学界一般来说有三个范式。

第一个范式可称为市场经济范式，这个范式接近制度经济学。主要的一个前提是每种经济有它的组织原则，市场经济有市场交换原则：交换由市场价格机制决定，没有国家权力的影响。计划经济有再分配原则：由上级权力决定分配物品的方式。再分配经济与市场交换经济这两者是对立的。1979年以来的经济改革，中国是由再分配经济向市场经济转型，在这种过程中会出现"非驴非马"的现象：既不是完全的再分配经济，也不是完全的市场经济。这种过渡状态是很不稳定的，很多企业家要利用官方提供的资源，某些官员也利用自己的权势做一些买卖，这种现象就是腐败。这种现象是比较典型的，但美国社会学界认为会随着市场经济的发展而消失。总之，经济转型就是再分配经济与市场经济这两种理想类型之间的转变。

第二个范式是政治体系范式。经济改革被看作一个非集权化的过程。中央的计划越来越少，分配权下放到地方，地方官员的权力就放大了，由于现在有了市场，他们就可以给自己的权力标价，地方官员和企业家的关系越来越密切：企业家需要官员手中控制的短缺资源如橡胶、钢材等，地方官员又需要钱，因为上级拨款和工资相对变少了，又有通货膨胀，因而需要跟地方企业家进行交换。按照这种范式，经济改革是一个放权的过程，国家—社会关系在这个过程中越来越商业化。这个过程是不稳定的，没有自己的原则，其中有个比较稳定的原则，就是自我利益的交换原则。政治学家比较倾向于这种观点。

第三个范式可称为文化经济范式。主要认为，经济改革中国家从社会退出、管理上松开后，传统行为又重新出现了。例如美国社会学界说，中国传统中就有利用自己官员地位来赚钱的行为，传统的老百姓对官员尊重、敬畏、服从，并且尽量利用血缘关系和熟人关系拉关系。所有经济改革带来的影响都可被解释为中国的传统态度和行为的恢复，官方与企业家的庇护关系是传统行为的复现之一。

一般来说，美国社会学对中国的国家与社会关系的研究，有前面说的这三种范式。

景天魁：对这三个范式，中国社会学界前一段时间接触比较多的是第一个范式。例如维克多·倪（Victor Nee，又译倪志伟）在对国家权力转变过程的研究中假设，在市场化过程中国家官员的权力下降了，在市场中活动的直接生产者如私营企业家的活动能力增强了。他提出了好多假设，也在中国做过一些调查，取得了一些数据。他的研究在我们这里还是比较有影响的。您也是做这方面研究的，而且据我们所知，您跟维克多·倪在权力转移过程的认识上看法不同。能否谈谈您的不同看法？

王达伟：维克多·倪的研究可以算是市场经济范式的一个范例。他宣称，他发现在市场化转型过程中地方政治权力的重要性有所下降，这一观点在研究中国问题的学者中引起了争论，并受到广泛关注。他的著作也提示了有关在中国进行社会调查研究以及在理论与解释之间建立联系的一些重要的方法问题，这些问题还没有被充分讨论。首先让我对市场经济范式作个一般性评论。一个很有意思的问题是，市场经济范式在美国影响力最大，普遍到了一般报纸都按这种范式报道中国，一般的政治家都说中国正在进行市场转型变革。这里的言下之意是，西方国家例如美国代表了市场经济的理想，中国正向这种理想转变、接近。为什么这个范式在美国那么有影响力？一些西方人以为，中国越来越变成"我们"，不再那么神秘了，可以接受了。市场经济范式与这个意向合拍，接受起来比较舒服。

景天魁：维克多·倪的研究按照市场经济范式，比较清楚地分析和描述了中国的现象，方法上又很有美国特色，所以美国人愿意接全对应。这两者不能说没有关系，但绝不是简单的对应关系。假如研究的是市场化程度很高的国家，可以这样假设；但研究的是中国这样一个变化中的国家，命题本身应该是能揭示中国社会转型过程中的复杂性的判断，而不应当过于简单。即使指出的趋势是正确的，但论证过程不足以反映趋势，起码不够严谨。第二，即使在现代工业化的社会中、典型的市场体制下，也存在着权力、声望、财富三者对于不同的社会群体很可能分享的地位不一致的现象。第三，在转型期的中国，私营企业家在财富上、干部在权力上、地方社区精英在社会声望上都是很高的，他们的社会地位并不一定整合，也存在不一致的现象，很可能单项指标高，而不是在所有方面都很高。因此不能用单项指标来判断社会地位。

王达伟：您的问题很有意思。地位是什么？在中国，钱能否完全代表个人的社会经济成就或社会地位？维克多·倪的转型研究不是想说明地位的变化，而是想说明分配制度的变化。他认为每种分配制度都是一种权力关系的体现，计划经济是一种分层化的权力关系，市场经济是一种比较平等的权力关系，用另外一句话来说，他要用分层化来说明社会制度变迁的机制。我想说，变化中的社会分层实际上是社会变迁的结果，倪的变化着的社会分层模式不能说明为什么会有这种变化，他把社会分层和分配制度两个完全不同的东西硬联系到一起，但那是完全不同的。

倪的资料是分别取自1979年和1984年的两项有关社会分层的调查统计资料。比较这两份图表资料，我们可以发现变化是发生了，但显示的只是某时某地的静态情况，而不能解释在社会结构关系上发生的动态变化。因此，维克多·倪所宣称的发现——在资源分配上，水平的网络正在取代垂直的网络——仍然只是一个假设。这个假设，既没有被支持，也没有被反驳。因为这些资料并没有揭示企业家是否通过各种网络与官员们或直接的生产者们做生意（交易）。

但是无论如何,我认为,无论政治权力被削弱还是它有了非常重要的改变,都与维克多·倪关于政治权力的假设所定义的概念不同。他把与前改革时期官员的关系当成了一个恒定不变的概念,关注这一关系在市场改革时期是衰弱了还是继续稳固着。但是,这种具体化了的政治权力和网络组织概念,不能解释政治权力的变化了的用途以及在官员和企业家之间重建的新型网络组织。我自己的和其他人的研究已经表明,官员和私人企业家之间的网络更多地以市场为基础,而不是像在计划经济下所普遍见到的那样更多地以个人和感情纽带为基础;而且,它们并不一定是腐败(行为),相反,许多都是合法的商务往来。这样,我的数据并没有真的与维克多·倪的假设相衔接(关联),而是更多地说明在市场经济中政治权力仍有新的效用。

正如景博士所说,更多地关注测度社会现象的量变程度的社会科学,对于解释制度和社会结构的革命性变化是无能为力的,因为他们要把他们所研究的现象具体化。也许从研究的效果来说,设想中国正在经历机遇、价值观和网络组织的制度性变化,不如说正在发生从理想的计划经济到市场社会系统的巨大结构变迁那么动听。

景天魁:我们常说某某方法是"科学"的,我的看法是真正科学的方法应当讲究客观性,应当关注中国发生的事情到底是什么样的,如果硬要把中国发生的实际情况和美国的在理性人假设基础上得到的假设进行对照,那势必要把中国实际情况的好多特点抹去,这等于把现实简单化、理想化、抽象化为一个可以和他的假设相对照、相对应的东西,这很难说是科学的。

王达伟:您刚才所说的研究把现实的特点漏掉,是理想类型分析的一个常见的偏差。倪的转型研究总的来说,我认为有两个错误。一个是用分层分析来说明制度变迁,这在方法上是不对的,分层分析当然可以作为一个宝贵的假设,但不能作为制度变迁的证据。另一个是理想类型分析的说服力从哪里来的呢?它的理想类型可以先作为前提，也可以再作为结果，这在逻辑上就形成了循环错误，他调查前先有的框框是有问题的，而且他的全部理论框架也是同义反复的。

维克多·倪关于变化的观点包含在两篇发表在《美国社会学评论》上的文章里。他在1989年发表的第一篇文章中提出了市场转型理论。那篇文章包含了一些很有意思的零散数据，它们似乎与他的全部论点，即在市场经济中政治权力的效力将下降相抵牾。他对于收入、计划经济与市场经济首先有一个理想类型的假设。这之间的关系很复杂，不仔细看总觉得这里好像什么地方不对。其实，他的假设就埋在数据之中，然后用数据分析来为假设服务。

景天魁：他的假设有一些本身就值得讨论，有的假设给人似是而非的感觉。例如，他假设在市场转型中教育在分配中的作用增强，这是不是市场化的结果？在非市场制度中，教育也普遍对分配有影响。封建社会"万般皆下品，唯有读书高"，计划经济下有文化的也要比没文化的收入相对高一些。反而在市场转型过程中，曾有相当一段时间出现脑体倒挂现象。先假设教育在收入分配中的作用增强是市场化的结果，然后再来作为证据证明市场转型过程体制的变化，这种假设的意义就很值得探讨了。

王达伟：维克多·倪1989年那篇文章写得很漂亮、很清楚，虽然我不同意他的方法，也有人批评他的数据。例如，他的数据反映以前当官的企业家比没有当过官的企业家收入高，这说明权力还是很重要的，似乎与其假设相矛盾。1991年，他又写了一篇文章，第一篇文章是讲从"再分配"到"市场经济"，这第二篇文章推出了一个关于部分市场转型（partial market transition）的新理论，认为在这个过程中，政治权力作为中介仍很重要，但是这种数据没有否定他的过程假设，反而证明"它在进行"，这样就没法去反对、证伪，让这篇文章显得逻辑模糊，实际上又创造了一个全程假设：复合经济下，政治权力很重要。显然，维克多·倪有意识地用他的部分市场转型理论支持他的市场转型的全部观点。假如我们接受这个观点,那么所有的观点都将变成同义反复和无法反驳的。数据——它显示出在市场经济中水平的关系并没有取代垂直的关系——并不能证明市场转型的理论(论题)是假,而是更加确定了这样一种转型正在进行,只是尚未完成。这正是同义反复,就像现代性理论一样。

教育是一个很吸引人的问题。大多数的经济发展研究都从技术知识和管理才能的角度,把教育视为日益增值的文化资本。维克多·倪也持此观点。在1991年的文章里,他记述道,以前当过干部的企业家较之以前没当过干部的企业家有更高的教育水平。他论辩说,这一发现支持了市场转型理论所谓的政治权力和(官场)关系在市场经济中的重要性降低了的观点。但是,正如景博士刚才所提到的,教育在计划经济中对于个人的成功也是很重要的。我认为,问题在于这种关于中国的教育和经济发展的一般性的观念的应用,没有考虑到中国的特殊情况。在维克多·倪进行实地考察的20世纪80年代,在中国实行了几十年的把高中及大学毕业生分配到政府部门和国家企业的政策仍然有效。这样一来,比之受教育少的企业家,一个高中或大学毕业的企业家会有更多的老同学在国家机构中占据好位置。于是,较好的教育将带来在官场中更多的关系,这也能够解释为什么以前当过干部及其他受过更多教育的企业家中成功者更多。

景天魁:有些假设没有抓住市场转型中真正的社会变化。另外,方法和理论也有些问题。比如,他把国家与社会看作两个完全相互对立的东西。也许在欧美这样假设是可以的,但中国恰恰是国家与社会并非预先就是分离的。如果先假设国家与社会之间是对立的关系,然后再去考虑研究它,这在理论上就成了问题。拿它来研究中国的社会、中国的市场转型,这样的基本理论假设是否妥当,就很值得考虑。

王达伟:我认为,他的这种方法在美国社会学界仍是主流,是被普遍接受的,虽然我本人更经常用一些定性研究方法,但我认为他的方法本身总体上虽有缺陷却并没有错,错误出在他的假设的有效性上。在过去的十年中,社会学家中对于定性研究的兴趣有所复苏。对于民族志学尤其是这样,这一学科在(20世纪)80年代相对处于边缘,并被认为是不科学的,人们认为它使用一些不具有代表性并过分依赖特殊的不容易复现的观察资料(数据)。但是,我认为,社会学家现在已了解到民族志学能够成为一种特殊有力的方法去观察诸如价值观、网络和实践等的制度上的变化。因此,将定量方法看成最科学的方法的倾向正在转向一种方法论上的多元论。这一观点承认许多社会学的方法,承认方法的选择应该取决于其是否最适合于所研究的问题。

现场翻译:张海洋
原载《社会学研究》2001 年第 2 期

科技·政策·创新

时　间：2014年3月11日
地　点：中国台湾"中研院"民族学研究所所长办公室
对谈者：黄树民：1977年获密歇根州立大学人类学博士学位，1975年至2005年就职爱荷华州立大学人类学系教授人类学，2006年被特聘为台湾"中研院"民族学研究所研究员兼所长。主要著述：《农村的凋落：台湾乡土社会体系的变动》（Agricultural Degradation: Changing Community Systems in Rural Taiwan）、《盘旋之路：当地干部眼中的中国乡村变迁》（The Spiral Road: Change in a Chinese Village Through the Eyes of a Local Leader）、《台湾民族学研究：社会、历史和文化视角》（Ethnicity in Taiwan: Social, Historical and Cultural Perspectives，合编）、《想象中国：区域划分和国家一体》（Imagining China: Regional Division and National Unity，合编）、《林村的故事：一九四九年后的中国农村变革》，译著：《巨变：当代政治经济》。

柯诗曼（Stephanie Christmann-Budian）：德国弗劳恩霍夫系统与创新研究所（Fraunhofer ISI）高级科学家。研究方向为中国的创新体系和结构改革，特别是国家和地区科技政策，曾在德国学术交流局（DAAD）、德国研究基金会（DFG）、弗劳恩霍夫系统与创新研究所、中国科学院（IPM）和创新技术研究所（IIT）担任研究员和政策分析师。研究项目集中于中国国家科学体系的最新改革，包括中国的先例发展、总体政治形势和全球地位等方面。

黄树民：我先简单介绍一下自己学习的过程。我是在台湾大学读人类学，以前叫作考古人类学，因为当时的学科分类并没有人类学，所以就把"考古"加到"人类学"前面。从台湾大学毕业之后，我就到美国密歇根州立大学去读硕士和博士，1977年获得博士学位，但在拿博士学位之前就已经到爱荷华州立大学去教书了，从1975年开始任教了30年，都是教人类学，从大学部的导论课——人类学导论，一直教到研究生的研讨课，各式各样的课程都教过，各种学科都可以兼顾到。我的基本训练让我还是以比较传统的科学的导向、理性的方式来看问题。

到20世纪80年代，美国人类学界受到很多冲击和挑战。尤其是所谓后现代主义的出现，提出了一些向以前的学术发起挑战的观点，对学界后续影响很大。就美国来讲也很明显，由于后现代主义提出的所谓"科学本质到底是什么""科学理性是不是也是一种特殊的文化产物"观点，让以科学为基础的研究工作开始有所动摇，大家开始进行"反思"，我们做的到底是什么？它的社会意义在哪里？然后产生了所谓"相对论"——所有的东西都要在它固定的、特殊的文化架构里面来了解有没有它的意义。这变成很重要的议题了。

我是2006年回中国台湾的，在美国办理退休后，就开始在台湾工作。基本上还是继续研究我们的研究工作在做什么，怎样把我们的研究成果表达出来，表达的工具是什么。当然对于这些问题，我们并没有很简单的答案。因为问题非常复杂，不但牵涉我们个人的基本训练和基本价值观念，还牵涉一些更根本的：在一个环境里面，这种特殊的环境带给研究者什么，在这个环境里研究者怎样运作，怎样操作研究方法来表达自己。这就是我大概的情形。

柯诗曼：首先很荣幸能跟您这么有经验的学者交流。我的学术过程可能比较特别，受研究、工作经历的影响很明显。我开始的学术兴趣是中国的文化、历史，特别是中国近代史研究，最后发展为研究重点的是中国学术体制的历史——从近代发展的现代研究单位、大学、科技政策，中国科学院的建立历史，到现在大学的历史等等。这之后我的工作内容是学术交流，通过欧洲跟中国之间的交流和传播让更多理论得到发展，开始参考国际上不同的科技政策，研究怎样才能更好地支持科学发展、交流，研究科技交流对国家的意义，研究为什么同样的机构或体制在不同的文化和政府下有不同的实现形式。这样科技就变成了我另一个研究重点——真正地从科学的社会学考虑科学和社会的关系，考虑如何发展科学，以及科学的发展对一个国家、一个体制有什么用处。

政治、社会和科学怎么互相影响，到底是有好处还是有缺点，我们可以从哲学、政治学等很多方面讨论。全球化是很重要的一个方面，对国际的科技交流有很大的作用，带来的变化很大，包括对政策的一些影响，如促使国家把科学的功能作为政策的一个战略性的重点。这都是全球化的影响，所以我对这些问题都很感兴趣。

黄树民：我想到第一个问题，我的朋友印度裔美国人 Prasenjit Duara（杜赞奇）在一篇文章中提到一个观点说，历史有世界史和地方史，印度历史、中国历史和日本历史都是"地方史"。世界史的出现，源于文艺复兴后欧洲理性主义发展出的科学精神变成了普世性的东西。在做这些讨论的时候都有一个基本假设——有一些东西是全球性的、普世的。您认为科学是普世的吗？

柯诗曼：我最近做的一个很重要的课题，是科学是否会变成全球性的意识形态，或它并非是一种体制的模式，但影响各个国家。

我最近带领着一些学生，他们和斯坦福的一些专家类似，都把"政治体制"这一概念放在教育和科学研究中，以观察现在是不是各个国家的科学体制在当地也像娱乐一样，受到国际性的、全球化的模式的影响，比如说经合组织那些有关知识经济模型的建议、报告，在全球的影响力很大，会带来全球性的科学发展。按照他们的观点，科学很可能已经是世界文化很重要的组成部分。

当然，科学的全球化传播给原有文化带来很重要的技术，它们来自各个国家，但不必说这是西方的或者哪方的，他们还是强调这是全球的一个组成部分，和谐的表现是吸收很多变化的东西。但是目前他们的说服力还不是很大，实际上他们倾向于国际性分享模式的体制，类似慈善科学基金会的方式，如美国国家科学基金会（National Science Foundation），中国大陆的自然科学基金委（National Natural Science Foundation of China）。

黄树民：中国台湾有"行政院国家科学委员会"（National Science Council of Taiwan）。

柯诗曼：德国有一个专业艺术创新中心，它们都很像，但各个国家的具体文化形式，还是有一些基于各个文化或体制的区别。他们也考虑到了，这种差异有时候表现为冲突，有时候也会提高原来模式的作用，这些是全球化和地方化并行的一种过程。

黄树民：对，我们看中国学术发展，20世纪以前，读"四书五经"，考试考文言文，但是清朝末年西学进来了，给中国带来很大的观念变化。传统中国人没有现代的"社会""经济"等概念，连现代的"民族"概念也没有，都是从日本搬过来的。但是在现代人的观念里，这些都是最基本的东西。换句话说，社会改变后很多新东西进来，怎样才能契合到原来的社会体制里？契合过程中会出现很多问题。举个例子，"中研院"现在把很多科学的东西带进来，自然科学像物理、化学、生命科学这些学科很容易就接受了美国的 Science Citation Index（科学引文索引），等到人文社会科学要开始接受 Social Science Citation Index（社会科学引文索引）的时候，问题就出来了。自然科学界认为接受起来很简单，因为所有的标准都很清楚，一看就知道谁的文章写得好，谁的文章不好。但是人文社会学者发表的论文都是中文写的，即使努力把它改写成英文送进去，发表的也非常少。而且真正在社会上有影响力的人文社会科学的东西，并不见得是要放在国外期刊上，很多很好的学者真正的贡献是用中文写的，读者是在中国。换句话说，国际性的标准拿到一个不同的 context（语境）下，衡量价值变得困难。中国有这个问题，我想在印度或者阿拉伯国家也同样有这个问题，因为他们所使用的表达工具不是世界语言。怎么样解决这个状况？

柯诗曼：很多国际性的定量工具或指标不一定适合人文社会科学，就像德国一个学者说的，还是要坚持两个大文化，即自然科学和人文社会科学。很多东西没法用国际统一的标准去衡量，当你看相邻（相关）的结果，特别是跟社会功能相关的，如果你注重的是相同的东西，就可能达不到创新的目的，了解不到科学最基本的原则和目标。

中国大陆现在有五年计划，定了很多目标。但那些目标都是定量的，是数字上的，比如要出多少项发明专利、出版物，然后很多机构就要进行体制性改动来适应那些目标，但达到的目标不一定意味着提高科学质量。现在做了很多年，明显可以看到专利和出版物变多，但真正的产出和创新还是不如想象的多，出版物的质量、引用率等都没有提升，这到底是为什么呢？

黄树民：全球化下，各个不同的文化、社会都被放在一个平台上比较，有些东西很容易看到，比如国家生产总值、平均国民所得等，但有些东西不容易看到，比如人的生活满意程度、国家公民的荣誉感。这种东西怎么去衡量呢？没有办法衡量就没有办法比较，就会变成比较麻烦的问题，因为现在做很多事情都是要看具体的成果数量，然后获得相应的奖励或报酬。我想这个问题在中国大陆也有，它以前是计划经济体制，强调的是单一公有制，现在是市场经济，强调个人的表现，在整个价值观念的改变中，一定是会有冲突的。

19世纪末期，中国的知识分子从日本、从西方吸收了很多观念，现在我们都接受了，时隔100多年，现在要有新的一套东西来，还要多久才能被慢慢吸收，然后变成整个社会共同接受的价值观念？

柯诗曼：这实际上也是一种创新的过程，从19世纪末就已经"西为……"

黄树民：中学为体，西学为用。

柯诗曼：对，谢谢！那个时候中国就有意识地把两个观念联系起来以适应具体的条件、文化、体制。这需要一个创新过程。最基本的道理我们已经意识到了，不是国外引进的东西都要直接放进来，要考虑具体条件、文化背景，了解自己的基本需求和条件，社会学、人文学的作用就在这里。

我们刚刚说的科学引文索引，一些人还提出master effect（名人效应）的现象，越有名气的科学家越受别人重视，引用率也越高。很多时候都是这样，而且在具体国家，包括语言问题都是影响因素。我认为这也应该是研究的一个方面。

黄树民：是的。还有另外一个问题，现在的科学研究越来越强调团队合作，跨学科、跨机构甚至跨国籍，这也会碰到很多问题。自然科学或者生命科学项目有很多是以实验室为单位一起做，实验室有规模，指导教授底下有很多博士后，有很多研究人员，问题就出现在假使有具体成果出来的时候，这些成果怎么分配。我们看到过一些发生的纠纷，例如我们这里研究院的一个实验室提出研究成果后，有一个博士后抱怨说这是他的东西，其他人其实没有做那个题目，可等到成果一出来，他的指导教授挂了名，其他的研究员也都挂了名，他只占其中最小的一部分，他觉得这完全不公平。这类分配研究成果的问题会越来越多。

柯诗曼：这还是在基础研究领域，假如在企业的话就更难。

黄树民：对，有申请专利的问题。（笑）

柯诗曼：不过企业会提前控制这个情况，在开始就制订合同，会分得很清楚，可能博士生从开始就没什么大的机会……（笑）

黄树民：会被迫放弃所有的权利。（笑）

柯诗曼：这对纯粹的科学家团队确实是很大的挑战，因为很多挑战性大的题目都需要很多的人。

黄树民：对，这些问题我想在学术界一直无法解决。

柯诗曼：这事实上也是国际政策的一个挑战，是个尖端问题。

黄树民：我在爱荷华州立大学教书的时候，学院里有晋升长聘委员会，由 promotion committee（学术评委）来决定教授什么时候可以晋升，谁可以拿到长聘。中间出现最多问题的在不同的学科之间的差异。物理学、化学常常会发表很多文章，一篇文章可以挂十、二十甚至三十个人，每篇文章都很短，尤其物理学的文章，两三页就结束了。但是人文社会科学很多就不是这样，大部分文章只有一个或两个作者，三个就算很多了。最后评估时怎么评估？换句话说，自然科学家列出来他去年发表的五篇文章，但是仔细一看，他每一篇文章都是有二十个人署名，这能够算他真的有五篇文章吗？反过来，假使一个哲学家去年只发表一篇文章，但完全是他一个人写的，谁应该获得更多的认可？

柯诗曼：最糟糕的是，这是体制机制引起的现象，体制要求出版数量多，才让越来越多人努力挂名，这种人的研究不会特别深入，如果每年都出无数文章，就不可能真正深入一个很细的题目。德国一些大单位已经意识到这种定量评价政策的弊端，因此不再看出版物数量，或者只看最好的 5 篇，不管数量，只看出处和题目，我觉得这非常好。把出版数量和物质性奖励挂钩，自然科学这个现象可能更严重。

黄树民：最困难的还是艺术学科。一个教戏剧的教授要提升，说他去年设计了三个影剧，三个到底是多还是少？怎么评估？或者一个教音乐的老师说他带领多少个学生做了多少场表演，若不是这一专业的人，就很难理解他到底要讲什么。在市场制度下，每个人都要竞争，竞争就要看他的表现，要找到一些标准来评估。

可能欧洲还好，我碰到一位海德堡大学（Heidelberg Univ.）的教授，他原来是在医学院当教授，后来转到人类学系去教书，我说你为什么会想转过去，他说这边也是教授，那边也是教授，没有差别。但是在美国就不一样了，医学院的教授年薪可以到上百万美元，人文社会科学的教授一年拿到五六十万已经不错了，差别很大，因为完全由市场来决定。但是很多东西市场没有办法看到，比如人的影响力，举一个极端例子，一个人说自己创立了一个新的宗教，然后开始传教，吸引了一大批信徒，这是个人的能力，但是社会怎样评估他的贡献？

美国是比较彻底的资本主义社会，完全看市场价值。

柯诗曼：对。

黄树民：但是很多没有市场价值，就变成怎样去评估它的问题。我常跟我的同事举一个例子，我们做很多事情都是看数量，比如警察的职能（performance）是维持秩序，解决冲突，有人违规开罚单，这些都可以统计下来，而且是越多表示做得越好。但是有很多东西并不能用这样的办法来评估，比如每一个飞机场里面都有救火队，假使救火队一年要救火十次八次，那是有问题的。一年到头都没有救过一次飞机灾难，是做得不好还是好呢？我们研究工作也是碰到同样的问题——什么才是最适当的报酬，怎么给报酬，怎么衡量？

柯诗曼：也就是评估的问题。我们刚才说的那种科学政策，它需要一些使之成立的手段，包括定量的评估数据等；同时也需要介入这个领域，因为要考虑具体的条件，如研究者个人的意愿和未来的潜力。既定成果判定和预期成果判断，这两者并不矛盾。评审对科研的重要性就像守门员，决定哪些人可以合作，对于制定一般的科学政策来说这一过程很重要。一般是按照成果评估，他功劳大，就给他更多、更难的机会，拥有更多的资源处理事情。我认为把上面我说的两种判定指标放在一起讨论才有可能做到统一调整，评审可能看到了成果的具体质量问题，但由于获得研究题材或人才的潜在信息（预期数据）太难，导致难以实施。

研究者的动力是什么，也是很重要的一个问题。科学系统跟别的社会管辖系统或竞争场域是不同的，因为它除了物质性的利益或资助以外，还有象征性的奖励，也就是说，研究者向科学理性的目标努力是为了真正发展知识，得到同行的尊重和承认。这两方面是一样重要的，但是现在有的政策过于重视物质上的奖励，而可能忽略了另一点。

黄树民：是。您讲到德国现在已经不要求文章数量，而是挑几篇好的来看，这当然是最好的做法，能对一个人的能力、贡献做一个比较全面的评估。这在自然科学或者生命科学上是没有问题的，但在人文社会科学上可能会有问题。比如有一个人为了评估拿了三篇文章出来，仔细看他三篇文章，你可能会觉得没什么，很普通啊，但是他自己会觉得我是最好的、最有成就的。这就牵涉到所谓 interpretation（解释与理解）上的问题。在自然科学、生命科学里，个人的解释或者评估的因素比较少，但是在人文社会科学里，个人的因素变得很大。我们都知道毕加索的画很了不起，但是每一个人看毕加索的画，反应、理解不一定一样，所以有没有一个标准让大家可以接受？

柯诗曼：有的领域还更细，能真正判断质量的同行专家很少，往往他们跟你竞争很密切，属于对手。这些因素都得考虑。

黄树民：对，对。研究工作做到更狭窄的领域时，只会碰到两种人：一种是敌人，他也在做那个研究，跟你竞争，想把你打倒；另外一种是同党，你们一起做，是好朋友。

柯诗曼：同党也不会客观。

黄树民：同党也不会客观。看你成果的人就是这两种，最后都不会有很客观的成果，这也是我们一直碰到的麻烦。在这种领域里，怎样建立一套很明确的制度？根据什么标准分配整个国家的研究资源？自然科学、生命科学还好一点，因为它们都研究客观的东西，一到人文社会科学这就很难。台湾地区和大陆都碰到同样的问题，德国也有这个问题。

柯诗曼：到处都有这种争论，而且人文社会科学肯定觉得你们这种标准不符合我们，不公平。我个人的看法是行政里的判断工具固然很重要，可以避免浪费资源，但是我们经常意识到各个领域的区别和诉求，有的东西没法评估，但对社会、文化发展具有重要性，有的东西不一定通过行政来分配，有的地方现在竞争太激烈了。原来有终身教授制，以希望他保持科学上的理想化，希望他发挥这种理想化带来的动力。

黄树民：您的意思是说，我们在制定这些科学发展的策略或者分配资源的时候，要能够把一部分资源保留下来，留给那些模糊的或者不容易看到具体结果的领域。

我有一个朋友是心理学家，他说：我们缺少一个对所谓暧昧（ambiguous）或者 fussiness（不确定性）的宽容度。换句话说，对学术发展，我们是不是应该设立另外一套规则，给一些看起来不一定马上可以告诉你他能做或者不能做什么，但有某种想象力、创造力的项目留有余地，让好奇心能够存在。

柯诗曼：对，意识到不计得失的重要性很重要。目前大部分国家还是以基础研究和实用研究为主。

黄树民：这个本身没问题，反正基础研究是国家投入资金的。追求实用也没问题，因为把实用成果转化到市场以后可以马上赚钱，有它的报酬。

柯诗曼：对，而且企业应该是受益的，成果对它们也起作用。

黄树民：但是对于这种好奇，很难界定到底它的贡献在哪里，它的意义在哪里。换句话说，一个国家在制定这些科学政策的时候，制定政策的人能否有能力看到应有一个小区块是完全给不确定性的，应该容忍它、接受它，还继续支持它。

柯诗曼：这是一种风险投资。

黄树民：对，风险投资。

柯诗曼：首先应该意识到对不确定性的需求。我又说到大陆，因为我现在就在大陆研究这些问题。现在大陆很活跃的一个题目是创新文化。我们刚刚说到大陆的改革，目标很清楚，但是达不到那些目标，所以现在又重新考虑，政策是不是符合具体的情况。

从开始的"要发展科技、技术"，到现在意识到文化也得研究，这就说到人类学、社会学了。这是大陆目前重视的，虽然它是充满不确定的概念，还不知道方向，也不知道怎么开始、与哪些领域会发生联系，但是已经看到了需求。

黄树民：那这个问题就变成我们保留的这一块需要多大。如果现在中国自然科学基金委，它有2000亿元要分配，是1800亿元分给一般的科学，然后200亿元给不确定的研究吗？一刀切都切在哪里？

柯诗曼：我是从事社会学的，可能不是百分之百地客观，之前我一直搞不懂，怎么那么一刀切地分配，是吧？（笑）我后来意识到这不是一刀切，而是人类学、社会学本来就不消耗太多资金。技术领域会用那么多的设备，人文社会科学没法比。当然人文社会科学也存在风险，有的东西可能50年后才意识到原来很有意义。

黄树民：台湾地区也一直碰到这个问题，"中研院"倒是非常清楚人文社会科学在某个意义上讲是非常不明确的，所以不会强制用自然科学的标准。但是我们自己处理所里面的问题时，到最后还是要问谁的表现好，谁应该多得到一点奖励，因为有奖金制度，还是不得不用标准衡量人的表现，虽然整体上我们希望不要把我们的表现跟自然科学画等号，但很难做到。

柯诗曼：我还有一个关于指标的例子。我在弗劳恩霍夫系统与创新研究所时，我们每年出欧洲最大的一个创新指标，很丰富，包括传统的科技指标，也包括社会的数据，如衡量经济发展那种比较难的指标。我们的基本观点是，除了看创新、专利、产品等方面的转化，还会看看哪个社会的科学发展最多样、最丰富，包括社会学、人类学，它或许会额外地得出有创造力的、创新性的结果。

黄树民：换句话说你们用 diversity（多元）来作为一个指标。

柯诗曼：对，比如可以把指标和结果放在一起，一边是 diverse（不同），一边是趋向创新的指标，就可以判断是否存在关联。很可能有联系，很多国家都有这种关联。

黄树民：对，倒是一个好想法——怎么样能够让一个学术机构朝更多元化的方向走。

柯诗曼：对，还有一种可能，如社会学、人类学，它的种种方法对创新也有意义，它的理论可能是启蒙运动以来的那些种种传统，但方法是从各个科学领域参考而来的结果，所以它发展的方法也适合各个领域用，更可能也是一个很重要的因素。

黄树民：现在你们欧洲学术界怎么样看后现代主义？

柯诗曼：譬如？

黄树民：比如福柯。

柯诗曼：福柯的影响力还是很大，对我们现在说的那种具体的学科理论来说或者对学科跟社会来说，实际上他可能创造了一种参考的变数，谈科学跟政策的关系可能是从德国的韦伯开始，起初是一种相对批评的态度，认为技术会影响政府或者会被政府利用，或者技术会代替政府，这里不是说 20 世纪 60 年代的那种寻找新的意识形态，而是说批评科技与政治那种趋于严谨的过程。

实际上哈贝马斯也提出了两种关系：一种是交往关系，另一种是工具、策略关系（传统的政府，包括权威）。这两种关系是冲突的。实际上他也提出了权威这个概念，科技可能受到政府的某种影响而不好发挥自己的能动性。实际上福柯比较积极，他不批评政策或者体制，他说政治跟科学是没法分开的，是互相需要的关系。科学需要政策支持发展，政策为了更专业化的更理性的决定就需要科学，所以要把体制的影响变成朝比较实用的方向发展，他把科学和政策的关系看得比较积极，认为科学是为了一个国家的发展。我不想说是福柯开辟了这个方向，但是他是一个因素，让政策跟科学高效率地相向而行。

黄树民：是不是说现在时代又倒转回来了，变成韦伯的比较理性化的官僚制度？

柯诗曼：怎么说呢，其实我觉得美国也比较有智慧，一边说我们政策会用科学手段，科学应该比较理想，科学应该客观，应该按照自己的规则走；也说事实上两者分不开。比如法兰克福学派，从来没说过科学对政策会带来什么好处，因为它是互相牵扯着，这不是一个利于另一个，然后政府变得技术化，科学不仅是技术科学，也包括别的方面，所以整个关系不是那么极端。我认为官僚意识可能还是过去的。

黄树民：一方面来讲，全球化带来的一些标准、观念或工具，有它的普适性，不管到哪里都可以用。像麦当劳，我们到欧洲去玩的时候，上厕所一定到麦当劳，因为那是最标准的，别的地方就很难讲。这种生活方式慢慢标准化了，换句话说，如果所有的这些icons（标识）都是一样的，不同地区的文化特色会不会就此消失呢？假使大家都是用同样的手机到同样的超市买同样的东西的时候，观光旅游可能就没有必要了。

柯诗曼：其实我还是觉得不会消失，那些国际规模的机构，会在地方发挥不同的、具体的功能或者表现方式。地方的接轨过程中，也会创作出一些形式，一方面享受到全球化的便利，另一方面保留文化特色。或者说，有时文化会在冲突过程中被重视，这时人们才真正知道自己的文化在哪里。所以全球化带来冲突的时候，也会带来新的刺激。有时候在经历全球化的挑战后，地区会希望更好地适应国际形势，会创造新的更好的适合当地的模式。这是两个方向，可能两个都有。

罗红光：二位如何看科学创新的可能性？如果有，它是什么样一种可能性？阻力又是什么？

黄树民：在现有知识基础上，把不同的元素、数值重新整合，然后引导、合成出一个新的综合体，这大概是现在比较容易看到的创新。我们所看到的创新都建立在一定的社会基础上，知识程度和经济能力到了一定程度才可能有创新的出现。我们知道，美国做研究癌症的实验室超过1000个。由于它分化得很细，涉及很多不同的领域，base（基础）很大，台湾地区有几个实验室？不过三五个。相比之下，台湾有可能出现东西的机会就比较少，而且美国的1000多家彼此之间联系比较多，彼此之间建立的资料库、数据平台（data base）大，就比较容易抓到东西出来，我们这里都很小。

我现在在做一项研究，研究所谓灾难灾害问题，我去看了一下欧美的刊物，那里学术期刊发表的论文多得一塌糊涂，看都看不完，但是我们这里几乎看不到。换句话说，创新的出现需要很多基本条件，你社会的基本教育程度是多少？在大学毕业后从事研究工作的人有多少？然后做相关题目的人有多少？当然，创新的东西有没有实际的用途，这是另外一回事，有很多新的想法、新的观念、新的工具，到时候不一定有用。

柯诗曼：科研和创新实验是很重要的一个方面，如果投资很多，建立很多实验室，很可能会产出更多的结果。除了这个以外，创新的结果也要在某一个（不一定是市场）服务领域可以利用。实际上科研过程的系统和实用的地方系统最起码是两个系统。中间接口（衔接）特别重要，双方分享可发展的前景，科研方才知道什么是可实用的、需要什么、如何做到实用，所以有时候可能不一定是资源的数量为主，结果也是很重要的一个要素，对吧？

黄树民：换句话说，这个中间需要有一个连接的环节。转化怎么实现，科研的具体意义在哪里，怎样转化到生产企业单位，确实是一个很大的环节。

柯诗曼：也是政策可以支持的方面，因为实际上这也是包含两个子系统的平台的需求，子系统不合作、不交流，产品可能就达不到它的目标和目的。中国大陆的政策部门属于调格式管理，部门之间的协调需要更上一级的领导决定。具体而言，中国大陆有两个分开的政策过程，一个政策单位负责科研工作的方面，然后另一个单位又负责企业实用的过程，如果政策的提供者不交流、不对接，科研也就发展不了，因为科研会没有资助。面向社会的拓展性科研很成功了，但是因为没有人去做对接工作，科学家就不懂如何将研究成果转换成一个产品，企业也不懂怎么跟科研领域沟通。所以这是政策的一个很重要的可以做事的地方。

黄树民：美国一般不强调政策的意义，强调用市场来控制，因为美国的科研项目50%是用联邦政府的钱，另外50%是企业自己筹的，企业自己筹经费的话，要有自己的目的。所以在这个状况之下，即便由政府支持50%，也是鼓励你在研究成果出来后赶快自己去申请专利，之后去找企业把你的专利转移过去，让企业吸收你的特殊技能，进而转化成生产的方式。他们还是用市场机制来控制，而不是说用国家政策来引导，这跟日本不一样，日本的国家预算投入在科技研究不多，反而是私人企业比较多，比如说TOYOTA（丰田），它主要是研发自己汽车行业所需要的技术。日本政府扮演的角色是，比如国际贸易和工业部（Ministry of International Trade and Industry）会告诉一些主要的研究单位说，我们现在招标，重点做什么，你们要做。台湾地区现在也是这样，当局期望这样子走下去，会形成一种IT industry，即"智慧咨询工业"。所以不同的社会有不同的做法，我想你们德国大概不太一样吧？

柯诗曼：是，我们还是企业的角色很重要。这种体制性的结构其实从20世纪50年代就已经很成熟。我所在的单位当然是这种特色的科研体制，需要连接两个方面的工作，这是一种方法；或者是企业实验科学单位去寻求合作，特别是中小企业，因为它们的资源不是特别多，也没有自己的实验室，需要合作单位，这也是一种可能性。德国的风险投资不像美国那么发达，中国大陆也一直在讨论，感觉好像也还没成熟，这个领域的市场好像还不是很发达。所以各个国家的状况不一样，社会具体政策的结构也不尽相同。

罗红光：现在已经讲得非常细了，请最后做一个收尾，看一下我们今天谈的内容中哪些问题可以进一步交流，我们所处背景不一样，但无论是全球化还是科学共同体，都需要交流。我觉得两位提出了很好的问题，柯诗曼博士还把文化的问题呈现了出来，无论是在科学意义上的，还是在全球化意义上的。我建议你们在实现互相理解这个意义上再说上两三句话，不同的地方处理的方法不一样，这体现在政策上。还有一点很重要的是创造发明和发现，它在理性思维之外，它很自由，并蕴含了丰富的想象力。

交流可能会让不同现实之间产生理解意义上的互惠、互动而不是冲突、对立。对此我觉得福柯有一个问题，他揭露了冲突、对立，但是之后怎么办？请二位做一个小总结。

黄树民：我想我们谈得非常广，从全球化的角度谈到地方性的问题，然后谈在这个过程里面我们怎样作评鉴评估，然后谈到公平性和文化的意义。从这样的对话中，尤其从您在德国的经验、中国的经验中作的一些对比，可以看出来很多很有意义的东西。这可能是一个很好的出发点，我们在不同的角度来看这一整个过程，然后经过对话交流，把问题找出来，看看可能的解决方案在哪里，这对于以后的学术发展、科技政策等，可能都会有一些良性的作用。不晓得您还有什么看法？

柯诗曼： 完全同意。其实科学发展的基本的四项需求，即以人为本、创新发展观念、转变发展方式、提升发展质量，是普遍性或者全球性的，科学家需要有机会跟各个国家的专家交流，然后发挥其能力，然后被确认、被批评，这都需要有交流平台。之所以说到科学的特有政策、科学与实用的对接，就是因为科学需要交流。还有一个是公共性，科学的结果到底是谁的？特别是基础研究，特别是 fussy 的研究，也需要通过许多人的互动才有可能做出创新。所以我希望政策一定要有支持科学发展的一些因素，因为只有这样才能保证科学的发展进步。

我希望我们还会有这么开心的交流。

黄树民： 很好很好，谢谢！

录音整理：陈君

关于"第三条道路"

时　间：2003年12月—2004年1月
地　点：韩国首尔、中国北京
对谈者：郑杭生：中国人民大学社会学教授、博士生导师，中国社会学会会长。研究领域：社会理论、社会学思想史、发展社会学。主要著作：《社会学对象问题新探》、《社会学概论新修》（主编）、《社会运行导论——有中国特色的社会学基本理论的一种探索》（合著）、《二十世纪中国的社会学本土化》（合著）、《中国社会学史新编》（合著）、《中国社会结构变化趋势研究》（主编）等，并主编多部关于社会学学术思想史、学科发展的专著。

黄平：伦敦政治经济学院（LSE）1991年获得博士学位，中国社会科学院研究员，博士生导师。主要学术领域：知识社会学、发展社会学等。主要著作：《与地球重新签约：哥本哈根社会发展论坛论文选之一》（编选）、《迈向和谐：当代中国人生活方式的反思与重构》（主编）、《误导与发展》、《乡土中国与文化自觉》（主编）、《挑战博彩：澳门博彩业开放及其影响》（主编）、《公共性的重建：社区建设的实践与思考》（主编）等。

苏国勋：中国社科院社会理论研究室研究员，博士生导师，曾任社会学理论研究室主任。主要研究领域：社会学理论、社会思想史。主要著作：《全球化：文化冲突与共生》（合著）、《社会理论与当代现实》、《理性化及其限制——韦伯思想引论》等。

韩相震（Sang-Jin Han）：韩国国立汉城大学社会学系教授、博士生导师，韩国政府咨询委员会委员长。研究领域：社会理论、东亚中产阶层、民主社会；主要著作：《第三条道路》。

一、提出问题："新现代性"

时　间：2003年12月15日
地　点：韩国国立首尔大学湖岩会馆

　　韩相震：听到您关于新型现代性的观点，我很感兴趣。
　　郑杭生：我听了韩教授关于第三条道路的观点之后，我觉得现在不管中国还是韩国，思想界都有一种需要改变的想法。
　　韩相震：我与您有同感。最近韩、中、日三国在经济上取得了很大的成就，也正在向世界迈开脚步。
　　郑杭生：是这样的。就中国社会来说，经历过两个过程：过去是从前现代性到现代性，今天又从旧式现代性向新型现代性转变。过去很长时间里，人们向自然界索取资源，力求控制自然资源；并且有一个时间段人与人之间不是和谐，社会关系受到冲击，造成自然和社会、人和社会之间的紧张关系。新型现代性最主要的观点就是要使得自然和社会之间实现协调，人与人、国与国之间达成和谐，这是一种双赢互利的观点。
　　韩相震：就韩国来看，过去40多年里，经济上获得了举世瞩目的发展。但很多人认为韩国的这种现代化进程太依赖于西方，而且是以物质生产为主的发展过程。我认为，韩国和中国在文化底蕴上都属于有儒家文化传统的国家，儒家文化里面重要的价值观，在现代社会发展过程中遭到了很大的破坏。所以，现在有两个重要的问题需要我们去思考、探索：第一，在现代化过程中，物质文明的建设带来了很多负作用，怎样去克服这些负作用？韩国社会以前的精神文化、传统文化中有非常积极的因素，怎样把这些积极因素调动起来？第二，韩国经历了殖民地时期这一苦难历程，如何彻底地清除殖民地时期所留下来的遗毒，顺利进入后殖民社会？

郑杭生：刚才您说到我们中韩两国过去都属于儒家文化圈，而在现代化过程中传统文化受到了很大冲击。如何对待传统文化与现代化的关系，是现代社会发展中的一个重要问题。中国过去的传统文化以及儒家思想中我觉得最精华的，叫作"天人协调"和"人际和谐"。是说自然界和人类社会应该是一种协调的关系，人与人、国与国之间应该是一种和谐的关系。传统文化中的这个思想，事实上也是新现代性的最根本的东西。所以，我们现在应该把这个思想发掘出来，作为走向现代化的一个理念。以这种思想为指导，我们东北亚三国之间的关系会更加协调地发展，能够做到共同繁荣。

韩相震：我非常同意您的观点。儒家思想里面有一些具有普遍性的价值观。现在西方提出的"全球一体化"，实际上是以西方政治、经济上的霸权为基础的。我认为儒家思想里有更加具有普遍性的全球化思想，特别是您提到的天人协调、人际和谐思想，那种关于人和自然、人和人、国家和国家之间协调发展的关系。尤其现在社会已经发展到知识经济时代，不像过去资本、国家在社会发展中起非常重要的作用。在知识经济社会中，每个国民的创造精神和积极的参与态度，成为社会发展的一个重要因素，是社会发展的一种重要力量。我认为，儒家文化里的人文主义、民本主义思想可以成为知识经济社会发展的一种重要理念，这也是我提出的所谓"第三条道路"中一个重要组成部分。

郑杭生：听了韩教授的解释，我觉得新型现代性的思想跟第三条道路的理念有很多共同之处。首先,我同意这样的观点——以儒家为代表的传统思想中确实包含有许多普遍性的东西。对于新型现代性,我觉得一方面有现实的根据,另一方面也有我们传统思想的精华。什么叫新型现代性?我简单地定义为以人为本、自然和社会双赢、个人和社会双赢,并且把社会和自然的代价减少到最低程度。这个方面我想与传统文化确实有很大关系。其次,我也认为新现代性这种观念在现在知识经济社会是完全能够适用的,只有用这种观念,我们才能获得双赢,才能促进社会进步,并且把社会代价减少到最小程度。

韩相震:几十年来,西方的思想界也在对"现代性"这个概念进行自我检讨、自我反省。现在,韩、中、日三国正处在一个走向现代化的过程中,我们在获得一定成果的同时,也碰到了很多问题,已经到了需要我们自己检讨、反省的时候,特别是对于环境破坏和腐败等现象。要想解决这些问题,是不能盲目地依靠西方思想的,而是要寻找一条适合我们自己的道路。

郑杭生:您讲得很好,确实如此。西方对过去的现代性在反省,中国经过二十几年的改革开放后,我们也在进行反省。在反省的过程中,我发现西方的现代性——我们叫作旧式现代性——的一个本质就是以控制自然资源为中心,向自然开战、征服自然,结果使得自然和人类社会的关系很紧张,人与人之间的关系也很紧张,正像我们现在常说的"人类向自然发动的战争已经变成了人类自我毁灭的战争",我们也受到了很多"绿色惩罚"。以这种反省为基础,我认为旧式现代性不能作为现在知识经济社会治国者的指导思想,而应该有一种新的现代性。新、旧两种现代性的理念有着根本不同:旧式现代性是"零和游戏",新现代性是"双赢"。所以,今后我们要有一种新的理念。就这一点,我的思想跟您提出的"第三条道路"有共通之处——总觉得过去西方社会所走的道路,它是有毛病的,要进行检讨和新的思考。

韩相震：我有两点想请教您：第一，现在，西方知识界的一些学者，通过对现代性的自我反省、自我检讨，希望找到一条现代化的出路；而东亚圈的这些国家，对我们本身的传统文化中所具有的这种找到出路的可能性是非常了解的。那么，您认为西方的这些学者和思想家，他们这种寻找新现代化出路的努力有多大的可能性能够成为现实？第二，您所说的新现代性跟西方这种具有自我反省态度的学者和思想家的观点之间，有多少部分是可以沟通和对话的？

郑杭生：谢谢韩教授提出的问题。西方确实有很多社会学者和社会理论家在寻找出路，我们也一样，我们也在找出路。对于西方学者来说，他们也认识到像刚才我引用的"人类向自然发动的战争已经变成了人类自我毁灭的战争"，这就表明他们对过去的现代性的一种反省，也就是说，人与自然再也不能搞零和游戏了，应该双赢，所以我觉得方向上应该是一致的。现在，我们根据传统文化的精华和对旧现代性的反省得出的"新现代性"这种提法，与西方社会那些对旧现代性进行反省的学者应该是完全可以沟通的。因为他们已经历的旧现代性及其产生的问题，现在就摆在这里；我们改革开放20多年来，碰到的不仅有前现代性的问题也有旧现代性的问题。所有这些问题都是我们东、西方今天需要思考、需要克服的；所以，我们可以先从理念谈起，然后再寻找能够实现这种理念的各种具体方法。

韩相震：我非常同意您的这种观点——我们应该从传统文化里面发现它的合理层面；我也非常赞成您所说的，我们能够跟西方那些正在进行自我反省的思想家进行交流。我想提出的另外一点是：传统文化里面有一些负面的层面，中国已经经历了扫除这些负面影响的一个运动，韩国还没有这种经历，如果我们复兴以前的传统文化，可能会导致复古主义的一种危险。对于这个方面，我已经作过一些研究，我会以这一研究结果与您交流。

郑杭生：传统文化中确实有精华、有糟粕，需要我们很好地分析、对待。复古主义是不可取的。我也想跟韩教授提一个问题："第三条道路"的提法，我觉得比较西方化，因为这个提法是吉登斯正式提出来的，那么是不是能够找到一种更好的，既带有一些韩国特色同时又具有普遍性的能够替代"第三条道路"的提法，来概括现在我们应该怎么变化，这样是不是更好。我想听听韩教授的见解。

韩相震：对于您说的有没有一种比较带有韩国特色同时又具有普遍性的这样一种表现形式，我觉得是我进一步要探索的一个问题。我在1993年已经出版了《第三条道路》这样一本书，跟吉登斯所提出的那种欧洲的"第三条道路"有所不同：我的哲学依据主要是中庸思想，特别是将"忠恕"思想作为核心部分；所以，我的第三条道路的哲学基础，与其说是西方哲学观，不如说是东方儒家哲学观。因为西方的哲学观是主张征服、占领的一种态度，儒家的哲学观是主张协调、和解的一种观点。

郑杭生：很遗憾，我没有看过您1993年出的《第三条道路》这本书。当然，我相信您的哲学基础是东方儒家的主要观点——譬如"中庸"和"忠恕"等观点，还有"协调、和谐"这些我们刚才谈到的儒家思想的精华。就这一点我想我们是一致的。我也很同意"西方的观点主要是征服、索取"等这些思想。有一点需要解释，我刚才说的"第三条道路"提法的改变是指它的表达方式，而不是指内涵——如果表达方式能够既有韩国特色又有普遍性，可能更为东方人所能理解。刚才说的传统思想，里面确实有许多负面的地方，比如"三纲五常"对妇女解放就很不利，它实际上是恢复社会的等级制度，这并不是我们需要的东西。

韩相震：就儒家的思想来说，里面也有很多"大男子主义"的或者"权威"的成分，比如强调"三纲五常"，强调"忠义"等。去年年末对韩国人进行的一项调查的结果显示：学历水平比较高的那些年轻人对儒家文化里面的大男子主义或者等级观等，认为是不需要的，给予的评价非常低，对儒家文化中的人本主义和民本主义思想认为是非常重要的，对将来社会的发展有很重要的作用；与此相反，年龄比较大的那部分人就觉得大男子主义或者等级观就是比较重要的。

郑杭生：在这方面确实有代沟。今天跟您交流之后，我感到我们两人有很多共同之处，这也不奇怪：我们两个都受过西方教育，我到过英国，您到过美国比较长的时间；我们对本国的传统文化也都有所了解和研究；我们年龄也差不了多少；而且现在我们都感到我们的国家应该有所变化，没有变化在变化的世界中是不能立足的。我希望能够把我们的这些共识推广到中日、中韩——可能推广到日本是比较困难的。我希望今后我们能够再加强合作，对此，不知您有什么想法。

韩相震：就我个人来说，考虑到今后的国家发展、学术发展以及社会学家今后能够有更广泛、频繁的交流，中韩两国应该加强合作。对于社会发展，我们还是需要向西方借鉴很多东西，但是，我们也必须警戒完全依赖西方的态度或思想。我认为，我们的这种交流或者合作，也可以从学术层面的考虑转向实践方面或者政治方面的考虑。就学术交流而言，当然也希望我们共同努力，可以通过韩国的一些学术基金、财团搞一些交流的项目。

郑杭生：我很同意您的观点，对西方，我们确实需要批判性地借鉴。我在中国曾经写过文章，提倡我们如何做学问，总结了16个字，叫作"立足现实，开发传统，借鉴国外，创造特色"。中国社会学一百年来就是这么做的。我也赞成我们要保持理论研究与经验研究的平衡，走理论与实践相结合的这条道路。我也特别同意，如果韩教授能够跟一些学术财团联系筹办一批经费，我们也会为此而努力，为我们的交流创造一点条件。

韩相震：提一个建议：我认为您所提出的新型现代性这一概念，从学术的观点来看，是一个非常好的概念，以韩、中、日三国的发展过程和实际社会经验为基础，这个概念是可以成为东亚国家的一种新的发展方向和发展理念。那么，能不能准备一个具体的研究计划或者申请之类的东西呢？

郑杭生：我想可以，今天的交换意见是非常初步的。实际上，我们很快就要出一本关于"新现代性"的书，现在在中国的杂志上我们差不多已经发表了十篇文章，都与这个主题有关系。

韩相震：通过今天的对话，对于您的"新现代性"概念，我有了更深的了解，我在系里主要负责理论教育部分，自然是脱离不了"现代性"概念的，所以今天学到很多东西，谢谢您！

郑杭生：我也是，我们交流非常有益，我在单位主要负责"社会学理论与方法研究"部分，我们有共同的理论兴趣，这个非常好。

现场翻译：吴维

二、第三条道路的可能性

时　间：2004年1月10日
地　点：北京市朝阳门内大街国香书吧

黄平：在中国哲学领域——我的意思是当代中国哲学而不是儒家或道家学说领域，冯友兰[①]先生可能是中国在西方最享有盛誉的学

---

① 冯友兰（1895—1990），中国现代哲学史上著名哲学家、哲学史家，字芝生，河南唐河人。1912年，入上海中国公学大学预科班。1915年，入北京大学文科中国哲学门。1919年，赴美留学。1924年，获哥伦比亚大学博士学位。回国后历任中州大学、广东大学、燕京大学教授，清华大学文学院院长兼哲学系主任。抗战期间，任西南联大哲学系教授兼文学院院长。1946年，赴美任客座教授。1948年末至1949年初，任清华大学校务会议主席。曾获美国普林斯顿大学、印度德里大学、美国哥伦比亚大学名誉文学博士。1952年后一直为北京大学哲学系教授。著有《中国哲学史》、《贞元六书》《中国哲学史新编》、《中国哲学简史》（英文）等。

者之一。在20世纪40年代,他被认为是新理学的创始人(理学始于宋朝)。他也是中国哲学界50—70年代最有争议的人物之一,那期间他和毛泽东有过数次对话。80年代,在他几乎90岁高龄时,其许多重要著作又一再出版,并推出了新的大部头作品。

韩相震:他仍然健在吗?

黄平:几年后,即1990年,他去世了。他是一个试图对现代中国进行新诠释的哲学家,试图考察儒家学说和其他类型的中国哲学是怎样依然起作用的。

韩相震:我想知道他的名字怎么写。

黄平:我可以用中文写下他名字的繁体、简体写法。我相信他的著作在韩国有翻译、出版。比冯友兰先生更年轻的、依然健在的学者,其中之一是张世英①先生,他是北京大学的教授。他最初研究的是德国哲学,尤其是黑格尔哲学,后来逐渐发展出自己的观点。我读本科时,冯、张两位学者都还健在,他们给我和其他一些人授过课。张世英先生现在已80多岁了。更年轻一点的学者中——其实并不年轻,比张世英小一些——最著名的是李泽厚②,20世纪五六十年代还是学生时即已成名,近年来在学术界仍十分活跃,在现代中国社会思想领域著述颇丰,影响颇大。

韩相震:这一位更年轻吗?

黄平:是的,70多岁。不过,还有更为年轻的学者,有些您已

---

① 张世英(1921—2020),湖北武汉人,北京大学哲学系教授。主要著作有:《黑格尔〈小逻辑〉绎注》《黑格尔〈精神现象学〉述评》《论黑格尔的哲学》《进入澄明之境——哲学的新方向》《天人之际——中西哲学的困惑与选择》《论黑格尔的精神哲学》《论黑格尔的逻辑学》《哲学导论》等。

② 李泽厚(1930—2021),著名哲学家,湖南长沙人,1954年毕业于北京大学哲学系,主要著作:《康有为谭嗣同思想研究》《中国古代思想史论》《中国近代思想史论》《中国现代思想史论》《批判哲学的批判》《美学论集》《走我自己的路》《美的历程》《李泽厚哲学美学文选》《华夏美学》《美学四讲》《世纪新梦》《论语今读》《己卯五说》。

经知道，如赵汀阳、吴国盛。当前研究中国哲学最为著名的学者有北京大学的陈来教授，50岁刚出头，是冯友兰的第一个哲学博士，主修王阳明和新儒家哲学。

以上这些是哲学界的学者。中国也有从事现代性和"第三条道路"（the third way）研究的学者，其中有俞可平，我曾经向您提起过他。另一个是与我在《读书》杂志共事的汪晖，我记得上次见面向您提起过。汪晖最近在哈佛出版了一部英语著作。大概下个月，他将出版一套大部头的几卷本的研究现代中国社会思想的中文著作。

韩相震：他也是您在《读书》杂志的合作者之一吗？

黄平：是的。他也涉猎这些理论和思想史问题。所以，现代性是中国知识分子甚至艺术界学者都在关注并争论的一个问题，政治学者有时也卷入其中。中国经过四分之一个世纪的改革和迅速发展，人们现在开始讨论是否存在或者是否应该有"第三条道路"，或者另一种现代性——中国特色的现代性。还有非常具体的问题如环境问题等，都引起了知识分子的反思。

社会取得了很大进步，也存在着许许多多的争论、问题、挑战和麻烦。就心理方面来说，人们忧心忡忡，迷失在通往所谓的现代性的道路上。现代性基本上渊源于古希腊哲学，后来经过文艺复兴特别是启蒙运动，形成今天西方式的现代性，但是，今天我们勾画未来时，人们（虽然不是很多人）开始讨论儒家、道家和佛教。其他文化是否也将在未来变得重要起来？明天的中国、亚洲和世界将走向哪里？

韩相震：是的。但我认为，中国人和韩国人在20世纪最后几十年中都在忙于实现迅速发展和赶奔现代化，现在到了坐下来思考我们的民族发展目标的时候了。我们至少需要比以前更具有反思精神：迄今为止我们得到了什么，又失去了什么？我们并不想重复西方社会在现代化道路上曾经遭受过的严重的病态结果。而且，我们现在确实也拥有某些截然不同的文化资源。

黄平：是的，我们有自己独特的文化和历史传统。

韩相震：所以，现在到了我们努力协作以解决是否存在另一种发展模式的时候了。为此，我们可以考虑"第三条道路"这个概念，但这全然不同于吉登斯和布莱尔的"第三条道路"，而是用我们自己的方式考虑的"第三条道路"。这一点正是我非常感兴趣的地方。

黄平：是的，可以称为"第三条道路"，也可以称为亚洲的另类选择（Asian alternative），还可以称为中国特色（Chinese characteristics）或其他什么。

韩相震：但是，为了动员和组织我们的知识分子，我们需要一个新的概念。如果谈到"第三条道路"，人们往往立刻会想到吉登斯、布莱尔、施罗德或其他欧洲学者的观点。但"第三条道路"应该有更广泛、丰富的内容，尤其在东亚，东亚无论是政治还是经济都取得了显著的成功，但是急速的现代化也确实给我们带来了相同的病态性后果。您认为在你们国家可以支持新的现代性道路或者新的"第三条道路"的最合适的哲学和理论资源在哪里？

黄平：对我而言，一直以来，我喜欢和同事们在一个有着各种观点的环境中工作，在与中国政治科学家、历史学家和思想家的共事中，和亚洲的同事、欧洲的学者及世界其他地方的人们交流。从根本上说，我觉得，我们至少有两种资源可以利用。其中之一毫无疑问是亚洲哲学：早期的儒家学说、道家和佛教，中国近代以来的思想，甚至很多地方文化——并非学院派的某些民间智慧，这也是我在近10—15年来，对偏远少数民族十分关注的主要原因。人们有时以为我在研究偏远地区的贫困问题，这只算说对了一半，即使我在研究贫困地区的移民、发展问题，试图阐明的也不仅仅是贫困或贫困地区的收入问题，毋宁说是为了阐明地方文化、当地人民、地方史该如何被认识和利用起来，才能对我们的智力思考有所裨益。这是非常巨大、丰富的资源。为了未来的理想，我们总是努力从过去汲取某些有益的成分。

另一种资源是关于发展问题、现代性问题（当然首先是西方现代性问题）的全球争论。这一争论在另一方面又与环境生态、民主法治问题息息相关。环境问题是西方现代性的一个主要负面后果。往往是——甚至现在仍然如此——每一次努力取得微小进步，我们都承担了环境生态上的巨大代价。因此，在技术和道德上，这都是不可持续的。

这两类智力传统似乎是如此地不同，前者我们可以追溯到远古时期的早期文明。后者的传统却是新的，不但表现为新的技术，而且表现为我们如何以新的方式组织社会政治、日常生活，年轻一代如何以新的方式互相交往，如何在日常思考和交往中互相影响。这正是我在（20世纪）80年代没有用诸如"亚洲模式""亚洲价值"这样的时髦术语的根本原因。因为"亚洲价值"乍一听会让人以为很保守，让人立刻就联想到传统，想到儒家。与此同时，我对"第三条道路"说法并不全然有好感，虽然相比"亚洲价值"我认为"第三条道路"又更能说明一些问题。但谈到"第三条道路"人们立刻会联想到吉登斯等人，而在中国，甚至会让人联想到20世纪40年代抗战结束时的讨论。所以我现在有点疑惑，诸如"另类现代性""可替代性现代性""多重现代性"是否听起来也有些过于学究气？对于普通大众来说另类现代性或多重现代性是什么呢？

韩相震：是的。这些说法似乎更为明智。我从事社会学研究至今已经40多年了，还有时禁不住问自己"我属于哪个时代，我身在何处"。

黄平：人们也问我同样的问题。

韩相震：自从我开始从事社会学研究已40多年过去了。我觉得要批评什么东西错了是比较容易的，批评现代性对我来说并不困难，问题是此后我们需要什么，将走向何处，我们可以利用的选择有哪些，我们可以置身何处。更为重要的是，还有诸如"替代性现代性"（alternative modernity）、"反观性现代性"（reflexive modernity）这样有趣的概念，而所有种种概念听起来都更显学院派（intellectual），超出了普通语言的内涵。

黄平：的确如此。应该有某种大众更易懂的概念。

韩相震：是的，我们需要有某些让普通大众更明白易懂的浅显概念，而不是只为知识分子所独占的概念。根据这个原则，我对"第三条道路"进行考察。因为"三""第三空间"或"第三种可能性"这个概念似乎更为引人注目，更具有综合性，其本身就能够包含着多样性，能够以更建设性的态度调和对立的趋势——那种在概念"三"之中所蕴含的冲突。

黄平：从文化上说，关于中国、韩国、日本将走向何处的当代争论和哲学对话也是有意义的——如果人们能够利用诸如"第三条道路"这样的概念的话。譬如就中国来说，25年以前，中国还是计划体制，而现在一些人似乎要走到另一个极端——"市场原教旨主义"。所以，应该有某种东西更加平衡、"中庸"，有"第三条道路"。

韩相震：就我来说，我对渊源于马克思的法兰克福学派和所有非常有趣的法国学者（如福柯的批判社会主义思想）非常感兴趣。但我现在觉得，批判在某种程度上意味着一种未经证明的权力、支配，也预设了一种反抗和压制，预设了一个充满冲突的现代社会。而冲突对人类社会却是非常自然的，只是在这种偏离趋势伴随着对抗、二元对立时，才导致了许多问题。此外，我正在考察另一个因素，即我们现在正在步入所谓的知识经济社会。在工业化时代出现这种内在冲突模式、权力和反抗时，那种二元对立模式似乎非常现实，但当我们迈步进入知识经济社会、信息社会时，大多数人并不考虑我们如何能够发展每个人的创造性，如何能够在我们的再和解过程中激励人们互相协作，从而互相生存。

黄平：的确如此，我们该如何形成一种协作协调的关系。

韩相震：所以，我觉得现在到了真正地思考这种二元对立模式从根本上是否依然相关的时候了。这种二元对立模式全然是西方的传统。

黄平：现代性并不是一切东西都错了，但是如果采取二元对立的方法来看待它，就会给我们带来很多问题。我完全同意批判性分析是有益的、有用的，而且是必需的，但接着应该怎么办呢？这就是我提到冯友兰先生的原因。甚至在20世纪40年代第二次世界大战尚未结束之时，他就做了许多建设性的思考，而不仅仅是批判性的思考，他试图重新恢复新理学的基本含义，以阐明中国应该如何以更具建设性的态度组织自身，而不是空谈"这不好，那错了；这应该否定，那应该抛弃"。他孜孜以求，努力思索新的可能。当然，他的思索更主要是学院派的，而当时和后来对全社会也包括对思想界影响最大的还是毛泽东，包括他的《矛盾论》《实践论》等。矛盾论讲对立统一，如您所言的"三"。在"一"而"再"（对立）之后，我们应该考虑这个"三"（统一），考虑阴阳如何平衡，否则，我们将处于永无止境的斗争和冲突之中。

韩相震：就韩国来说，迄今为止我看到的是显著的经济成就。但是人们更多地沉湎于追逐现代化进程的好处，于是，我们看到了社会冲突的迅速扩展。人们在某种意义上成了废物，不能够在真诚理解的基础上进行合作，人们似乎非常热衷于计算是否有其他利益可图。我不知道中国的情况怎样。

黄平：比如我的研究，不仅有贫困和发展问题，还有消费主义问题，尤其是年轻一代人中的消费主义问题。我的问题是，如果中国也跟随消费主义这种发展模式，无论是从环境还是从我们的心灵来说，我们将很快毁灭包括我们自身在内的一切。为什么人们如此贪得无厌，妄图占有一切？我曾经和美国哈佛大学94岁高龄的经济学家约翰·加布瑞斯（John Galbraith）有过一次愉快和有趣的谈话。他对美国当代社会，甚至20世纪60年代以来的社会有同样的忧虑，对话中不断地说 ENOUGH IS ENOUGH（受够了）。现代社会这样的问题俯拾皆是，但是，我们发现某些加以批判分析的现象是很不够的，我们必须有某种文化上的贡献。亚洲的韩国、日本、中国及其他国家，该如何在文化上做出贡献，寻找出路？

韩相震：与此同时，我觉得我们还应该警惕全球化时代将带来的后果。

黄平：确实如此，应该警惕全球化导致的两极分化。

韩相震：是的，两极分化。大体上说，迄今为止，东亚特别是中国、韩国、日本，或许能够继续保持其经济的成功，至少也可以在政治上实现一定程度的变革。东亚似乎与世界其他地区如非洲、南美有非常大的不同，这就提出了一个问题，我们是否应该追随由美国操纵的世界霸权计划（hegemony project）？

黄平：这一"霸权工程"首先是由欧洲，之后是由美国操纵的。

韩相震：现在欧洲是追随美国的。回顾我们自己的历史，我们确实有着非常丰富而又源远流长的民族传统，有着新的梦想。由于我们的经济、政治和社会处于这样一种形势，我想知道，现在对我们来说是不是一个难得的认识机会，并让知识分子制定出某种与众不同的发展战略。

黄平：这是我上个月在以色列和艾森斯塔德（S. N. Eisenstadt）交谈时阐述的一个重要观点。艾森斯塔德主持研究了一个关于"文明问题"的项目，他看到，中国不仅是一个年轻的民族国家，还是一个文明的国度，有着悠久的文化和历史。所以，也许 30 年或 50 年过后，就经济来说，中国无论是从 GDP 或其他什么来看，看上去都像另一个（或超过）韩国、日本，接下来又该怎样呢？我们不仅要问接下来有什么问题，还必须问现在有什么问题。三五十年后，中国可能变了个样，进入了发达国家的行列。但从文化上说，我们对整个文明有何贡献呢？如果我们在哲学、思想和文化或者其他方面没有对文明有所贡献，而仅仅是经济总量或人均发展起来了,那也无非是一个经济巨人而已。

韩相震:很高兴您提出文明这个概念。迄今为止,我对"第三条道路"这个概念并不非常满意的一个地方在于,吉登斯、布莱尔和施罗德阐述的概念非常关注于政策层面的问题,比如社会经济政策。但是,现在到了我们从另一层面考察"第三条道路"的时候了。"第三条道路"不仅仅是许多有竞争力的政策规划之一,而且还可以是一种文明层面上的概念。这就是我现在的想法。

黄平:的确。那也是我和我的某些同事,比如汪晖,对西方的民族国家观念不敢苟同的原因。如果在民族国家的框架中思考,那么所考虑的总是政策议程及某些有关就业的具体问题。然而,如果从文明、文化、历史来考虑,情况又会怎样呢?

韩相震:无论是政策还是制度,的确都很重要,也没有人怀疑这一点。

黄平:当然。

韩相震:然而,考虑到作为全球化和工业化发展后果的诸多让我们今天头疼的麻烦,我们需要提出一个更为广泛的"第三条道路"概念,而不把它仅仅限于劳动力政策、福利政策。甚至可以进一步问:"解放"对我们意味着什么?我对这个概念很感兴趣,因为我是在批判理论的传统中成长起来的,批判理论所谈论的全是有关解放的问题——从贫困中解放,从专制中解放。但现在我对此并不全然相信,我倾向于认为解放是一种推动某种"双赢"游戏的、和解的力量,以及某种在更高程度的体制中让对立倾向和睦相处的力量。为什么"解放"要假设面临着"对抗"?这是我们在工业化时代创造的意象,但我们现在正处于一个迥然不同的时期,因此该是我们需要更多的亚洲文化,比如东亚文化传统,而不是欧洲精神的时候了。欧洲精神认为人类支配着环境。

黄平:是的,欧洲启蒙精神除了对神权的挑战,更认为人类可以征服、战胜、驾驭自然。

韩相震：在各种假定之下，人类对自然进行了疯狂的掠夺。在我看来，这种假定已经深深地植根于西方人的精神之中，并长期支配着世界。但是，现在正是我们需要转变这种西方精神和根深蒂固的心理，而采用某种不同的世界观的时候了。为此，我们应该看重亚洲哲学和亚洲传统。但是，我们也应该谨慎，不要以为亚洲的一切都是好的，显而易见这并不是我们的本意。我们应该深刻批判我们的传统，但决不能抛弃一切。

黄平：当我们在自己的传统或历史中发现那些问题时，决不能简单地追随二元论非此即彼的方法，否则就不能摆脱这永无止境的游戏。

韩相震：问题是，我们需要一种什么样的方法给发展创造新的空间，才不陷入某种保守主义的陷阱中。我一直在考虑——这也是西方人的概念——文化传统的解构和重构方法。我们必须解构传统当中显而易见的成分和倾向，它们已经根深蒂固于家庭、工厂或政府之中，影响是潜移默化的。与此同时，我们应该谨慎，不要把所有珍宝也丢掉了。所以，我们应该同时重构有关文化传统的某些倾向和观点，使其看来有价值，进一步利用这些文化传统，以创造新的发展——自反性现代性、替代性现代性或我们所说的"第三条道路"。毫无疑问，我们一方面需要一种批判态度，另一方面也需要建设性的重构。此外，我们必须互相交流我们用这种方法程序从韩国、中国和日本得来的东西。

黄平：就方法论或者哲学方法，而不是仅仅就现实来说，我不知道我们是否应该认真地介绍诸如多样性（文化多样性、生物多样性）这样的概念，以便一方面承认世界并不应该为一种力量所统治——不管这种力量是以科学的名义，还是以发展的名义，还是以民主或国家的名义。另一方面是为了允许某些处于边缘地位的小群体，或在社会中陷于困境的群体，有条件、有权利、有机会共享社会资源，并贡献自己的智慧和力量。因此，当我们谈到"第三条道路"或另类现代性时，必定有一个容纳文化和生物的多样性的空间。因此，即便我们谈到发展问题，也并不只有一种类型的发展。

韩相震：毫无疑问，这是个非常重要的问题。我想知道您是如何看待多样性和一致性之间的关系的。我提出这个问题，是为了实现、推动新的发展，无论是"第三条道路"，还是另一种现代性，我们一方面应该清楚地区分知识分子阶层，另一方面如果我们能够区分社会中哪个集团、哪部分人更为支持推进这种新的发展，将是再好不过了。所以，一致性这个概念一定会流行起来的。多样性是很重要的，但只有多样性意味着什么呢！肯定还有某种一致性。但是，谁可以造就、推动这些新的可能性呢？

黄平：这就要谈到我的第三个观点了，我曾对此有所论述，但当时谈得不多，不过最近几年与我的中国同事讨论得比较多。这就是社区重建（community rebuilding）问题。对于一个新的社区，它必须有这种一致性。关于新社区的建设，涉及三个主要因素。第一，那里必须有我们共享的某些基本认同。第二，由于这种最低限度的认同共享，社区中有某种安全感，我也许收入微薄，身体有病，也许有很多困难，但无论何时我走进这种新社区，都感觉到有几分安全，并因此而最终感觉到与他人休戚相关。第三，在这两个"前提"（认同与安全）的基础上，社区里的人具有某种或起码的凝聚力和团结性，平时各自相安无事，遇到自然灾害或社会危机时彼此能互相携手。所以，不仅仅是强烈的多样性或充足的物质，我们所拥有的这种"社区"，也应该是新的现代性的基础。

韩相震：那似乎很有趣。所以，您称之为新社区？

黄平："社区重建"或"新型社区"。但是"新社区"并不是白手起家，"新"意味着有所创新，那就是我称之为重建的原因。

韩相震：好啊，我很高兴在这方面介绍我们的经验。在20世纪

80 年代民主化经验，尤其是在 20 世纪最后几十年间的非常有趣的大动员经验的基础上，当今某些社会学家对发展我们称之为新社群主义的东西饶有兴趣。新社群主义并不意味着等同于古老的集体主义，也不意味着等同于非常古老的民族主义。这种新社群主义为参与者发挥个性、个人选择和爱好提供了充分的空间。但与此同时，作为一种新的社区、新的运动，新社群主义要求人们拥有一定程度的一致性，并拥有相同的认同。据我所知，那正是韩国年轻一代中正发生的事情，这些年轻人使用庞大的互联网进行交流，许多计算机用户直接通过互联网传播各种信息和观点，很多人相遇在虚拟空间之中，在虚拟空间和自己的实在空间中来回穿梭。这似乎意味着一种非常独特的新的发展可能性。我们正在经历着一个新的网络通讯时代。使人饶有兴趣的是，在 20 世纪 80 年代推动民主进程的韩国那一代人，现在大都 30 多岁或 40 刚出头，他们引导着这种网络社区运动（internet community movement）。总体上说，我们的社会似乎正以一种十分有趣的方式前进，我们非常有兴趣指出什么样的社会学或理论概念才将是令人满意的，才能包含着这些新的可能性。那是我们现在的任务。而且，它与您说的新社区、新社群主义问题密切相关，两者之间存在着有趣的巧合，我完全同意应该把这三个基本因素当作新社区的条件。我们的社区文化、社群主义在东亚具有源远流长的传统。另外，"信任"概念也是非常重要的。

黄平：的确如此。在传统社区中可以轻而易举地看到意味深长的互相理解、互相帮助、互相援助的传统，它可以成为新社区的信任基础。而且，正如您所说的那样，其实中国内地的年轻一代也是如此，即使没有韩国 80 后年轻人那样的经历。中国内地的年轻人生活在信息社会、网络社会之中，利用网络空间形成了新型的通讯方式、思维方式、交往方式。他们是新生一代，和韩国、日本、中国香港，甚至马尼拉、曼谷的年轻人有许多共性，我目睹了许多类似之点的出现，因此提出了所谓区域性的力量,区域性不仅仅就地理位置而言,而且就区域发展而言。

韩相震:地区发展?

黄平:是的。我们应该超越一些界限——行政界限、地理界限甚至民族界限。这会为社区重建提供某种新的空间。

韩相震:它们是否可以称之为第三空间?我想,这是作为生产性的工业社会的社会学回到最初的社会学的好机会。社会学或社会学的奠基者对"社会学如何对社会的改组起作用"有着浓厚的兴趣,这是社会学主要关心的问题。

黄平:是的,回答"一个社会是如何组织起来的"这个问题,是社会学的主要贡献。

韩相震:不错。新社会如何组织起来、以什么原则、由谁等等诸如此类问题。现在,许多人谈论到工业时代到新的知识经济时代的根本转变,这对社会学来说意味着什么呢?这种根本转变的真正含义是什么?会带来什么新的可能性?我们如何才能利用这种新的可能性?

黄平:我认为,未来的10—30年对于社会学者来说,不但是挑战,而且是机遇。在这10—30年中,如果他们有所贡献,将成为具有独创性或原创性的社会学家,否则,只是舶来品的社会学将消亡。

韩相震:尤其是对东亚的社会学者而言。

黄平:是的,我同意,尤其是东亚的社会学者。在20世纪六七十年代,非洲和拉丁美洲的社会学者曾作出了巨大的贡献,如果东亚的社会学者现在不能作出这样的贡献就实在太对不起我们所处的时代和变迁了。这是社会学的机遇,尤其是对东亚而言,即使人们也定居于其他地方,但东方文化和历史的背景将成为新的社会学贡献和社会学构想的基础。

韩相震:中国知识分子在该问题上,是否存在一张广泛的网络,或独特的声音?

黄平：中国知识分子中关注这些问题的并非都是社会学者，因为社会学的定义有时是十分狭窄的。在中国，北美的社会学传统对我们的社会学依然最有影响。但是，中国知识分子甚至包括某些艺术家已经有所思考，这些思考也许还在"初级阶段"，但已经持续很多年了。

韩相震：知识分子中是否有许多跨学科的合作？

黄平：有的，而且主要是跨学科的，中国知识分子更多的是在思想上争论，而不是在合作上争论。我想，这大概是因为个人兴趣不同。

韩相震：在中国谁对替代性现代性或新现代性有较深的研究？他们更多地是哲学工作者还是社会学者？

黄平：我们用"社会思想"或"知识分子"一词。我想，汪晖即将出版的多卷本著作将是20世纪80年代早期以来的一个重大贡献。从这些著作可以看到我们在20世纪80年代的讨论之间的联系，汪晖等称这种讨论为新启蒙。因为第一次现代启蒙发生在1919年，而围绕那段时间，发生了所谓的新文化运动，开始主要是文学和思想上的，后来，发展到新民主主义革命运动。尽管在启蒙和中国的启蒙问题上，我们还存在很多问题和分歧。

韩相震：确实，这是我们的问题。即使是欧洲的启蒙运动，当时主要是要冲破神权的束缚而发现自我，但是，也派生出二元化的非此即彼的思维路径，除了前面提到的人与自然的二元化处理，也包括诸如先进与落后、文明与野蛮、西方与非西方。即使这种思维不是在启蒙运动中诞生，启蒙运动也让这种思维模式定型化、制度化，甚至认定某些人是有知识的、文明的，因此有资格去教导别人，去征服自然，不仅从自然中获取，最后还要毁灭掉自然，也毁灭掉其他人（"他者"）。但是至少，从康德以来，启蒙本质上说是启迪自己，而不是教导别人，是自我的发现，而不是去用自己的意志毁灭别人。那就是为什么在19世纪和20世纪之交，中国人为了中国，为了建设新的国家，从欧洲引进了这种词语和思想。很显然，它们即使在欧洲当时也有不同的意义,到了20世纪初的中国也具有了自身的含义。而在20世纪80年代,人们使用新启蒙是因为他们认为,通过这种新的启蒙,中国能够摆脱计划体制,有更多的个人积极性,有更多的自由。这就是为什么当时使用该术语的部分原因吧。但是,正如你所言,我也同意你的意见,我们有很多困难,不仅我们不能简单地追随着西方模式;而且启蒙本身,从哲学的意义上说,主要的是二元方法,而不是多元方法。

黄平:现在,我想就此提出一种可能性。今年7月,许多社会学家将会聚中国,会有许多有趣的演说。我想,这也许是个好机会,评论一番北京的7月会讨论些什么问题,会选择哪些话题,有什么研究进展。这些研究也许观点相同,或者论点的方向相同。为了共同丰富或分享我们刚才一起讨论的问题,您或者可以在大会立刻接着组织一个讨论会,以"东亚的另一种发展"这一敏锐主题为题进行讨论。研讨会可以在中国举行,也可以在韩国举行,也许会期长达几天,并最后就某些特别感兴趣的话题,而不是所有话题从会谈中得到结论。您看这个计划如何?

韩相震:好极了!即使就逻辑上来说,启蒙也是一个太大的课题。但是,我们可以考虑另一个课题,人们可以用两天或更多的时间在北京以更积极的方式进行深入的讨论。

三、评 议

时　间:2004年1月11日
地　点:中国社会科学院社会学研究所广言厅
评议人:苏国勋

我个人认为"第三条道路"是一个很有意思的题目。对研究东亚社会问题的人来讲也是一个非常重要的题目。我同意韩教授的这样一个观点：吉登斯也好，其他社会学家的理论也好，讲的都是欧美的社会实践，这个概念无法生搬硬套到东亚社会中来。譬如，欧洲的启蒙运动、宗教改革，东亚是没有的。另外，资本主义制度下的市场经济、民主政治在欧美已经发展了几百年，而东亚尤其中国，是把时间压缩在几十年内完成这一重大的社会变迁，两地的问题是绝对不一样的。同样是东亚，中、韩的情况和日本也有不一样的地方。日本毕竟在19世纪经历了资本主义的酝酿时期，从德川幕府到福泽谕吉的"脱亚入欧"间有一个"明治维新"时期，即是资本主义的酝酿时期。而中国不是这样一个情况。因此，生搬硬套日本的经验，在东亚是很难实行的。中国研究社会学时，只能把西方的理论作为一种启发，在我们当代生动活泼的社会实践中出现了许多问题，我们必须研究自己的问题，寻求自己的道路。韩相震教授"第三条道路"的概念已经远远不是吉登斯的概念了，吉登斯主要讲的是社会正义、民主主义，而东方不同的政治、经济、社会内涵，会把这个概念扩大，韩教授对他理论的叙述我是同意的。现在中国走什么样的道路，在思想界还有很大的争论。一种观点是照搬西方式的，即所谓激进主义理论；另外一种作为保守主义理论的是采取一种传统的做法，是过去我们讲的义和团式的观点，有贬义的含义。中国在当代实践当中趋近于激进主义，就是我们说的全球化态度；这一点跟韩国不一样，韩国的激进主义是趋近于民族主义的，正好与中国相反——在中国，激进主义趋近于全球化，而保守主义趋近于民族主义。作为社会学者，西方理论如吉登斯这些概念，以及"风险社会"概念都对我们有过很大的启发。当初"风险社会"概念刚出不久我们立刻翻译成中文，《第三条道路》《超越左与右》都翻译过来了，在座的很多人包括我都参与过这一劳动，这说明中国人有一定的理论敏感度。但是这毕竟只是一种启发，一定要反思中国这几十年来的现状。因为中国大的变化毕竟只是发生在中华人民共和国建国后近 50 年来，不管从价值判断上怎么评价，必须研究在这个制度下中国为什么发展很快，这一点我认为是很重要的。也就是说，中国也要研究自己的"第三条道路"问题的理论依据。此外，我们必须回到我们的文化中，从西方理论中获得启发后，要回过头来从理论上寻求传统资源。这一点也与韩国不一样，毕竟在这个问题上文化的传统是不一样的，在国家与公民社会的进程中，韩国经历了双重的民主化过程。他们以此为基础，进而讨论"第三条道路"，这也是在建立批评社会学过程中的一种反思。

虽然中韩两国很近，但是两国社会学过去交往不多。通过这次交往，我们对韩国社会学有了更进一步的认识。我的一个很深的感受是，韩教授将西方的社会学理论，与东亚的社会实践、东方的文化传统很密切地结合起来了。

现场翻译：王甘

原载《社会学研究》2004 年第 3 期

"赠予论"给未来的礼物

时　间：2019 年 11 月 04 日
地　点：兰州大学积石堂
对谈者：罗红光：中国社会科学院社会学研究所研究员、博士生导师，上海研究院特聘教授，中日社会学专业委员会会长、亚洲论坛创始人，曾任中国社科院社会学研究所《社会学研究》编辑部主任、副主编，人类学室主任。主要研究领域为文化人类学、经济人类学、影视人类学。主要著作有《黑龙潭：一个中国村落的财与富》（日文版，行路社，2000 年）、《不等价交换》（浙江人民出版社，2000 年）、《人类学》（中国社会科学出版社，2014 年）等，发表论文多篇。

山泰幸（Yoshiyuki Yama）：关西学院大学教授。从事灾区重建、民俗学、社会学、社会福利学、社会心理学等领域的研究。主要作品有《民俗学的思考方法——此时此地的日常和生活》《作为方法的"叙事"——超越民俗学》《文化人类学和现代民俗学》《江户的思想斗争》《现代文化的田野调查入门》《日本文化的人类学/异文化的民俗学》《环境民俗学》等。

罗红光：欢迎您的到来，参加这里即将举行的第八次亚洲论坛[①]。

[①] 亚洲论坛始于 2007 年，创始人罗红光，截至 2019 年已举办 8 届。该论坛意旨建立学者、企业家、政治家之间的对话平台，围绕共同关心的议题进行跨领域交流，达到相互促进与借鉴的目的。

这次论坛在兰州举行，具有重要的意义。兰州是古丝绸之路上的重镇。作为日本"丝绸之路"研究中心主任，山泰幸先生您也许是第一次来，对此我深感荣幸。我听说您最近进行了关于交换论的研究，有什么出版物吗？烦请您介绍一下。

山泰幸：我在一月出版的书名为《江户的思想斗争》，我简单介绍一下书的内容。在日本江户时代，儒学作为外来学问传入日本，随后在日本有所发展。儒学是以批判佛教的形式传入日本的，随着儒学逐渐发展，出现了批判儒学形式的国学，研究古典的日本学者们用儒学方法，以研究古典的形式去批判儒学，孕育出了国学，国学进而成为日本的神道教和明治时代后的天皇制等出现的契机。仔细看当时的论争就能发现，江户时代思想家的思想和现代提出的社会学、人类学等思想非常相近，有些相同思想的提出甚至比欧洲的社会学和人类学早100年。日本有历史学、哲学、社会学等涉及各个领域的学问，但是研究日本思想的人们却基本没有学习过社会学和人类学；研究社会学和人类学的学者比较熟悉欧洲的理论，也基本没有学习过日本近代以前的思想。所以这两类学者没有机会去学习欧洲和日本思想中相似之处。我偶然在研究生时期学习人类学时对这方面感兴趣，所以学习了江户时期的思想。那时候想"这两者真像啊"，但是当时竟然没有人指出两者相似。这次刚好有这个机会，所以将二三十年前思考的内容在书里稍微做了总结。儒教和国学对立、争论的焦点在于：儒教的文化里有"道路"的"道"这一概念，中国的圣人们创造出了"道"这一概念，随后这条"道"传到了日本，也就是说中国向世界赠予了这条"道"；但是国学者认为中国给了一条多余并且不需要的道，他们认为日本本来就有道，不如说是日本向世界传递了文明等。仔细看围绕赠予"道"的形式展开的辩论，其实就非常容易理解了，辩论的关键点在于赠予中也存在弊害。今天谈到交换论的时候也会谈到，收到的东西不一定是好的，有时也会受到不好的影响。就像"毒"和

"药"的两面性，从"药"和"毒"的观点来批判对方，说自己是"药"，同时又批判对方的言论是"毒"，辩论里有很多这样的修辞手法。我整理了这些观点后写成了这本书。

罗红光：真是一本有趣的书啊！我看完之后会试着写写感想。我接下来要说的和这本书相关，其实中国近代思想史也与社会运动有关。对于发生的任何现象，人们都有两种观点，一种是所谓东方式的思想，另一种是吸收了西方式思想后的思想。像历史学家常常说到的"西方的冲击、东方的反应"那样，包括近代史在内的思想，全部都是从西欧传来的。当然，中国对于过去历史的整理方式中也包含了自己的思想，在重视中国文化和历史的基础之上思考发展的思想和全盘西化的思想，仅从社会学角度来看，中国在近代以后从欧洲引入了社会学，其中最开始参与翻译的是严复，当时中国不存在"社会学"这个词，中国的翻译家们尽力融通，用"群学"来表示"社会学"，之后又从日本输入了"社会学"，虽然中国之前存在"社会"这个词，但是不具备今天的含义，"经济""法律"亦然，很多近代用语都是从日本引入新的含义。近代史也是如此，梁启超从日本归国之后开始用西方历法追溯编年书写中国史。在这之前一直沿用帝制年号、主要采用纪传体进行历史编目。从您刚讲的来看，日本和中国的近代史经历了相似的过程。

最近中国社会学家的思想发生了一些变化，他们觉得中国在很久以前就存在自己的社会学思想，大约从荀子和孟子那时起，就已经存在了"社会"相关概念。如果过去的思想与现代的新思想有交叉的话那就意味着可证，以景（天魁）先生为首的中国社会思想家进行了这方面的梳理。我原来是参加了这个（项目的），但是因为身体原因退出了。"社会学"的引进和赠予论交换过程很相似，这种思想交流自古以来就有，中国和日本以前就存在思想的赠予行为：因为两国都使用汉字，中国现代用语大多来自日本；也正是因为与中国的渊源，日本才会有国学和儒学两种学问的相互作用。您如何看？

山泰幸：是的，接下来的话题跟刚才您所说的相关。明治时代社会学从欧洲传到日本的时候，率先开始研究社会学的学者名为建部遯吾，他是东京帝国大学的一位教授，他受到的基本教育是儒学，所以用儒学的概念来接受欧洲的社会学。之后有一位有名的社会学家名叫蔵内数太，他在二战前后向日本引入了社会学，特别是德国社会学，他也受到儒学和中国古典的很大影响，在晚年致力于整合儒学和社会学。就像罗老师您刚才说的那样。他认为社会学分为广义上的社会学和狭义上的社会学。广义上的社会学就像是中国的《论语》《孟子》中的思想，狭义上的社会学是指从欧洲传来、近代所学习的社会学。他从中国的古典里找到了很多与社会学有关的语源并进行了探讨。不仅社会学，其他的学问在传入日本时也经历了同样的过程。现代的日本学者们对社会学的引入方式以及如何运用自己所学的儒学和儒学性概念煞费苦心，日本的大学里面有法学部、文学部、理学部等学科。我一直觉得，如果江户时代的学者时空穿越到当代日本，他们会不会惊讶地发现儒学、朱子学仍然盛行。虽然汉字是一样的，但是内容、概念却稍微改变了。现在话题回到江户时代，为什么会出现国学等学问呢？是因为历史上中国发生了明清交替的大事件，东亚的朝鲜半岛以及越南出现了一种"小中华主义"，认为中国的强大传统不再以中国为中心，而是必须由周边国家去发扬光大。于是，日本的儒学者不再认同朱子学的解释，而是直接去阅读古典。于是出现了一种古典学，即古老的学问。此时日本显现出一大特征——直面古典，即在国际关系动摇之下一种从古典中求知的态度。另外一个特征是营造出了随兴学习古典的氛围，日本当时没有科举，没有管理和选用人才的考试，人们学习古典并不是出于考试，所以随兴地去学，这种氛围萌生出了新的解释和思想。非常有意思。且日本和中国本土在地理上的距离也是一大原因。我觉得以上是日本独有的国学思想发展的理由。

想。我们也很震惊，为什么突然扔掉古典思想而想要西化呢？现在的年轻一代终于意识到中国若抛弃传统文化是一件非常可惜的事情，如费孝通去世之前使用的"文化自觉"一词所描述的，他们甚至比人类学家更强烈地开始觉醒，我担心这是不是和民族主义有关，民族主义若在平民之中发生，是存在危险的。知识分子们在吸收西方学问的同时让东方思想再次觉醒，东西方思想之间进行的是对话性的交流，这种接纳方式我倒能理解。日本虽然被大海包围，但是在历史上也和其他文化存在交流，日本的知识分子对欧洲和中国的文化是有理解能力的，甚至比中国的知识分子更强调知己知彼，这方面您怎么看呢？

山泰幸： 我也这么认为。中国是一个向外输出文明的强国，日本在历史上一直处于接受外来文化的状态，对日本人来说，好东西均来自国外，这成了面对外来东西时的基本想法。面对外来冲击中国和外国会直接发生冲突，但是日本常年学习接受中国文化，所以比较擅长接受外来文化。还有重要的一点是日本的近代化。说到最近天皇的即位这件事，截至江户时代，天皇基本上没有政治权力，到了明治时期，天皇暂时作为政权的中心，这时出现了"王政复辟"的现象，试图恢复奈良时代那种以天皇为中心的政治制度。有趣的是，明治时期行政部门叫作大藏省或者其他各部，这些也都是古代的行政名称。社会进化论认为未来总会出现新东西，然而日本明治时代的官员和政治家抱有儒学的历史观，认为理想在过去，所以用重现过去理想的方法来重建社会。乍一看像是吸收欧洲文化，发展了自己的文化，但是看上去让人感觉像是回到了过去。这点非常有趣，我觉得在某种意义上可以说是两重性，以旧的模式呈现新的东西。这就是日本文化，其中可能也包含日本有趣的思想。

罗红光： 我觉得日本很善于对待旧文化并创造新文化。跟日本相比，近代中国秉持强烈的进化论思想，称历史为奴隶的、封建的社会，要全部切除。就在近期开始保护文化遗产时，才意识到历史中原来也有好的方面，当然其中也含有一些政治目的。目前中国通过联合国世界文化遗产建制极力抢救以往的东西，在汉字、中药等方面下了很一番功夫。但中国在对待旧东西的方式还是和日本不同，日本对待旧东西抱有一种亲近感，而从最近文化遗产的动向可以看出中国的对待方式，虽然文化是人造的，但是遗产看起来如新东西，令人质疑。站在文化遗产本身就是人为产物的角度来看，倒也不是不能理解，不过我还是感觉，在亲切感基础上对待文化的方式和只是将其当作历史流传下来的物品的对待方式有点不一样，在这方面上中国应该多向日本学习，吸收历史或接纳他国文化的方式的学习仍任重道远。最令我感到羡慕的是日本经历了现代化之后，产生了先进的科学和形成了良好的生活方式，有很多能和世界各国匹敌的东西，同时还完好地保存了自己的旧东西。这也会让人反问，为什么进化论在日本没有发展起来呢？我想可能是日本对自己的文化有足够的自信。中国的历史存在二元化，日本应该不是这样。日本给人一种强烈的印象：日本可以把从外界吸收的好东西和本身优异的东西相融合。

我们再回到赠予论的话题，莫斯在其研究中提出：物品交换背后是规则的交换，也是方法的交换，是在同一规则下开始交换。如果说国家之间或者不同文化之间的关系中不讨论规则，只看赠予或交换的物质层面，赠予归属于唯物论。但是像莫斯等人类学家所说的那样，物品背后有一种交换的规则。只有交换的规则相互分享，社会关系才有可能成立。如果只是物品的交换的话，物品没了关系也就结束。

我在想，古丝绸之路的最东头在日本正仓院，正仓院存放有唐代时期的琵琶，当时的交换给我们这一代留下了什么思想呢？在研究赠予论的时候，山泰老师您认为在所谓物品流动的背后有什么规则和感情呢？现在国内关于古丝绸之路大多讲的是关于物的交流，我觉得应该不只局限于物品。比如像江户时代的国学一样，先有一个思想刺激自己的思想，让自己的思想觉醒。交换和赠予的过程中超越物质的思想不可或缺。

山泰幸：说到交换，双方只有共享规则才能称其为交换。只有物质的移动则不能称之为交换。为了让交换成立，双方之间应该建构某种相通的社会性。还有，交换时只是单纯地交换物品其实很难成立。交换伴随着很多意义。譬如，许多人的话题或异国的故事伴随物品来到正仓院，我想人们享受的是这些。人们听了会向往，也会感动和浮想联翩。交换不只是物理性的，也是使人们联系在一起的社会现象。为建立这种联系，我总认为应当注意交换时的意味、形象、感情层面等。

罗红光：有三种交换类型被巩固整理为交换理论。第一种类型是古典交换论中亲属制度中孝顺行为在代际间的交换，列维-斯特劳斯与更早的摩尔根对此都有所研究，这是基于血缘关系或婚姻关系的交换类型。第二种类型是权力结构中的交换类型，人们支配或被支配并保持忠诚。第三种类型是经济或利益关系间的交换。但我在完全不同的领域遇到了交换论，最近我在做关于灾害的研究，日本的神户大地震、中国台湾地区中部发生的桃米村地震，还有四川省汶川地震，我全都看过现场，有一则中国台湾和日本神户的案例：神户大地震让基督徒们失去了祭拜的地方，于是一名知名建筑家坂茂就制作了纸质教堂。神户大地震后，每年都有祭典活动，有一年人们在横滨市举行会议，进行交流。台湾桃米村的受灾者来到横滨，看到纸质教堂大受感动，并希望把纸质教堂带到台湾桃米村。最后日本得到了建筑家本人和神户地方团体的同意，将纸质教堂赠送给了中国台湾桃米村。两地灾民就像命运共同体一样，纸质教堂虽然是物品，其背后的精神得到了共享。四川也有类似的例子。这种超越物品、超越区域的交换，共享了记忆、经历、精神，感人至深。这种类型的交换既不属于亲族制度，也不是权力关系、经济利益的交换，却是人与人之间很重要的交换空间。我曾经写过一篇这种交换空间的论文，并觉得应该对其继续研究下去。最近灾情中的这些发现令我印象深刻，所以很想继续思考并进行研究，如果能够读到丝绸之路相关的论文就好了。

山泰幸：与向中国台湾赠予纸质教堂的话题相似，阪神淡路大地震中，我所在的关西学院大学有 23 名教职员工遇难。10 年后的 2005 年，日本首次成立了灾害复兴制度研究所，由我担任副所长，我从创立之初任职至今。日本自然灾害多发，比如地震、海啸，因此在防灾方面，虽然早就有人研究如何利用自然科学、工学手段预防灾害，但像这种从受灾者的立场出发，以复兴为中心思考重建灾区的机构是首例。该研究所由日本关西学院大学牵头成立。从那时起，我开始从社会学、人类学的角度研究这一主题。阪神淡路大地震发生之前，人们一直认为志愿者活动在日本很难实现。令人意想不到的是地震发生后，日本全国上下投身志愿者活动。当时日本经历了经济腾飞后的泡沫经济崩溃，在某种经济主义发展的过程中，人们发现了自己尚未得到满足的部分。在这样的大型自然灾害面前，人们产生了心理上的动摇。在研究中我注意到了几点，一个是刚才说过的悼念死者的活动如布置灵堂，莫斯曾说过，先感受恩德，再回报恩德。将交换的对方也就是死者看成神。更进一步说，是以一种垂直的方式和抽象的对象进行赠予式交换。赠予、获得，先得到东西然后进行回礼，以此为标准，和具体的人进行横向的交换，或者说以此为模型进行交换，但是人们往往意识不到这是一种纵向的交换。比如列维-斯特劳斯认为，和死者进行交换，当然，这种交换需要某种想象力。因为是在已消失的条件下展开系统性的亲属交换论研究。然而，以社会上活着的人为中心的话，考虑交换时无法脱离抽象的存在，那种情况下关键在于通过与死者进行仪式性的交换，就会构成某种集团。这种集团无国别、民族的限制，他们对死者共同感到悲伤、痛苦，并能够跨越集团的限制，更广地传播。举一个和您刚才提到的相似的例子，2014 年韩国发生了"世越"号沉船事件，当时船上搭载了许多修学旅行的高中生，有几百名学生遇难；而此前在2011年东日本大地震中，接近两万日本同胞丧生。其中也有一个小学遭遇海啸，许多学生无法逃生。不可思议的点在于，日本遇难儿童遗属和韩国沉船遇难遗属保持着交流。他们互相访问、互诉感受、共同举办活动、传递活动问候，他们跨越国境，在某种程度上形成了共同体，一起举办祭祀或礼节性活动，当然其中也有书信、短信往来。由此我认为，以死亡为契机，能产生一种跨境的、不同于往常的交流。另一个理由，随着现代化的发展，精神医学、心理学得到发展。在当今社会，人们十分重视内心的人格，更准确地说是重视心理创伤，如何应对个人的心理伤害已成为整个社会十分重要的共同关注。比如说，阪神淡路大地震发生后，日本首次出现了"心灵关怀"一词，在那之前没听说过"心灵关怀"，在传统上，心理受伤时，人们只会说："拿出斗志，加油！"其实这个时候我们应该去呵护他们。个人主义盛行导致人的内心出现了"神圣"。在这样的社会中，人们难以忍受和死者的分别。如果在一个社会里，人们能够跨越国境产生某种连带感，那么这样的社会是成熟的，也会让人感觉是进步的、先进的。

罗红光： 我们另外看一个纵向的沟通。我有一位从事人类学摄影的王姓朋友，她以"死别"为题材拍摄视频。死别是和死者告别，这个话题给人的印象是忌讳的，大多数中国人对死讳莫如深。这位摄影朋友以死亡和告别为题，拍摄了不同国别下关于死亡的镜头，其中主题之一是逝者和自己告别，即使自己是成家的人，最终离世时要告别的还是只有自己。另一主题是逝者和亲人朋友的告别，活着的人没经历过死亡，所知甚少。严肃来讲，人类在死亡面前很无力。或许这种无力感也促使着人们去关注神灵的话题。

在赠予双方关系中，正如您刚才所说，中国人将自己的祖先视为保护神。美国人华琛有篇论文研究了传统仪式中"杀祖先"的话题：在香港，人们认为祖先作为守护灵保佑子孙后代，因此人们努力举行祭拜（祖先的）活动，可是不管怎么努力，依然一贫如洗，得不到祖先的庇佑。于是子孙通过祭祀活动"杀死"祖先。看后我觉得十分有趣的一点是，人们和祖灵之间的赠予关系可以通过举办祭拜典礼或信仰活动来实现。我甚至觉得赠予论难以囊括这些话题。我想起中国20世纪30年代左右，在佛教界有一个概念叫作"人间佛教"，也就是说既要为死者作法事，也需要为活着的人提供关怀。不知道日语中有没有这个词，叫"佛教入世"，是一种号召为活人服务的佛教革新运动。此前的佛教大多关注来世或祖先，佛教的这种转变十分有意思，这是面对现世问题的一种态度转变。像刚才谈到的例子一样，中国人也不得不直面死亡。虽然很残酷，但是除了面对别无选择，正如刚才您说的超越国籍、超越文化。我觉得这两件事有很多共同之处，您是如何认为的呢？

山泰幸：简单来说，现在人们对于死亡以及死后世界越来越缺乏想象力，认为存在死后世界的人可能越来越少了。那个世界既难以描述，而且就算相信存在也无法确定。这对于思考人间社会之所以存在的理由十分重要。围绕死亡的想象力是塑造社会最重要的基础观念，但是现在一个共同主题是想象力在枯竭。以前认为死亡不是告别，而是回归祖先所在的地方，不久成为子孙再返回人世。人在某种意义上会被当作东西送来送去，来来往往周而复始，这种周而复始的循环有时候会中断，所以必须应对现实生活中的问题。想象力枯竭的结果是认为死亡就是告别，这种想法越来越深入人心。比如日本的晚期病人，中途放弃治疗选择姑息治疗的话，会去日本一种叫作临终关怀的医院，患者在那里可以减缓痛苦，度过有意义的余生。关西学院大学在这方面也正开展合作深入研究。病人已经丧失了生死观，每个人都怀有一种自己能够接受的死后观。为了度过有意义的剩余时间，大部分人都会重新审视、整理自己的人生，并且向照顾过自己的人发短信表示感谢，向他们告别。从这里我们发现一种完全相反的现象，如果根据赠予论观点，给神灵祖先上供是表达感谢，因为他们守护自己在先，所以感谢他们。然而在临终关怀医院，病人会向一直照顾自己的亲朋好友表达感谢而不是祖先。某种意义上感谢的方向完全颠倒了过来。然而，人们至今还保留着通过感谢来传递某种东西的习惯。对于这一点我是这样想的：虽然有些人看上去是在照顾、关怀活着的人，但实际上恰如在照顾已经死去的人一样，换句话说，把活人当成死人来照顾，前提是人总会要死，看上去活着，实际上是快要死的人了。如果按照过去的想法来看，我觉得或许可以这样思考。

罗红光： 您说得很有意思，对死亡的不同认知似乎可以催生新的人际关系。它既涉及赠予论迄今为止的研究观点，同时也产生了新的观点。比如宗教，比如利己主义中的有关个人的内容，以及在灾害研究中人们超越了国家、民族，产生了以人为主题的情感共鸣，并展开合作。我开始感受到了这种动态。如果赠予论的研究出现新的空间，虽说不是方向性转变，但会出现一种新的理想类型或范式，或者说发生时代转换，熟人社会面对面的交换、有货币参与的抽象交换，或者和信仰中的神灵及祖先之间的交换，如同刚才说的，不见其人，但可以进行横向的交换。像神户和台湾地区、四川和日本（大阪）之间进行的横向交换模式，我觉得这是非常新颖的。类似的研究您好像正在进行中，如社区建设的研究。

山泰幸： 是的。如今日本全国人口不断减少，地区人口逐渐变得稀疏，再加上乡村逐渐消失，这些原因导致了新村建设运动的出现。那些当事人大部分是老年人。他们觉得自己去日无多，所以很卖力。人们意识到自己即将死亡，于是在思考剩余的人生后，才开始和村子之外的人产生了交流，开始接纳来自村子之外的志愿者、协助团队，也就是说，死亡促进了人们和外界之间的交换关系，疏通了他们一直以来形成的闭塞的内心。这种现象出现在全国各地。

罗红光： 在日本全国吗？

山泰幸：是的。这种新村建设在全国各地兴起。目的与其说是促进乡村繁荣，不如说像刚才提到的临终关怀医院那样，虽然不知道自己还能活几年，但是希望能通过新村建设在这个村里过得充实、愉悦。这种与所谓的推动农村繁荣发展略有差别的新村建设越来越多。反过来讲，江户时代末期兴起的国学运动其实也是一种新村建设运动。各个地方的知识分子努力推广运动，而当时人口在不断增加。也就是说人口减少时会出现新村建设运动，而人口数量增加时也会出现这种现象。从死亡这个角度来看，我认为老年人如此努力参与的原因或许与此相关。

罗红光：通过新村建设来表达自己的想法这一点，中日两国确实十分相似。我自己也在日本当地亲眼见过，一些老年人留在家乡改造乡村；另外，日本最近出现了城市的年轻人去农村的新迹象，人称"逆城市化"（U-turn）。年轻人为何要回到偏远的农村呢？他们也不是单纯的旅行，而是要在农村生活。日本一直有所谓的"观光经济"，人们利用周末或节假日旅行。当地的性质恰如旅游景点，本地人也可以获得收入。这种现象仍然处于城乡二元结构的格局中，中国也有这种现象。但是，东京和大阪的部分年轻人选择去偏远的乡村生活。我调查了德岛县的美波町，那是个冲浪的好地方。一家原本在东京的光缆公司，我当年见那位社长的时候，他还很年轻，只有42岁，他了解到美波町当地情况后，将公司部分业务转到了美波町，将年轻人较多的产品研发部门转移到了乡下。制造部门在德岛省城，销售窗口留在了东京。开发、制造和销售分别安排在三个地方。年轻人进入村落，通勤时间比在东京短很多，有很多时间可以娱乐。而且公司不再硬性规定上下班时间为朝九晚五。上下班时间自己说了算，只要能圆满完成任务就可以。公司崇尚将兴趣和工作并列，既要兴趣，也要工作。该公司将当地废弃的大众浴池改造成企业用办公区域。当地镇政府也统计并公示了空房，吸引公司入驻，其他公司也以这种方式融入当地。我调查时已有 14 家公司在美波町了。有设计公司、后期剪辑的视频制作公司等。年轻人居住带大院子的独栋楼房，条件比住在东京好很多。他们通勤时间很短，有充足的娱乐时间。比如有人喜欢打猎，有人喜欢冲浪，还有年轻人喜欢参拜寺院、有机栽培等等。总之，这里有很多年轻人喜欢的东西，和我在别的地方见过的乡村不同，这里聚集了很多年轻人。我感觉这是发生在城乡二元结构下的一种新型"逆城市化"，是一种全新形式的交换。人们的聚集当然也有工作的原因，主要还是因为个人爱好。比如在东京，需要花两个小时才能到达的冲浪地点，好不容易到达目的地却发现已经没有多少时间玩了。而他们现在可以上班前跑到海边先冲个浪，天气预报也会提醒天气是否适合冲浪。美波町在很大程度上改变了以往人们对农村的印象。这种情况在日本是少数吗？

山泰幸：越来越多的年轻人对企业提供的生活方式产生共鸣，不止企业，也有正处育儿期的年轻夫妻搬到农村，凭借一门手艺或爱好开店营业，比如面包店。这种事情越来越多。我在德岛县做田野工作，调研了 15 年左右，和您说的十分相似。我的一个理论认为，人类学、宗教学和社会学等古典式理论中有一套"圣俗"理论，其中分为"圣"和"俗"两部分。一方面是宗教中神圣的东西、愉快的仪式性时间，另一方面是"俗"的时间，但不是韦伯所说的"祛魅"，城市社会中"圣"的部分在减少，"俗"在增多。这时，"俗"中存在某种"圣"，也出现了一种复兴运动，用于兴趣的时间虽然没有宗教的仪式感，但有一种个体化社会中的仪式性行为。这种行为与其以年为周期，不如在周六、周日或者其他自由时间中进行。自己自由支配"圣"的时间和空间。由此我认为我们所处的时代或许已经发展到这种程度了。实际上这和文化遗产的保护和有效利用也有关联：原本属于宗教性的东西失去原有的作用，成为文化遗产，在"俗"的世界里又化身成为"圣"。在某种意义上，这两种相似现象分别发生于物质层面和人类层面，或者说具有"双重性"。是一种存在于"俗"之中的"圣"的复兴运动。这是我的看法。

罗红光：我们的话题好像越来越有趣了。在交换论和赠予论中，刚才提到的中国台湾和日本神户的跨境交换，不属于三种传统的交换类型，而是一种新型的交换。刚才提到的德岛县美波町的例子，关于兴趣或者个人的"圣"——人们意识觉醒，然后创造"圣"。全球化背景下，文化在有些情况下变得支离破碎，不像以前的儒教有完整的体系。现在我们既能从这个人行为举止中能感受到儒教的某个观点，又能从那个人身上发现儒教某种观点，现在这个时代没有完整的儒学体系，我个人称之为"碎片化"。德国社会学家贝克的新作《自己的上帝》，三年前由我的同事翻译成中文，读后感觉，神确实存在于每个人的内心，以前神存在于教堂等正规的地方，后来对基督教的信仰演变成了个人行为。作者在书里提到一个疑惑，无论是儒教、印度教、基督教还是天主教，个人主义的发展导致过去的权威逐渐失势，伦理社会又将何去何从？我在赠予论的研究中发现，兴趣——刚才您提到的个人的"圣"，以及对死亡命运的共鸣，不单是物质，还有物质背后反映出的共同命运，这些东西可以共存，或者如果赠予论在某些方面是对未来的一种馈赠，共存的理由也就在于此。您是怎么看的？

山泰幸：我也如此认为，现在个体化不断发展，社会变得支离破碎，一些"圣"和共性的东西在消失，以文化遗产为例，文化遗产现在看上去是在构建一种"圣"的、共性的东西，如果从赠予论角度来看，实际上也许是文化遗产送给未来的礼物，所以我们要保护好。还包括新村建设，人们在农村进行的变革，也是考虑到如果子孙后代住在这里，希望能将这片土地留给他们。他们之所以接纳外部企业入驻，也是为留住这片乡土而努力。这是一种超越个体层面的，即把属于不同时代的东西留给未来的一种共识。因此，横向关系，以及并非面对死者或过去，而是面向未来的赠予，这种想法是一种很明显的思想发展趋势。刚才中国台湾的例子里讲到赠予行为，这种跨境行为对后人是有意义的，和面向未来的赠予行为有相通之处，我认为或许能对新型赠予论的形成产生一定影响。

罗红光：和您对谈十分愉快，谢谢！